Berufliche Selbständigkeit im Wandel

Europäische Hochschulschriften
Publications Universitaires Européennes
European University Studies

Reihe XXII
Soziologie

Série XXII Series XXII
Sociologie
Sociology

Bd./Vol. 391

PETER LANG
Frankfurt am Main · Berlin · Bern · Bruxelles · New York · Oxford · Wien

Silvia Luber

Berufliche Selbständigkeit im Wandel

Ein empirischer Vergleich der sozialen und wirtschaftlichen Struktur Selbständiger in Deutschland und Großbritannien

PETER LANG
Europäischer Verlag der Wissenschaften

Bibliografische Information Der Deutschen Bibliothek
Die Deutsche Bibliothek verzeichnet diese Publikation in der Deutschen Nationalbibliografie; detaillierte bibliografische Daten sind im Internet über <http://dnb.ddb.de> abrufbar.

Zugl.: Mannheim, Univ., Diss., 2003

D 180
ISSN 0721-3379
ISBN 3-631-51765-3

www.peterlang.de

Vorwort

Berufliche Selbständigkeit hat in den letzten Jahren sowohl in den Sozial- und Wirtschaftswissenschaften als auch in der interessierten Öffentlichkeit sehr viel Aufmerksamkeit gewonnen. Einerseits wurde mit einer wachsenden Zahl an Selbständigen die Hoffnung auf ein Beschäftigungswachstum verbunden und entsprechend eine neue Kultur der Selbständigkeit gefordert. Andererseits wurden immer wieder Bedenken über die Qualität neuer Selbständigenexistenzen geäußert, die vielfach mit den Schlagworten „Scheinselbständigkeit" oder „prekäre Selbständigkeit" in Verbindung gebracht wurden. Die Strukturen des tatsächlich stattfindenden Wandels beruflicher Selbständigkeit sind jedoch bisher nur unzureichend erfasst. Diese Lücke möchte die vorliegende Studie schließen. Durch einen empirischen Vergleich der Entwicklung und Struktur beruflicher Selbständigkeit in Deutschland und Großbritannien in den letzten beiden Jahrzehnten soll zum einen der stattfindende Wandel dargestellt und zum anderen durch die in den Ländern vorliegenden wirtschaftlichen und institutionell-rechtlichen Rahmenbedingungen erklärt werden.

Herzlich bedanken möchte ich mich bei Professor Dr. Walter Müller, der diese Arbeit betreut hat und von dem ich sehr viel gelernt habe. Zudem danke ich Professor Dr. Josef Brüderl, mit dem ich einen Experten zum Thema als Zweitgutachter für diese Arbeit gewinnen konnte. Besonderer Dank gilt meinen KollegInnen Henning Lohmann, Susanne Steinmann und René Leicht für die intensiven Diskussionen und die konstruktiven Anregungen. Diese Arbeit wäre nie entstanden ohne die Unterstützung durch das Mannheimer Zentrum für Europäische Sozialforschung. Die ausgezeichnete Infrastruktur und die sehr guten Arbeitsbedingungen sowie die reichhaltige Bibliothek haben hervorragende Rahmenbedingungen für die Entstehung dieser Studie geboten. Dabei möchte ich insbesondere Marlene Alle und Christian Melbeck für ihre Unterstützung in allen EDV-technischen Dingen danken. Ferner haben André Siegel und Hannah Alter mit vielerlei Hilfe zum Gelingen dieser Arbeit beigetragen.

Mein besonderer Dank gilt meinem persönlichen Umfeld: meinem Mann Marco Godenschwege für seine weitreichende und geduldige Unterstützung und meiner Tochter Ira, die immer sehr kooperativ war und die Fertigstellung dieser Arbeit durch ihr Kommen deutlich beschleunigt hat.

Die vorliegende Arbeit ist eine überarbeitete Fassung meiner Dissertation, die 2002 von der sozialwissenschaftlichen Fakultät an der Universität Mannheim angenommen und von Prof. Dr. Walter Müller und Prof. Dr. Josef Brüderl begutachtet wurde. Sie entstand im Rahmen des Forschungsprojektes „Sozioökonomische Entwicklung von Selbständigen im internationalen Vergleich“ am Mannheimer Zentrum für Europäische Sozialforschung, das von der Fritz-Thyssen-Stiftung finanziell unterstützt wurde. Auch der Fritz-Thyssen Stiftung gebührt an dieser Stelle mein Dank.

Mannheim, im August 2003 Silvia Luber

Inhalt

Tabellen

Abbildungen

1 Einleitung und Fragestellung

Selbständige Erwerbstätigkeit besitzt sowohl sozial- als auch wirtschaftshistorisch eine bedeutende Stellung in den Erwerbsstrukturen Deutschlands und Großbritanniens. Seit den 1950er Jahren haben in beiden Ländern immer zwischen ca. 10-20% der Erwerbstätigen als Selbständige gearbeitet, wobei ein nahezu kontinuierlicher Rückgang im Niveau beruflicher Selbständigkeit sowohl in Deutschland als auch in Großbritannien bis in die 1970er Jahre hinein zu beobachten ist (Bechhofer, Elliot 1985; Luber, Gangl 1997; Bögenhold 1994, 1999). Ein Grund für den Rückgang beruflicher Selbständigkeit ist einerseits der Bedeutungsverlust der stark durch selbständige Erwerbstätigkeit geprägten Landwirtschaft. Andererseits, kommt es im Zuge der ökonomischen Entwicklung zu einer Verlagerung der wirtschaftlichen Produktion hin zu Großbetrieben (Berger, Engfer 1982). In der Literatur wird angenommen, dass der Grund hierfür in entscheidenden Produktionsvorteilen von Großbetrieben („economies of scale") liegt und somit in der Entwicklung der kapitalistischen Wirtschaftssysteme begründet ist. Kleinere Produktionseinheiten, die den überwiegenden Teil Selbständiger darstellen, seien diesen Wettbewerbsbedingungen nicht gewachsen und ihre Zahl würde schrumpfen (Manz 1991; Berger et al. 1990). Entsprechend findet selbständige Erwerbstätigkeit in der wissenschaftlichen Literatur bis in die 1980er Jahre hinein nur wenig Berücksichtigung.

Seit Ende der 1970er bzw. Anfang der 1980er Jahre lassen sich jedoch sowohl in Großbritannien als auch in Deutschland erhebliche Veränderungen in beruflicher Selbständigkeit beobachten. Entgegen den ursprünglichen Erwartungen erfährt selbständige Erwerbstätigkeit seither eine relative und absolute Zunahme (Luber, Leicht 2000; Meager 1993; OECD 1992). Während Anfang der 1980er Jahre die nicht-landwirtschaftliche Selbständigenquote, d.h. der Anteil der selbständig Erwerbstätigen an allen Erwerbstätigen außerhalb der Landwirtschaft, in Deutschland bei 7,4% und in Großbritannien bei 8,6% liegt, beträgt sie Ende der 1990er Jahre in Deutschland 9,4% und in Großbritannien 11,4% (OECD 2000: 158). Es kommt demzufolge zu einer Trendwende in der Entwicklung beruflicher Selbständigkeit, die in der Literatur auch als „Renaissance der Selbständigen" bezeichnet wird (Bögenhold 1987; OECD 2000).

Seit den 1980er Jahren ist die Forschungsliteratur zu beruflicher Selbständigkeit deutlich angewachsen. Die größtenteils empirischen Arbeiten konzentrieren sich dabei meist auf die Beschreibung der Entwicklung beruflicher Selbständigkeit in einem westlichen Industrieland. Komparativ angelegte Studien liegen nur selten vor und beschränken sich in der Regel auf die deskriptive Analyse der

Entwicklung selbständiger Erwerbstätigkeit (z.B. Blanchflower 2000; Luber, Gangl 1997; Meager 1993). Die Ursachen der Entwicklung und des Wandels beruflicher Selbständigkeit werden nur sehr selten systematisch untersucht. Wenn doch, sind die Arbeiten zumeist auf ein Land begrenzt und die Antworten demzufolge meist eher unbefriedigend. Nur wenige Arbeiten verfolgen einen komparativen Ansatz und versuchen durch einen Ländervergleich Antworten auf die Frage nach den Ursachen der Entwicklung und des Wandels beruflicher Selbständigkeit zu geben (z.B. McManus 2000, 2001a; Luber et al. 2000; Luber, Leicht 2000). Aber nur durch einen komparativen Ansatz kann diese Frage klarer beantwortet werden. An diesem Punkt setzt die vorliegende Arbeit an. Durch den systematischen Vergleich und die empirische Analyse der Entwicklung und des Wandels beruflicher Selbständigkeit in Deutschland und Großbritannien soll die Frage nach den Ursachen spezifischer Veränderungen beantwortet werden. Entsprechend ergeben sich vier Fragen nach Verlauf, Ursachen, Konsequenzen und Länderunterschieden, die forschungsleitend für die nachfolgenden empirischen Analysen sind:

(1) Verlauf: Wie stellt sich die Entwicklung beruflicher Selbständigkeit in Deutschland und Großbritannien seit den 1980er Jahren dar?
(2) Ursachen: Warum kommt es zu einem Wiederanstieg in der Zahl beruflich Selbständiger in Deutschland und Großbritannien?
(3) Konsequenzen: Ist diese Entwicklung mit einem grundlegenden Wandel der sozialen und wirtschaftlichen Struktur der Gruppe der selbständig Erwerbstätigen verbunden?
(4) Länderunterschiede: Worin unterscheiden sich die Entwicklungen in Deutschland und Großbritannien und wie lassen sich diese Unterschiede erklären?

Diese Fragen sollen mit Hilfe von deskriptiven und multivariaten empirischen Analysen basierend auf unterschiedlichen Daten für die 1980er und 1990er Jahre in Deutschland und Großbritannien im Rahmen der nachfolgenden Arbeit beantwortet werden.

1.1 Definition selbständiger Erwerbstätigkeit in Deutschland und Großbritannien

Die Kategorie der selbständig Erwerbstätigen steht somit im Zentrum des Interesses der vorliegenden Arbeit. Eine eindeutige Definition beruflicher Selbständigkeit ist indes sehr schwer. Sowohl in Deutschland als auch in Großbritannien gibt es im Arbeits- und Sozialrecht keine Positivdefinition selbständiger Erwerbstätigkeit, die als Grundlage für eine entsprechende Definition dienen könnte. Im allgemeinen Sprachgebrauch wird der Begriff berufliche Selbständigkeit auf Personen bezogen, die durch eigenständiges und selbstverantwortliches Handeln am Wirtschaftsleben teilnehmen und in der Regel die hierzu benötigten (Produktions-)Mittel besitzen. Als Gegensatz dazu gilt alltagssprachlich Abhängigkeit oder Fremdbestimmtheit (Pfeiffer 1994). Es gibt jedoch kein inhärentes Merkmal, das alle Selbständigen gemeinsam haben und das somit die Abgrenzung zu abhängiger Beschäftigung ermöglichen würde. Vielmehr ist die Kategorie der selbständig Erwerbstätigen allgemein sehr heterogen. Sie beinhaltet so unterschiedliche Erwerbsformen wie den klassischen Fabrikanten, der ein Unternehmen mit abhängig Beschäftigten führt und besitzt, den kleinen Gewerbetreibenden oder Handwerker, Selbständige in Freien Berufen bis hin zu Verkaufsfahrern und Reinigungskräften. Zusätzlich gibt es große Bereiche von Erwerbstätigkeiten, die sowohl von Selbständigen als auch von abhängig Beschäftigten ausgeführt werden.

1.1.1 Abgrenzung von Selbständigen und abhängig Beschäftigten

In der deutschen, amtlichen Statistik werden Selbständige definiert als „Personen, die einen Betrieb oder eine Arbeitsstätte als Eigentümer, Miteigentümer, Pächter oder selbständiger Handwerker leiten sowie selbständige Handelsvertreter usw.; also auch freiberuflich Tätige“ (Statistisches Bundesamt 1996: 17). In der britischen, amtlichen Statistik wird selbständige Erwerbstätigkeit definiert als: „those jobs where the remuneration is directly dependent upon the profits (or the potential for profits) derived from the goods and services produced (where own consumption is considered to be part of profits). The incumbents make the operational decisions affecting the enterprise, or delegate such decisions while retaining responsibility for the welfare of the enterprise“ (Office for National Statistics 1996: Vol. 5/82). Zusätzlich müssen sich diese Personen selbst auch als selbständig erwerbstätig einstufen. Die Selbsteinschätzung der Befragten dient überwiegend als Zuordnungskriterium in den nachfolgend verwendeten statistischen Angaben.

Nicht als Selbständige zählen alle Personen, die in einem arbeitsrechtlichen Verhältnis zu einem Unternehmen, Betrieb oder zur Arbeitsstätte stehen. Die Definition eines arbeitsrechtlichen Verhältnisses basiert in Deutschland und Großbritannien auf unterschiedlichen Akzentuierungen. Im deutschen Arbeitsrecht steht die persönliche Abhängigkeit des Beschäftigten als entscheidendes Kriterium im Vordergrund (Paasch 1991; Dietrich 1996). Die persönliche Abhängigkeit kommt insbesondere zum Ausdruck in der Weisungsabhängigkeit, dem Direktionsrecht des Arbeitgebers über Ort, Zeit und Inhalt der Arbeitsleistung und der Einordnung des Erwerbstätigen in eine arbeitsteilige Organisation (Bieback 1999). Demgegenüber steht im britischen Arbeitsrecht das Prinzip

„Mutuality of Obligation" (wechselseitige Verbindlichkeit) im Vordergrund (Carley, Suri 1993). Das zentrale Charakteristikum einer Arbeitgeber-Arbeitnehmerbeziehung ist demnach die Tatsache, dass der Arbeitgeber verpflichtet ist, Arbeit und Entlohnung bereitzustellen und der Arbeitnehmer verpflichtet ist, Arbeit unter der Kontrolle des Arbeitgebers zu verrichten (Fink 1999; Corden 1998). Selbständige Erwerbstätigkeit stellt in beiden Fällen eine Residualkategorie dar (Hakim 1988). Die Abgrenzung zu anderen Formen der Erwerbstätigkeit ist nicht immer eindeutig und trennscharf (Döse 1994; Schömann et al. 1998).

1.1.2 Scheinselbständigkeit

Die Unschärfe in der Trennung zwischen abhängiger und selbständiger Erwerbstätigkeit wird insbesondere in der Diskussion um das mögliche Anwachsen sogenannter Scheinselbständigkeit deutlich. Vor allem in Deutschland kommt es im Laufe der 1990er Jahre zu einer Debatte über eine wachsende Schnittmenge zwischen abhängiger und selbständiger Erwerbstätigkeit. Dabei wird davon ausgegangen, dass ein nicht unbedeutender Teil der Entwicklung selbständiger Erwerbstätigkeit in den 1980er und 1990er Jahren von diesem Phänomen getragen wird (vgl. u.a. Elsner 1996; Paasch 1991; Mayer, Paasch 1987, 1990; Mayer et al. 1988). Es handelt sich hierbei um Formen der Erwerbstätigkeit, die in der Grauzone zwischen selbständiger und abhängiger Beschäftigung anzusiedeln sind (Voß, Pongratz 1998). Scheinselbständige erfüllen zwar formal die definitorischen Voraussetzungen für Selbständigkeit, aber aufgrund der tatsächlichen Arbeitssituation sind sie eher einem Arbeitnehmer vergleichbar (Elsner 1996).

Seit 1999 gibt es in Deutschland ein Gesetz, das definiert, wer als scheinselbständig und damit als abhängig beschäftigt gilt.[1] Wenn mindestens drei der fünf im Gesetz formulierten Merkmale vorliegen, gilt die Vermutung, dass diese Person scheinselbständig ist:

1. Sie beschäftigt im Zusammenhang mit ihrer Tätigkeit regelmäßig keinen versicherungspflichtigen Arbeitnehmer, dessen Arbeitsentgelt aus diesem Beschäftigungsverhältnis regelmäßig im Monat 325 Euro übersteigt.
2. Sie ist auf Dauer und im wesentlichen nur für einen Auftraggeber tätig.

---

[1] Bundesministerium für Arbeit und Sozialordnung: Gesetz zur Förderung der Selbständigkeit vom 26.12.1999; rückwirkend in Kraft getreten zum 01.01.1999 (BMA 2000). Das Gesetz hat im Laufe des Jahres 1999 einige wichtige Modifikationen erfahren. Die hier dokumentierte Fassung vom Dezember 1999 basiert auf dem bisher letztgültigen Stand (Januar 2001). Zu Vorläufern siehe Sitte 1997.

3. Ihr Auftraggeber oder ein vergleichbarer Auftraggeber läßt entsprechende Tätigkeiten regelmäßig durch von ihm beschäftigte Arbeitnehmer verrichten.
4. Ihre Tätigkeit läßt typische Merkmale unternehmerischen Handelns nicht erkennen.
5. Ihre Tätigkeit entspricht dem äußeren Erscheinungsbild nach der Tätigkeit, die sie für denselben Auftraggeber zuvor aufgrund eines Beschäftigungsverhältnisses ausgeübt hatte.

(BMA 2000; OECD 2000; Möllering 2000)[2]

Die Zahl der Scheinselbständigen ist in Deutschland nach wie vor unklar. Die bisher wohl umfangreichste Studie zu diesem Thema vom Institut für Arbeitsmarkt- und Berufsforschung (Dietrich 1996a, 1996b, 1998, 1999) kommt zu dem Ergebnis, dass hinsichtlich ihrer Haupterwerbstätigkeit ca. 3 Prozent aller Erwerbstätigen der Grauzone zwischen abhängiger und selbständiger Erwerbstätigkeit zugerechnet werden können. Tatsächlich als Scheinselbständige können je nach zugrunde liegenden Auswahlkriterien zwischen 0,6 und 1,3 Prozent aller Erwerbstätigen eingestuft werden (Dietrich 1996a: 11).

Trotzdem das Phänomen „Scheinselbständigkeit“ in der britischen, wissenschaftlichen Debatte nicht den gleichen Stellenwert einnimmt wie in Deutschland ist die Problematik nicht unbekannt. Die Diskussion findet indes stärker unter dem Gesichtspunkt einer Zunahme prekärer, unsicherer oder marginaler Beschäftigung statt (Dex et al. 2000; Corden 1999; Meager 1998; Hakim 1998; Carley, Suri 1993). Es wird davon ausgegangen, dass ein Trend zu Formen von prekärer Selbständigkeit in der Grauzone zwischen abhängiger und selbständiger Erwerbstätigkeit stattfindet (Fink 1999; Stanworth, Stanworth 1995; Hakim 1988, 1989, 1990). Die Größenordnung von Scheinselbständigkeit oder von prekärer Selbständigkeit ist aber in der einschlägigen Literatur strittig (Carley, Suri 1993). Es scheint jedoch sicher, dass das vergleichsweise starke Wachstum beruflicher Selbständigkeit in Großbritannien – vor allem in den 1980er Jahren – zu einer Zunahme an Tätigkeiten geführt hat, die in ihrer ökonomischen Qualität und sozialen Absicherung nicht dem traditionellen Bild des Selbständigen bzw. Unternehmers entsprechen (Meager 1998; Fink 1999). Ähnliche politische Bestrebungen, Scheinselbständigkeit rechtlich zu regeln, wie in Deutschland gibt es aber in Großbritannien kaum. Lediglich für den Bereich des britischen Bausek-

---

[2] Abgegrenzt von der Gruppe der Scheinselbständigen werden zudem die arbeitnehmerähnlichen Selbständigen (Bieback 2000: 813). Diese sind charakterisiert durch die Tatsache, dass sie nur für einen Auftraggeber tätig sind und keine versicherungspflichtigen Arbeitnehmer beschäftigten, jedoch kein weiteres der oben genannten Kriterien erfüllen (BMA 2000).

tors sind erste Schritt in diese Richtung unternommen worden (Meager, Bates im Erscheinen).

1.1.3 Abgrenzung zum ökonomischen Begriff des Unternehmers

Die vorliegende Arbeit konzentriert sich aus arbeitsmarktsoziologischer Perspektive auf die Untersuchung beruflich selbständiger Personen. Hierin unterscheidet sie sich von einer langen Tradition ökonomisch orientierter Entrepreneurship- bzw. Unternehmerforschung. Unternehmer bzw. Entrepreneure und Selbständige sind trotz Überschneidungen keine inhaltlich deckungsgleichen Gruppen (Abell 1996; Pfeiffer 1994). Im Rahmen der Entrepreneurshipforschung steht insbesondere die Funktion unternehmerischen Handelns im ökonomischen Produktionsprozeß im Vordergrund (Hébert, Link 1989; Ripsas 1997). Entrepreneuren bzw. Unternehmern kommt hierbei eine besondere Funktion im ökonomischen Prozeß und Wandel zu. Welche konkrete Aufgabe sie hierbei erfüllen, variiert je nach Forschungstradition. Es lassen sich vorwiegend vier verschiedene Funktionen unternehmerischen Handelns im wirtschaftlichen Produktionsprozeß unterscheiden: (1) Ein Unternehmer ist charakterisiert durch die Übernahme von Unsicherheit (Knight 1921). (2) Die Funktion des dynamischen Unternehmers ist die Durchsetzung einer neuen Kombination bzw. Innovation am Markt (bspw. neue Güter, neue Produktionsweisen, neue Absatzmärkte) (Schumpeter 1952, 1993). (3) Der Unternehmer als Arbitrageur sucht bewußt nach Marktungleichgewichten und versucht diese zum individuellen Vorteil zu nutzen (Kirzner 1978). (4) Der Unternehmer ist Koordinator und Marktteilnehmer „who specializes in taking judgemental decisions about the coordination of scarce resources" (Casson 1982: 23).

Schumpeters Modell des dynamischen Unternehmers erweist sich in der weiteren Entwicklung der ökonomischen Entrepreneurshipforschung und insbesondere in der Kleinbetriebsforschung als einflussreichster Ansatz (Brüderl et al. 1996). Allen vier Theoriemodellen gemeinsam ist die mehr oder weniger implizite Notwendigkeit des Erfolgs, um von Entrepreneurship bzw. Unternehmertum sprechen zu können (Abell 1996; Crouchley et al. 1994). Sie unterscheiden sich von der arbeitsmarktsoziologisch orientierten Selbständigenforschung vor allem durch die Hervorhebung der Funktion des Unternehmers im ökonomischen Prozess. Selbständige müssen nicht zwangsläufig Unternehmer im obigen Sinne sein, da sie nicht notwendigerweise eine dieser Funktionen erfüllen. Ein Verdienst dieser Forschungstradition ist es indes, dass eine „Personifizierung" der Theorie stattgefunden hat (Brüderl et al. 1996: 26).

1.2 Fragestellung

Wie bereits erläutert, konzentriert sich die vorliegende Arbeit auf die Fragen nach dem Verlauf, den Ursachen und den Konsequenzen der Entwicklung beruflicher Selbständigkeit in Deutschland und Großbritannien seit den 1980er Jahren. Implizit geht es dabei um die Frage nach den Gründen, warum Erwerbspersonen beruflich selbständig tätig sind bzw. werden. Allgemein werden in der Literatur sehr verschiedene Gründe dafür angeführt. Es lassen sich insbesondere zwei Ebenen unterscheiden. Einerseits handelt es sich um eine persönliche Entscheidung von Individuen, die von ihren „ideellen und materiellen Interessen als Triebfedern unternehmerischen Handelns" (Weber 1985: 118) beeinflusst wird – auch häufig als Angebotsseite bezeichnet. Andererseits bestimmen die Gelegenheitsstrukturen für selbständige Erwerbstätigkeit die konkrete Umsetzung dieser Interessen bzw. Motivationen in berufliche Selbständigkeit – entsprechend als Nachfrageseite bezeichnet (Van Praag, Van Ophem 1995). Diese beiden Dimensionen hängen wiederum von vielfältigen Faktoren ab (Thornton 1999).

Erklärungen für die spezifische Entwicklung selbständiger Erwerbstätigkeit setzen nun entweder auf der Angebots- oder der Nachfrageseite an. Auf der Angebotsseite lassen sich die Veränderungen beruflicher Selbständigkeit durch einen entsprechenden Einstellungs- und Wertewandel erklären (Ripsas 1997). Selbständige Erwerbstätigkeit entwickelt sich demnach im alten Kontext ohne einen Wandel in der ökonomischen Struktur zu erfahren. Die Zunahme ist allein auf eine wachsende Zahl von Personen mit einer entsprechenden Neigung zu beruflicher Selbständigkeit zurückzuführen (Bögenhold 1987; Blanchflower, Oswald 1998). So wird beispielsweise davon ausgegangen, dass der Wunsch nach Autonomie oder Selbstverwirklichung in der Erwerbsbevölkerung zunimmt und dieser sei leichter in beruflicher Selbständigkeit zu erfüllen (McClelland 1987; Hakim 1989). Demzufolge wäre die Zunahme in Selbständigkeit das Resultat eines neuen Entrepreneurship- oder Unternehmergeistes (Bögenhold, Leicht 2000) oder auf eine sogenannte „Ökonomie der Selbstverwirklichung" (Bögenhold 1985, 1987) zurückzuführen und weitergehende Erklärungsansätze und Untersuchungen wären eher psychologisch ausgerichtet. Die sich daran anschließenden Forschungsfragen sollen aber im Rahmen dieser Arbeit nicht weiter verfolgt werden. Grundsätzlich liegen in der Literatur klare Befunde vor, die auf einem Strukturwandel in beruflicher Selbständigkeit hinweisen, der sich nicht durch diesen Ansatz erklären lässt (Acs et al. 1992; Luber, Leicht 2000).

Die Frage nach externen Faktoren bzw. der Nachfrage-basierten Erklärungsebene für die Entwicklung beruflicher Selbständigkeit bildet somit den Hintergrund für die vorliegende Arbeit. Hierbei werden die Ursachen für den Wandel beruflicher Selbständigkeit in den jeweiligen Bedingungen und Opportunitätsstrukturen gesehen. Basis ist die Annahme, dass sich die Rahmenbedingungen und Opportunitätsstrukturen für berufliche Selbständigkeit seit den 1980er Jahren in Deutschland und Großbritannien entscheidend verändert haben und somit selbständige Erwerbstätigkeit für mehr bzw. neue Personen möglich ist (Luber, Leicht 2000). Es werden zwei Cluster von Rahmenbedingungen unterschieden: wirtschaftliche und institutionell-rechtliche Bedingungen. Die im Rahmen dieser Arbeit berücksichtigten wirtschaftlichen Rahmenbedingungen umfassen die Sektorstruktur, die Strukturierung des Arbeitsmarkts, die Erwerbsstruktur und Arbeitslosigkeit. Die institutionell-rechtlichen Rahmenbedingungen setzen sich aus Regelungen zum Zugang zu beruflicher Selbständigkeit, Förderprogrammen und der rechtlichen Deregulierung von Arbeit zusammen. Es kommt sowohl in Deutschland als auch in Großbritannien zu einschneidenden Veränderungen in diesen Rahmenbedingungen. So wird in der Literatur u.a. eine zunehmende Tertiarisierung und wachsende flexible Spezialisierung sowie ein allgemeiner Wandel der Erwerbsstrukturen dokumentiert, die zu einer Ausweitung von Tätigkeitsfeldern für selbständige Erwerbstätigkeit geführt haben (Leicht 2000; Barbieri 2001). Zusätzlich wurde beispielsweise durch die Implementierung spezifischer Förderprogramme für berufliche Selbständigkeit der Zugang zu selbständiger Erwerbstätigkeit in manchen Bereichen erleichtert (Kießling 1996; Meager 1993). Diese Veränderungen haben entscheidend die Entwicklung beruflicher Selbständigkeit beeinflusst, indem sich dadurch die Opportunitätsstrukturen für Selbständigkeit gewandelt haben.

Der Wandel in den Rahmenbedingungen beruflicher Selbständigkeit ist mit Veränderungen in der sozialen und wirtschaftlichen Struktur innerhalb dieser Gruppe von Erwerbspersonen verbunden. Für verschiedene Gruppen von Erwerbspersonen sind die Veränderungen in den Rahmenbedingungen von unterschiedlicher Relevanz. Z.B. ist das Arbeitslosigkeitsrisiko in der Erwerbsbevölkerung sehr ungleich verteilt und trifft vor allem gering qualifizierte Personen (Gangl 2003). Für diese Personen rückt selbständige Erwerbstätigkeit eventuell mehr in den Fokus der möglichen Erwerbsalternativen (Pfeiffer 1999). Diese Tendenz hätte eine Zunahme an gering qualifizierter Selbständigkeit zur Folge, die sich insbesondere in Bereichen konzentrieren würde, in denen berufliche Selbständigkeit an geringe qualifikatorische und finanzielle Voraussetzungen geknüpft ist wie beispielsweise in Teilen der sozialen Dienste oder im Gastgewerbe. Demgegenüber bieten die sich neu entwickelnden Gelegenheiten für berufliche Selbständigkeit aufgrund einer zunehmenden flexiblen Spezialisierung insbesondere Möglichkeiten für höher qualifizierte Erwerbspersonen (Bögenhold, Leicht 2000). Betroffen hiervon wären beispielsweise Teile der handwerklichen Produktion oder höher qualifizierte, unternehmensorientierte Dienstleistungen auf „Freelance"-Basis wie Programmierer, Unternehmensberater oder ähnliche Tätigkeiten. Folglich sind die jeweiligen Veränderungen in den Rahmenbedingungen, wie z.B. steigende Arbeitslosigkeit einerseits und flexible Spezialisierung andererseits, mit unterschiedlichen Konsequenzen für die soziale und wirtschaftliche Struktur der Gruppe der selbständig Erwerbstätigen verknüpft. Die soziale und wirtschaftliche Struktur bzw. das Sozial- und Wirtschaftsprofil wird im Rahmen dieser Arbeit folgendermaßen definiert: Das Sozialprofil setzt sich vor allem aus den sozialen Merkmalen der Selbständigen wie Qualifikation bzw. Bildung, Alter, Geschlecht und familiäre Lebenssituation zusammen und spiegelt die individuellen Determinanten beruflicher Selbständigkeit wider. Das Wirtschaftsprofil wird über Charakteristika der in Selbständigkeit ausgeübten Tätigkeit, wie z.B. Beruf und Wirtschaftszweig und der Tatsache, ob die Selbständigen mit weiteren Beschäftigten zusammen arbeiten, erfasst.

In der vorliegenden Arbeit ist es nicht möglich, den Schritt in die Selbständigkeit, d.h. den Übergang zwischen verschiedenen Stadien der Erwerbstätigkeit oder Nicht-Erwerbstätigkeit abzubilden. Um diese Analyse durchführen zu können, wären Längsschnittdaten notwendig, die diese Prozesse erfassen. Im Rahmen der vorliegenden Arbeit soll vielmehr der Versuch gemacht werden, aufgrund von empirisch nachweisbaren Strukturveränderungen beruflicher Selbständigkeit, Rückschlüsse auf die Wirkungsweise bestimmter Veränderungen in den Rahmenbedingungen abzuleiten. Durch eine detaillierte Strukturanalyse beruflicher Selbständigkeit auf Basis von Querschnittsdaten zu unterschiedlichen Zeitpunkten soll die These, dass es zu einem Wandel im Sozial- und Wirtschaftsprofil innerhalb der Gruppe der selbständig Erwerbstätigen kommt, überprüft werden. Der Vergleich der entsprechenden Merkmale vor und nach bzw. während der Expansion von Selbständigkeit gibt Aufschluss darüber, wie dieser Wandel verläuft. Ziel ist es, den Wandel beruflicher Selbständigkeit in Deutschland und Großbritannien auf Basis der länderspezifischen Rahmenbedingungen zu erklären.

Dabei bietet der komparative Ansatz der Arbeit eine hervorragende Möglichkeit, die Wirkungsweise spezifischer Rahmenbedingungen zu prüfen. In den, die Entwicklung selbständiger Erwerbstätigkeit bestimmenden Rahmenbedingungen bestehen deutliche Unterschiede zwischen Deutschland und Großbritannien. Die beiden Länder unterscheiden sich insbesondere in der Deregulierung und Flexibilisierung sowie in der Strukturierung des Arbeitsmarktes (Schömann et al. 1998, Rogowski, Schömann 1996). Hierin werden vielfach die Ursachen für die Unterschiede zwischen den beiden Ländern in der Entwicklung beruflicher Selbständigkeit vermutet (Blanchflower, Freeman 1993; Burrows 1991). Zusätzlich variieren die beiden Länder sehr stark im Hinblick auf die institutionellen Regelungen und Beschränkungen für berufliche Selbständigkeit (Grubb, Wells 1993;

Logotech 1997). Entsprechend kann davon ausgegangen werden, dass sich die Möglichkeiten für berufliche Selbständigkeit, die sich durch diese Rahmenbedingungen und deren teilweise Veränderung ergeben haben, zwischen den beiden Länder unterscheiden. Es wird angenommen, dass spezifische Veränderungen in den Rahmenbedingungen für berufliche Selbständigkeit zu entsprechenden, länderspezifischen Modifikationen dieser Erwerbsform geführt haben. Aber es gibt auch gewisse Ähnlichkeiten in den wirtschaftlichen Rahmenbedingungen, wie z.B. ein allgemeiner sektoraler Strukturwandel, die möglicherweise einen gleichgerichteten Einfluss auf die Entwicklung selbständiger Erwerbstätigkeit ausgeübt haben.

Durch den Vergleich zwischen Deutschland und Großbritannien sollen somit einerseits die Länderunterschiede deutlich werden. Andererseits sind durch diesen Ländervergleich zusätzliche Indizien für den Zusammenhang zwischen den Rahmenbedingungen und dem Wandel beruflicher Selbständigkeit festzumachen.

1.3 Vorgehensweise

Das vorliegende Buch ist in drei große Abschnitte gegliedert: theoretische Grundlagen der Untersuchung, empirische Überprüfung und Fazit. Der erste Abschnitt über die theoretischen Grundlagen beinhaltet insbesondere die Darstellung der Veränderungen in den wirtschaftlichen und institutionell-rechtlichen Rahmenbedingungen für berufliche Selbständigkeit in den beiden Ländern. Darin werden die relevanten Strukturen und Modifikationen in den wirtschaftlichen – Sektorstruktur, Arbeitsmarkt, Erwerbsstruktur, Arbeitslosigkeit – und institutionell-rechtlichen – Zugang zu Selbständigkeit, Förderprogramme, rechtliche Deregulierung – Bedingungen diskutiert (Kapitel 2). Nachfolgend werden die bisherigen Erkenntnisse zu den individuellen Determinanten beruflicher Selbständigkeit, d.h. zum Sozial- und Wirtschaftsprofil selbständiger Erwerbstätigkeit, in Deutschland und Großbritannien dargestellt. Die betrachteten Indikatoren sind Bildung, Alter, Geschlecht, familiäre Lebenssituation, Berufe, Wirtschaftszweig und Solo-Selbständigkeit (Kapitel 3). Am Ende des theoretischen Teils werden die noch offenen Fragen formuliert und Hypothesen über den Zusammenhang zwischen den Rahmenbedingungen und der sozialen und ökonomischen Struktur beruflicher Selbständigkeit abgeleitet (Kapitel 4).

Es folgt der empirische Abschnitt der Arbeit, der zunächst die verwendeten Daten und Klassifikationen beschreibt. Eine berufsbasierte Klassifikation wird in Abgrenzung zu bisherigen Klassifikationen beruflicher Selbständigkeit vorgestellt, die eine wichtige Basis für die nachfolgenden, empirischen Analysen darstellt (Kapitel 5). Die anschließenden empirischen Arbeiten werden immer von zwei Sichtweisen geleitet: Einerseits dem Vergleich der Entwicklungen und Veränderungen über die Zeit und andererseits dem Vergleich zwischen Deutschland und Großbritannien. Durch die gewählten Zeitpunkte Ende der 1970er, Anfang der 1980er Jahre bis Ende der 1990er Jahre wird in beiden Ländern die Zeit unmittelbar vor und während der Expansion selbständiger Erwerbstätigkeit erfasst.

In einem ersten Schritt wird allgemein die Entwicklung beruflicher Selbständigkeit in Deutschland und Großbritannien betrachtet. Auf Basis von Zeitreihen wird der erwerbsstrukturelle Wandel in den beiden Ländern seit Beginn der 1980er Jahre nachgezeichnet. Dabei wird die Entwicklung beruflicher Selbständigkeit den Entwicklungen anderer Formen der Erwerbstätigkeit gegenüber gestellt. Hierbei steht die Frage nach dem spezifischen Verlauf der Entwicklung beruflicher Selbständigkeit im Vordergrund (Kapitel 6).

Nachfolgend wird detaillierter und spezifischer der Strukturwandel beruflicher Selbständigkeit anhand der oben beschriebenen zentralen Merkmale – Bildung, Alter, Geschlecht, Berufe, Wirtschaftszweig und Solo-Selbständigkeit – deskriptiv abgebildet (Kapitel 7), bevor eine multivariate Überprüfung der Determinanten beruflicher Selbständigkeit zu verschiedenen Zeitpunkten durchgeführt wird (Kapitel 8 und 9). Neben dem Vergleich Selbständiger mit abhängig Beschäftigten steht immer auch der Vergleich über die Zeit und zwischen den Ländern im Mittelpunkt der Analysen.

Im letzten Abschnitt der Arbeit wird ein Fazit aus den theoretischen Überlegungen und den empirischen Befunden gezogen (Kapitel 10). Hat sowohl in Deutschland als auch in Großbritannien ein Strukturwandel beruflicher Selbständigkeit stattgefunden? Lassen sich spezifische Rahmenbedingungen für den jeweils stattfindenden Wandel verantwortlich machen?

2 Rahmenbedingungen und Opportunitätsstrukturen für berufliche Selbständigkeit in Deutschland und Großbritannien

Selbständige Erwerbstätigkeit erfährt seit Ende der 1970er bzw. Anfang der 1980er Jahre einen Wandel aufgrund einer zunehmenden Zahl an Erwerbspersonen, die in dieser Form am Erwerbsleben teilhaben. Sowohl in Deutschland als auch in Großbritannien lassen sich diese Veränderungen beobachten. Es wird davon ausgegangen, dass dieser Wandel auf Veränderungen in den Rahmenbedingungen und Opportunitätsstrukturen beruflicher Selbständigkeit zurückzuführen ist. Welche Rahmenbedingungen und Opportunitätsstrukturen sind für die spezifische Entwicklung beruflicher Selbständigkeit verantwortlich?

Die wissenschaftliche Auseinandersetzung mit Fragen zu Opportunitätsstrukturen und Rahmenbedingungen beruflicher Selbständigkeit ist geprägt einerseits von einer Debatte um Flexibilisierungen auf den Arbeitsmärkten und einem damit zusammenhängenden, erwerbsstrukturellen Wandel von Arbeit (Rubery et al. 1993; Döse et al. 1994), und andererseits von der Diskussion eines wirtschaftssektoralen Strukturwandels in Deutschland und Großbritannien (OECD 1986, 1992; Luber, Gangl 1997). Diese Veränderungen sollen in vielfältiger Weise zu neuen Möglichkeiten für berufliche Selbständigkeit und anderer Formen der Erwerbstätigkeit geführt haben. Als ein Auslöser der Diskussion um Veränderungen werden insbesondere die bereits Mitte der 1970er und Anfang der 1980er Jahre in beiden Ländern stattfindenden, weitreichenden Beschäftigungseinbrüche, die zu einer anhaltend hohen Arbeitslosigkeit geführt haben, angesehen. Vor allem Arbeitslosigkeit aber auch Flexibilisierungsbestrebungen auf dem Arbeitsmarkt sollen Zwänge auf Erwerbspersonen ausüben, in selbständige Erwerbstätigkeit zu wechseln.

Seit den 1980er Jahren kommt es verstärkt zu Prozessen des organisatorischen, wirtschaftlichen und technologischen Wandels. Unternehmen gehen vermehrt dazu über, ihre Produktions- und Organisationsmaximen zu ändern und zunehmend flexiblere Organisationsformen von Arbeit zu nutzen. Hinzu kommt ein technologischer Wandel, der durch die Entwicklung von Telekommunikations- und Computertechniken eine Dezentralisierung von unternehmensbezogenen Tätigkeiten ermöglicht hat. Es kommt zu einer Anpassung des Arbeitsmarktes an sich veränderte Rahmenbedingungen, die zu einem Wandel der Erwerbsarbeit führt (Kress 1998). Die bisher gültigen Instrumente zur Regulierung der Arbeitsmärkte und zur Überwindung ökonomischer Krisen zeigen sich zu dieser Zeit als nicht mehr adäquat, um auf die entstandenen Probleme zu reagieren. Dazu kommt ein im Laufe der achtziger Jahre verstärkt wachsender, internationaler Wettbewerb auf den Produktmärkten und die Notwendigkeit für Unternehmen, schneller auf sich verändernde Wettbewerbsbedingungen reagieren zu können (Atkinson 1987; Brodsky 1994).

Im Zuge dieser Veränderungen wird von den unterschiedlichen Arbeitsmarktakteuren ein Mehr an Flexibilität in der Ausgestaltung von Beschäftigungsformen gefordert, basierend auf sehr verschiedenen Motivlagen. Unternehmen, bzw. Arbeitgeber sind vor allem daran interessiert, einen flexiblen Einsatz ihrer Arbeitskräfte in Abhängigkeit von den Anforderungen des Marktes zu erlangen, um so eine adäquate Anpassung des jeweiligen Arbeitsvolumens zu erreichen (Noyelle 1998; Blank 1998; Delsen 1995; Walwei 1995a; Abraham 1990; Atkinson 1987; Streeck 1987). Die nationalen Regierungen sind bemüht durch die Zulassung größerer Möglichkeiten an Flexibilität auf den Arbeitsmärkten, die relativ hohe Arbeitslosigkeit zu senken (Atkinson 1987, Brodsky 1994; Rogowski, Schömann 1996). Modifikationen auf der Ebene der Regelung der Arbeitsmarktbedingungen sollen dabei die Erreichung dieses Ziels bewerkstelligen. Novellierungen gesetzlicher Normen – z.B. im Kündigungsschutz, Möglichkeiten der Befristung usw. – stecken zum Teil den arbeits- und sozialrechtlichen Rahmen für Veränderungsprozesse ab (Tálos 1999). Neben einer nicht unberechtigten Furcht vor sinkenden Beschäftigtenzahlen und abnehmender sozialer Absicherung aufgrund einer zunehmenden Flexibilisierung von Beschäftigung können Arbeitnehmer demgegenüber auch durchaus ein Interesse an einer flexibleren Gestaltung ihrer Arbeit haben (Dex, McCulloch 1997; Polivka, Nardone 1989). So finden Veränderungen in der Nachfrage nach neuen Erwerbsformen auch auf Seiten der Arbeitnehmer statt (Fink 1999; Kalleberg et al. 1997).

Die dadurch bedingten Veränderungen auf dem Arbeitsmarkt und in der Ausgestaltung von Erwerbsformen wirken auch auf die Entwicklung beruflicher Selbständigkeit, da sich entsprechend die Rahmenbedingungen verändern. Die Bedingungen lohnabhängigen Erwerbs wirken auf die Situation beruflicher Selbständigkeit, da sich idealtypisch beide Formen als Erwerbsalternativen auf dem Arbeitsmarkt gegenüber stehen. Personen wählen ihre Form der Erwerbstätigkeit zwischen diesen Alternativen bei gegebenen individuellen Ressourcen jeweils nach den relativen Vor- und Nachteilen einer dieser Erwerbsoptionen. Je nach dem ob sich die Möglichkeiten und Bedingungen für abhängige Beschäftigung in einem Land verschlechtern oder verbessern, sinken oder steigen auch die Ansprüche an die selbständige Erwerbsalternative. Die subjektive Einschätzung der jeweiligen Vor- und Nachteile einer Alternative hängt wiederum von den Gegebenheiten auf dem Arbeitsmarkt ab. Die Entwicklung selbständiger Erwerbstätigkeit ist somit nicht zu verstehen, ohne die Bedingungen und Veränderungen abhängiger Erwerbstätigkeit mit einzubeziehen. Beide Formen sind wiederum abhängig von der Konstellation der Umweltfaktoren, welche die bestehenden Gelegenheits- und Opportunitätsstrukturen charakterisieren.

Es wird davon ausgegangen, dass der Wandel in den Rahmenbedingungen und Opportunitätsstrukturen den Zugang zu beruflicher Selbständigkeit verändert und entsprechend für Veränderungen im Sozial- und Wirtschaftsprofil verantwortlich ist. In einem ersten Schritt wird versucht, diese Zusammenhänge theoretisch aufzubereiten. Welche allgemeinen, makro-strukturellen Erklärungen lassen sich für die Zunahme selbständiger Erwerbstätigkeit aus der Literatur ableiten? In einem nächsten Schritt werden zwei Fragen aufgegriffen: (1) Wie sehen die wirtschaftlichen und institutionell-rechtlichen Rahmenbedingungen in Deutschland und Großbritannien aus? (2) Wie wirken sie spezifisch in den beiden Ländern auf die Struktur und Entwicklung beruflicher Selbständigkeit? Neben den drei Aspekten Wirtschaftsstruktur, Flexibilisierung des Arbeitsmarktes und Arbeitslosigkeit bilden in der länderspezifischen Betrachtung vor allem auch institutionelle Rahmenbedingungen einen Schwerpunkt. Die jeweilige Ausgestaltung und Wirkungsweise der makro-strukturellen Ursachen hängt von länderspezifischen, institutionell verankerten Regulierungen ab, die sich ebenfalls seit den 1980er Jahren gewandelt haben.

2.1 Allgemeine makro-strukturelle Bedingungen für selbständige Erwerbstätigkeit

Die allgemeinen, makro-strukturellen Erklärungen für die Struktur und Entwicklung beruflicher Selbständigkeit werden nachfolgend theoretisch aufgearbeitet.

2.1.1 Die Wirtschaftsstruktur und deren Bestimmungsfaktoren

Die strukturellen Merkmale der Wirtschaft in einem Land beeinflussen die Struktur und Entwicklung von Erwerbstätigkeit. Die Organisation der Güterproduktion ist nach wie vor das prägende Element der Wirtschaftsstruktur in Deutschland und Großbritannien. Sie bestimmt zu einem Großteil die Ausgestaltung und die Veränderungen in spezifischen Erwerbsformen wie z.B. die Entwicklung selbständiger Erwerbstätigkeit. Die Industrie- und Betriebssoziologie sowie Teile der Wirtschaftswissenschaften konzentrieren sich bei der Untersuchung der Organisation der Güterproduktion in erster Linie auf die Erklärung des Beharrungsvermögens und der Renaissance kleiner Betriebe (z.B. Thurik 1996; Europäisches Beobachtungsnetz für KMU 1995; Storey 1994; Schwalbach 1994; Leicht, Stockmann 1993; Manz 1991, 1993; Steinmetz, Wright 1989; OECD 1985; Granovetter 1984).

2.1.1.1 Die Organisation der Güterproduktion und flexible Spezialisierung als Folge

Theoretische Überlegungen zur Organisation der Güterproduktion gehen davon aus, dass eine duale Segmentation der Güterproduktion existiert: „Die Grundprämisse (...) ist die eines güterwirtschaftlichen Dualismus, nach der die gesamte Wirtschaft in einen monopolisierten, stabilen Kernbereich („Core Economy") mit konjunkturunabhängiger, standardisierter Massenproduktion und einen peripheren Wettbewerbsbereich („Peripherial Economy") gespalten ist" (Sesselmeier, Blauermel 1990: 161). Zurückgehend auf Überlegungen von Averitt (1968) zur *„dual economy"* wird dabei von einer Zweiteilung der Ökonomie in ein primäres und ein sekundäres Segment ausgegangen. Der erste Sektor ist geprägt durch sichere Absatzmärkte, kapitalintensiver Güterproduktion in großer Arbeitsteilung und wenigen großen Firmen. Monopolisierte Industrien mit großer Marktmacht können in das humane und physische Kapital ihrer Arbeitskräfte investieren und neigen dazu, risikobehaftete Bereiche auszulagern. Der sekundäre Sektor hingegen besteht in erster Linie aus konkurrierenden kleinen, kapitalextensiven Unternehmen an der industriellen Peripherie. Diese Klein- und Mittelbetriebe sind geprägt durch arbeitsintensive Produktionen von Diensten oder Gütern, die weder standardisiert noch massenhaft hergestellt werden können und sehen sich einer instabilen Nachfrage gegenüber. Idealtypisch ist die Folge einer „dual economy", eine Dualität zwischen Unternehmen mit großer Marktmacht und einer hohen Zahl davon abhängiger Klein- und Mittelbetriebe (siehe auch Berger, Piore 1980).

Verschiedene Erklärungen für die Dualität der Güterproduktion lassen sich aus der Literatur ableiten. Auf der einen Seite finden sich große Unternehmen mit guten Skalenerträgen, d.h. zunehmenden Erträgen pro Produktionseinheit bei steigender Unternehmensgröße aufgrund von Kostendegression („economies of scale"). Diese Art der Produktion ist gut geeignet, um die stabile Basisnachfrage nach einem Produkt zu befriedigen, ist aber in ihrer Flexibilität sehr begrenzt. Auf der anderen Seite stehen kleine, flexible Unternehmen, die ein wechselndes Angebot an Produkten bereitstellen oder auf eine unerwartet steigende Nachfrage reagieren. Darüber hinaus gibt es für kleine Betriebe Bereiche in der Produktion und insbesondere der Dienstleistungserbringung, die sich einer Massenproduktion verschließen; z.B. personenbezogene Dienste, die durch eine personen- und ortsgebundene Dienstleistungserbringung charakterisiert sind (Piore, Sabel 1984, 1985).

So basiert die Konstanz von kleinen Unternehmen auf einer sogenannten *„flexible specialization"* (Piore, Sabel 1984). Demzufolge existieren Bereiche handwerklicher Produktion und Dienstleistungen, die aufgrund eines teilweise hohen Maßes an Spezialisierung, Professionalität und individueller Problemlösungskapazität insbesondere für kleine Produktionseinheiten vorteilhaft sind und nur schwerlich großbetrieblich organisiert werden können. Entsprechend liegt die Ursache der Persistenz kleiner Betriebe in dem Vorhandensein dieser Nischen kleinbetrieblicher Produktion (Leicht 1995; Acs, Audretsch 1990; Loveman et al. 1990).

Bis Ende der 1960er Jahre, Anfang der 1970er Jahre dominiert sowohl in Deutschland als auch in Großbritannien das fordistische Produktionskonzept. Ausgerichtet an der Massenproduktion von Gütern durch das Zusammenwirken von arbeitsorganisatorischen Prinzipien – wie beispielsweise die Arbeitsteilung in kleinste Schritte – und entsprechender Technologie, ist der ‚Fordismus' sehr gut dazu geeignet, die expansive Steigerung des Massenkonsums in der Nachkriegszeit zu decken. Trotzdem behaupten sich kleine Unternehmen aufgrund der Dualität der Güterproduktion zahlenmäßig immer (Berger, Piore 1980).

2.1.1.2 Die Renaissance kleiner Betriebe und selbständiger Erwerbstätigkeit

Seit den 1970er Jahren steigen die Zahl und Beschäftigungsanteile kleiner Betriebe wieder an (Europäisches Beobachtungsnetz für KMU 1995; Steinmetz, Wright 1989; Granovetter 1984). Dieser Wiederanstieg in der wirtschaftlichen Relevanz kleiner Betriebe wird auf eine Krise des fordistischen Produktionsprinzips zurückgeführt (Piore, Sabel 1984, 1985). Für diese Krise werden mehrere Faktoren verantwortlich gemacht: die Ausdehnung des internationalen Handels, zunehmende Produktionsunsicherheiten durch schwankende Güternachfrage, eine Diversifizierung der Nachfrage und die Intensivierung der zyklischen Produktionsschwankungen (Bell 1973, 1985). Das häufig zitierte „Ende der Massenproduktion" wurde daraus abgeleitet (Piore, Sabel 1984, 1985). Damit ist die These verbunden, dass es zu einer Abnahme der Bedeutung großer Produktionsorganisationen zugunsten kleiner, dezentralisierter Einheiten kommt. Betriebe mit fordistisch-organisierter Massenproduktion sind nicht flexibel genug, um sich schnell an neue Produktionserfordernisse und ökonomische Veränderungen anzupassen. Dies eröffnet Nischen und Möglichkeiten für Klein- und Mittelbetriebe, da diese wesentlich flexibler und schneller auf solche Entwicklungen reagieren können (Mühlberger 2000; Loveman et al. 1990). Die Ursachen für die Prosperität kleiner Betriebe liegen somit einerseits im strukturellen Wandel des Marktumfeldes, und andererseits in technisch-organisatorischen Faktoren im Betrieb. Oder anders ausgedrückt: „Eine (...) Schematisierung der Argumente ergibt sich aus der Unterscheidung zwischen Erklärungen, die zum einen im Kontext mit dem Wandel der *Nachfrage* nach bestimmten Produkten und Dienstleistungen zu sehen sind und zum anderen aus der Steigerung der *Produktionsef-*

fizienz als Folge einer vorteilhaften Technologie und Arbeitsorganisation in Kleinbetrieben resultieren" (Leicht 1995: 20, Hervorhebungen im Original). Die Zunahme an kleinen Betrieben und Selbständigkeit wird somit vor allem auf Nachfrageverschiebungen auf Seiten der Konsumenten sowie auf Seiten der Unternehmen zurückgeführt. So kommt es zum einen zu Veränderungen in der Nachfrage weg von Massenprodukten hin zu stärker personalisierten Gütern und Diensten, wodurch die Expansion kleiner Betriebe und beruflicher Selbständigkeit gestärkt wird (Leicht, Stockmann 1993). Zum anderen begünstigt die wachsende Verlagerung von Tätigkeiten von der „core economy" hin zur Peripherie im wesentlichen solche Branchen, in denen berufliche Selbständigkeit an sich stärker verbreitet ist und Skaleneffekte kaum eine Rolle spielen (Blau 1987; Leicht 1995). So kommt es nach Baethge und Baethge-Kinsky (1998) aufgrund einer zunehmenden Prozessorientierung von Unternehmen zu einer „Dynamisierung des betrieblichen Leistungsprofils", in deren Verlauf reversibel gehandhabte Prozesse von Out- und Insourcing auftreten. Dadurch werden auch bislang als besondere betriebliche Kompetenzen gehandelte Aufgaben (Forschung und Entwicklung, Aus- und Weiterbildung, technische Planung und Instandhaltung) zur Disposition gestellt. Kleine Produktionseinheiten, d.h. kleine und kleinste Betriebe sowie Selbständige, haben somit im Zuge der Modernisierung von Gesellschaften nicht wie erwartet an Relevanz verloren, sondern im Gegenteil ist ihre Zahl wieder angestiegen (Reynolds et al. 1994; Thurik 1996; Storey 1994; Schwalbach 1994; Manz 1991, 1993; OECD 1985).

2.1.1.3 Die Tertiarisierung der Wirtschaftsstruktur

Die Mechanismen, die Veränderungen in der Organisation der Güterproduktion verursachen – Wandel der Bedürfnisse und des Konsumverhaltens und neue Technologien – werden ebenfalls als Ursachen für den wirtschaftlich-sektoralen Strukturwandel angesehen. Eine Expansion des Dienstleistungssektors ist die Folge (Schmid 1998; Heidenreich 1997). Hintergrund ist die Annahme, dass nachdem die Grundbedürfnisse (z.B. Nahrung, Wohnung) befriedigt sind, die Nachfrage nach sekundären Konsumgütern (z.B. Autos, Fernseher) steigt. Sind diese Bedarfe auch gedeckt, steigt die Nachfrage nach tertiären Dienstleistungen (z.B. Bildung, Gesundheit, Freizeit). Durch parallel verlaufende Produktivitätssteigerungen aufgrund technischen Fortschritts und rationelleren Organisationsformen kann diesen Bedürfnissen auch entsprechend Genüge getan werden (Fourastié 1969). Demzufolge kommt es immer mehr zu einer Verlagerung hin zum Dienstleistungssektor – auch als *Tertiarisierung der Wirtschaftsstruktur* bezeichnet.

Sowohl in Deutschland als auch in Großbritannien findet sich entsprechend eine beträchtliche Verlagerung des Beschäftigungsanteils vom sekundären zum tertiären Sektor (OECD 1994, 1995a; Heise 1997; Anderton, Mayhew 1994; Ganßmann, Haas 1999). Diese erwerbsstrukturelle Gewichtsverlagerung zum Dienstleistungssektor trägt an sich bereits zu einem Wachstum selbständiger Erwerbstätigkeit bei. Der tertiäre Sektor weist in der Regel deutlich höhere Selbständigenquoten auf als der sekundäre Sektor und ist überwiegend kleinbetrieblich geprägt. Aber auch im industriellen Sektor ist eine Zunahme der Zahl kleiner Betriebe und Selbständigenexistenzen zu beobachten (Luber, Gangl 1997). Insgesamt kommt es zu einer branchen- und segmentspezifischen Entwicklung (Leicht 1995). Zusammenfassend kann festgehalten werden, dass sich Selbständigkeit aufgrund flexibler Spezialisierung in bestimmten Segmenten der traditionellen Branchen behaupten kann – z.B. im modernen Handwerk, in Teilen des Investitionsgütersektors – und sich darüber hinaus aufgrund von Veränderungen in der Nachfrage neue Tätigkeitsfelder bieten – z.B. im Bereich der unternehmensorientierten oder personenbezogenen Dienstleistungen (Leicht 1995), die sich als veränderte Elemente im Wirtschaftsprofil von Selbständigen widerspiegeln.

2.1.2 *Arbeitsmarktflexibilisierung*

Seit den 1980er Jahren wird in der Literatur vermehrt über Bestrebungen einer zunehmenden Flexibilisierung der Arbeitsmärkte, in erster Linie aus Sicht der Unternehmen, diskutiert. Verschiedene Ursachen und Formen der Flexibilisierung werden hierbei differenziert. Insgesamt hat die Flexibilisierung der Arbeitsmärkte aufgrund neuer Zugangs- und Nutzungsbedingungen von Erwerbsformen zu einem allgemeinen, erwerbsstrukturellen Wandel geführt. Hierbei kam es auch zu einer Expansion sogenannter atypischer Beschäftigungsverhältnisse. Die jeweilige Ausgestaltung der Flexibilisierung und damit verknüpft die Expansion spezifischer Erwerbsformen ist wiederum von der Strukturierung der Arbeitsmärkte abhängig.

2.1.2.1 Die Flexibilisierung von Arbeitsmärkten

Die 1980er Jahre werden in der Literatur als Phase der „emerging flexibilities", d.h. neu aufkommender Formen der Flexibilisierung, bezeichnet (Pollert 1991: 9). Die 1990er Jahre werden als Periode der Etablierung bestimmter Formen der Arbeitsflexibilisierung gesehen (Schumann et al. 1995; Crompton et al. 1996). Flexibilisierung wird hierbei als Anpassung des Arbeitsmarktes an sich verändernde Rahmenbedingungen verstanden. Die Flexibilisierung von Arbeit und

Arbeitsmärkten wurde als entscheidend für die Überwindung ökonomischer und struktureller, wirtschaftlicher Krisen in kapitalistischen Gesellschaften angesehen (Pollert 1991).

Flexibilisierung von Arbeit ist indes nicht neu in der Diskussion um die Ausgestaltung von Arbeitsbeziehungen. Das neue Element in der Diskussion seit den 1980er Jahren ist der Kontext einer anhaltend hohen Arbeitslosigkeit, in dem diese Entwicklung stattfindet (Piore, Sabel 1984; Kern, Schumann 1984, 1998). Die Suche von Unternehmen nach zunehmender Flexibilität wird überwiegend durch vier stattfindende Prozesse erklärt: (1) Veränderungen in der Nachfrage nach Gütern auf Seiten der Konsumenten und Unternehmen, (2) technologischer Wandel, (3) die Internationalisierung der Produktmärkte und (4) damit verbunden der wachsender Konkurrenzdruck (Brunhes 1989; Abraham 1990). Es wird argumentiert, dass Unternehmen über ein ausreichendes Potential an stabilen, dauerhaften Beschäftigungsverhältnissen hinaus insbesondere in Phasen ökonomischer Schwierigkeiten oder erhöhtem Konkurrenzdruck, ein Flexibilisierungspotential zur Anpassung personeller Kapazitäten an schwankende Erfordernisse der Produktion benötigen (Walwei 1995a; Cappelli 1995). Allgemein werden die stattfindenden Veränderungen auf dem Arbeitsmarkt als ein Anpassungsprozeß von Unternehmen auf externe Veränderungen und insbesondere auf das Zusammenspiel parallel ablaufender Prozesse gesehen (Rubery 1999; Hakim 1988).

Unterschiedliche Formen der Flexibilisierung von Arbeit sind dabei gegeneinander abzugrenzen. Eine erste, wichtige Differenzierung stellt hierbei die Unterscheidung zwischen interner und externer Flexibilisierung dar (Abraham 1990; Abraham, Taylor 1996). *Interne Flexibilisierung* bezieht sich hierbei auf Veränderungen in der Arbeitszeit, in den Aufgaben bzw. den Inhalten der Arbeit und den Löhnen der bereits beim Unternehmen tätigen Beschäftigten. *Externe Flexibilisierung* umfasst die Anpassung der Größe und Struktur der Arbeiterschaft an Veränderungen in den Arbeitsaufgaben und an Nachfrageschwankungen (Treu 1992; Delsen 1995).

Atkinson (1987) unterscheidet im Rahmen seines theoretischen Ansatzes der „flexiblen Firma" drei Strategien von Unternehmen, um eine Flexibilisierung des Arbeitskräfteeinsatzes bzw. –volumens[1] zu erreichen:

- Numerische Flexibilität: Möglichkeit, die Zahl der Beschäftigten je nach Bedarf anzupassen, durch einerseits die zusätzliche Beschäftigung von Arbeitnehmern in Zeiten hoher Arbeitsauslastung, und andererseits durch die

[1] Das Arbeitsvolumen ist das Produkt aus Personen und Arbeitsstunden in einem Unternehmen. Flexibilität kann somit entweder an der Zahl der Personen oder an den geleisteten Arbeitsstunden ansetzen, um das Arbeitsvolumen entsprechend den Anforderungen anzupassen.

Umverteilung von Arbeitszeit insbesondere in Zeiten geringer Arbeitsauslastung.

- Funktionale Flexibilität: Anpassung der Arbeitsaufgaben der Beschäftigten an die Erfordernisse der schwankenden Arbeitsauslastung durch eine Re-Organisierung der Aufgaben.
- „Distancing": Ersetzen von herkömmlichen Arbeitsverträgen durch Verträge mit Unternehmen oder Individuen, welche die jeweils erforderliche Aufgabe erfüllen – auch als subcontracting bezeichnet. In diesem Rahmen wird auch von der Reduzierung von Unternehmen auf ihre jeweiligen Kernkompetenzen gesprochen (out-sourcing), was dazu führt, dass bestimmte Aufgaben von externen Anbietern eingekauft werden (siehe auch Atkinson, Meager 1986; Reiss 1999).

Die Unterscheidung der verschiedenen Formen der Flexibilisierung lässt bereits deutlich werden, dass damit jeweils spezifische Zielsetzungen verbunden sind. Insbesondere externe Flexibilisierung dient zum einen dazu, eine flexible Anpassung des Beschäftigungsumfangs je nach veränderten Rahmenbedingungen bei Erhalt der Kernbelegschaft zu erreichen (Walwei 1995a u. b). Zum anderen ist durch den Einsatz externer Arbeitskräfte eine größere Lohnflexibilität möglich. Des weiteren, werden dadurch spezielle Dienste, die nicht den Beschäftigten des Unternehmens erbracht werden, eingekauft (Abraham 1990). So erscheint es für Unternehmen sinnvoll, spezialisierte Dienste von externen Arbeitskräften erbringen zu lassen, wenn sie tatsächlich benötigt werden, anstatt qualifizierte, interne Arbeitskräfte auf unbestimmte Dauer zu beschäftigen (Carley, Suri 1993).

2.1.2.2 Erwerbsstruktureller Wandel und das vermehrte Aufkommen atypischer Beschäftigung

Während bis in die 1980er Jahre hinein aufgrund der vorherrschenden Organisation von Arbeit der überwiegende Teil der Arbeitnehmer zur Kernbeschäftigung von Unternehmen gezählt werden konnte, wächst aufgrund der zunehmenden Flexibilisierung die Randbeschäftigung und damit zusammenhängend von der bisherigen Norm abweichende Erwerbsformen. Die zunehmend flexiblere Organisation von Arbeit aufgrund von Veränderungen in den Produktions- und Organisationsmaximen von Unternehmen hat danach allgemein einen erwerbsstrukturellen Wandel zur Folge (Rubery 1989; Noll 1991; Meulders et al. 1994; Felstead, Jewson 1999). Die teilweise als neu erachteten, sogenannten atypischen

Beschäftigungsverhältnisse[2] umfassen demnach z.B. Teilzeitarbeit, befristete Beschäftigung, Leiharbeit und Sub-Unternehmertum, da mit ihnen jeweils bestimmte Flexibilisierungsstrategien umgesetzt werden können (Kress 1998).[3] Das daraus entstandene, tatsächlich „Neue" an verschiedenen Arten der Beschäftigung ist nicht die eigentliche Form der Erwerbstätigkeit – die meisten besitzen eine lange Rechts- und Sozialgeschichte – sondern vielmehr die geänderten sozialen und betrieblichen Zugangs- und Nutzungsbedingungen (Döse et al. 1994: 1). Dabei umfasst atypische Beschäftigung in der Regel all diejenigen Formen der Erwerbsarbeit, die nicht charakterisiert sind durch traditionelle Arbeitsverträge unbegrenzter Dauer für Personen, die auf Vollzeitbasis arbeiten. Dem gegenüber steht das „Normalarbeitsverhältnis", das geprägt ist durch abhängige, vollzeitige und dauerhafte Beschäftigung mit geregelter Normalarbeitszeit, kontinuierlichem Entgelt und Bestandsschutzgarantien (Tálos 1999; Walwei 1993, 1995a u. b; Rogowski, Schömann 1996; Mückenberger 1985, 1990). Die Bezeichnung 'atypische Beschäftigung' stellt somit einen Sammelbegriff für all jene Formen der Erwerbstätigkeit dar, die nicht der Logik des Normalarbeitsverhältnisses entsprechen (Keller, Seifert 1995).[4]

---

[2] Die Bezeichnung variiert in der Literatur und reicht von „atypische" oder „flexible" Beschäftigung, Nicht-Normbeschäftigten bis hin zu „prekäre" und „unsichere" Beschäftigung. Diese unterschiedliche Benennung liegt einerseits an den jeweiligen Erwerbsformen, die darunter subsumiert werden. Andererseits implizieren bestimmte Bezeichnungen, z.B. prekär und unsicher, schon eine Bewertung dieser Erwerbsformen als „schlechter" als das „Standard- oder Normalarbeitsverhältnis" (Felstead, Jewson 1999: 1f.). In der vorliegenden Arbeit wird der eher neutrale Begriff „atypisch" für die betrachteten Erwerbsformen genutzt.

[3] Die stattfindenden Wandlungsprozesse werden dabei sehr gegensätzlich eingeschätzt. Die Sichtweisen variieren zwischen einerseits einer fast gänzlichen Auflösung der bisherigen Muster von Arbeit (Rifkin 1996; Beck 1986) bis hin zu der Erwartung einer Kontinuität alter Strukturen mit nur kleineren, marginalen und vor allem langsam verlaufenden Veränderungen (Willke 1998; Walwei 1995b, 1998; Hoffmann, Walwei 1998a u. b).

[4] Atypische Beschäftigung wird häufig mit der Erwartung qualitativ schlechterer Erwerbstätigkeit gleichgesetzt – im Sinne von Einkommen, sozialer Absicherung und Dauer der Beschäftigung – aufgrund einer Gleichstellung mit prekärer Beschäftigung (Rothstein 1996). Prekäre Beschäftigung ist nach Rodgers und Rodgers (1989: 10) vor allem definiert durch (1) einen kurzen Zeithorizont und ein hohes Risiko des Jobverlustes, (2) durch geringe Kontrolle der Arbeitsbedingungen durch die Beschäftigten, (3) durch geringen Schutz und geringe soziale Absicherung durch kollektivvertragliche Regelungen und Gesetze und (4) durch geringe Einkommen. Die in der Kombination ausschlaggebenden Kriterien treffen nicht grundsätzlich auf die oben benannten atypischen Erwerbsformen zu. Es gibt jedoch laut Rodgers und Rodgers (1989: 10) Trends in atypischer Beschäftigung, die in Richtung zunehmender Prekarität laufen. Aber atypische Erwerbsformen bieten „nicht grundsätzlich gar keinen oder nur einen geringen Schutz vor verschiedenen sozialen Risiken (...) (vor allem Krankheit, Alter, Arbeitslosigkeit, aber auch Armut). Atypische Beschäftigungsverhältnisse bewegen sich vielmehr auf einem Kontinuum, dessen Pole durch die üblichen sozialstaatlichen Sicherungsstandards des Normalarbeitsverhältnisses auf der einen sowie durch hochgradige Prekarität auf der anderen Seite markiert werden" (Keller, Seifert 1995: 232).

Verschiebungen in der relativen Bedeutung der einzelnen Erwerbsformen führen dazu, dass vormals verhältnismäßig unbedeutende Beschäftigungsverhältnisse in ihrer Relevanz deutlich gewachsen sind. Die Entwicklungen der verschiedenen Erwerbsformen lassen sich mit spezifischen Flexibilisierungsbestrebungen von Unternehmen verbinden. Interne, numerische Flexibilität führt insbesondere zum Einsatz von Teilzeitarbeit, um ein flexible Anpassung der Arbeitszeit zu erreichen. Darüber hinaus sind Anpassungen des Arbeitskräftevolumens an Auftragsschwankungen über externe Arbeitskräfte in befristeten Beschäftigungsverhältnissen möglich. Interne, funktionale Flexibilität zieht dagegen keine atypischen Beschäftigungsformen nach sich, sondern hat eine erhöhte, innerbetriebliche Mobilität der Gruppe der Kernbeschäftigten zur Folge. Formen externer Flexibilität sind demgegenüber klar mit dem Aufkommen von Randbeschäftigung verknüpft. Durch den Rückgriff auf Gruppen externer Beschäftigter wie Leiharbeiter oder Sub-Unternehmer zur Bewältigung von Zulieferaufgaben und Dienstleistungen wird Flexibilität im Umfang und in der Zusammensetzung der Beschäftigten eines Unternehmens erreicht (Hakim 1990; Blackburn 1992; kritisch Pollert 1991). Vor allem die letzt genannte Form der externen Flexibilisierung – Sub-Unternehmertum – ist eng mit der Entwicklung beruflicher Selbständigkeit verbunden. Dabei werden Sub-Unternehmer und Freie Mitarbeiter einerseits häufig zur Erbringung qualifizierter Tätigkeiten und Dienste genutzt. Andererseits bieten sich auch Tätigkeiten für „subcontracting“ oder „outsourcing“ an, die nur geringe Qualifikationen erfordern, wie beispielsweise Reinigungs-, Sicherheits- und Wachdienste (Allen, Henry 1996).[5] Unabhängig von diesem direkten Zusammenhang mit beruflicher Selbständigkeit, verändert die zunehmende Flexibilisierung zudem die Erwerbsoptionen von Personen insgesamt. Die Formen abhängiger Beschäftigung, die als Alternativen beruflicher Selbständigkeit gegenüber stehen, haben sich deutlich gewandelt.

2.1.2.3 Die Strukturierung des Arbeitsmarktes

Welche Form der Flexibilisierung von einem Unternehmen genutzt wird, hängt von unterschiedlichen Faktoren ab. Besonders die allgemein vorherrschende

[5] Inzwischen finden sich einige Beispiele zur Struktur des „subcontracting“ in ausgewählten Branchen: für den britischen Maschinenbau Lyons, Bailey 1993; in der britischen Fernsehbranche Dex et al. 2000; im britischen Baugewerbe Birch 1997; und für die britische Telekommunikationsbranche MacKenzie 2000. Für die deutsche Kulturbranche: siehe Gottschall, Schnell 2000. Auch wenn in allen (meist qualitativen) Studien über große wirtschaftliche Schwierigkeiten der Sub-Unternehmer – überwiegend aufgrund der großen ökonomischen Abhängigkeit von nur einem Kunden – berichtet wird, gibt die Mehrheit dieser Erwerbspersonen an, ihren Status als selbständig Erwerbstätige gegenüber einer abhängigen Beschäftigung zu präferieren.

Strukturierung des Arbeitsmarktes bestimmt die Umsetzung spezifischer Flexibilisierungsstrategien. Zur Erklärung der Zusammenhänge wird nachfolgend auf Überlegungen segmentationstheoretischer Ansätze zurückgegriffen. Die Überlegungen zur Segmentation der Arbeitsmärkte gehen vorwiegend auf empirische Forschungsarbeiten in den 1960er und 1970er Jahren in der us-amerikanischen Arbeitsökonomik zurück (Piore 1978; Doeringer, Piore 1971; Kerr 1977). Ausgangspunkt waren dabei Beobachtungen der ungleichen Arbeitsmarktchancen von Individuen in Abhängigkeit von ihrer sozialen Herkunft, Qualifikation oder ethnischen Zugehörigkeit sowie dem Beruf, Branche und der Größe des Unternehmens. Diese Befunde ließen sich nicht mit den geltenden neoklassischen Arbeitsmarkttheorien erklären (Sengenberger 1978). Im Zuge der Kritik an den neoklassischen Arbeitsmarktmodellen, wurde der Arbeitsmarkt nicht mehr als ein einzelner Markt, gesteuert über bloße Marktmechanismen, sondern vielmehr als bestehend aus mehreren Teilarbeitsmärkten verstanden, die durch institutionelle Regelungen charakterisiert und verfestigt sind. Die verschiedenen Teilarbeitsmärkte unterscheiden sich hierbei durch verschiedene Indikatoren wie Zugangsberechtigung, Allokationsprozesse, Karrieremöglichkeiten und tendieren zu gegenseitiger Abschottung (Fassmann 1993). Die Spaltung der Arbeitsmärkte ist einerseits durch die Qualifikationsstruktur der Arbeitskräfte und –plätze, und andererseits durch die Bindung zwischen Arbeitnehmern und Arbeitgebern geprägt (Sengenberger 1978). In der Literatur findet sich mittlerweile eine ganze Reihe unterschiedlicher Segmentationsansätze. Sie unterscheiden sich insbesondere durch die gesetzten Schwerpunkte. Die duale Theorie der Arbeitsmärkte (Piore 1975, 1978) betont vor allem die Relevanz der Qualifikation der Arbeitsplätze in verschiedenen Segmenten. Die Ansätze, die zwischen internen und externen Arbeitsmärkten unterscheiden, beziehen sich überwiegend auf die Struktur der Teilarbeitsmärkte innerhalb und außerhalb von Betrieben (Lutz, Sengenberger 1980; Marsden 1986).

Der Segmentationsansatz von Doeringer und Piore (1971) geht zunächst von einer Zweiteilung des Arbeitsmarktes aus. Es existiert demnach ein primäres und ein sekundäres Segment, die sich sowohl institutionell als auch technologisch und ökonomisch voneinander unterscheiden. Der primäre Arbeitsmarkt ist gekennzeichnet durch stabile Beschäftigungsverhältnisse, gute Arbeitsbedingungen, Fortbildungs- und Karrieremöglichkeiten und hohe Einkommen. Demgegenüber finden sich im sekundären Teilarbeitsmarkt überwiegend instabile Beschäftigungsverhältnisse mit nur geringen Fortbildungs- und Karrierechancen und vergleichsweise geringen Einkommen. Bestimmungsfaktor der Segmentation ist vor allem der unterschiedliche Stand und Einsatz von Technologien in den Segmenten und die damit variierenden Qualitätsmerkmale der Arbeitsplätze. Der Zugang zu den verschiedenen Segmenten ist abhängig von der Qualifikation und der sozialen Herkunft einer Person und ein Wechsel zwischen beiden Teilarbeitsmärkten ist in der Regel nicht möglich (Piore 1975, 1978; Kock 1994; Rogowski, Schömann 1996).

Eine Übertragung der Theorie der Segmentation des Gesamtarbeitsmarktes auf den deutschen Arbeitsmarkt unternehmen Lutz und Sengenberger (1980; siehe auch Sengenberger 1978, 1987). In ihrem Ansatz basiert die Segmentation des Arbeitsmarktes vorrangig auf der gegenseitigen Bindung zwischen Arbeitgebern und Arbeitnehmern. Sie unterscheiden in Deutschland zwischen drei Teilarbeitsmärkten: ein berufsfachliches Segment, ein betriebszentriertes Segment und ein unstrukturierter „Jedermannsarbeitsmarkt". Die verschiedenen Teilarbeitsmärkte sind charakterisiert durch jeweils spezifische Formen der Qualifikation und der auf sie gerichteten Qualifizierung – fach- vs. betriebsspezifische Qualifikationen – sowie durch bestimmte Formen der Arbeitskräfteallokation und –mobilität. Die vorhandenen Qualifikationen stellen durch entsprechende Selektions- und Rekrutierungsstrategien von Unternehmen das entscheidende Kriterium für die Allokationsprozesse in die einzelnen Teilarbeitsmärkte dar. Die Betriebe sind hierbei insbesondere bemüht, den Ertrag von Humankapitalinvestitionen zu sichern (siehe auch Szydlik 1990, 1993). Berufsfachliche Arbeitsmärkte sind charakterisiert durch über Betriebe hinweg übertragbare, fachspezifische Qualifikationen und typischerweise konzentriert im Handwerk und bei Facharbeitern sowie in professionellen Berufen. Betriebsinterne Teilarbeitsmärkte hingegen basieren auf betriebsspezifischen Qualifikationen und überwiegen in Großindustrien, im öffentlichen Sektor und in Teilen des Dienstleistungssektors – vor allem Banken und Versicherungen (Lutz, Sengenberger 1980). Beide Segmentationsansätze sehen die Hauptursachen für das Auftreten unterschiedlicher Teilarbeitsmärkte einerseits in humankapitaltheoretischen Überlegungen – Investitionen in Humankapital der Beschäftigten muss sich amortisieren – und andererseits in technologisch-arbeitsorganisatorischen Prozessen – Unterschiede im Technologieeinsatz – begründet.

2.1.2.4 Strukturierung und Flexibilisierung

Welche Formen der Flexibilisierung nun überwiegend von Unternehmen herangezogen werden, um ihr Arbeitsvolumen jeweils spezifisch anpassen zu können, ist nicht zuletzt abhängig von der Strukturierung des Arbeitsmarktes. Entsprechend argumentiert Walsh (1993), dass betriebsinterne Arbeitsmärkte in Zeiten wirtschaftlicher Rezession und zunehmendem Konkurrenzdruck eine größere Flexibilität im Einsatz der Arbeitskräfte bieten können als berufsspezifische Arbeitsmärkte. So bieten betriebsinterne Teilarbeitsmärkte ein hohes Potential an funktionaler Flexibilisierung durch eine interne technisch-organisatorische Anpassungsflexibilität und die Beweglichkeit der Arbeitskräfte. Lutz und Sengenberger (1980) gehen ebenfalls von beträchtlichen quantitativen und qualitativen Anpassungskapazitäten von betriebszentrierten Arbeitsmärkten aus: „Interne Anpassungselastizität gewinnen die Betriebe vor allem über die Arbeitszeitvariation und über die mit internen Märkten verbundenen Möglichkeiten technisch-organisatorischer Veränderungen" (Lutz, Sengenberger 1980: 295). Entsprechend sollten Formen der internen, numerischen Flexibilität – Teilzeitarbeit – und der internen, funktionalen Flexibilität – innerbetriebliche Mobilität – stärker im öffentlichen Dienst und im Dienstleistungssektor auftreten.

Demgegenüber ist jedoch die Neueinstellung von Arbeitnehmern in betriebsinternen Arbeitsmärkten mit einem größeren Aufwand an Anlern- und Einarbeitungsphasen verknüpft, so dass eine numerische Flexibilisierung durch die Rekrutierung neuer Arbeitskräfte erschwert wird. „(...) [J]ob design can be more easily adapted to the needs of individual enterprises. However, a major disadvantage of the internal model is that vacancies for more skilled work cannot so easily be filled from outside, thus restricting the enterprise's ability to respond to short-term shifts in its demand for labour" (Marsden 1990: 415). Numerische Flexibilität durch die Neueinstellung von Arbeitskräften ist dagegen in berufsspezifischen Arbeitsmärkten relativ einfacher. Demzufolge ist befristete Beschäftigung und Leiharbeit als Formen der flexiblen Anpassung des Arbeitsvolumens über die Zahl der Beschäftigten eher in diesem Segment zu erwarten, das vor allem in der Großindustrie und im Handwerk vermutet wird (Lutz, Sengenberger 1980).

Flexibilität durch „distancing", d.h. durch die Auslagerung von Tätigkeiten hin zu Sub-Unternehmern ist sowohl in betriebs- als auch berufsspezifischen Arbeitsmärkten denkbar. Es lässt sich vermuten, dass „subcontracting", bzw. „distancing" in betriebsspezifischen Arbeitsmarktsegmenten eher zu der Auslagerung von unqualifizierten Tätigkeiten führt, da höhere Qualifikationen über betriebsinterne Arbeitsmärkte vermittelt werden. Berufsspezifische Teilarbeitsmärkte betonen demgegenüber stärker generalisiertes, transferierbares und weniger betriebsspezifisches Wissen. Auch hochqualifizierte Tätigkeiten können aus dem Unternehmen ausgelagert werden. Demzufolge würden in Bereichen des Dienstleistungssektors eher gering qualifizierte Tätigkeiten an Sub-Unternehmer ausgelagert, während in den durch berufsfachliche Arbeitsmärkte geprägten industriellen Branchen eher hochqualifizierte Tätigkeiten durch subcontracting erbracht werden würden.

Darüber hinaus ist die Form der Flexibilisierung auch von der Größe des Unternehmens abhängig. Funktionale Flexibilisierung in Form von betriebsinterner Mobilität von Arbeitskräften erscheint demzufolge nur ab einer bestimmten Unternehmensgröße als sinnvolle Strategie (Bellmann et al. 1996). Nur wenn genügend Arbeitskräfte vorhanden sind und ausreichend innerbetriebliche Differenzierung vorliegt, ist der flexible Einsatz von Beschäftigten denkbar. Numerische Flexibilisierung – vor allem über die Auslagerung an Sub-Unternehmer – scheint demgegenüber eher in kleinen und mittleren Betrieben aufzutreten (Mühlberger 2000). Blank (1998: 278) führt dieses Ergebnis auf das Vorliegen von Skalenerträgen („economies of scale") zurück: „Larger firms are less likely to contract out services, evidence that jobs may be contracted out when there are economies of scale in providing the service. For small firms with limited demand, it may be cheaper to hire an outside contractor for some tasks than to maintain permanent staff to do those tasks in-house".

2.1.3 Arbeitslosigkeit

Die seit den 1970er Jahren anhaltend hohe Arbeitslosigkeit sowohl in Deutschland als auch in Großbritannien hat den jeweiligen Arbeitsmarkt entscheidend und nachhaltig geprägt und verändert. Die bis dahin angewandten Methoden der Arbeitsmarktregulierung konnten die entstandenen Probleme nicht adäquat lösen (Atkinson 1987; Brodsky 1994). Der Wunsch nach größerer Flexibilität in der Ausgestaltung von Erwerbsarbeit wurde dadurch von allen Seiten stärker. Einerseits sind damit Hoffnungen auf mehr Beschäftigung verbunden. Andererseits konnten, durch den aufgrund der Arbeitslosigkeit herrschenden Druck auf dem Arbeitsmarkt, Unternehmen ihre Verhandlungsmacht stärken (Piore, Sabel 1984).

Arbeitslosigkeit, bzw. der Wirtschaftszyklus bilden einen wichtigen Teil des makro-ökonomischen Umfeldes, in dem einzelwirtschaftliche Entscheidungen getroffen werden. Entsprechend ist der Übergang in berufliche Selbständigkeit von der wirtschaftlichen Entwicklung beeinflusst (Börsch-Supan, Pfeiffer 1992). Die theoretischen Erwartungen über die Art des Zusammenhangs zwischen Arbeitslosigkeit – und somit indirekt dem Verlauf des ökonomischen Zyklus – und der Entwicklung von Selbständigkeit sind indes in der Literatur widersprüchlich. Diese unterschiedlichen Perspektiven wurden von Bögenhold (1987) idealtypisch in zwei verschiedene Szenarien des Zutritts in Selbständigkeit zusammengefasst. Entweder findet der Übertritt in Selbständigkeit aufgrund einer „Ökonomie der Not" statt und die Entwicklung der Selbständigkeit verläuft entsprechend contra-zyklisch, bzw. hängt positiv mit der Entwicklung der Arbeitslosigkeit zusammen. Oder aber Personen machen sich aus einer „Ökonomie der Selbstverwirklichung" heraus selbständig. Danach wäre ein negativer Zusammenhang zwischen Arbeitslosigkeit und Selbständigkeit zu erwarten. Der ersten Logik folgend ist das Motiv, sich selbständig zu machen, davon bestimmt, größere Not aufgrund mangelnder Alternativen auf dem Arbeitsmarkt zu vermeiden.

Die zweite Logik erwartet als prägende Motivation für den Wunsch nach beruflicher Selbständigkeit die Aussicht auf Selbstbestimmtheit, Autonomie und Selbstverwirklichung (Bögenhold 1987).

Für einen pro-zyklischen Verlauf des Zusammenhangs von Selbständigkeit mit der wirtschaftlichen Entwicklung sprechen Erkenntnisse aus Studien zum Überleben von Unternehmen. Danach werden erfolgreiche Zugänge in Selbständigkeit und insbesondere das Überleben einer Unternehmung von einer guten allgemeinen, wirtschaftlichen Lage begünstigt (Brüderl et al. 1996; Hinz 2000). Personen machen sich in dieser Situation selbständig, da unter solchen Bedingungen die Alternative der Selbständigkeit besonders vorteilhaft erscheint. In dieser Argumentation kommen also primär „pull-Faktoren" zum Tragen, d.h. Personen werden durch positive Anreize in die Selbständigkeit gezogen. Das Wirken von „pull-Faktoren" kann vermutet werden, wenn sich vor allem Personen mit einem hochwertigen Bildungskapital selbständig machen, da diese in der Regel auch relativ gute Beschäftigungschancen in lohnabhängiger Tätigkeit haben (Bögenhold 1985; Meager et al. 1992). Ein contra-zyklischer Verlauf selbständiger Erwerbstätigkeit ergäbe sich insbesondere dann, wenn vor allem „push-Faktoren", die Personen in die Selbständigkeit nötigen, den Zusammenhang bestimmen. Bei schlechter wirtschaftlicher Lage werden Erwerbspersonen, die keine adäquate, abhängige Beschäftigung auf dem Arbeitsmarkt finden, in die Selbständigkeit gedrängt. Selbständige Erwerbstätigkeit bleibt die einzige Erwerbsalternative (Bögenhold 1989; Bögenhold, Staber 1990, 1991, 1994).

Einige Faktoren sprechen indes allgemein gegen einen Übertritt in Selbständigkeit aus der Arbeitslosigkeit. Zum einen kann es aufgrund der durch Arbeitslosigkeit bedingten Erwerbsunterbrechung zu einem Mangel an der nötigen Berufs- oder Branchenerfahrung kommen, so dass eventuell die für erfolgreiche Selbständigkeit benötigten Fähigkeiten fehlen. Zum anderen ist die Akkumulation von finanziellem Kapitel in Arbeitslosigkeit deutlich erschwert. Die benötigten finanziellen Ressourcen machen Übergänge aus abhängiger Beschäftigung in berufliche Selbständigkeit wahrscheinlicher (Arai 1997). Ein Mangel an diesen Fähigkeiten und Ressourcen verringert vor allem die Überlebenswahrscheinlichkeit der Selbständigenexistenzen und der teilweise neu gegründeten Betriebe.

Allgemein wird davon ausgegangen, dass sowohl „push-„ als auch „pull-Faktoren" wirksam sind (Hakim 1988, 1989; Daly 1991, OECD 1992; Meager 1993, Alba-Ramirez 1994). Arbeitslosigkeit wirkt demnach auf die Zugänge in, aber auch auf die Abgänge aus selbständiger Erwerbstätigkeit. Die Effekte wirken jedoch nicht gleichermaßen auf alle Erwerbspersonen und der Zusammenhang zwischen ökonomischem Zyklus, bzw. Arbeitslosigkeit und Selbständigkeit ist sehr komplex. „It would seem, then, that while there is support for the notion that high unemployment may constitute a "push" factor for some groups of the workforce to enter self-employment, this does not imply that the overall level of self-employment is itself highly responsive to unemployment and economic conditions (except perhaps in periods of severe recession), since the level of self-employment also depends on what happens to outflows from self-employment, which are also likely to increase as unemployment increases“ (Meager et al. 1992: 36).

Zusammenfassend lässt sich aus den oben aufgeführten theoretischen Überlegungen zu spezifischen Rahmenbedingungen und Opportunitätsstrukturen für berufliche Selbständigkeit festhalten, dass die Struktur und Entwicklung von selbständiger Erwerbstätigkeit stark beeinflusst wird von der Wirtschaftsstruktur und dem sektoralen Wandel in einem Land, von der Struktur und Flexibilisierung des Arbeitsmarktes und des damit einher gehenden, erwerbsstrukturellen Wandels und von der Entwicklung der Arbeitslosigkeit.

2.2 Länderspezifische Entwicklungen und Rahmenbedingungen für berufliche Selbständigkeit

Die allgemein als Ursachen für die Entwicklung beruflicher Selbständigkeit angesehenen makro-strukturellen Bedingungen unterscheiden sich deutlich in ihrer länderspezifischen Ausprägung. Nachfolgend werden die länderspezifischen Veränderungen in den drei Bereichen der wirtschaftlichen Rahmenbedingungen beschrieben. Danach werden die darüber hinaus gehenden, institutionellen Besonderheiten für berufliche Selbständigkeit in Deutschland und Großbritannien thematisiert.

2.2.1 Industrielle und sektorale Struktur in Deutschland und Großbritannien

Sowohl die deutsche als auch die britische Ökonomie war lange durch das fordistische Produktionskonzept dominiert. Entsprechend war das Wirtschaftsgefüge entlang diesem Prinzip strukturiert und charakterisiert durch großbetrieblich strukturierte Massenproduktion. In beiden Ländern finden sich indes Formen flexibler Spezialisierung – verstärkt seit den 1980er Jahren – wobei es deutliche Unterschiede in der jeweiligen Ausgestaltung zwischen den beiden Ländern gibt. Demnach scheint flexible Spezialisierung in Deutschland weiter verbreitet zu sein als in Großbritannien. Loveman et al. (1990) argumentieren, dass es klare Besonderheiten des deutschen Arbeitsmarktes, bzw. der deutschen Wirtschaft gibt, die flexible Spezialisierung fördern – so beispielsweise: „mass production never took hold in Germany to the same extent than it did in countries like the United States, the United Kingdom, France, or Sweden“ (Loveman et al. 1990: 143). Des weiteren ist in den traditionellen Sektoren, aber auch in modernen

Branchen, das Handwerk sehr stark. So ist beispielsweise der Lebensmittelsektor (Bäckereien, Fleischereien) nach wie vor dominiert durch kleine Handwerksbetriebe, die frische Produkte für einen kleinen, begrenzten lokalen Markt herstellen. Zusätzlich gibt es institutionelle Besonderheiten in Deutschland, welche die Vorherrschaft der flexiblen Spezialisierung mit begründen. Sie beziehen sich hierbei auf das berufliche Ausbildungssystem, das Kenntnisse und Fertigkeiten vermittelt, die breit einsetzbar sind und das eine gut (aus-)gebildete Arbeiterschaft hervorbringt. Flexible Spezialisierung ist demzufolge durch die Relevanz beruflicher Ausbildung dem deutschen Arbeitsmarkt schon inhärent. Trotzdem dominieren auch in Deutschland große Unternehmen mit mehr als 250 Beschäftigten gemessen anhand des Anteils an der Gesamtbeschäftigung (Europäisches Beobachtungsnetz für KMU 1995: 62).

Dies trifft ebenso auf die Größenklassenstruktur britischer Unternehmen zu (Europäisches Beobachtungsnetz für KMU 1995: 62). Großbritannien ist allgemein charakterisiert durch „comparatively large enterprises and establishments" (Loveman et al. 1990: 122). Im Laufe der 1970er und 1980er Jahre lässt sich aber auch in Großbritannien ein Trend hin zu kleineren Produktionseinheiten – gemessen anhand der absoluten Zahl und Beschäftigungsanteile – feststellen (Acs, Audretsch 1990; Reynolds et al. 1994). Teilweise ist dieser Trend jedoch zurückzuführen auf die verstärkte Privatisierung von vormals staatlichen Großbetrieben und Unternehmen, deren Zahl bis in die 1980er Jahre hinein vergleichsweise hoch war. Verbunden mit dem Privatisierungsprogramm der Thatcher Regierung war der Aspekt des „contracting out". Gemeinden und der „National Health Service" wurden verpflichtet, bisher öffentlich, bzw. selbst erbrachte Dienstleistungen auszuschreiben und möglichst an private Anbieter zu vergeben (Abromeit 1998; Allen, Henry 1996).

In beiden Ländern kam es infolgedessen zu einer deutlich zunehmenden Tertiarisierung der Beschäftigungs- und Wirtschaftsstruktur. Arbeiteten in Deutschland 1970 nur 42,6% der Erwerbstätigen im Dienstleistungssektor waren es 1994 bereits 60,9% (Schmid 1998; Stamer 1999). In Großbritannien lagen die Anteile 1971 bereits bei 55,7% und Mitte der 1990er Jahre bei 74,2% (Green 1998; Godbout 1993). Die Unterschiede zwischen den beiden Ländern machen jedoch deutlich, dass die industrielle Produktion in Deutschland auch noch Mitte der 1990er Jahre erhebliche Bedeutung mit Blick auf den Einsatz von Arbeitskraft hat.[6]

---

[6] 1994 liegt der Beschäftigungsanteil des industriellen Sektors in Deutschland bei 36,2% (Schmid 1998). In Großbritannien lag der Anteil der Beschäftigten im sekundären Sektor 1996 dagegen bei 25,8% (Green 1998).

Der relativ geringe Anteil an Beschäftigten im Dienstleistungssektor in Deutschland wird in der Literatur auch unter dem Stichwort einer „Dienstleistungslücke" diskutiert. Es wird davon ausgegangen, dass in diesem Bereich noch ein erhebliches Wachstumspotential für Beschäftigung liegt (Krupp 1986; kritisch: Haisken-DeNew et al. 1996). Danach wird nach wie vor ein bedeutender Teil unternehmensbezogener Dienstleistungen in Deutschland in den jeweiligen Unternehmen selbst erbracht, anstatt sie „von außen einzukaufen". Demzufolge werden diese Tätigkeiten über das Unternehmen zu einem großen Teil dem sekundären Sektor zugerechnet. Haisken-DeNew et al. (1996) argumentieren entsprechend, dass bei Zugrundelegen der tatsächlich Dienstleistungen erbringenden Beschäftigten für die Berechnung der Relevanz von Diensten, keine Lücke im Vergleich zu beispielsweise der USA festgestellt werden kann. Sie finden somit auch, dass 1993 ungefähr 72% aller Tätigkeiten in Deutschland die Erbringung von Dienstleistungen beinhalteten.

Die organisatorischen, strukturellen und technologischen Veränderungen beeinflussen nicht nur die sektorale Struktur von Beschäftigung allgemein, sondern wirken auch sehr unterschiedlich auf verschiedene Berufsfelder (Häußermann, Siebel 1995). Das Entstehen neuer Wirtschaftsorganisationen ist damit ebenso verbunden, wie das Auftauchen einer Vielzahl neuer selbständiger Berufe und Berufsbilder. Es gibt vor allem auch zahlreiche neue – und meistens eher verhältnismäßig kleine – wirtschaftliche Existenzen in der Kategorie der Freien Berufe, die das Resultat der Expansion von Dienstleistungen und des Entstehens neuer gesellschaftlicher Problemlagen (z.B. soziale Dienste, Altersbetreuung, Beratungsbedarf in diversen Know-How Feldern) sind (vgl. Institut für Freie Berufe 1993).

Allgemein finden sich in der Literatur sowohl für Deutschland als auch für Großbritannien Studien, die einen berufsstrukturellen Wandel aufzeigen (Dostal et al. 2000; Parmentier 2000). Die Tertiarisierung der Arbeitslandschaft führt demnach zu einer Professionalisierung der Berufsstruktur, die teilweise als Trend zur Wissensgesellschaft bezeichnet wird (Schnur 1999; Dostal, Reinberg 1999). Haller (1997: 397) spricht in diesem Zusammenhang auch von einer signifikanten, kollektiven „Verschiebung nach oben" in der Umschichtung der Berufsstruktur, da es zu einer ausgeprägten Zunahme an hochqualifizierten (Dienstleistungs-)Berufen kommt. Demgegenüber kommt es nicht zu einem Wachstum an gering qualifizierten Dienstleistungsberufen (für die 1980er Jahre siehe auch: Blossfeld, Mayer 1991; Kern, Schumann 1984). Eine Professionalisierung der Berufsstruktur und ein Anstieg des Qualifizierungsniveaus findet auch Gallie (1996) für Großbritannien. Zwischen Mitte der 1980er und Anfang der 1990er Jahre zeigt sich allgemein eine deutliche Tendenz der Zunahme hoch qualifizierter Tätigkeiten, insbesondere im Managementbereich und bei den

Professionen. „The most striking feature of our data is the very extensive upskilling of the workforce" (Gallie 1996: 156). Dieser Prozess variiert jedoch deutlich zwischen den einzelnen Berufsgruppen. Während qualifizierte Tätigkeiten einen Qualifizierungsanstieg erfahren haben, findet sich keine solche Tendenz bei semi- und unqualifizierten Beschäftigungen.

Insgesamt kommt es somit sowohl in Deutschland als auch in Großbritannien zu einer Tertiarisierung der Beschäftigungs- und Wirtschaftsstruktur. Damit verknüpft zeigen sich Verschiebungen in der Berufsstruktur der Erwerbstätigen. Einerseits scheinen diese Prozesse in beiden Ländern auffallend ähnlich zu verlaufen und zu vergleichbaren Verschiebungen in der Beschäftigungsstruktur geführt zu haben. Diese Entwicklungen deuten auf gleichgerichtete, wirtschaftliche Modernisierungsprozesse hin. Andererseits zeigen sich jedoch auch deutliche Unterschiede zwischen den beiden Ländern in der Wirtschaftsstruktur und in der Ausgestaltung flexibler Spezialisierung, die wichtige Faktoren für die Entwicklung beruflicher Selbständigkeit darstellen.

2.2.2 *Struktur und Flexibilisierung des deutschen und britischen Arbeitsmarktes*

Die Struktur der Arbeitsmärkte und die Prozesse der Arbeitmarktflexibilisierung variieren deutlich zwischen Deutschland und Großbritannien. Infolgedessen kommt es auch zu unterschiedlichen Konsequenzen für die Erwerbsstruktur in beiden Ländern.

2.2.2.1 Struktur der Arbeitsmärkte

Der deutsche Gesamtarbeitsmarkt wird typischerweise als durch berufsspezifische Arbeitsmärkte dominiert, angesehen. Berufe sind eindeutig definiert und standardisiert im Hinblick auf Inhalte und Voraussetzungen an berufsfachlichen Qualifikationen in nahezu sämtlichen Bereichen der Produkt- und Dienstleistungsproduktion (Szydlik 1990, 1993). Das berufsfachliche Arbeitsmarktsegment eröffnet in Deutschland den Zugang zu betriebsinternen Arbeitsmärkten, die jedoch ausschließlich auf Großunternehmen beschränkt sind (Georg, Sattel 1995). Dies spiegelt sich insbesondere auch in der Bedeutung der beruflichen Ausbildung im deutschen Bildungssystem wider (Marsden 1990). Die Zuordnung des britischen Arbeitsmarktes ist indes in der Literatur nicht unumstritten (Brauns et al. 1999; Gangl 2000a u. b; Marsden 1990; Marsden, Ryan 1991). Der britische Arbeitsmarkt verfügt demnach einerseits über ein schrumpfendes Segment von Branchen im industriellen Sektor, in denen berufsspezifische Arbeitsmärkte vorherrschen – „examples are found in manual crafts in building and engineering, in clerical work in big cities and in the professions“ (Marsden, Ryan 1991: 252). Andererseits verliert die berufliche Ausbildung seit den 1960er Jahren merklich an Bedeutung (Gospel 1998) und der britische Arbeitsmarkt ist mehr und mehr charakterisiert durch die Betonung von „Generalisten“ (Brauns et al. 1999; Crouch 1997). Somit wird teilweise in Großbritannien eher von einem betriebsinternen Arbeitsmarkt gesprochen (Gangl 2000a u. b; Grimshaw et al. 2001; Rubery 1999). Marsden und Ryan (1991) führen dafür als Beispiele die traditionellen Produktionsarbeiter in großen Teilen des verarbeitenden Gewerbes und Verwaltungsberufe vor allem im öffentlichen Dienst an.

Die Klassifizierung ist idealtypisch zu verstehen. So treten in Großbritannien beide Arbeitsmarktsegmente gleichzeitig auf, wobei aufgrund des Rückgangs der Bedeutung beruflicher Ausbildung betriebsinterne Arbeitsmärkte dominieren (Grimshaw et al. 2001). Demgegenüber überwiegen in Deutschland berufsfachliche Arbeitsmärkte, was jedoch die Existenz betriebsspezifischer Arbeitsmärkte in bestimmten Bereichen nicht ausschließt (Blossfeld, Mayer 1988; Szydlik 1990). Die unterschiedliche Ausgestaltung der Arbeitsmärkte beeinflusst die Möglichkeiten eines flexiblen Einsatzes von Arbeitskräften.

Die Frage nach dem Zusammenhang zwischen der jeweiligen Struktur der Arbeitsmärkte und den Möglichkeiten zur flexiblen Arbeitskräftenutzung wurde in einigen empirischen Arbeiten geprüft. Für Großbritannien gilt, dass der traditionelle Bereich des betriebsinternen Arbeitsmarktes, geprägt durch unbefristete Beschäftigungsverhältnisse, seit den 1970er Jahren immer mehr an Bedeutung verloren hat (Grimshaw et al. 2001; Crouch 1997; Rubery 1999). Unterschiedliche Entwicklungen haben zu diesem Bedeutungsverlust geführt: „‘(D)ownsizing’ practices have buried expectations of a job-for-life; the rationale for a ‘flatter’ organisation has proved more attractive than the carefully designed bureaucratic job hierarchies; individualised reward systems and fragmented pay structures have replaced integrated seniority pay scales; and the use of temporary employment contracts is viewed as more flexible than direct recruitment into a permanent job” (Grimshaw et al. 2001: 27). Somit steigt die Nutzung von „externen“ Arbeitskräften, da die Möglichkeiten der funktionalen Flexibilisierung, die betriebsinterne Arbeitsmärkte bieten, zugunsten einer stärkeren numerischen Flexibilisierung zurückgedrängt werden: „Instead there appears to be a growing use of temporary employment agencies, external recruitment of specialist staff, a gradual dismantling of occupational skills and a fragmentation of the career and pay promotion through de-layering, out-sourcing, pay structure fragmentation and privatisation of public services” (Grimshaw et al. 2001: 25f.). Parallel hierzu sind durch die Dezentralisierung von tarifrechtlichen Verhandlungen die Gestaltungsmöglichkeiten von Unternehmen in Bezug auf die Ausgestaltung von Beschäftigungsverhältnissen beträchtlich gewachsen (Rubery 1999; siehe auch Abschnitt 2.3.1).

Die Zahl tarifvertraglich gebundener Unternehmen ist auch in Deutschland seit den 1980er Jahren deutlich zurückgegangen (Bellmann et al. 1996). Somit haben auch hier Flexibilisierungsmöglichkeiten für Unternehmen zugenommen. Unter den Bedingungen einer zunehmenden Kosten-, Qualitäts- und Innovationskonkurrenz wandelt sich auch in Deutschland die Betriebs- und Arbeitsorganisation (Baethge, Baethge-Kinsky 1998). Es kommt zu einem Wandel der betrieblichen Steuerungsformen. Ziel ist es, auf der einen Seite eine höhere Flexibilität durch den Wandel von einer berufs- und funktionsbezogenen hin zu einer prozessorientierten Organisation zu erreichen, und auf der anderen Seite ein dynamischeres Leistungsprofil mit einer flexiblen Handhabung von Out- und Insourcing zu erlangen. Dieser Trend ist insbesondere im Laufe der 1980er Jahre im industriellen Sektor zu beobachten. Die Prinzipien der Prozessorientierung und Flexibilisierung, die zu einer Aufweichung der Beruflichkeit als Organisationskonzept und somit auch zu einem Rückgang in der Bedeutung berufsspezifischer Teilarbeitsmärkte geführt haben, sind indes nicht allein auf den industriellen Sektor beschränkt.

2.2.2.2 Unterschiedliche Prozesse der Arbeitsmarktflexibilisierung und ihre Folgen für die Beschäftigungsstrukturen

Versuche einer empirischen Prüfung der Thesen spezifischer Flexibilisierungsstrategien von Unternehmen stützen sich auf unterschiedliche Indikatoren und Daten. Einen ersten Hinweis auf eine zunehmende Flexibilisierung der Beschäftigung liefern, neben direkten Unternehmensbefragungen, die statistischen Daten der quantitativen Zunahme atypischer Beschäftigungsverhältnisse.

Allgemein findet Atkinson (1987), dass 90 Prozent der befragten, britischen Unternehmen im Zeitraum zwischen 1979 und 1987 vermehrt auf numerische Flexibilisierung zurückgegriffen haben, knapp 50 Prozent verstärkt Formen der funktionalen Flexibilität genutzt haben und bei 70 Prozent der Einsatz von „distancing“, d.h. von externen Arbeitskräften, zugenommen hat (ähnlich: Standing 1986; Marginson 1991). Das Ausmaß, in dem die verschiedenen Arten der Flexibilisierung genutzt wurden, hängt stark vom industriellen Sektor ab, in dem das Unternehmen tätig ist. Numerische Flexibilisierung in Form von befristeter Beschäftigung und Gelegenheitsarbeit findet sich überwiegend im Produzierenden Gewerbe. Demgegenüber wird im Dienstleistungssektor verstärkt Teilzeitbeschäftigung eingesetzt. Funktionale Differenzierung beschränkt sich auf das eher großbetrieblich organisierte, produzierende Gewerbe, während „distancing“ in beiden Sektoren zu finden ist.

Die sektor-spezifische Ausgestaltung der Flexibilisierungsstrategien von Unternehmen wurde in einer wesentlich größer angelegten Studie auch für Deutschland bestätigt. Bellmann et al. (1996, 1997) untersuchen auf Basis des IAB-Betriebspanels[7] von 1993 bis 1995 die Nutzung atypischer Beschäftigungsverhältnisse in Betrieben. Sie finden eine Erhöhung des Anteils von atypischer Beschäftigung an der Gesamtbeschäftigung in dieser Zeit. Deutliche Unterschiede bestehen auch hier zwischen dem produzierenden Gewerbe und dem Dienstleistungssektor. Externe Flexibilisierungslösungen als Strategien bei Nachfrage- und Produktionsschwankungen über ‚subcontracting' nutzen demnach 23,3% der Unternehmen im produzierenden Gewerbe, aber nur 12,3% der Dienstleistungsunternehmen. Als häufigste Strategie in beiden Wirtschaftssektoren wird eine interne, numerische Flexibilisierung über die Anpassung der Arbeitszeiten genannt.

Die zunehmende Flexibilisierung in Unternehmen hat zu einem wachsenden Einsatz atypischer Beschäftigungsverhältnisse geführt. Entsprechend findet seit dem Beginn der 1980er Jahren ein Wandel in der Relevanz unterschiedlicher Beschäftigungsformen in Deutschland und Großbritannien statt, der insbesondere zu einem Rückgang der relativen Bedeutung des Normalarbeitsverhältnisses geführt hat (Watson 1994; Dex, McCulloch 1997). Dabei ist die Bedeutung des Normalarbeitsverhältnisses zugunsten vor allem von Teilzeitarbeit[8], aber auch selbständiger Erwerbstätigkeit zurückgegangen (Hoffmann, Walwei 1998a u. b, 2000; Robinson 1999). Von einer gravierenden Erosion der Bedeutung abhängiger Vollzeitbeschäftigung kann indes in beiden Ländern nicht die Rede sein. In Deutschland liegt der Anteil des Normalarbeitsverhältnisses an allen Erwerbstätigen 1995 bei 70,2%.[9] Dieser Anteil hat sich zwischen 1983 und 1990 von 77% auf 74% verringert und ist dann verstärkt bis 1995 auf 70% zurückgegangen. Das Normalarbeitsverhältnis ist aber nach wie vor die mit Abstand häufigste Er-

---

[7] Dabei handelt es sich um eine repräsentative Befragung von 4000 Unternehmen in Deutschland (für Details siehe Bellmann et al. 1996).

[8] Die Definition von Teilzeitarbeit unterscheidet sich deutlich zwischen Deutschland und Großbritannien. Während in Deutschland 1985 im Rahmen des Beschäftigungsförderungsgesetzes eine Definition von Teilzeitarbeit vorgenommen wurde, ist eine entsprechende Legaldefinition von part-time im englischen Arbeitsrecht unbekannt. Problematisch ist vor allem, dass es in Großbritannien keine explizite Abgrenzung von geringfügiger Beschäftigung gibt (Schmidt 1995). Statistisch wird in Deutschland meist auf Beschäftigungsverhältnisse von weniger als 35 Stunden, in Großbritannien von weniger als 30 Stunden abgestellt (Tálos 1999).

[9] Die Angaben für Deutschland enthalten leider je einen Anteil von ca. 3% befristeter Beschäftigung bzw. Leiharbeit innerhalb der Gruppe der Arbeiter und Angestellten (Hoffmann, Walwei 1998a: 7) und sind somit nicht eindeutig vergleichbar mit den Angaben für Großbritannien. Nichtsdestotrotz sind die gravierenden Unterschiede im Anteil des Normalarbeitsverhältnisses zwischen den beiden Ländern signifikant.

werbsform. Der Anteil unter den Männern liegt mit 81,7% deutlich höher als der entsprechende Anteil bei Frauen von 55,9% (Hoffmann, Walwei 1998a). Die Bedeutung des Normalarbeitsverhältnisses ist in Großbritannien geringer als in Deutschland. Demnach arbeiten Ende der neunziger Jahre ca. 62% (1997) aller Beschäftigten in einem unbefristeten Vollzeitbeschäftigungsverhältnis. Dieser Anteil ist seit den achtziger Jahren ebenfalls zurückgegangen (1984: 67%, Robinson 1999: 85). Die Verteilung zwischen Männern und Frauen, die eine unbefristete Vollzeitbeschäftigung haben, ist sehr ungleich. Bei den erwerbstätigen Männern arbeiten 1994 73,1% in einem Normalarbeitsverhältnis während der Anteil der Frauen hier nur bei 46,6% liegt (Watson 1994; Dex, McCulloch 1997: 56f.).

Atypische Beschäftigung ist demnach geschlechtsspezifisch segregiert (O'Kelly 1999). Teilzeitarbeit und befristete Beschäftigung sind in beiden Ländern unter erwerbstätigen Frauen deutlich mehr verbreitet als unter erwerbstätigen Männern. Insbesondere in Großbritannien ist Teilzeitarbeit bereits in den 1980er Jahren für Frauen von herausragender Bedeutung. Knapp 45% aller erwerbstätigen Frauen arbeiten Ende der 1990er Jahre Teilzeit (Hakim 1997). In Deutschland hat diese Erwerbsform ebenfalls klar an Bedeutung gewonnen und charakterisiert Ende der 1990er Jahre fast 40% der weiblichen Erwerbstätigkeit[10] (Blossfeld, Rohwer 1997). In beiden Ländern arbeiten vor allem verheiratete Frauen (häufig mit Kindern) Teilzeit (Blossfeld, Hakim 1997; Blossfeld 1997; Lane 1993). Ein deutlicher Zuwachs an Teilzeitarbeit findet sich indes in beiden Ländern unter Männern, der aber auf einem deutlich niedrigeren Niveau verläuft (Watson 1994; Ganßmann, Haas 1999).

Die Relevanz befristeter Beschäftigung ist für Männer ebenfalls deutlich gewachsen obgleich der Anteil an dieser Form der Erwerbstätigkeit unter Frauen höher ist. Der Anteil der befristeten Beschäftigung ist in Deutschland allgemein höher als in Großbritannien, wobei dieser Unterschied vorwiegend auf Unterschieden in der Bedeutung von beruflichen Ausbildungsverhältnissen beruht, die in der Regel als befristete Beschäftigungsverhältnisse gezählt werden.[11] In Deutschland arbeiten Ende der 1990er Jahre knapp 11% der Gesamtbeschäftigung in einem zeitlich befristeten Arbeitsverhältnis, während in Großbritannien dieser Anteil nur ca. 7% betrug (Neuhold 1999; Fink 1999). Auf Basis einer BIBB/IAB-Erhebung findet Parmentier (2000) für Deutschland den Trend, dass

---

[10] Blossfeld und Rohwer (1997) und Burchell et al. (1997) weisen in ihren Studien jedoch darauf hin, dass der stärkste Zuwachs an Teilzeitarbeit unter Frauen in beiden Ländern bereits in den 1950er und 1960er Jahren stattgefunden hat.

[11] In den, diesen Zahlen zugrundeliegenden statistischen Daten von Eurostat werden Berufsausbildungsverhältnisse mit zu den befristeten Beschäftigungsverhältnissen gezählt. Nach Schätzungen von Walwei (1995b: 191) macht deren Anteil ca. 3 Prozent an der ausgewiesenen Quote aus.

befristete Beschäftigung vor allem bei den jüngeren Erwerbstätigen immer häufiger wird. So hat sich bei den unter 25-jährigen der Anteil der befristeten Beschäftigten zwischen 1992 und 1999 von rund 10% auf mehr als 22% verdoppelt. Mit Abstand am häufigsten sind befristete Beschäftigungsverhältnisse bei Beschäftigten mit Universitätsabschluss. Sie finden sich aber auch bei Arbeitern und Angestellten, die keine Ausbildung haben.

Zusätzlich kommt es in beiden Ländern zu einem deutlichen Zuwachs an beruflicher Selbständigkeit seit Beginn der 1980er Jahre. In Deutschland hat sich die Selbständigenquote außerhalb der Landwirtschaft zwischen 1983 und 1998 von 7,4% auf 9,6% aller Erwerbstätigen erhöht. In Großbritannien lag die Selbständigenquote 1983 bei 9,3% und 1998 bei 11,5%. Zu Beginn der 1990er Jahre liegt der Anteil aller nicht-landwirtschaftlichen Selbständigen an allen Erwerbstätigen mit 12,5% sogar noch etwas höher (Blanchflower 2000; Luber, Gangl 1997; Beatson 1995). Selbständige Erwerbstätigkeit ist in beiden Ländern deutlich häufiger unter erwerbstätigen Männern als unter erwerbstätigen Frauen. Der Zuwachs in beruflicher Selbständigkeit fällt zudem bei Männern zwischen Mitte der 1980er und Ende der 1990er Jahre stärker aus.

Der Verlust in der Bedeutung von Normalarbeitsverhältnissen geschieht somit überwiegend zugunsten von Teilzeitarbeit und beruflicher Selbständigkeit. Die Zunahme an befristeter Beschäftigung fällt demgegenüber nur gering aus. Die überwiegende Teil der neu hinzugekommenen Beschäftigungsverhältnisse seit den 1980er Jahren – vor allem von Frauen – waren atypische Beschäftigungsverhältnisse (Carley, Suri 1993; Fink 1999; Neuhold 1999). Insgesamt ist die rückläufige Bedeutung des Normalarbeitsverhältnisses in Deutschland und Großbritannien vor allem auf die Zunahme der Erwerbsbeteiligung von Frauen zurückzuführen. Bezogen auf die Expansion selbständiger Erwerbstätigkeit trifft diese Aussage indes nicht zu. Diese Form der Erwerbstätigkeit ist nach wie vor von Männern dominiert.

Die jeweiligen Motive von Unternehmen, flexible Beschäftigung zu nutzen, lassen sich aus der Literatur idealtypisch zwei Gruppen zuordnen. Einerseits kann mit dem Einsatz atypischer Beschäftigungsverhältnisse der Wunsch, dadurch Lohnkosten zu sparen, verbunden sein. Die Beschäftigung von externen Arbeitskräften für spezifische, zeitlich begrenzte Aufgaben entspräche teilweise dieser Logik. Andererseits kann Flexibilisierung auch eine bessere Nutzung bestimmter Humanressourcen bedeuten, indem beispielsweise durch funktionale Flexibilisierung Arbeitskräfte effizienter eingesetzt werden. In mehreren Studien wurde versucht, die jeweils zugrundeliegenden Motive von Unternehmen für die Beschäftigung atypisch Erwerbstätiger zu erfassen. Es zeigt sich, dass überwiegend Humanressourcenstrategien angeführt werden. Carley und Suri (1993) dokumentieren in ihrer Studie auf Basis des britischen E.L.U.S. (Employers'

Labour Use Strategies Survey) von 1987, dass als Gründe für atypische Beschäftigung (überwiegend Teilzeit) nicht die Anpassung der Mitarbeiterzahlen an Nachfragemuster oder die Senkung von Lohn- und Lohnnebenkosten genannt wurden. Vielmehr dominierten eher traditionelle Gründe wie beispielsweise die allgemein nur begrenzt benötigte Zeit für die Aufgabenerfüllung oder der Entsprechung des Wunschs des Arbeitnehmers nach kürzeren Arbeitszeiten (Carley, Suri 1993: 605). Auf Basis einer Unterscheidung zwischen Kern- und peripherer Beschäftigung in Anlehnung an Atkinsons Konzept der „flexiblen Firma", findet Hakim (1990) in der E.L.U.S Studie eine deutliche Minderheit von 11% britischer Unternehmen, die eine „Kern-Peripherie-Strategie" bei der Planung ihres Arbeitskräftepotentials anwenden. Ähnlich argumentieren auch Bellmann et al. (1996, 1997) für Deutschland. Die Motivation von Unternehmen, ihr Arbeitskräftepotential durch beispielsweise veränderte Arbeitszeitmuster flexibler einzusetzen, ist nicht primär die Senkung von Lohnkosten. Gründe hierfür lägen vielmehr in der Betonung des „human resource management" (Williams 1994) und der damit verbundenen Erhöhung der Produktivität und des ökonomischen Nutzens (siehe auch Bielenski 1993).

Als ein herausragendes Beispiel für diese Strategie von Unternehmen bezeichnet Winch (1998) die Entwicklung im britischen Bausektor in den 1980er Jahren. Flexibilisierung wurde die dominierende Strategie unternehmerischen Handelns aufgrund des starken Nachfragerückgangs im britischen Bausektor in den 1970er Jahren. Dadurch kam es zu einer massiven Ausweitung der Nutzung von „labour-only subcontracting" (Sub-Unternehmertum), „because of the combination of productivity and numerical flexibility it offers. Higher labour costs are offset by higher output and full variability as market conditions change" (Winch 1998: 537). Nachdem sich dieser Trend einmal etabliert hatte, wurde er zur Norm der Gestaltung der Arbeitsbeziehungen im britischen Bausektor.[12] Die Zahl der Selbständigen im britischen Bausektor hat sich im Laufe der 1980er Jahre mehr als verdoppelt.

Zwar ähneln sich die genannten Motive für den Einsatz atypischer Beschäftigung zwischen Deutschland und Großbritannien, die jeweilige Ausgestaltung und die Relevanz einzelner Formen der Flexibilisierung variiert jedoch deutlich zwischen den beiden Ländern. Brunhes (1989) – auf Basis einer Befragung von Unternehmen in vier europäischen Ländern – kommt im Vergleich zwischen Deutschland und Großbritannien folglich zu dem Ergebnis, dass mit dem Kon-

---

[12] Darüber hinaus haben noch weitere Faktoren zu dieser Entwicklung beigetragen. Z.B. ist der Zugang zu beruflicher Selbständigkeit im britischen Bausektor sehr einfach (siehe Abschnitt 2.3.3). Außerdem bietet der Bausektor spezifische Rahmenbedingungen, die die Nutzung von Sub-Unternehmern fördern (siehe Abschnitt 3.3.4 in Kapitel 3).

zept Flexibilisierung in beiden Ländern sehr unterschiedliche Strategien verbunden werden. Während in Großbritannien die Unternehmen die Notwendigkeit einer Vereinfachung der numerischen Flexibilität durch Erleichterungen von z.B. Kündigungen sehen, betonen deutsche Unternehmen die zentrale Stellung von Qualifikationen: „Most of the people interviewed in (...) the United Kingdom took "flexibility" to mean "fixed-term contracts", "the ability to lay off workers" or "flexible working hours". In contrast, in Germany (....) multiskills, qualifications and especially training were thought to be as important as, and often even more important than, these considerations, reflecting the traditional high priority attached to training" (Brunhes 1989: 16). Durch ein hohes Niveau an Qualifikation der Arbeitskräfte erhöhen sich die Möglichkeiten zur funktionalen Flexibilisierung in einem Unternehmen.

2.2.3 Arbeitslosigkeit in Deutschland und Großbritannien und deren Einfluss auf Selbständigkeit

Sowohl in Deutschland als auch in Großbritannien steigt die Arbeitslosigkeit in den 1970er und 1980er Jahren an. Insbesondere zu Beginn der 1980er Jahre im Anschluss an die Ölpreiskrise 1979-80 kommt es zu einem dramatischen Anstieg der Arbeitslosigkeit in beiden Ländern. Bereits nach der ersten Ölpreiskrise 1973-74 steigt die Arbeitslosenquote, die noch 1972 in Deutschland bei 0,9% und in Großbritannien bei 3,2% liegt (Anderton, Mayhew 1994; OECD 1985). Bis 1975 erhöhen sich die Quoten in Großbritannien auf ca. 4% und in Deutschland auf ca. 5%. Nach 1980 kommt der zweite große Schub in der Entwicklung. Zwischen 1981 und 1983 wächst in Deutschland die Arbeitslosenquote von knapp 4% auf ca. 9%. In Großbritannien nimmt die Arbeitslosigkeit zwischen 1980 und 1987 von 4% auf über 11% zu. Danach fällt sie sehr stark wieder ab und liegt 1990 nur noch bei 6%. In Deutschland geht die Arbeitslosenquote bis 1991 ebenfalls bis auf 7% zurück. In den 1990er Jahren unterscheiden sich die Entwicklungen in den beiden Ländern voneinander. Während es in Großbritannien nach einem leichten Anstieg bis Ende der 1990er Jahre zu einem deutlichen Rückgang im Niveau der Arbeitslosigkeit kommt, so dass sie 1998 wieder bei 6% liegt, steigt in Deutschland die Arbeitslosigkeitsquote noch weiter an. Erst seit 1998-99 nimmt die Beschäftigung in Deutschland wieder leicht zu, so dass 1999 die Arbeitslosenquote bei ca. 9% liegt (ILO 2000; OECD 1999; Statistisches Bundesamt 2000).

Der Zusammenhang zwischen der Entwicklung beruflicher Selbständigkeit und der Arbeitslosigkeit ist in der Literatur nicht unumstritten. Unterschiedliche Befunde lassen sich in der Forschungsliteratur finden. Zum einen zeigen sich schwache, positive Zusammenhänge zwischen der Entwicklung der Arbeitslosigkeit und der Entwicklung selbständiger Erwerbstätigkeit (Bögenhold, Staber 1990, 1991, 1994; Staber, Bögenhold 1993; Parker 1996; Schuetze 2000; Blanchflower 2000). Zum anderen finden einige Studien keinen oder einen negativen Zusammenhang zwischen Arbeitslosigkeit und Selbständigkeit (Blanchflower, Oswald 1998; Taylor 1996). Neben fehlender empirischer Evidenz eines Zusammenhangs bestehen darüber hinaus noch immer kontroverse Überzeugungen über die methodischen Ansätze zur Erfassung eines möglichen Zusammenhangs zwischen Arbeitslosigkeit und Selbständigkeit (einerseits Bögenhold 1985; Bögenhold, Staber 1991; andererseits Meager 1992a u. b; Meager et al. 1992).

Es scheint zumindest klar, dass es keinen einfachen, linearen Zusammenhang zwischen der Entwicklung der Arbeitslosigkeit und beruflicher Selbständigkeit gibt (OECD 2000). Allgemein konnte eine Neigung von Arbeitslosen, sich selbständig zu machen, gefunden werden (Reize 2000; Pfeiffer, Reize 2000). So zeigt Pfeiffer (1999), dass die Zahl der Arbeitslosen, die eine selbständige Erwerbstätigkeit suchen, in den 1990er Jahren in Deutschland deutlich angewachsen ist. Brüderl et al. (1996) finden aber keine durchschnittlich höhere Gründungsneigung von Arbeitslosen in Deutschland (Preisendörfer 1999, Ziegler et al. 1998) – ebenso Taylor (1999b) auf Basis von britischen Daten. Es finden sich jedoch Indizien dafür, dass eine relativ instabile Erwerbsbiographie mit Phasen der Arbeitslosigkeit, die Wahrscheinlichkeit des Übertritts in selbständige Erwerbstätigkeit erhöht (Lohmann, Luber im Erscheinen). Aber nach wie vor ist die überwiegende Zahl der Selbständigen – zumindest bei den Männern – vor dem Übertritt in die berufliche Selbständigkeit abhängig beschäftigt (Meager 1993). So beträgt der Anteil der vormals abhängig Beschäftigten am Gesamtumfang der Zugänge in Selbständigkeit in Deutschland fast 80 Prozent und in Großbritannien immerhin 50 Prozent. In Großbritannien ist der Anteil von vormals arbeitslosen oder inaktiven Personen dementsprechend höher (Meager et al. 1992; Meager 1993). Der Anteil der Nicht-Erwerbstätigen, die in Selbständigkeit wechseln, ist aber in Großbritannien in den 1990er Jahren deutlich zurückgegangen (OECD 2000; Kruppe et al. 1998). Demgegenüber ist der Anteil der Arbeitslosen, die in Selbständigkeit wechseln, in Deutschland in den 1990er Jahren deutlich gestiegen (Kruppe et al. 1998).

Direkte Effekte von Arbeitslosigkeit auf selbständige Erwerbstätigkeit sind demnach nur eingeschränkt nachweisbar. Es kann jedoch davon ausgegangen werden, dass die Entwicklung der Arbeitslosigkeit in Deutschland und Großbritannien indirekten Einfluss auf die Entwicklung beruflicher Selbständigkeit ausgeübt hat, da sie die relevante Arbeitsmarktpolitik in den beiden Ländern nachhaltig geprägt hat. Staatliche Maßnahmen zur Förderung beruflicher Selbständigkeit waren insbesondere durch die anhaltend hohe Arbeitslosigkeit in

Deutschland und Großbritannien motiviert. Die konkreten Programme variieren indes zwischen beiden Ländern, so dass hier von unterschiedlichen Effekten von Arbeitslosigkeit auf berufliche Selbständigkeit gesprochen werden kann.

2.3 Spezifische institutionelle und rechtliche Rahmenbedingungen für Selbständigkeit in Deutschland und Großbritannien

Die nachfolgenden Abschnitte fassen institutionell-rechtliche Rahmenbedingungen für berufliche Selbständigkeit in Deutschland und Großbritannien zusammen. Drei Aspekte werden hierbei betont: (1) rechtliche Deregulierung des Arbeitsmarktes, (2) Förderprogramme für berufliche Selbständigkeit und die (3) Regulierung des Zugangs zu selbständiger Erwerbstätigkeit.

2.3.1 Deregulierung des deutschen und britischen Arbeitsmarktes

Insbesondere die seit den 1980er Jahren anhaltend hohe Arbeitslosigkeit hat auf staatlicher Seite zu Reaktionen geführt, da die bisherigen arbeitsmarktpolitischen Lösungsansätze nicht mehr adäquat erschienen, die Krise zu überwinden (Standing 1997). Durch Deregulierungen vorwiegend im Bereich der arbeitsschutzrechtlichen Bestimmungen wird versucht, einen institutionellen Rahmen zu schaffen, der das Zustandekommen flexibler, atypischer Erwerbsformen fördert oder zumindest nicht behindert, und somit die Flexibilisierung des Beschäftigungssystems erhöht. Darüber hinaus werden Maßnahmen zur Begrenzung der lohnabhängigen Sozialabgaben und damit zur Entlastung der Kosten des Faktors Arbeit ergriffen (Walwei 1996a u. b). Deregulierung wird dabei allgemein als „Abbau vermeintlich beschäftigungshemmender sozialstaatlicher Regelungen und Schutzrechte" (Büchtemann 1987: 585) bzw. als Abbau von staatlichen Wettbewerbsbeschränkungen und die Wiederherstellung von „mehr Markt" in den verschiedenen Lebensbereichen verstanden (Soltwedel et al. 1986; Soltwedel et al. 1990). Deregulierung zielt somit vor allem auf eine Flexibilisierung des Arbeitsschutzes, der Arbeitszeiten und der Löhne (Ganßmann, Haas 1999; Kress 1998).

Die vorherrschende Regulierung des Arbeitsmarktes ist in ihrer Ausgestaltung klar am normativen Bezugsmodell des Normalarbeitsverhältnisses orientiert (Mückenberger 1990; Felstead, Jewson 1999). Das Normalarbeitsverhältnis ist mit bestimmten arbeits- und sozialrechtlichen Normen verbunden, die positive Auswirkungen auf die soziale Sicherung der Personen haben (Kress 1998:

488).[13] Bis in die 1970er Jahre hinein waren der deutsche und britische Arbeitsmarkt dominiert von regulären, abgesicherten Beschäftigungsverhältnissen, auf die sämtliche Gesetzgebung und Wohlfahrtsstaatsregulierungen ausgerichtet waren (Büchtemann, Quack 1989; Bollinger et al. 1991; Walwei 1998b). Andere Formen der Erwerbsarbeit wurden als unwichtigere Randphänomene angesehen (Hoffmann, Walwei 1998; Walwei 1996b).

2.3.1.1 Deutschland

In der Bundesrepublik gewinnt das Normalarbeitsverhältnis nach dem zweiten Weltkrieg geprägt durch eine lang anhaltende Periode der Vollbeschäftigung in den 1960er und 1970er Jahren stetig an Bedeutung (Kress 1998: 489). Während dieser Zeit werden substantielle Arbeitsschutzrechte etabliert: Arbeitszeitbeschränkungen, Beschäftigungsverbote für bestimmte Gruppen, Mindestlohnregelungen und die Ausbildung kollektiver Verfahren der Konfliktaustragung (Tarifwesen, Betriebsverfassung- und Unternehmens-Mitbestimmungsrecht) (Mückenberger 1986). Es entwickelt sich das sogenannte „Modell Deutschland“, geprägt durch auf Konsens ausgelegte Konfliktregelung. Die arbeitsrechtlichen Maßnahmen sind dabei klar orientiert an dem Konzept des Normalarbeitsverhältnisses. Bis in die 1970er Jahren hinein ist Deutschland charakterisiert durch eine hohe Regulierungsdichte (Kress 1998). Zusätzlich stehen die Regelungen in direktem Zusammenhang mit der Ausgestaltung der sozialen Sicherung.

Bereits Mitte der 1980er Jahre werden umfangreiche Maßnahmen zur Förderung von Beschäftigungsformen, die nicht dem Normalarbeitsverhältnis entsprechen, ergriffen. Das Beschäftigungsförderungsgesetz von 1985 (in der Folgezeit mehrfach novelliert) ist der erste Schritt in diese Richtung (Büchtemann 1987). Ziel dieser Initiative ist es, die Beschäftigungskrise zu überwinden und Einstellungshemmnisse auf Seiten der Unternehmen zu beseitigen. „Die marktwirt-

---

[13] Die Art und Weise wie Erwerbspersonen in das System der sozialen Sicherung eingebunden sind, variiert je nach Erwerbsstatus sehr stark und unterscheidet sich zudem deutlich zwischen Deutschland und Großbritannien. In Deutschland ist das System sozialer Sicherung als „categorial scheme“ oder berufsständisches System zu bezeichnen. Unterschiedliche institutionelle Regelungen und Sicherungseinrichtungen greifen je nach Erwerbsstatus und Selbständige sind – mit Ausnahme spezifischer Regelungen für bestimmte Gruppen von Selbständigen – aus der sozialen Sicherung ausgeschlossen. Demgegenüber stellt Großbritannien ein universelles Sozialversicherungssystem dar, in dem die soziale Grundsicherung für alle Berufsgruppen bereitsteht. Die soziale Absicherung Selbständiger ist aber in beiden Ländern insgesamt sehr komplex und die Darstellung würde den Rahmen dieser Arbeit überschreiten. Für Detailstudien der sozialen Sicherung von Selbständigen in Deutschland siehe z.B. Fachinger, Oelschläger 2000; Bieback 1999; Stuppardt 1998; für Großbritannien siehe u.a. Williams 1999; Corden 1998, 1999; Fink 1999; für einen westeuropäischen Vergleich siehe Schoukens 1994; Hauschild 1999; Jesse 1999.

schaftliche Komponente sollte gestärkt und ein schnellerer Ausgleich zwischen Angebot und Nachfrage auf dem Arbeitsmarkt erreicht werden" (Bielenski 1997: 533). Es erfolgt zum einen eine arbeitsrechtliche Gleichstellung der Vollzeit- und Teilzeitbeschäftigung – inklusive der geringfügigen Beschäftigung, die durch eine Einkommens- und Zeitgrenze definiert ist. Zum anderen werden eine Flexibilisierung beim Kündigungsschutz (d.h. eine Einschränkung des Anwendungsbereichs) und vor allem Erleichterungen beim Abschluss von befristeten Arbeitsverträgen implementiert (Tálos 1999; OECD 1994, 1995a). „Gemeinsames Merkmal dieser konkreten „Deregulierungs"-Maßnahmen ist weniger eine Verringerung der Regelungsdichte am Arbeitsmarkt, wohl aber eine Verlagerung der Regelungskompetenz von der Ebene durch Gesetz verbindlich festgelegter Normen und Standards auf die Ebene der jeweiligen Tarifvertragsparteien sowie auf die Ebene der individuellen Vertragsparteien am Arbeitsmarkt" (Büchtemann 1987: 586).

Diese Politik der Deregulierung wird in Deutschland bis Ende der 1990er Jahre weiter verfolgt bzw. intensiviert (Rogowski, Schmid 1998). Einerseits werden arbeitsschutzrechtliche Bestimmungen weiter gelockert (z.B. Kündigungsschutz) und andererseits Arbeitsförderungsmaßnahmen ergriffen (z.B. Ausweitung der Befristungsmöglichkeiten) (Rudolph, Meurer 1995; Emmerich et al. 1997). Die seit Mitte der 1980er Jahre durchgeführten Schritte zur Deregulierung können indes nicht als ein geschlossenes Konzept im Sinne eines ordnungspolitischen Programms gesehen werden. „Vielmehr handelt es sich um eine bunte Palette von relativ isolierten Einzelmaßnahmen, die in ihrer Summe nicht zu einem qualitativ neuen Regulierungstyp geführt haben" (Keller, Seifert 1998: 7). „Labour law in Germany is still dominated by the view that the use of atypical employment contracts must be the exception and permanent contracts of employment the norm" (Rogowski, Schömann 1996: 635).

2.3.1.2 Großbritannien

Das britische Arbeitsrecht ist bis in die 1960er Jahre hinein charakterisiert durch das Fehlen von gesetzlichen und staatlichen Eingriffen in die Gestaltung von Arbeitsbeziehungen. Freiwillig vereinbarte Regulierungen, in der Regel auf Basis von Verhandlungen zwischen Sozial- und Tarifpartnern, werden gesetzlichen Regelungen vorgezogen und somit kommt es zu der Ausgestaltung des Prinzips des „collective laissez-faire" (Rubery et al. 1993: 4). Der britische Staat beschränkt sich auf die Stärkung der Institutionen, die in die Verhandlungen über die Ausgestaltung der Arbeitsbeziehungen einbezogen sind. Dieses britische System „liberalkorporatistischer industrieller Beziehungen" dominiert bis in die 1970er Jahre (Rogowski, Schmid 1998). Der Staat zieht sich auf die Regelung der Rahmenbedingungen zurück und der Tarifvertrag wird allgemein das vorherrschende Regelungsinstrument. Die Gewerkschaften verfügen über eine herausragende, starke Stellung innerhalb des Verhandlungsgefüges (Klodt 1998; Dickens, Hall 1995). Im Laufe der 1970er Jahre kommt es zu einigen staatlich initiierten Regelungen individueller Rechte, die einen gesetzlich verankerten Mindestschutz für Arbeitnehmer einführen (Rubery et al. 1993). Sämtliche Schutzbestimmungen sind jedoch klar an der Ausgestaltung des individuellen Arbeitsvertrages orientiert und beziehen sich vor allem auf abhängige Beschäftigte in Normalarbeitsverhältnissen.

Die Grundsätze dieser Vereinbarungen bleiben für den Kern der „Normal-Beschäftigten" auch nach Antritt der konservativen Thatcher-Regierung 1979 und der danach einsetzenden verstärkten Deregulierung auf dem Arbeitsmarkt bestehen, obwohl es zu einer Reduzierung der Schutzbestimmung auch bei Normalarbeitsverhältnissen kommt. Hierbei kommt es jedoch nur vereinzelt zu direkten Einschränkungen individueller, gesetzlicher Schutzbestimmungen. Vielmehr werden Maßnahmen ergriffen, die gerichtet sind auf: „[the] collective organisation and collective bargaining, the source of social regulation which in the British context of voluntarism has always been the major source of protection of workers" (Dickens 1994: 226). Der Abbau der Unterstützung für Kollektivverträge und die Einschränkung und Regulierung der Gewerkschaften führen vor allem zu einer Stärkung der Arbeitgeber- und zu einer Schwächung der Arbeitnehmerseite (Cousins 1999; Brodsky 1994; Sakowsky 1992). Zusätzlich werden, beginnend mit dem „Employment Act" von 1980, systematisch rechtliche Schutzbestimmungen abgebaut. So kommt es beispielsweise zu einer deutlichen Reduzierung im Kündigungsschutz (Rogowski, Schömann 1996). Außerdem begünstigt eine starke Spreizung der Lohnstrukturen das Entstehen niedrig entlohnter Arbeitsplätze vor allem im Dienstleistungssektor (Klodt 1998). Ziel ist es, „to encourage enterprise and job creation by lifting apparent burdens from business, especially small firms" (Rubery et al. 1993: 7). Blanchflower und Freeman (1993: 4) fassen insgesamt vier Zielsetzungen der Deregulierungspolitik der Thatcher-Regierung zusammen: „1) weaken the power of unions; 2) enhance the rewards of work relative to unemployment and other non-work related benefits [...]; 3) reduce government/institutional influence on market outcomes; and 4) expand self-employment." Oder anders ausgedrückt: „In Britain, the Conservative government has since 1979 (....) been committed to a radical market philosophy, promoting increased labour market flexibility" (Crompton et al. 1996: 4; siehe auch Beatson 1995). Insgesamt sinkt die Zahl der Erwerbspersonen, die durch die arbeitsrechtlichen und tarifvertragliche Regelungen abgesichert sind, deutlich (Dickens 1994). Trotzdem bleibt ein Kern nunmehr geringer geschützter Beschäftigungsverhältnisse bestehen, dem eine wachsende

Zahl an ungeschützten, atypischen Erwerbsformen gegenüber steht. Dies verändert sich auch nach dem Regierungswechsel 1997 nicht grundlegend (Dingeldey 1998). Großbritannien wird allgemein als das typische Modell eines deregulierten Arbeitsmarktes angesehen, der geprägt ist durch die Selbstregulierung der industriellen Beziehungen und des Arbeitsmarktes unterstützt durch staatliche Zurückhaltung (Rogowski, Schmid 1998).

2.3.1.3 Ländervergleich

Deutschland und Großbritannien verfolgen mit ihren jeweiligen politischen Regelungen offensichtlich unterschiedliche Strategien. Während Deutschland durch Veränderungen bestehender Normen und durch die Schaffung neuer Rahmenbedingungen, neben der Flexibilisierung des Arbeitsmarktes auch eine Ausweitung atypischer, aber rechtlich und sozial abgesicherter Beschäftigung anstrebt, wird in Großbritannien gleichsam der Schutz bzw. die Rechte aller Beschäftigten durch verschiedene Veränderungen in den gesetzlichen Regelungen gemindert (Cousins 1999; Tálos 1999). Beide Länder variieren hierbei sehr stark im Grad der Regulierung und der Rigidität des Arbeitsmarktes (Schömann et al. 1998).

In einer vergleichenden Studie elf westeuropäischer Länder dokumentieren Grubb und Wells (1993) verschiedene Indikatoren, die in einer Rangordnung den Grad der Regulierung bestimmter arbeitsschutzrechtlicher Bestimmungen messen. Bezogen auf die Möglichkeiten numerischer Flexibilität durch Kündigungen von Arbeitnehmern durch Unternehmen[14] belegt z.B. Großbritannien Platz 1 in der Rangordnung (am wenigsten reguliert) während Deutschland Platz 8 (von 11) einnimmt. Die Möglichkeiten des Einsatzes von befristeter Beschäftigung und Leiharbeit ist zusätzlich in Großbritannien im europäischen Vergleich am geringsten reglementiert. Deutschland nimmt hingegen wiederum einen mittleren (Platz 6 in Bezug auf Befristung) bzw. einen hinteren (Platz 9 in Bezug auf Leiharbeit) Platz ein. Die gleiche Einschätzung ergibt sich bezüglich Einschränkungen spezifischer Formen der Arbeitszeitflexibilisierung. Zusammenfassend kommen Grubb und Wells (1993: 24) zu einer Rangordnung, in der Großbritannien Platz 1 (am wenigsten reglementiert) und Deutschland Platz 7 einnehmen. Zu einem ähnlichen Ergebnis kommt auch die Europäische Kommission (1996). Auf der Basis eines von der OECD (1995a) gebildeten Indikators zur Reglemen-

[14] Z.B. zur Messung der Rigidität in diesem Bereich werden unterschiedliche gesetzliche Regelungen herangezogen: Zahl und Dauer der benötigten Verfahren bis zur Entlassung; Höhe von möglichen finanziellen Abfindungen; Vorliegen einschränkender, gesetzlicher Regelungen wie z.B. Möglichkeiten des Heranziehens richterlicher Entscheidungen durch die betroffenen Arbeitnehmer. Dieses Prinzip wird auch bei der Bildung weiterer Indikatoren mit jeweils spezifischen gesetzlichen Regelungen beibehalten.

tierung des Arbeitsmarktes, der von „0“ (sehr flexibel) bis „10“ (sehr reglementiert) reicht, erhält Großbritannien Mitte der 1990er Jahre als einziges europäisches Land den Wert „0“ zugewiesen. Deutschland erreicht im Rahmen dieser Beurteilung hingegen einen Wert von „6“.

2.3.2 Förderprogramme für berufliche Selbständigkeit

Vor allem seit den 1980er Jahren ergreifen Deutschland und Großbritannien direkte Maßnahmen zur Förderung beruflicher Selbständigkeit (Kießling 1996; Meager 1993). So werden zum einen Erleichterungen in der Kreditvergabe an Existenzgründer eingeführt (Meager et al. 1992; Dietrich 1998). Zum anderen gibt es Förderprogramme für arbeitslose Erwerbspersonen, die direkt das Ziel des Anwachsens der Zugänge in selbständige Erwerbstätigkeit verfolgen (Kaiser, Otto 1990). Hintergrund dieser Entwicklung ist die seit den 1980er Jahren steigende Zahl von Arbeitslosen in den beiden Ländern. Existenzgründungen werden dabei mit zwei Zielen gefördert. Zum einen wird so direkt ein Arbeitsplatz für die betriebsgründende Person geschaffen. Zum anderen wird mit den Neugründungen auch die Hoffnung auf Beschäftigungseffekte verbunden. Die arbeitsmarktpolitische Relevanz von Betriebsgründungen insbesondere für die Schaffung von Arbeitsplätzen wird als sehr hoch angesehen. Diese Wahrnehmung basiert auf Erkenntnissen aus älteren wissenschaftlichen Studien, die einen positiven Zusammenhang zwischen dem Niveau von Betriebsgründungen und der Schaffung neuer Arbeitsplätze einerseits und der wirtschaftlichen Entwicklung andererseits gefunden haben (z.B. Birch 1979, 1987; Granovetter 1984).

Primärer Ansatzpunkt für die staatliche Förderung beruflicher Selbständigkeit ist die Gewährung finanzieller Hilfen und Zuschüsse bei der Existenzgründung bzw. dem Erhalt der Betriebe. Hintergrund bilden Erkenntnisse, dass Kapitalmarktrestriktionen und der Mangel an Startkapital zentrale Hindernisse bei der Gründung von neuen Unternehmen darstellen (z.B. Blanchflower 2000; Evans, Leighton 1989; Evans, Jovanovic 1989; Holtz-Eakin et al. 2000). Durch die Einführung von Finanzierungshilfen, Darlehen, Zuschüssen oder Bürgschaften wird versucht, diese Hürde zu verringern und so mehr Personen den Übergang in Selbständigkeit zu ermöglichen. Als zentrale Institution in diesem Zusammenhang fungiert in Deutschland die Deutsche Ausgleichsbank (DtA). Sie vergibt eine ganze Reihe an zinssubventionierten Finanzierungshilfen an Existenzgründer. Die beiden wichtigsten Programme hierbei sind das ERP-Programm und die Eigenkapitalhilfe. Dabei handelt es sich um zinsgünstige Kredite zu vorteilhaften Konditionen. 1998 wurden von der DtA 46.292 Existenzgründungen finanziell unterstützt (Sternberg 2000: 122). Allgemein wird aber der Kapitalmarkt für Existenzgründungen in Deutschland im internationalen Vergleich als eher schlecht beurteilt (Sternberg 2000). Trotz der staatlichen Förderung sind die Bedingungen für den Schritt in selbständige Erwerbstätigkeit erschwert. Insbesondere Risikokapital für Unternehmensgründungen ist in Deutschland nur wenig vorhanden. So stammt beispielsweise 1997 knapp 75% des weltweiten, privaten Risikokapitals aus den USA, 19% aus Europa. Innerhalb Europas dominiert Großbritannien sehr stark (Sternberg 2000: 135). Großbritannien verfügt im europäischen Vergleich über den am weitesten entwickelten Venture-Capital Markt (Rudolph, Welter 2000).

Der britische Risikokapitalmarkt weitet sich im Laufe der 1980er Jahre enorm aus. Insgesamt werden von staatlicher Seite Deregulierungen und Lockerungen des Finanzmarktes forciert, die Kapitalrestriktionen für Betriebsgründer verringern sollen (Blanchflower, Freeman 1993; Barell 1994; Abell et al. 1995). Der Zugang zu Startkapital wird für Existenzgründer wesentlich erleichtert. „UK financial deregulation led to a credit boom in the mid-late 1980s, with financial institutions keen to lend money directly to potential entrepreneurs, or indirectly through loan for consumption of house purchase, which could be easily recycled for business start-up purposes“ (Meager 1993: iii). Darüber hinaus wird 1995 ein „Venture Capital Trust“ ins Leben gerufen, der den Zugang zu Risikokapital für Existenzgründer erleichtern soll und 1996 werden durch das „Enterprise Investment Scheme“ weitreichende Steuervergünstigungen für private Kapitalgeber eingeführt (Department of Trade and Industry 1999a; Rudolph, Welter 2000).

Generell setzt sich die britische, konservative Regierung seit Beginn der 1980er Jahre nachdrücklich für die Entwicklung einer „Unternehmenskultur“ ein (Burrows 1991; Rainbird 1991; Crompton et al. 1996). Der Förderung von Selbständigkeit und kleinen Betrieben gilt dabei besondere Aufmerksamkeit. Es werden seither einige neue Unterstützungsinitiativen und –stellen eingeführt (Thomsen 1992). Seit Anfang der 1990er Jahre existiert in Großbritannien zusätzlich ein Netz von privatwirtschaftlich geführten Gesellschaften, das für die Verwaltung von staatlichen Ausbildungs- und Unternehmensförderprogrammen zuständig ist (TEC – Training and Enterprise Council oder LEC – Local Enterprise Companies). Die wahrscheinlich wichtigste Institution zur Unterstützung von Betriebsgründungen stellt ein Netz von über 300 örtlichen Unternehmensförderstellen dar (LEAs). Neben betriebswirtschaftlicher Beratung und Ausbildung bieten diese Stellen auch finanzielle Beihilfen bei der Existenzgründung und für den Erhalt bereits etablierter Betriebe an. Die beiden wichtigsten Programme hierbei sind das Loan Guarantee Scheme (Kreditbürgschaftsprogramm), das eine staatliche Bürgschaft für gewerbliche Kredite gegen eine Prämie vorsieht und das Business Expansion Scheme (Programm zur Betriebserweiterung) (Thomsen 1992; Department of Trade and Industry 1999a, 1999b, 1999c).

Sowohl in Großbritannien als auch in Deutschland zielen diese Unterstützungsinitiativen für Existenzgründer insbesondere auch auf arbeitslose Erwerbspersonen ab. Für diese Personengruppe wurden eigene Förderprogramme initiiert. Arbeitslose Existenzgründer haben bei dem Schritt in die Selbständigkeit besondere Probleme zu überwinden. Es fehlen ihnen in der Regel die nötigen Branchenerfahrungen und Finanzierungsmöglichkeiten. Hier setzen die spezifischen Förderprogramme in Deutschland und Großbritannien an, indem einerseits Beratungsangebote und andererseits Finanzierungshilfen gewährt werden (OECD 1995b).

Das wohl wichtigste Instrument zur Förderung von Übergängen von Arbeitslosen in Selbständigkeit in Großbritannien ist das „Enterprise Allowance Scheme" (Unternehmensgründungsprämie), das 1982 eingeführt wurde und Arbeitslosen unter bestimmten Umständen bis zur Dauer von einem Jahr eine wöchentliche, finanzielle Unterstützung gewährt, wenn sie sich selbständig machen (Meager 1992a).[15] Die Partizipation in diesem Programm wächst seit Einführung fast kontinuierlich und erreicht ihren Höhepunkt 1987/88 als über 100.000 Personen an diesem Programm teilnehmen (Meager 1993). Bis Ende der 1980er Jahre werden 25% aller neuen Betriebe von davor arbeitslosen Erwerbspersonen gegründet (Anderton, Mayhew 1994). Bis einschließlich 1991 nehmen im Durchschnitt jährlich 60.000 Personen an diesem Programm teil, was ungefähr ein Achtel aller Übergänge in Selbständigkeit in diesem Zeitraum bedeutet (Campbell, Daly 1992; Carley, Suri 1993).

In Deutschland wird das entsprechende Förderprogramm 1986 eingeführt (§55a Arbeitsförderungsgesetz). Das sogenannte „Überbrückungsgeld" für Arbeitslose, die sich selbständig machen, umfasst eine monatliche Zahlung in Höhe des vorherigen Arbeitslosengeldanspruchs für die Dauer von sechs Monaten (Wießner 1998; Pfeiffer, Reize 2000). Bezogen auf die Zahl der Förderfälle kann das Programm als relativ erfolgreich gewertet werden. 1992 haben insgesamt 31.587 arbeitslose Erwerbspersonen an diesem Programm teilgenommen. Nachdem 1994 grundlegende Änderungen in den Bestimmungen über Berechtigung und Höhe der finanziellen Hilfe vorgenommen werden, steigt die Zahl 1997 auf 78.824 geförderte Personen an (Wießner 1997c, 1998). Zwischen 1991 und 1998 werden durch das Programm insgesamt ca. 450.000 Existenzgründungen von arbeitslosen Erwerbspersonen gefördert (Reize 2000).

In Deutschland ist die Berechtigung zur Förderung an die Bedingung geknüpft, dass ein Nachweis über die Möglichkeit, ein Mindesteinkommen mit der selbständigen Existenzgründung erzielen zu können, von einer wirtschaftlich

[15] Die Bestimmungen über Berechtigungen und Höhe der Leistungen haben sich seit der Einführung 1982 mehrere Male geändert. Für eine Übersicht siehe Cowling, Clay 1995.

sachverständigen Einrichtung – z.B. einer Bank, Handelskammer, Berufsverband – erbracht wird. Dies wird mit dem ausdrücklichen Ziel einer Vermeidung von prekärer Beschäftigung begründet (Kaiser, Otto 1990). Demzufolge kann angenommen werden, dass das deutsche Programm implizit auf bestimmte Formen von Geschäftstätigkeit abhebt und viele der für das britische Programm kennzeichnenden Niedriglohntätigkeiten im Dienstleistungssektor ausschließt (Meager 1995). Die aus der Arbeitslosigkeit kommenden Erwerbspersonen gründen in Großbritannien in der Regel andere Selbständigenexistenzen oder Betriebe als jene, die zuvor abhängig beschäftigt waren. „There is some evidence that the type of self-employment entered by unemployed people differs from that of previously employed people, with unemployed people more likely to work in manual or labour-intensive self-employment, often with a low capital investment“ (Kellard, Middleton 1998: 13). Es findet sich eine deutliche Überrepräsentation in Bereichen des eher gering qualifizierten Dienstleistungsbereichs (Meager 1995). Im Gegensatz dazu ähneln die aus Arbeitslosigkeit kommenden Selbständigen in Deutschland in markanten Merkmalen Selbständigen, die beispielsweise zuvor abhängig beschäftigt waren (Pfeiffer, Reize 2000). So liegt der Anteil der freiberuflich Tätigen, die Mitte der 1990er Jahre aus der Arbeitslosigkeit mit Hilfe des Überbrückungsgeldes in die Selbständigkeit wechseln, in Deutschland bei 40% aller Förderfälle (Wießner 1997b). In den 1980er Jahren liegt der Anteil der höher qualifizierten Dienstleistungsberufe noch deutlich niedriger. Frauen sind an den geförderten Existenzgründungen in Freien Berufen überproportional beteiligt. Drei Viertel der geförderten Existenzgründer werden insgesamt in Deutschland im tertiären Sektor tätig (Wießner 1997a u. b). Im Produzierenden Gewerbe sind lediglich 18% der neuen Selbständigenexistenzen angesiedelt, der größte Teil hiervon mit Tätigkeiten im Bausektor (Brinkmann, Otto 1996).

Eine Evaluation der Förderprogramme beruflicher Selbständigkeit von Arbeitslosen ist sehr schwierig. Zunächst muss davon ausgegangen werden, dass es erhebliche Mitnahmeeffekte gibt, d.h. dass Personen gefördert werden, die bereits beabsichtigen, sich selbständig zu machen. Kellard und Middelton (1998) schätzen für das britische Programm einen Anteil von mindestens 50%, d.h. dass auf je 100 geförderte Personen mindestens 50 Arbeitslose kommen, die auch ohne die Beihilfe selbständig geworden wären (siehe auch Meager 1995). Im Gegensatz dazu wird der Mitnahmeeffekt in Deutschland wesentlich geringer, auf ca. 20% geschätzt. Somit hätten in Deutschland von 100 Überbrückungsgeldempfängern 80 ohne diese Beihilfe keine eigene Existenz gegründet (Meager 1995). Die Wahrscheinlichkeit der Personen, die aus der Arbeitslosigkeit in die Selbständigkeit gewechselt haben, wieder arbeitslos zu werden, ist in beiden Ländern nur eher gering (Wießner 1998; Reize 2000; Kellard, Middleton 1998).

Zwar sind die Überlebenschancen von Existenzgründungen aus Arbeitslosigkeit relativ geringer als bei sonstigen Gründungen (Pfeiffer, Reize 2000). Die vormals arbeitslosen Selbständigen verfügen jedoch über eine höhere Wahrscheinlichkeit, nach Ende der Selbständigkeit abhängig beschäftigt zu werden, als wieder in die Arbeitslosigkeit zu wechseln. Insofern kann die Periode der Selbständigkeit als ein Übergang in Beschäftigung gesehen werden (Kellard, Middleton 1998).

Die Evaluation erhoffter Beschäftigungseffekte durch die Förderung beruflicher Selbständigkeit von Arbeitslosen ist ebenfalls nur sehr eingeschränkt möglich. Wießner (1998) kommt für Deutschland zu dem Ergebnis, dass ungefähr 45% der ehemals Arbeitslosen, die nach knapp vier Jahren noch selbständig tätig sind, mit mindestens einem weiteren Beschäftigten arbeiten. In Großbritannien liegt der Anteil der Selbständigen mit Beschäftigten nach drei Jahren bei 35% (Storey 1994; Meager 1995). Letztendlich mangelt es an verlässlichen Daten, um die Beschäftigungseffekte richtig einschätzen zu können. Zusätzlich müssten die bereits erwähnten Mitnahme- und darüber hinaus auch Verdrängungseffekte berücksichtigt werden, um zu einer klaren Einschätzung gelangen zu können. Nichtsdestotrotz scheint mit der Förderung beruflicher Selbständigkeit von Arbeitslosen, eine indirekte Schaffung von Arbeitsplätzen erreicht zu werden.[16]

Insgesamt sind sowohl in Deutschland als auch in Großbritannien die relativen Anteile der aktiven Arbeitsmarktprogramme, zu denen u.a. auch die Förderung von Existenzgründungen durch Arbeitslose gehört, am Bruttosozialprodukt seit Mitte der 1980er Jahre eher rückläufig (Martin 2000). Die Wirksamkeit der Förderprogramme für selbständige Erwerbstätigkeit ist nur schwer zu beurteilen. Zusammen genommen, scheinen die Unterstützungsmaßnahmen in Großbritannien weitreichender und teilweise auch effektiver zu sein als in Deutschland – vor allem bezogen auf den Kapitalmarkt. Die Betonung der Förderung einer „Unternehmenskultur“ durch die konservative, britische Regierung hat sich auf die Entwicklung selbständiger Erwerbstätigkeit ausgewirkt. Im Rahmen mehrerer Studien wurde versucht, einen solchen Effekt auch multivariat mit Hilfe von Zeitreihenanalysen nachzuweisen. Während jedoch Robson (1998) einen deutlich positiven „Thatcher Effekt“ auf die Entwicklung selbständiger Erwerbstätigkeit finden kann, kommen Abell et al. (1995) zu einem gegenläufigen Ergebnis. Trotzdem schlußfolgern sie: „There seems to be little evidence for a marked

[16] Neben den oben beschriebenen nationalen Unterstützungsleistungen gibt es in beiden Ländern noch weitere auf regionaler oder lokaler Ebene angesiedelte Förderprogramme. Die föderale Struktur Deutschlands hat sogar zu Folge, dass im internationalen Vergleich in Deutschland annähernd die höchste Zahl an Förderprogrammen für kleine Unternehmen und Selbständige zu finden ist (Balkenhol 1998).

"Thatcher effect", though in the period 1979-85 policies might have encouraged some of the increasing numbers of the unemployed to enter self-employment" (Abell et al. 1995: 20).

2.3.3 Regulierung des Zugangs zu selbständiger Erwerbstätigkeit

Wie bereits an manchen Stellen dieser Arbeit angeklungen, unterscheiden sich Deutschland und Großbritannien in den rechtlichen Regelungen bezüglich selbständiger Erwerbstätigkeit. Allgemein ist die Wahl selbständiger Erwerbstätigkeit in beiden Ländern an die Erfüllung bestimmter formaler Voraussetzungen geknüpft. Diese variieren je nach Tätigkeitsbereich des potentiellen Selbständigen und der Art der Gründung.

In Deutschland besteht grundsätzlich das Prinzip der Gewerbefreiheit (§1 Abs. 1 Gewerbeordnung), und die Freiheit der Berufswahl ist im Grundgesetz verankert. Trotzdem unterliegen Existenzgründungen bestimmten Beschränkungen (Pütz, Meyerhofer 1982; Soltwedel et al. 1990). Hierbei wird zwischen (selbständigen) gewerblichen und freiberuflichen Tätigkeiten unterschieden. Im Bereich des Gewerbes wird weiterhin zwischen Handwerk einerseits, und Industrie, Handel und Dienstleistungen andererseits differenziert. Freiberufliche Tätigkeiten bestehen ebenfalls aus zwei Gruppen: zum einen selbständige, wissenschaftliche und künstlerische Tätigkeiten und zum anderen Dienstleistungen höherer Art (Fischer 1986).

Existenzgründungen im Bereich der sonstigen Tätigkeitsfelder in Industrie, Handel und Dienstleistungen sind sowohl in Deutschland als auch in Großbritannien an keine besonderen, rechtlichen Voraussetzungen geknüpft. In der Regel genügt in beiden Ländern eine Gewerbeanmeldung beim zuständigen Gewerbeamt. Trotzdem bestehen erhebliche Unterschiede zwischen den beiden Ländern in der jeweiligen Verfahrensweise und der Zulassung zur Ausübung eines Gewerbes.

In Deutschland gibt es bestimmte Ausnahmen, bei denen eine zusätzliche behördliche Erlaubnis erforderlich ist. Diese Erlaubnis ist geknüpft an einen Zuverlässigkeits-, einen Kapital-, einen Sachkunde- und einen Befähigungsnachweis. Vordergründig geht es hierbei um den Schutz der Verbraucher. Deshalb beziehen sich die Regulierungen in erster Linie auf Zugänge in Tätigkeitsfelder, welche die öffentliche Sicherheit und Ordnung, Umweltaspekte, gesundheitliche oder finanzielle Belange betreffen. Erlaubnispflichtige Gewerbe sind demnach: Einzelhandel mit beispielsweise Arzneimitteln oder Waffen, Pfandleihgewerbe, Verkehrsgewerbe, Gaststättengewerbe und Reisegewerbe (Fischer 1986; Industrie- und Handelskammer (IHK) 1999). In diesen Bereichen bestehen auch in Großbritannien gewisse Einschränkungen bei der Existenzgründung wobei es sich hier meist um den einfachen Erwerb einer Lizenz handelt, wofür eine Registrierung bei der zuständigen Behörde genügt (Department of Trade and Industry (DTI) 1999c).

Auf Basis eines Berichtes, der im Auftrag der Europäischen Kommission über die „Formal Requirements and Administrative Procedures Required for the Formation of SME's" (Logotech 1997) erstellt wurde, lassen sich die Bestimmungen für Existenzgründungen in Deutschland und Großbritannien gut zusammenfassen. Der Bericht basiert auf einem Vergleich zwischen den europäischen Staaten im Hinblick auf die Verfahrensweisen bei Neuregistrierungen einer Unternehmung, gemessen anhand der Zahl der benötigten Verfahren und Behördengänge, der Dauer von Erstantrag bis Genehmigung und der Kosten der formalen Gründung.

Ein erstes, zentrales Ergebnis ist, dass Großbritannien über ein „highly simplified and very rapid system of company registration" (Logotech 1997: 10) verfügt. So genügen in Großbritannien bis zu fünf behördliche Vorgänge, bzw. Verfahren, um eine Unternehmung zu gründen, während es in Deutschland doppelt so viele sind. Die Zeitspanne zwischen Erstantrag und Genehmigung liegt folglich in Großbritannien bei durchschnittlich einer Woche wohingegen in Deutschland diese Dauer zwischen 8 und 24 Wochen betragen kann. „The UK is by far the most efficient country in registration of a company, having even a fast registration facility, that allows a company to register within 24 hours" (Logotech 1997: 47). Die finanziellen Voraussetzungen, um beispielsweise eine Gesellschaft mit beschränkter Haftung (GmbH) gründen zu können, liegen in Deutschland bei 25.000 Euro. In Großbritannien ist für die Gründung eines ähnlichen Unternehmens („private limited company") keinerlei Startkapital vorgeschrieben. Insgesamt werden die Kosten des Verfahrens in Deutschland als am höchsten innerhalb der Europäischen Union eingestuft.

Zusätzlich zu diesen formalen Bestimmungen der finanziellen Voraussetzungen und der Verfahrensweisen bei Registrierung der Unternehmung, kommen in einigen Tätigkeitsbereichen qualifikatorische Erfordernisse zum Tragen. Am deutlichsten wird dieser Zusammenhang in beiden Ländern in Bezug auf die Freien Berufe, bzw. Professionen. Sowohl in Deutschland als auch in Großbritannien ist für die Befugnis zur Ausübung dieser Berufe in selbständiger Erwerbstätigkeit ein tertiärer Bildungsabschluss erforderlich (Institut für Freie Berufe 1993). In Deutschland ist die Liste der Freien Berufe, auf die diese Bestimmungen zutreffen, im Einkommenssteuergesetz festgelegt (Wießner 1997b; Engel, Oberlander 2000). Für wissenschaftliche und künstlerische Freie Berufe ist der Marktzutritt in Deutschland grundsätzlich frei. Es besteht nur eine entsprechende Meldepflicht beim Finanzamt. Anders sieht es jedoch im Bereich der Dienstleistungen höherer Art aus. Hier ist der Marktzutritt klar beschränkt und beruht auf entsprechenden Qualifikationsnachweisen, z.B. Ärzte benötigen die entsprechende Approbation, Rechtsanwälte müssen die Befähigung für das Richteramt nachweisen oder Steuerberater und Wirtschaftsprüfer müssen spezielle Prüfungen ablegen (Fischer 1986; Institut für Freie Berufe 1993). Begründet wird diese Einschränkung in Deutschland mit der Notwendigkeit „zur Abwehr nachweisbar schwerer Gefahren für ein überragend wichtiges Gemeinschaftsgut wie z.B. die Rechtspflege und die Volksgesundheit" (Soltwedel et al. 1986: 20). Deshalb gibt es von staatlicher Seite auch Einschränkungen bei der Zahl der zugelassenen Existenzgründungen. Begründung für diese Angebotssteuerung ist, „dass jeder der zugelassenen Anbieter ein als ausreichend und angemessen angesehenes Einkommen erzielen kann, damit die für das Gemeinwohl gebotene Neutralität der Anbieter nicht gefährdet wird" (Soltwedel et al. 1986: 21). In Großbritannien existiert keine vergleichbare Begriffsbestimmung der Freiberuflichkeit und außer der qualifikatorischen Einschränkung auch keine staatliche Lenkung des Angebots. Darüber hinaus gibt es keine klare Grenzziehung zwischen freiberuflicher und gewerblicher Tätigkeit (Institut für Freie Berufe 1993: 23).[17] Unabhängig davon ist der Zugang zu Dienstleistungen höherer Art analog zu Deutschland durch Qualifikationsnachweise beschränkt und beruht auch hier in erster Linie auf tertiären Bildungsabschlüssen (Institut für Freie Berufe 1993; Oberlander et al. 1997). Mitte der 1990er Jahre arbeiten in Deutschland rund 25% der Selbständigen in Freien Berufen. In Großbritannien ist diese Zahl deutlich geringer und liegt 1996 bei 14%.[18]

Große Unterschiede zwischen Deutschland und Großbritannien bestehen indes in der Regulierung des Handwerks (Klinge 1989, 1990). In Deutschland basiert der Zugang zu beruflicher Selbständigkeit im Handwerk auf der erfolg-

---

[17] Die Bestimmungskriterien der Freiberuflichkeit variieren zwar zwischen Deutschland und Großbritannien, orientieren sich jedoch weitgehend an sechs konstruktiven Merkmalen: 1. hohe Qualität der Ausbildung, 2. Unabhängigkeit der Berufsausübung, 3. vornehmlich ideelle Leistungen, 4. persönliche Verantwortlichkeit, 5. Vertrauensverhältnis und 6. Standespflichten (Institut für Freie Berufe 1993: 25).

[18] Die Zahlen basieren auf eigenen Auszählungen des Mikrozensus 1995 und des Labour Force Surveys 1996 und weichen für Deutschland teilweise deutlich von publizierten Angaben ab. Z.B. Oberlander et al. (1997) kommen für 1996 auf einen Anteil von 17 Prozent. Zu Details der zugrundeliegenden Klassifikation siehe Kapitel 5. Die deutlich geringere Zahl von Selbständigen in Freien Berufen in Großbritannien ist zum Teil auf das staatliche Gesundheitswesen, das einen Teil der Ärzte als abhängig Beschäftigte absorbiert, zurückzuführen. Während in Deutschland 3,8 Prozent aller Selbständigen als Ärzte tätig sind und die Selbständigenquote in diesem Bereich bei 38,6 Prozent liegt, liegt der Anteil der Selbständigen, die als Ärzte arbeiten, in Großbritannien bei 1,4 Prozent und die Selbständigenquote bei 29,5 Prozent. Die gesamtwirtschaftliche Selbständigenquote außerhalb der Landwirtschaft liegt demgegenüber in Großbritannien bei 11,7 Prozent, in Deutschland bei 9,2 Prozent.

reichen Absolvierung der entsprechenden Meisterprüfung[19], die zudem ausdrücklich auf berufliche Selbständigkeit abzielt[20] (ZDH 2000; Klemmer, Schrumpf 1999: 39ff.). Der selbständige Betrieb eines Handwerks ist nur den in der Handwerksrolle eingetragenen natürlichen Personen und Personengesellschaften gestattet. Dieser Bereich umfasst Mitte der 1990er Jahre ca. 20% aller selbständig Tätigen (Özcan, Seifert 2000: 293). Die Regulierungen sind auf gesetzlicher Grundlage im Rahmen der Handwerksordnung („Gesetz zur Ordnung des Handwerks") festgeschrieben. Neben diesem stark regulierten Handwerk existiert in Deutschland noch ein breites Feld an sogenannten handwerksähnlichen Berufen, deren Ausübung in Selbständigkeit nicht an den Meisterstatus geknüpft sind (ZDH 2000). In diesem Bereich kommt es im Laufe der 1990er Jahre zu einer starken Expansion selbständiger Erwerbstätigkeit.

In Großbritannien unterliegt das gesamte Handwerk kaum gesetzlichen Vorschriften des Berufszugangs. Es existieren keine speziellen Handwerksgesetze und keine Legaldefinition des Begriffs Handwerk. Das Handwerk wird in der Regel unter der Kategorie „small firms" subsumiert und umfasst all jene Tätigkeiten, die darin bestehen, „dass gewerblich oder gelegentlich zu Erwerbszwecken ein Artikel oder ein Teil bearbeitet oder repariert, verziert, vollendet oder in anderer Weise für den Verkauf zubereitet wird" (Klinge 1989: 180).

Die Restriktionen im Zugang zu beruflicher Selbständigkeit über spezifische Qualifikationsanforderungen spiegeln sich in der Relevanz formaler und beruflicher Bildung in den jeweiligen Tätigkeitsfeldern von Selbständigen wider. Entsprechend variiert die Wichtigkeit der Qualifikationen je nach Tätigkeitsfeld oder auch Branche. Darüber hinaus zeigen sich deutliche Länderunterschiede, die sich auf die Zugangsbeschränkungen zurückführen lassen (Lohmann et al. 1999; Luber et al. 2000; Bates 1995).

---

[19] Die deutsche Handwerkskammer hat eine Liste von 94 Handwerksberufen erstellt, die alle zur Ausübung in einer selbständigen Tätigkeit die Meisterqualifikation erfordern (z.B. Schreiner, Friseure, Maurer, Fotografen). Zur wirtschaftspolitischen Begründung der Existenz des Großen Befähigungsnachweises und der historischen Entwicklung siehe Klemmer und Schrumpf (1999). Die Berechtigung zum Erlangen des Großen Befähigungsnachweises hängt zum einen vom Besitz der Gesellenprüfung im entsprechenden Handwerk und zum anderen von einer zwei- bis dreijährigen Berufserfahrung nach Abschluß der berufliche Lehrausbildung ab. Die Meisterprüfung selbst setzt sich aus einer theoretischen und praktischen Prüfung zusammen, die im Anschluss an spezielle Kurse an Meisterschulen stattfindet (ZDH 2000).

[20] So umfassen die Ausbildungsinhalte explizit die Vermittlung von betriebswirtschaftlichen, kaufmännischen, rechtlichen und berufserzieherischen Kenntnissen. Für nahezu keinen anderen Beruf ist eine solche amtliche Prüfung der Unternehmerfähigkeit gesetzlich vorgeschrieben (Langfeldt 1984).

2.4 Zusammenfassung

Die Entwicklung selbständiger Erwerbstätigkeit ist abhängig von spezifischen Rahmenbedingungen und Opportunitätsstrukturen. Die als relevant erachteten, makro-strukturellen Bedingungen variieren zum einen sehr deutlich zwischen Deutschland und Großbritannien und erfahren zum anderen gravierende Veränderungen seit Ende der 1970er bzw. Anfang der 1980er Jahre. Demzufolge unterscheiden sich beide Länder in der Entwicklung selbständiger Erwerbstätigkeit. Neben der Strukturierung der Wirtschaftsstruktur werden die Strukturierung und Flexibilisierung der Arbeitsmärkte und die Entwicklung der Arbeitslosigkeit als wichtige Rahmenbedingungen erachtet, welche die Veränderungen in selbständiger Erwerbstätigkeit maßgeblich beeinflussen. Hinzu kommen spezifische institutionelle und rechtliche Rahmenbedingungen für Selbständigkeit in Deutschland und Großbritannien.

Insgesamt kommt es sowohl in Deutschland als auch in Großbritannien zu weitreichenden Veränderungen in der Wirtschaftsstruktur seit den 1980er Jahren. In beiden Ländern treten organisatorische, strukturelle und technologische Veränderungen auf, die einerseits zu einer stärkeren Verbreitung flexibler Spezialisierung führen und zum anderen eine wachsende Tertiarisierung der Wirtschafts- und Beschäftigungsstruktur zur Folge haben. Beide Trends sind wichtige Faktoren für die Entwicklung beruflicher Selbständigkeit, da sie insgesamt das Auftreten selbständiger Erwerbstätigkeit begünstigen. Durch große Unterschiede in der jeweiligen Ausgestaltung dieser Tendenzen lassen sich auch Unterschiede in der Entwicklung und den Veränderungen beruflicher Selbständigkeit in beiden Ländern erwarten. Deutschland ist gekennzeichnet durch eine relativ weit verbreitete, flexible Spezialisierung, die eine Renaissance kleiner Betriebe und beruflicher Selbständigkeit seit den 1980er Jahren begünstigt. Demgegenüber ist Großbritannien eher großbetrieblich strukturiert und flexible Spezialisierung scheint weniger stark verbreitet zu sein. Trotzdem ist die Tertiarisierung der Wirtschaftsstruktur in Großbritannien wesentlich weiter vorangeschritten als in Deutschland, gemessen anhand des Beschäftigungsanteils des tertiären Sektors. In Deutschland ist die industrielle Produktion, hingegen, auch noch Ende der 1990er Jahre von erheblicher Bedeutung. Während somit die Tendenzen der flexiblen Spezialisierung das Aufkommen beruflicher Selbständigkeit in Deutschland klar fördern, ist die Expansion des Dienstleistungssektors in Großbritannien als eine Ursache der Zunahme beruflicher Selbständigkeit in diesem Land anzusehen.

Neben den Unterschieden in der Wirtschaftsstruktur finden sich deutliche Differenzen in der Strukturierung der Arbeitsmärkte und damit zusammenhängend in der Arbeitsmarktflexibilisierung zwischen beiden Ländern. Die Struktur der Arbeitsmärkte beeinflusst die Formen der Flexibilisierung. Unternehmen sind bemüht, ihr Arbeitsvolumen gemäß der Nachfrage nach ihren Produkten und Diensten flexibel gestalten zu können. Unterschiedliche Strategien sind hierbei denkbar. Neben einer numerischen Flexibilisierung der Zahl der betriebseigenen Arbeitskräfte lassen sich zusätzlich Formen der funktionalen Flexibilisierung und der Nutzung externer Arbeitskräfte unterscheiden. Welche Form der Flexibilisierung auftritt, hängt nicht zuletzt von der Strukturierung der Arbeitsmärkte ab und hat unterschiedliche Konsequenzen für das Auftreten selbständiger Erwerbstätigkeit. Die Auslagerung bestimmter Tätigkeiten als eine Form der Flexibilisierung tritt demnach vorwiegend im produzierenden Sektor sowie dem Dienstleistungssektor auf, wobei ein stärkerer Trend in kleinen und mittleren Betrieben vermutet wird. In betriebsspezifischen Arbeitsmärkten, wie sie überwiegend in Großbritannien vorherrschen, kommt es dabei eher zu einer Auslagerung von unqualifizierten Tätigkeiten, da höhere Qualifikationen eng mit dem jeweiligen Betrieb verknüpft sind. Berufsspezifische Teilarbeitsmärkte wie vorwiegend in Deutschland betonen demgegenüber weniger betriebsspezifisches Wissen und sollten daher auch die Auslagerung hochqualifizierter Tätigkeiten ermöglichen.

Zusätzlich zu diesen makro-strukturellen Bedingungen in beiden Ländern wirkt die Entwicklung der Arbeitslosigkeit auf die Veränderungen in beruflicher Selbständigkeit. Direkte Effekte von Arbeitslosigkeit auf selbständige Erwerbstätigkeit sind aber nur eingeschränkt nachvollziehbar. Das insbesondere seit den 1980er Jahren steigende Niveau der Arbeitslosigkeit beeinflusst jedoch die Arbeitsmarktpolitik in beiden Ländern maßgeblich und übt somit indirekt Wirkung auf die Entwicklungen und Veränderungen in den Erwerbsstrukturen aus. Die staatlichen Reaktionen auf die hohe Arbeitslosigkeit sind indes in beiden Ländern sehr unterschiedlich. Neben direkten Förderprogrammen beruflicher Selbständigkeit von Arbeitslosen kommt es zu weitreichenden Deregulierungen auf dem deutschen und britischen Arbeitsmarkt. Deutschland und Großbritannien verfolgen mit den jeweils spezifischen, rechtlichen Regelungen und der Deregulierung arbeitsrechtlicher Standards jedoch unterschiedliche Strategien. In Deutschland wird durch Veränderungen bestehender Normen und durch die Schaffung neuer Rahmenbedingungen, neben der Flexibilisierung des Arbeitsmarktes auch die Ausweitung atypischer, aber rechtlich und sozial abgesicherter Beschäftigung angestrebt, wohingegen in Großbritannien gleichsam der Schutz aller Beschäftigten durch die rechtliche Deregulierung vermindert wird. Als Folge variieren beiden Länder sehr stark im Grad der Regulierung und der Rigidität des Arbeitsmarktes. Entsprechend kommt es in Großbritannien zu einer starken Ausweitung atypischer Beschäftigung und damit zusammenhängend auch zu einer Expansion beruflicher Selbständigkeit als eine Form flexibler Beschäftigung. Seit Ende der 1970er Jahre ist die Förderung des Unternehmertums und damit beruflicher Selbständigkeit ein fester Bestandteil der Arbeitsmarktpolitik der Thatcher-Regierung. Dementsprechend werden Förderprogramme für selbständige Erwerbstätigkeit initiiert. Trotzdem die Wirksamkeit dieser Unterstützungsleistungen nur sehr schwer zu beurteilen ist, scheinen die Maßnahmen in Großbritannien weitreichender und teilweise auch effektiver zu sein als in Deutschland. Vor allem die Deregulierung des Kapitalmarktes übt einen signifikanten Effekt auf die Entwicklung selbständiger Erwerbstätigkeit aus. Die Möglichkeiten der Finanzierung einer neuen Selbständigenexistenz variieren entsprechend sehr stark zwischen Deutschland und Großbritannien. In Deutschland werden Kapitalmarktrestriktionen und mangelndes Startkapital häufig als Ursache für gescheiterte Existenzgründungen angegeben.

Deutliche Unterschiede zwischen Deutschland und Großbritannien treten darüber hinaus in Bezug auf die Zugangsbeschränkungen zu beruflicher Selbständigkeit auf. In diesem direkt mit Selbständigkeit zusammenhängenden Bereich finden sich entscheidende Unterschiede zwischen beiden Ländern. Allgemein ist der Zugang zu selbständiger Erwerbstätigkeit in Hinblick auf finanzielle und qualifikatorische Voraussetzungen in Großbritannien wesentlich einfacher. In Deutschland sind vor allem die qualifikatorischen Hürden in weiten Teilen selbständiger Erwerbstätigkeit sehr hoch. Vor allem die Regulierungen des Zugangs zur handwerklichen Produktion und den Freien Berufen sind sehr strikt. Als eine Folge dieser strikten Zugangsregelungen in Deutschland werden häufig die relativ guten Bestandschancen neu gegründeter Betriebe im Vergleich zu anderen Ländern angeführt. Die Zugangsbeschränkungen werden somit teilweise als Qualitätssicherung in Bezug auf selbständige Erwerbstätigkeit in Deutschland betrachtet.

Insgesamt zeigt sich, dass die Rahmenbedingungen und Opportunitätsstrukturen beruflicher Selbständigkeit große Unterschiede zwischen Deutschland und Großbritannien aufweisen. Grob vereinfachend kann festgestellt werden, dass selbständige Erwerbstätigkeit in Großbritannien stärker in die Erwerbsstruktur eingebunden ist, indem einerseits der Zugang zu dieser Form der Erwerbstätigkeit leichter möglich ist und somit Wechsel zwischen verschiedenen Erwerbsformen wahrscheinlicher werden. Zum anderen findet eine stärkere Förderung dieser Erwerbsform statt. Die Veränderungen in der Wirtschaftsstruktur und die stärkere Flexibilisierung und Deregulierung des Arbeitsmarktes tragen zudem zu einer Ausweitung dieser Erwerbsform bei. Dies trifft auch auf die Entwicklungen in Deutschland seit den 1980er Jahren zu. Doch aufgrund der nach wie vor sehr spezifischen Stellung beruflicher Selbständigkeit in der Erwerbsstruktur, sind Übergänge in Selbständigkeit hier seltener zu vermuten, und zudem sind die Zugangsbeschränkungen sehr hoch, so dass bestimmte Formen unsicherer oder unqualifizierter selbständiger Erwerbstätigkeit, wie sie in Großbritannien teilweise vermutet werden können, weniger häufig auftreten.

3 Das Sozial- und Wirtschaftsprofil Selbständiger in Deutschland und Großbritannien

Die soziale und ökonomische Struktur der Erwerbskategorie der Selbständigen kann als ein Abbild der individuellen Determinanten, die den Übergang in selbständige Erwerbstätigkeit bestimmen, verstanden werden. Jene Faktoren, welche die Neigung von Erwerbspersonen zu beruflicher Selbständigkeit beeinflussen, bewirken zu einem gewissen Maße auch die strukturellen Merkmale dieser spezifischen Gruppe. Deshalb sollen in einem ersten Schritt ganz allgemein theoretische Überlegungen zu den individuellen Determinanten beruflicher Selbständigkeit zusammengefasst und daraus Erwartungen vor allem für das Sozialprofil selbständiger Erwerbstätigkeit abgeleitet werden. Im nachfolgenden Schritt werden dann die Erkenntnisse aus der Literatur zum Sozial- und Wirtschaftsprofil Selbständiger in Deutschland und Großbritannien dokumentiert.

3.1 Determinanten beruflicher Selbständigkeit – individuelle Dispositionen zu unternehmerischem Handeln

Unabhängig von den jeweiligen Rahmenbedingungen und Opportunitäten gibt es theoretische Überlegungen zu den individuellen Determinanten beruflicher Selbständigkeit. Die Frage hierbei ist, warum Erwerbspersonen selbständig erwerbstätig werden. Welche individuellen Merkmale beeinflussen die Neigung zu selbständigem, beruflichem Handeln? Diese Perspektive kann allgemein als angebotsseitige Erklärung beruflicher Selbständigkeit verstanden werden. Im Folgenden wird ein kurzer Überblick über die in der Literatur vertretenen Thesen zu den entsprechenden Angebots-basierten Erklärungen für berufliche Selbständigkeit gegeben.

Allgemein gibt es in der Literatur keine einheitliche Theorie selbständiger Erwerbstätigkeit. Grundsätzlich wird davon ausgegangen, dass die Wahl beruflicher Selbständigkeit eine individuelle Entscheidung darstellt, die dann getroffen wird, wenn sich Personen durch diese Form der Erwerbstätigkeit im Vergleich zu anderen Möglichkeiten besser stellen (Abell 1996: 178). Mögliche Alternativen sind hierbei eine abhängige Beschäftigung, Arbeitslosigkeit oder Nichterwerbstätigkeit. Welches Kriterium bei der Beurteilung der relativen „Besserstellung" herangezogen wird, variiert stark je nach gewähltem, theoretischem Ansatz (Aronson 1991; Thornton 1999). Die dabei diskutieren Determinanten lassen sich analytisch in drei Teilgruppen untergliedern. Die Zuordnung erfolgt über die

„Art" der Determinanten, die als entscheidendes Kriterium bei der Wahl beruflicher Selbständigkeit betrachtet werden:

- Anreize und individuell erwarteter Nutzen: Die Wahl beruflicher Selbständigkeit ist abhängig von den Erwartungen bezüglich damit verbundenem monetärem und nicht-monetärem Nutzen für ein Individuum (u.a. Knight 1921; Rees, Shah 1986; Pfeiffer 1994).
- Individuelle Präferenzen: Die Disposition zu beruflicher Selbständigkeit ist abhängig von individuellen Charaktereigenschaften sowie von Einstellungen und Werthaltungen (u.a. McClelland 1966; Brockhaus 1982; Shaver, Scott 1991).
- Individuelle Ressourcen: Die Disposition zu beruflicher Selbständigkeit ist abhängig von der Verfügung über finanzielles Kapital, soziales Kapital oder Humankapital (u.a. Goebel 1990; Taylor 1996; Blanchflower, Oswald 1998).

Die vorliegende Arbeit beschränkt sich auf die dritte Teilgruppe von Determinanten. Entsprechend werden nachfolgend die theoretischen Überlegungen zur Relevanz individueller Ressourcen und Kapitalien für berufliche Selbständigkeit dargelegt. Diese individuellen Determinanten werden in der Literatur als wichtige Bestimmungsgrößen für berufliche Selbständigkeit angesehen. Sie spiegeln sich direkt im Sozialprofil der Selbständigen wider. Es wird davon ausgegangen, dass zum Übergang in berufliche Selbständigkeit verschiedene individuelle Ressourcen notwendig sind: Humankapital, soziales Kapital und finanzielles Kapital.

Die Notwendigkeit von finanziellem Kapital wird in der Literatur häufig auch unter dem Gesichtspunkt von Kapitalrestriktionen für Selbständigkeit diskutiert (Evans, Jovanovic 1989; Börsch-Supan, Pfeiffer 1992; Pfeiffer 1994; van Praag, van Ophem 1995). Generell wird davon ausgegangen, dass Personen finanzielle Mittel für die Beschaffung der für Selbständigkeit notwendigen Produktionsmittel brauchen (Blanchflower, Oswald 1998). Die Höhe des benötigten finanziellen Kapitals variiert dabei sehr stark je nach Art der Tätigkeit in Selbständigkeit, z.B. zur Einrichtung einer Arztpraxis, eines Handwerksbetriebes oder zur Anschaffung eines Fuhrparks. Darüber hinaus lassen sich Effekte institutioneller Regulierungen auf die finanzielle Ausstattung von Selbständigen erwarten. Allgemein kann davon ausgegangen werden, dass die Verfügung über die notwendigen, finanziellen Ressourcen die Wahrscheinlichkeit des Übertritts in Selbständigkeit erhöht (Laferrère 2001).

Das allgemeine Humankapital einer Person wird als ein wichtiger Faktor für einerseits die potentielle Neigung zu beruflicher Selbständigkeit und andererseits für die Überlebenschancen der bei Eintritt in Selbständigkeit neu gegründeten Betriebe angesehen. Allgemein sind unterschiedliche Mechanismen denkbar, wie

Bildung auf die Wahrscheinlichkeit einer selbständigen Erwerbstätigkeit wirken kann. So argumentiert Lucas (1978), dass höhere Bildung die individuelle Managementfähigkeit einer Person erhöht und somit die Neigung zu beruflicher Selbständigkeit steigern kann. Zusätzlich wird davon ausgegangen, dass höher gebildete Personen einen stärkeren Wunsch nach beruflicher Autonomie verspüren, der in Selbständigkeit besser umgesetzt werden kann (Hakim 1989, 1998; Klandt 1984, 1993; Goebel 1990). Im Gegensatz dazu kann höhere Bildung zu besseren Verwertungschancen in abhängiger Beschäftigung führen und somit den Übertritt in selbständige Erwerbstätigkeit eher verhindern (DeWit, VanWinden 1989).

Brüderl et al. (1996) gehen in ihrer Untersuchung zu den Überlebenschancen neu gegründeter Betriebe von zwei unterschiedlichen Mechanismen aus, die die Wirkungsweise der Humankapitalausstattung des Gründers bestimmen. Durch Selektions- und Produktivitätseffekte gründen Personen mit höherem Humankapital Betriebe mit besseren „a priori" Erfolgsaussichten. Selektionseffekte entstehen dadurch, dass Personen mit hohem Humankapital eher in der Lage sind, überlebensfähige Betriebe zu gründen, da sie beispielsweise über höheres Einkommen aufgrund ihrer vorherigen beruflichen Positionen verfügen, eher Zugang zu relevanten Informationen haben und es ihnen eventuell leichter fällt, die Gründung sorgfältig zu planen. Die vermuteten Produktivitätseffekte knüpfen eng an die Argumentation der Humankapitaltheorie an, die besagt, dass ein höheres Bildungsniveau auch zu einer höheren Produktivität der Arbeitskräfte führt. Entsprechend wird angenommen, dass Personen mit einer höheren Humankapitalausstattung ein Unternehmen mit größeren Überlebenschancen gründen, da sie mit höherer Wahrscheinlichkeit über Fähigkeiten wie z.B. eine effiziente Organisation und ein effizientes Management der Betriebe oder eine höhere Kompetenz im Umgang mit Kunden und Zulieferern verfügen (siehe auch Preisendörfer, Voss 1990; Preisendörfer 1999).

Diese Wirkungsmechanismen lassen sich auch auf die Neigung von Personen zu beruflicher Selbständigkeit allgemein anwenden. Beispielsweise haben Personen, die über eine höhere Humankapitalausstattung verfügen, Vorteile im Zugang zu Informationen. Diese Informationen können zu einer Erhöhung der Bereitschaft zu selbständiger Erwerbstätigkeit führen. Zudem arbeiten Personen mit einem hohen Niveau an Humankapital in der Regel in relativ gut bezahlten Tätigkeiten, welche die Akkumulation von finanziellem Kapital erleichtern. Diese Sichtweise würde einen positiven Effekt höheren Humankapitals auf die Neigung zu selbständiger Erwerbstätigkeit allgemein und entsprechend ein hohes Qualifikationsniveau innerhalb der Gruppe der Selbständigen erwarten lassen.

Neben Bildung und Qualifikation wird als weiterer wichtiger Bestandteil des individuellen Humankapitals die Berufserfahrung einer Person angesehen. Der zugrundeliegende Mechanismus der Relevanz allgemeiner Berufserfahrung für Selbständigkeit ist theoretisch jedoch nicht eindeutig bestimmt. Einerseits kann es allein ein Effekt der Zeit sein, die eine Person benötigt, um das notwendige, finanzielle Kapital für eine Existenzgründung zu akkumulieren (Bernhardt 1994). Entsprechend wird erwartet, dass Personen eher älter sind, wenn sie in berufliche Selbständigkeit wechseln (Le 1999). Andererseits werden Alter und Berufserfahrung allgemein als mögliche Indikatoren für einen zugrundeliegenden Lerneffekt interpretiert. Bestimmte Management- und Leitungsfähigkeiten werden zunächst über eine gewisse Zeit hinweg erlernt, bevor der Übertritt in die Selbständigkeit stattfindet (Rees, Shah 1986). Bezogen auf die Überlebenschancen neu gegründeter Betriebe zeigen auch spezifische Branchenerfahrungen einen großen Einfluss. Diese können vor allem die Entdeckung von Marktnischen erleichtern und günstige Bedingungen für berufliche Selbständigkeit aufgrund möglicherweise bereits existierender sozialer Kontakte und Netzwerke schaffen (Brüderl et al. 1996).

Diese sozialen Kontakte und Netzwerke bestimmen das soziale Kapital, das einer Person zur Verfügung steht. Soziales Kapital nach Coleman (1990, 1991) ist ein Aspekt einer Sozialstruktur und begünstigt bestimmte Handlungen von Individuen, die sich innerhalb dieser Struktur befinden. „Anders als andere Kapitalformen wohnt soziales Kapital den Beziehungsstrukturen zwischen zwei und mehr Personen inne“ (Coleman 1991: 392; siehe auch Haug 1997). Auf individueller Ebene können Individuen die entsprechenden sozialen Beziehungen als Ressourcen bei Entscheidungen nutzen. Die jeweiligen sozialen Beziehungen, über die ein Individuum verfügt, werden demzufolge als soziales Kapital bezeichnet. Es gibt nach Coleman (1990, 1991) verschiedene Formen sozialen Kapitals.[1]

Der familiäre Hintergrund und die damit verbundenen sozialen Beziehungen stellen einen wichtigen Teil sozialen Kapitals dar. Entsprechend wurde in der Forschung zu beruflicher Selbständigkeit die Erwerbstätigkeit der Eltern – überwiegend des Vaters – analysiert, um mögliche Effekte der Vermittlung sozialen Kapitals zu ermitteln. Als zentrales Moment wird die Weitergabe des Erwerbsstatus von der Eltern- auf die Kindergeneration angesehen. Unterschiedliche Mechanismen liegen der Annahme einer intergenerationalen Vererbung beruflicher Selbständigkeit zugrunde. Im Rahmen der Theorie sozialen Kapitals werden vor allem drei Aspekte betont: (1) Vermittlung von positiv auf Selbständigkeit gerichteten Normen, Werthaltungen und Einstellungen, (2) Vermittlung spezifischer Fähigkeiten und Qualifikationen und (3) Weitergabe von relevanten Infor-

[1] Haug (1997: 3) faßt in ihrer Übersicht insgesamt sechs verschiedene Formen sozialen Kapitals bei Coleman zusammen.

mationen bezüglich selbständiger Erwerbstätigkeit bzw. Betriebsgründungen. Selbständige Erwerbstätigkeit der Eltern vermittelt demnach neben bestimmten Werthaltungen und Einstellungen (DeWit 1993; Ripsas 1997), vorwiegend auch konkrete Fähigkeiten, die den späteren Übertritt in Selbständigkeit erleichtern (Lentz, Laband 1990). So können Kinder von Selbständigen bereits früh spezifisches, unternehmerisches Humankapital, welches beispielsweise zur Leitung eines Betriebes notwendig ist, ansammeln (Dunn, Holtz-Eakin 2000).

Aber nicht nur Eltern können bestimmte Einstellungen oder bedeutendes Wissen vermitteln. Auch andere enge Verwandte, so beispielsweise der Ehepartner, können spezifisches Humankapital bezüglich beruflicher Selbständigkeit weitergeben (Greene 2000; Bruce 1999; Caputo, Dolinsky 1998; Devine, T. 1994a). Allgemein kann dieser Ansatz in die Perspektive sozialer Netzwerke übertragen werden. Personen sind demnach in ein Muster spezifischer und konkreter sozialer Beziehungen eingebunden. Dieses generelle Eingebundensein von Personen in eine soziale Umwelt beeinflusst deren Neigung zu beruflicher Selbständigkeit, indem sie spezifische Ressourcen bzw. soziales Kapital zur Verfügung stellt (Abell 1996; Reiß, Rudorf 1999). Nicht alle sozialen Beziehungen besitzen die gleiche Qualität. Es wird üblicherweise unterschieden zwischen einerseits „strong ties", d.h. engen Kontakten, die auf Vertrauensbeziehungen und gegenseitiger Verpflichtung basieren und zwischen Freunden und Verwandten langfristig entwickelt werden. Andererseits existieren „weak ties", d.h. schwache soziale Beziehungen zu entfernten Personen (Granovetter 1985; Balkin 1989). Diesen unterschiedlichen Beziehungen kommen im Zuge von Existenzgründungen verschiedene Aufgaben zu.

Die zugrundeliegenden Mechanismen, wie Netzwerke die Wahl beruflicher Selbständigkeit beeinflussen können, sind vielfältig. Allgemein dienen Netzwerke dazu: 1. den Zugang zu Informationen zu erleichtern, 2. Kontakte zu Kunden und Zulieferern zu erschließen, 3. die Beschaffung von finanziellen Mitteln zu vereinfachen, 4. soziale und emotionale Unterstützung zu bieten und 5. die unbezahlte Mitarbeit von Familienangehörigen, Verwandten, Freunden und Bekannten zu ermöglichen (Aldrich, Zimmer 1986; Balkin 1989; Uzzi 1999). Die ersten beiden Funktionen erfüllen überwiegend „weak ties", d.h. z.B. Kontakte zu Arbeitskollegen und Bekannten, während die letzt genannten Funktionen über die engen Kontakte zur Familie, zu Verwandten und Freunden erbracht werden. Hisrich und Brush (1985) betonen, dass soziale Netzwerke besonders in der Übergangs- bzw. Anfangsphase beruflicher Selbständigkeit relevant sind. Hierbei ist der Rückhalt und die Unterstützung in der Familie wie z.B. durch den Ehepartner zentral (Abraham 2000; Abraham, Funk 2000).

Welche Vermutungen lassen sich nun aus den oben aufgeführten Determinanten für das Sozial- und Wirtschaftsprofil von Selbständigkeit ableiten? Zusammenfassend lassen sich folgende Erwartungen formulieren. Die Bedeutung allgemeinen Humankapitals führt zu einem durchschnittlich höheren Bildungsniveau von Selbständigen im Vergleich zu abhängig Beschäftigten. Des weiteren ist zu erwarten, dass Selbständige durchschnittlich älter sind als abhängig Beschäftigte, da die Akkumulation von Berufs- und auch Branchenerfahrung Zeit in Anspruch nimmt. Eine hohe intergenerationale Vererbung des Erwerbsstatus kann als Hinweis auf die Bedeutung von sozialem Kapital für den Schritt in selbständige Erwerbstätigkeit gedeutet werden. Die Relevanz von sozialem Kapital in Form von sozialen Netzwerken hätte u.a. zur Folge, dass spezielle familiäre Lebenssituationen, selbständige Erwerbstätigkeit begünstigen würden. Personen, die über Unterstützung in der Familie durch z.B. den Lebenspartner verfügen, würde der Schritt in die Selbständigkeit dadurch eventuell erleichtert werden. Somit wäre zu erwarten, dass Selbständige häufiger verheiratet sind oder in Partnerschaft leben. Die Voraussetzungen an finanziellem Kapital für berufliche Selbständigkeit spiegeln sich nur indirekt in der sozialen und ökonomischen Struktur von Selbständigen wider. So sind indirekte Zusammenhänge mit der Bildung und der vorausgegangenen Beschäftigung zu erwarten, da diese Faktoren die Möglichkeiten zur Akkumulation finanzieller Mittel beeinflussen. Demzufolge wäre die Zusammensetzung der Mobilitätsströme, d.h. der Zugänge in beruflicher Selbständigkeit, dominiert von vor der Selbständigkeit abhängig Beschäftigten im Vergleich zu beispielsweise nicht erwerbstätigen Personen.

Ein wichtiger Bestandteil des Sozialprofils von Selbständigen ist darüber hinaus das Geschlecht der Erwerbspersonen. Dieses Merkmal kann als übergeordnet über die bisher diskutierten Aspekte verstanden werden, da jeweils die erwarteten Zusammenhänge unterschiedlich für Frauen und Männer angenommen werden können. Erwerbstätigkeit von Frauen unterscheidet sich sehr deutlich von männlicher Erwerbstätigkeit und somit sind entsprechende Abweichungen auch in selbständiger Erwerbstätigkeit zu erwarten. Dieser Punkt wird in der folgenden Diskussion zu den einzelnen Determinanten immer wieder aufgegriffen werden. Zusätzlich werden die Befunde aus der Literatur zur Selbständigkeit von Frauen und den zugrundeliegenden Determinanten der Unterschiede zwischen Frauen und Männern in selbständiger Erwerbstätigkeit in einem separaten Abschnitt thematisiert.

3.2 Die soziale Struktur selbständiger Erwerbstätigkeit

Wie sieht nun die soziale Struktur von Selbständigen in Deutschland und Großbritannien aus? Die soziale Struktur bzw. das Sozialprofil wird anhand der bereits angesprochenen Merkmale Bildung, Alter, soziale Herkunft, soziale Netzwerke, familiäre Lebenssituation und Geschlecht abgebildet. Es werden jeweils primär Befunde für Deutschland und Großbritannien dokumentiert. Darüber hinaus werden Ergebnisse von Studien aus anderen Ländern herangezogen, um eventuelle Besonderheiten in den beiden Ländern hervorzuheben. Neben der Frage nach den Länderunterschieden soll die Frage, welche Erkenntnisse zu Veränderungen im Sozialprofil seit den 1980er Jahren in der Literatur vorliegen, berücksichtigt werden.

3.2.1 Humankapital

In der Literatur finden sich widersprüchliche Befunde bezüglich der Bedeutung von Bildung und Qualifikationen für berufliche Selbständigkeit. Für die USA bestätigen einige Analysen die generelle Annahme einer wachsenden Wahrscheinlichkeit beruflicher Selbständigkeit mit höherem Bildungsniveau (Borjas 1986; Borjas, Bronars 1989; Evans, Leighton 1990). Andere Studien kommen zum umgekehrten Ergebnis einer höheren Wahrscheinlichkeit selbständig zu sein, bei geringer qualifizierten Personen (für Spanien: Alba-Ramirez 1994; für Frankreich: Laferrère, McEntee 1995). Blanchflower (2000) dokumentiert in einer komparativen Studie einen U-förmigen Zusammenhang zwischen Bildung und Selbständigkeit. Niedrige und hohe Bildungsabschlüsse führen verstärkt zu beruflicher Selbständigkeit, während Personen mit mittleren Bildungsabschlüssen nur eine geringe Neigung, selbständig zu sein, zeigen. In einer Studie über israelische Selbständige dokumentieren Shavit und Yuchtman-Yaar (2001) demgegenüber einen umgekehrt U-förmigen Zusammenhang zwischen Bildung und beruflicher Selbständigkeit. Sie argumentieren, dass auf der einen Seite Personen mit nur geringer Bildung nicht über das minimal benötigte Humankapital für berufliche Selbständigkeit verfügen. Auf der anderen Seite bieten sich für Personen, die über ein sehr hohes Qualifikationsniveau verfügen, attraktive Optionen in abhängiger Beschäftigung, so dass berufliche Selbständigkeit für diese Personen kaum eine lohnende Alternative darstellt.

Für Deutschland finden Carroll und Mosakowski (1987) auf Basis von Längsschnittuntersuchungen zunächst einen negativen Effekt sowohl von allgemeiner als auch beruflicher Bildung auf die Wahrscheinlichkeit, beim Eintritt in den Arbeitsmarkt, unmittelbar in berufliche Selbständigkeit zu wechseln. Es zeigen sich jedoch positive Effekte von Bildung auf die Wahrscheinlichkeit, im weiteren Verlauf der Erwerbsbiographie in Selbständigkeit überzutreten. In einer komparativen Studie auf Basis einer vergleichbaren Bildungsklassifikation, die sowohl allgemeine als auch berufliche Bildung berücksichtigt[2], konnten Luber et

---

[2] Hierbei handelt es sich um die Casmin-Klassifikation, siehe auch Kapitel 5.2.3.

al. (2000) durchaus eine hohe Bedeutung von Bildung für die Wahrscheinlichkeit, beruflich selbständig zu sein, nachweisen – insbesondere in Deutschland im Vergleich zu Frankreich, Italien und Großbritannien. Danach findet sich für Deutschland generell ein annähernd linearer Zusammenhang zwischen Bildung und beruflicher Selbständigkeit. In Deutschland ist demnach auch Ende der 1990er Jahre die Selbständigenquote bei Personen mit Hochschulabschluss am höchsten im Vergleich zu allen anderen Bildungsabschlüssen (Luber et al. 2000). Die herausragende Stellung von Bildung für Selbständigkeit in Deutschland zeigt sich auch in einer vergleichenden Studie des Übergangs in Selbständigkeit in den USA und Deutschland (McManus 2000). Der positive Effekt der schulischen Bildung (gemessen in Jahren) auf die Wahrscheinlichkeit von Männern, sich selbständig zu machen, ist in Deutschland deutlich höher als in den US-amerikanischen Daten. Demgegenüber findet Trzcinski (1997) in ihrem Vergleich zwischen Deutschland und den USA in beiden Ländern keinen Unterschied im Bildungsniveau zwischen selbständig und abhängig beschäftigten Männern. Meager et al. (1992) verweisen allgemein auf die herausragende Stellung beruflicher Bildung in Deutschland, die einen starken, positiven Einfluss auf die Wahrscheinlichkeit einer selbständigen Erwerbstätigkeit ausübt.

Für Großbritannien sind die Ergebnisse ähnlich uneinheitlich. Während einige Studien einen deutlichen Zusammenhang zwischen höheren Bildungsabschlüssen und Selbständigkeit aufzeigen (Rees, Shah 1986; Campbell, Daly 1992; Meager, Bates 2001), finden Rubery et al. (1993), dass britische Selbständige eher gering qualifiziert sind. Der Zusammenhang zwischen Bildung und Selbständigkeit folgt keinem linearen Muster. Im Gegenteil, es finden sich die höchsten Selbständigenquoten in Großbritannien am unteren Ende der Bildungsskala (Luber et al. 2000). Trotzdem betonen Meager et al. (1992), dass Selbständigkeit in Großbritannien auch bei Personen mit tertiärer Bildung sehr wahrscheinlich ist. Auf Basis von Paneldaten finden sie die höchste Wahrscheinlichkeit, selbständig tätig zu werden, bei Personen mit höheren Bildungsabschlüssen. Personen mit nur sehr geringen Qualifikationen haben dagegen die geringste Wahrscheinlichkeit. Aber: „the least qualified are the least likely to become self-employed, but once self-employed are the most likely to remain so“ (Meager, Bates 2001: 33).

Die Relevanz von Qualifikationen für berufliche Selbständigkeit variiert in Großbritannien im Vergleich zu Deutschland wesentlich stärker je nach Wirtschaftszweig, in dem die Selbständigen tätig sind (Lohmann et al. 1999; Luber et al. 2000). Entsprechend finden sich Tätigkeitsfelder, in denen gering qualifizierte Selbständige überproportional vertreten sind, z.B. im Baugewerbe. In anderen Bereichen, z.B. im Gesundheitswesen, zeichnet sich ähnlich wie in Deutschland ein eher lineares Zusammenhangsmuster zwischen Bildung und der Wahrscheinlichkeit, selbständig zu sein, ab. Trotzdem ist die Relevanz von tertiärer Bildung in Großbritannien geringer als in Deutschland und somit das durchschnittliche Bildungsniveau von Selbständigen ebenfalls geringer. Die Wahrscheinlichkeit beruflicher Selbständigkeit bei Personen mit tertiärer Bildung relativ zu jenen mit Pflichtschulbildung ist aber im Vergleich zwischen den 1980er und 1990er Jahren in beiden Ländern rückläufig (Lohmann et al. 1999). Im Gegensatz dazu steigt in beiden Ländern die Wahrscheinlichkeit gering qualifizierter Erwerbspersonen, selbständig tätig zu sein.

Zusammenfassend kann man sagen, dass sich trotz erheblicher methodischer Unterschiede zwischen den beschriebenen Studien[3], ein Trend für den Zusammenhang zwischen Bildung und Selbständigkeit in Deutschland und Großbritannien erkennen lässt. Während in Deutschland selbständige Erwerbstätigkeit tendenziell stärker von einem hohen Bildungsniveau und vor allem von beruflichen Qualifikationen bestimmt ist, findet sich in Großbritannien ein nicht unerheblicher Teil von nur gering qualifizierten Selbständigen. In diesem Segment beruflicher Selbständigkeit scheint es indes in beiden Ländern seit den 1980er Jahren zu einer wachsenden Zahl an Selbständigen gekommen zu sein.

3.2.2 Berufliche Erfahrung und das Alter einer Person

Einheitlichere Ergebnisse finden sich in der Literatur unterdessen für die Relevanz von Berufserfahrung einer Person auf deren Neigung, selbständig zu sein (Borjas 1986; Aronson 1991; Le 1999). Allgemein zeigt sich ein positiver Effekt der Berufserfahrung auf die Wahrscheinlichkeit, selbständig zu sein. Als zentrales Merkmal hat sich eine vorausgegangene Selbständigkeitserfahrung gezeigt (Carroll, Mosakowski 1987). Personen, die bereits schon einmal selbständig waren, neigen signifikant stärker dazu, wieder beruflich selbständig tätig zu werden (Jovanovic 1982; Evans, Leighton 1989). Taylor (1998, 1999a) findet zudem in seiner Studie zu den Überlebenschancen neu gegründeter Betriebe in Großbritannien, dass Berufs- und Selbständigkeitserfahrungen, die Wahrscheinlichkeit selbständig zu bleiben, signifikant erhöhen, während vorausgegangene Arbeitslosigkeitsphasen negativ auf die Überlebenswahrscheinlichkeit wirken. Studien, die auf das Alter als Indikator für Berufserfahrung zurückgreifen, finden in der Regel einen signifikanten positiven, nicht linearen Effekt (Luber et al.

[3] Z.B. berücksichtigen einige Studien in ihrem Modellen eine Bildungsvariable, welche die allgemeine (Schul-) Bildung in Jahren (McManus 2000) oder kategorial (Meager et al. 1992; Meager 1993) misst. Einige Studien integrieren eine Kombination aus sowohl allgemeinbildender als auch berufsbildender Qualifikationen als kategoriale Variablen in ihren Modellen (Lohmann et al. 1999; Luber et al. 2000). Darüber hinaus basieren manche Studien auf Längsschnitt- und manche auf Querschnittsdaten.

2000). So steigt die Wahrscheinlichkeit, selbständig zu sein, zunächst mit zunehmenden Alter an. Dieser Zusammenhang schwächt sich jedoch für höhere Altersgruppen ab.

Selbständige in Deutschland und Großbritannien sind durchschnittlich älter als abhängig Beschäftigte (Lohmann et al. 1999). Britische Selbständige sind indes deutlich jünger als Selbständige in Deutschland. Seit den 1980er Jahren wird in beiden Ländern eine Zunahme im Anteil junger Erwerbspersonen unter den Selbständigen berichtet (OECD 1986, 1992). Zusätzlich nimmt der Wunsch nach beruflicher Selbständigkeit mit steigendem Alter ab (OECD 2000). Der Übergang in berufliche Selbständigkeit findet in beiden Ländern überwiegend im mittleren Alter zwischen Mitte 20 und Mitte 40 statt. Georgellis und Wall (2000b) finden somit auch auf Basis des Sozio-ökonomischen Panels, dass 60 Prozent derjenigen, die in Deutschland zwischen 1984 und 1997 in die Selbständigkeit wechselten, zwischen 25 und 45 Jahren alt waren. Das Durchschnittsalter liegt bei knapp 38 Jahren, wobei Frauen beim Wechsel in Selbständigkeit tendenziell älter sind.

Das durchschnittlich höhere Alter von Selbständigen ist nicht zuletzt auch ein Effekt des späteren Renteneintrittsalters von Selbständigen. Einige Selbständige bleiben auch über das gesetzliche Rentenalter hinaus beruflich selbständig tätig, so dass die Selbständigenquote für Personen über 60 Jahre nochmals deutlich ansteigt, wobei es sich hierbei nur um eine sehr kleine Gruppe handelt (Georgellis, Wall 2000a). Während in Deutschland die Gruppe der über 60-jährigen den Anteil der jüngsten Altersgruppe der unter 25-jährigen übersteigt, ist dieses Verhältnis in Großbritannien gerade umgekehrt (OECD 1992).

3.2.3 Soziales Kapital und die intergenerationale Vererbung des Erwerbsstatus

Die Bedeutung von sozialem Kapitel wird in der Regel häufig im Zusammenhang mit der intergenerationalen Vererbung des Erwerbsstatus und demzufolge mit der Relevanz der sozialen Herkunft für berufliche Selbständigkeit diskutiert. Entsprechend wird ein starker Einfluss der Erwerbstätigkeit der Eltern und hier insbesondere des Vaters erwartet (Lentz, Laband 1990; DeWit 1993; Dunn, Holtz-Eakin 2000).

Soziologische Studien zur sozialen Mobilität gehen davon aus, dass allgemein hohe Voraussetzungen an Ressourcen eine hohe Selbstrekrutierung innerhalb der jeweiligen sozialen Gruppe erwarten lassen. Vor allem für die Gruppe der Landwirte und Selbständigen wird eine hohe soziale Schließung angenommen (Bechhofer, Elliott 1981, 1985; Pappi 1981). Einige Studien konnten entsprechend eine hohe intergenerationale Vererbung des Selbständigenstatus im Vergleich zu anderen sozialen Klassen nachweisen (Bland et al. 1978; Kurz,

Müller 1987; Hartmann 1998). Allgemein findet sich in Deutschland eine geringere Mobilität zwischen den sozialen Klassen als in Großbritannien (Müller 1986; Hall 1996). Die ausgeprägte Selbstrekrutierung und Berufsvererbung von Selbständigen ist indes ein über Ländergrenzen hinweg geltender Standardbefund der Mobilitätsforschung (Erikson, Goldthorpe 1992).

In empirischen Untersuchungen der Determinanten beruflicher Selbständigkeit wurde entsprechend die berufliche Stellung der Eltern bzw. vor allem des Vaters kontrolliert. Es findet sich eine sehr große Relevanz der beruflichen Stellung des Vaters für die selbständige Erwerbstätigkeit einer Person. So erhöht die berufliche Selbständigkeit des Vaters die Bereitschaft zu selbständiger Erwerbstätigkeit vor allem bei Männern (Börsch-Supan, Pfeiffer 1992; Pfeiffer 1994; Taylor 1996; Blanchflower, Oswald, 1998). Auf der Basis von ALLBUS Daten von 1976 bis 1994 konnte Hartmann (1998) in einem deskriptiven Gesamtbild sozialer Mobilität in Deutschland nachweisen, dass insgesamt 27 Prozent der selbständigen Männer einen selbständigen Vater haben. In einem multivariaten Modell kommen Pfeiffer et al. (1992) zu dem Ergebnis, dass sich die Selbständigkeit des Vaters als quantitativ wesentlich wichtiger als die ökonomischen Komponenten Einkommenserwartung und Einkommensrisiko darstellt (siehe auch Pfeiffer 1994). Ähnliche Ergebnisse findet Taylor (1999b) auf der Basis der Britisch Household Panel Study. Danach weisen Personen in Großbritannien, deren Eltern selbständig erwerbstätig waren, auch unter Kontrolle ihrer finanziellen Ausstattung eine signifikant höhere Wahrscheinlichkeit auf, selbst beruflich selbständig zu werden. Unterschieden nach Männern und Frauen zeigt sich für Deutschland, dass bei Männern die Selbständigkeit des Vaters signifikant positiv auf die Wahrscheinlichkeit, selbständig zu sein, wirkt. Für Frauen findet sich jedoch kein signifikanter Effekt (Georgellis, Wall 2000b; ähnliche Ergebnisse für die USA finden McManus 2001a; Hundley 2000). In einer US-amerikanischen Studie konnte kein Einfluss einer beruflichen Selbständigkeit der Mutter auf die Selbständigkeit von Männern gefunden werden, wohingegen sie positiv auf die Wahrscheinlichkeit beruflicher Selbständigkeit von Frauen wirkt (Dunn, Holtz-Eakin 2000). Die intergenerationale Vererbung des Selbständigenstatus scheint demnach deutlich einer geschlechtlichen Dimension zu folgen. Unterschieden nach verschiedenen Berufen des Vaters finden Curran und Burrows (1989), dass sowohl für Männer als auch für Frauen Selbständigkeit überproportional häufig auftritt, wenn ihre Väter entweder „employers and managers" oder Landwirte waren. Dies trifft insbesondere für Selbständige, die mit weiteren Beschäftigten in ihrem Unternehmen arbeiten, zu (ähnliche Ergebnisse für die USA finden: Evans, Leighton 1990; Blanchflower, Oswald 1998).

3.2.4 Soziale Netzwerke und die familiäre Lebenssituation

Relativ einheitliche Befunde werden im Zusammenhang mit der Bedeutung sozialer Netzwerke bzw. der sozialen Umwelt einer Person für die Wahl beruflicher Selbständigkeit berichtet. Nicht nur selbständige Erwerbstätigkeit in der Familie– wie bereits in Abschnitt 3.2.3 erläutert – erhöht die individuelle Neigung zu beruflicher Selbständigkeit (Laferrère, McEntee 1995; Laferrère 2001). Neben diesen stellen zusätzlich Freunde oder ehemalige Arbeitskollegen wichtige Quellen für Informationen, Ressourcen und tatkräftige Unterstützungsleistungen im Zuge der Gründung eines Betriebes dar (Abell 1996). Brüderl et al. (1996) finden positive Effekte auf die Überlebenswahrscheinlichkeit neu gegründeter Betriebe sowohl von Unterstützungsleistungen durch „strong ties" in Form von Beziehungen zu Familien, Verwandten und Freunden als auch durch „weak ties" in Form von Beziehungen zu ehemaligen Arbeitskollegen und Bekannten. Selbst der relativ „weiche" Indikator der emotionalen Unterstützung durch den Ehe-/Lebenspartner erhöht die Überlebenswahrscheinlichkeit einer Betriebsgründung signifikant.

Entsprechend lassen sich empirische Befunde zur familiären Situation von Selbständigen deuten. Generell betrachtet sind Selbständige eher verheiratet im Vergleich zu abhängig Beschäftigten (Meager 1993). Dies ist jedoch auch auf das durchschnittlich höhere Alter von Selbständigen zurückzuführen. In einer multivariaten Überprüfung der These einer höheren Wahrscheinlichkeit von Selbständigkeit unter verheirateten Männern konnten sowohl für Deutschland als auch für Großbritannien unter Kontrolle des Alters signifikant positive Effekte des Familienstands gefunden werden (Lohmann et al. 1999). Der Familienstand verliert indes über die Zeit an Erklärungskraft. Die Wahrscheinlichkeit unverheirateter Männer, selbständig zu sein, ist seit den 1980er Jahren gestiegen.

Zusätzlich findet die Perspektive sozialer Netzwerke insbesondere in zwei Bereichen der Selbständigenforschung Berücksichtigung: „ethnic entrepreneurship" und Selbständigkeit von Frauen. Dabei wird die Bedeutung der Einbettung in ein soziales Umfeld als zentraler Faktor diskutiert (Aldrich, Waldinger 1990; Phizacklea, Ram 1996; Clark, Drinkwater 1998). So zeichnen sich einige ethnische Gruppen durch eine ausgeprägte Neigung zu beruflicher Selbständigkeit aus. Diese Neigung ist besonders hoch, wenn es eine relativ starke und homogene „ethnic community" gibt bzw. wenn unternehmerisches Handeln generell eine große Tradition innerhalb einer bestimmten Ethnie besitzt (Bates 1999; Hassell et al. 1998; Borjas, Bronars 1989; Borjas 1986).

Im Zusammenhang mit selbständiger Erwerbstätigkeit von Frauen wird argumentiert, dass diese in der Regel weniger stark in relevante, soziale Netzwerke eingebunden sind – auch aufgrund der häufigeren Erwerbsunterbrechungen –

und somit über weniger schwache soziale Kontakte verfügen. Zudem nutzen Frauen soziale Beziehungen weniger instrumentell (Jungbauer-Gans 1993; Aldrich 1989). Dies wirkt sich hemmend auf die Neigung zu beruflicher Selbständigkeit aus. Frauen können Netzwerke weniger als Quellen für Informationen und Unterstützungsleistungen nutzen. Verfügen selbständige Frauen durchschnittlich über kleinere soziale Netzwerke als erwerbstätige Männer, so sind diese zumindest größer als bei abhängig beschäftigten Frauen (Katz, Williams 1997). Differenziert nach der Art der Beziehungen findet Jungbauer-Gans (1993), dass Betriebsgründerinnen durchschnittlich mehr Unterstützungsleistungen durch „strong ties" erhalten haben als Männer. Umgekehrt aber Männer angaben, durchschnittlich mehr schwache Kontakte bei der Gründung genutzt zu haben als Frauen.

3.2.5 Finanzielles Kapital

Für die Akkumulation von finanziellem Kapital lassen sich zwei denkbare Strategien unterscheiden. Einerseits kann die Person durch eigene Erwerbstätigkeit finanzielle Mittel erwerben. Andererseits kann finanzielles Kapital auch durch Vererbung oder Schenkung zur Verfügung stehen. Die Tatsache, dass Selbständige häufig vor dem Übertritt in Selbständigkeit Vorgesetztenpositionen inne hatten, wird teilweise als die Notwendigkeit ökonomischer Ressourcen interpretiert (Brüderl et al. 1996). Personen in diesen Positionen verfügen über bessere Möglichkeiten, neben einem einfacheren Zugang zu Informationen und der Erlangung notwendiger Erfahrungen, finanzielle Mittel zu akkumulieren, da es sich hierbei in der Regel um sehr gut bezahlte Tätigkeiten handelt.

Allgemein sind Selbständige vor dem Übertritt in Selbständigkeit mehrheitlich in abhängiger Beschäftigung tätig. Vergleichsweise geringer ist der Anteil derer, die aus Nichterwerbstätigkeit oder Arbeitslosigkeit in Selbständigkeit wechseln (Meager 1993). Die Zusammensetzung der Mobilitätsströme zeigt indes deutliche Unterschiede zwischen Deutschland und Großbritannien. Ende der 1980er Jahre liegt der Anteil der vormals abhängig Beschäftigten an allen, die innerhalb eines Jahres in Selbständigkeit gewechselt haben in Deutschland bei 82% während in Großbritannien der entsprechende Anteil bei 53% lag. Dementsprechend waren die Anteile der vormals Arbeitslosen und Nicht-Erwerbstätigen in Deutschland deutlich niedriger als in Großbritannien (Meager et al. 1992).[4]

---

[4] Die genannten Zahlen basieren auf European Labour Force Survey- und OECD-Daten, die mit einigen Schwierigkeiten verbunden sind. Die Angaben beruhen auf einer Retrospektivfrage zur Erwerbssituation ein Jahr vor der Befragung. Die Art und Weise der Fragestellung in der Erhebung

Die Bedeutung finanziellen Kapitals für den Übertritt in berufliche Selbständigkeit wird auch im Rahmen ökonomischer Studien zur intergenerationalen Weitergabe von finanziellen Ressourcen betont. Zwar finden Holtz-Eakin et al. (1994a) in ihren Analysen für die USA, dass je höher das Eigenkapital des Existenzgründers ist, desto geringer wirkt sich der Effekt einer Erbschaft auf die Wahrscheinlichkeit des Übertritts in Selbständigkeit aus. Sie interpretieren dieses Ergebnis trotzdem als klaren Hinweis darauf, dass die Überwindung von Kapitalrestriktionen der zentrale Faktor für den Schritt in Selbständigkeit ist und Erbschaften dazu einen Teil beitragen können (siehe auch Dunn, Holtz-Eakin 2000). Des weiteren wirken Erbschaften positiv auf die Überlebenschancen von Unternehmen (Holtz-Eakin et al. 1994b).

In einer Studie zur Bedeutung von Erbschaften für die Wahrscheinlichkeit entweder als Arbeitnehmer, als Unternehmer oder freiberuflich tätig zu sein, finden Börsch-Supan und Pfeiffer (1992) zunächst, dass die Häufigkeit von Erbschaften bei Freiberuflern am höchsten ist, die Erbmasse aber bei Unternehmern deutlich höher ist. In einem multivariaten Modell findet sich indes kein signifikanter Effekt des Erhalts oder der Höhe von Erbschaften. „Bei den Unternehmern ist die Familientradition die am stärksten ausgeprägte Determinante dieser Entscheidung. Für Freiberufler steht dagegen das Berufsprestige an vorderster Stelle“ (Börsch-Supan, Pfeiffer 1992: 284).

Die Tatsache eine Erbschaft oder Schenkung erhalten zu haben, zeigt auch in britischen Daten zunächst keine signifikanten Unterschiede zwischen abhängig und selbständig tätigen Erwerbspersonen. Blanchflower und Oswald (1998) finden, dass „[t]he self-employed are only slightly more likely to have received an inheritance than the employed (29% compared with 27.4%, respectively), but the amount received was much higher (the mean level of inheritance received was £4,692 for the employed and £11,148 for the self-employed)" (Blanchflower, Oswald 1998: 40). Entsprechend finden sie in ihren multivariaten Analysen einen positiven, signifikanten Effekt der Höhe der Erbschaft oder Schenkung auf die Wahrscheinlichkeit, selbständig tätig zu sein. D.h. der bloße Erhalt einer Erbschaft erhöht die Neigung zu beruflicher Selbständigkeit nicht signifikant. Entscheidender ist demnach die Höhe der Erbschaft (Laferrère 2001).

Die Bedeutung finanzieller Ressourcen für das „Überleben“ von Selbständigenexistenzen wird in der Forschungsliteratur uneinheitlich beurteilt. Holtz-Eakin et al. (1994b) finden für die USA, dass größere Investitionen in Unter-

---

legt die Vermutung nahe, dass es zu einigen Verzerrungen in den Angaben kommt, die eine Überschätzung der Zugänge in Selbständigkeit und eine Unterschätzung der Abgänge aus Selbständigkeit zur Folge hat. Trotzdem ist davon auszugehen, dass die beschriebenen Relationen und Unterschiede zwischen den Ländern tendenziell realistische Einschätzungen der Situation widerspiegeln.

nehmen deren Überleben positiv beeinflussen. Ähnliche Ergebnisse berichten Taylor (1999a) und Black et al. (1992) für Großbritannien. Ist die anfängliche, finanzielle Ausstattung relativ hoch, verringert sich die Wahrscheinlichkeit des Scheiterns einer Unternehmung. Im Gegensatz dazu dokumentiert Cressy (1996) nur einen sehr geringen Einfluss der finanziellen Ressourcen auf die Überlebenswahrscheinlichkeit. Unter der Kontrolle soziodemographischer Merkmale des Gründers wie beispielsweise Alter und Bildung zeigt sich kein Einfluss mehr. Brüderl et al. (1992) kommen in ihren multivariaten Analysen für Deutschland zu dem Schluss, dass der Erfolg neugegründeter Betriebe sehr wohl positiv von einer soliden finanziellen Grundausstattung beeinflusst wird. Andere Merkmale wie beispielsweise Bildung und Berufserfahrung erhöhen jedoch im Vergleich zum Startkapital die Überlebenswahrscheinlichkeit der Unternehmung signifikant stärker (Brüderl et al. 1992; für GB siehe Taylor 1999a).

3.2.6 Geschlecht

Selbständige Erwerbstätigkeit ist sowohl in Deutschland als auch in Großbritannien eine von Männern dominierte Erwerbsform. Zwar ließ sich in den letzten zwei Jahrzehnten teilweise ein stärkeres Wachstum beruflicher Selbständigkeit von Frauen im Vergleich zu beruflicher Selbständigkeit von Männern beobachten (Lauxen-Ulbrich, Leicht 2002; Meager, Bates 2001; Jungbauer-Gans 1993). Trotzdem beträgt der Frauenanteil an den Selbständigen Ende der 1990er Jahre in Deutschland ca. 28,5% und in Großbritannien ca. 27% (OECD 2000; Lohmann, Luber 2000). Die Selbständigenquote von Frauen ist in Deutschland und Großbritannien annähernd gleich und liegt 1998 bei 6,9% (GB) bzw. 6,5% (D).[5] Weibliche Selbständigkeit hat in Großbritannien in den 1980er Jahren eine starke Expansion erfahren. In Deutschland ist ein Zuwachs dagegen erst in den 1990er Jahre zu beobachten (OECD 2000; Lohmann, Luber 2000).

Allgemein zeigt sich in der Literatur, dass sich selbständige Erwerbstätigkeit von Frauen stark von selbständiger Erwerbstätigkeit von Männern unterscheidet (Fehrenbach, Leicht 2002; McManus 2001b). Frauen sind demnach in anderen Branchen und Berufen tätig. Meist konzentriert sich berufliche Selbständigkeit von Frauen im Dienstleistungssektor und entsprechend in Dienstleistungsberufen (Campbell, Daly 1992; für die USA: Georgellis, Wall 2000a u. b; Arum 1997). Die durchschnittlichen Einkommen von Frauen in Selbständigkeit liegen in der Regel weit unter den Einkommen von selbständigen und abhängig beschäftigten

[5] Im Gegensatz dazu variiert die Selbständigenquote von Männern sehr deutlich zwischen Deutschland und Großbritannien. Ende der 1990er Jahre liegt sie in Großbritannien bei 15,2% während sie in Deutschland 12,0% beträgt (Lohmann, Luber 2000).

Männern (Devine, F. 1994; Jungbauer-Gans 1999; Hundley 2000). Die von Frauen gegründeten Betriebe sind zumeist kleiner – gemessen anhand der Zahl der abhängig Beschäftigten und des eingebrachten Kapitals – und haben zudem eine geringere Überlebenswahrscheinlichkeit als die von Männern gegründeten Betriebe (Jungbauer-Gans 1993; Brüderl et al. 1996). Die Rekrutierungspfade in die berufliche Selbständigkeit unterscheiden sich ebenfalls deutlich zwischen Männern und Frauen. Während Männer überwiegend abhängig beschäftigt sind, bevor sie in Selbständigkeit wechseln, sind Frauen vor dem Wechsel häufiger nicht erwerbstätig (Arum 1997; McManus 2000).

Da Frauen in Selbständigkeit unterrepräsentiert sind, werden insbesondere Mechanismen, die hemmend auf die Wahl einer selbständigen Erwerbstätigkeit wirken, diskutiert. Zum einen ist die Akkumulation der benötigten Berufs- und Branchenerfahrung für Frauen generell schwieriger, da ihre Erwerbsbiographie häufiger durch Unterbrechungen aufgrund familiär bedingter Zwänge charakterisiert ist (Kalleberg, Leicht 1991; Loscocco, Leicht 1993; Georgellis, Wall 2000a). Zum anderen sind Frauen überwiegend in Segmenten des Arbeitsmarktes, wie beispielsweise einfache Dienstleistungsberufe im Handel, beschäftigt, die allgemein geringere Möglichkeiten für selbständige Erwerbstätigkeit bieten (Devine, T. 1994b; Wharton 1989; Hakim 1992, 1998). Zusätzlich ist die intergenerationale Vererbung des Selbständigenstatus bei Frauen im Vergleich zu Männern geringer (Hartmann 1998).[6]

3.3 Das Wirtschaftsprofil von Selbständigen

Die in der Literatur vorliegenden Befunde zum Wirtschaftsprofil werden anhand der Charakteristika: Einkommen, Flexibilität der Arbeitsgestaltung, Beruf, Wirtschaftszweig und Solo-Selbständigkeit dargestellt. Welche Regelmäßigkeiten lassen sich im Wirtschaftsprofil selbständiger Erwerbstätigkeit finden und worin unterscheiden sich Selbständige diesbezüglich in Deutschland und Großbritannien?

3.3.1 Einkommen

Da der größte Teil des Einkommens aus beruflicher Selbständigkeit im ökonomischen Sinne Residualeinkommen – im Gegensatz zu ex ante festgelegtem

---

[6] Des Weiteren sind Mechanismen der Diskriminierung von Frauen bei der Kapitalbeschaffung, Schwierigkeiten der Vereinbarung der vergleichsweise meist relativ hohen Arbeitsbelastung in Selbständigkeit und familiärer Verpflichtungen und eine generell geringere Neigung zu beruflicher Selbständigkeit denkbar, die Frauen davon abhalten, selbständig tätig zu werden (McManus 2001b).

Kontrakteinkommen bei abhängig Beschäftigten – ist (Börsch-Supan, Pfeiffer 1992: 260), ist die Messung der Selbständigeneinkommen vergleichsweise schwierig (Eardley, Corden 1996). Trotz der Probleme der Messung von Einkommen aus beruflicher Selbständigkeit, ist aus der Literatur bekannt, dass Selbständigeneinkommen sowohl in Deutschland als auch in Großbritannien in der Regel höher sind als Einkommen aus abhängiger Beschäftigung. Darüber hinaus ist aber für Selbständige die Verteilung über Einkommenskategorien hinweg wesentlich stärker gestreut und polarisiert als für abhängig Beschäftigte (OECD 1992: 162; Meager et al. 1996; Jungbauer-Gans 1999). Dementsprechend existiert ein beachtlicher Anteil selbständiger Erwerbstätigkeit, der mit sehr hohen Einkommen verbunden ist. Demgegenüber findet sich aber auch eine nicht unerhebliche Zahl an Selbständigen, die nur über ein sehr geringes Einkommen verfügen. Die Gruppe der nur sehr gering verdienenden Selbständigen ist in Großbritannien deutlich größer als in Deutschland. Britische Studien über die Lebenslage von Selbständigen außerhalb der freien Berufe und Professionen zeigen, dass Selbständige während der Erwerbstätigkeit wie auch im Alter relativ niedrigere Einkommen haben als vergleichbare Arbeitnehmer (Meager, Bates 2001; Corden 1999). In beiden Ländern ist gleichermaßen unter selbständigen Frauen der Anteil der relativ gering verdienenden Selbständigen größer als unter Männern (Jungbauer-Gans 1999; Meager et al. 1996).

Im Zusammenhang mit der Beurteilung der Einkommen von Selbständigen wird in der Literatur immer auch auf die Problematik hingewiesen, dass Selbständige die Möglichkeit besitzen, ihr Einkommen geringer anzugeben als es tatsächlich ist (Hamilton 2000). So kommen Pissarides und Weber (1989) im Rahmen ihre Schätzungen auf Basis von Ausgabedaten des britischen Family Expenditure Surveys von 1982 zu der Schlussfolgerung: „on average reported self-employment incomes have to be multiplied by a factor of 1.55 to give true incomes“ (Pissarides, Weber 1989: 29). Dies allein reicht jedoch nicht aus, um den relativ hohen Anteil geringer Einkommen im Vergleich zu abhängiger Beschäftigung zu erklären.

Die Einkommensentwicklung seit den 1980er Jahren wird in der Literatur uneinheitlich beurteilt. Allgemein zeigt sich in einigen Ländern ein Trend zu durchschnittlich geringeren Einkommen von Selbständigen im Vergleich zu abhängig Beschäftigten. Großbritannien gehört zu dieser Gruppe von Ländern (Parker 1997; Abell et al. 1995; Blanchflower, Freeman 1993), während in Deutschland eine solche Entwicklung nicht zu beobachten ist (OECD 1986, 1992). Zwar haben sich auch in Deutschland die Selbständigeneinkommen seit den 1960er Jahren relativ zu den Einkommen aus abhängiger Beschäftigung schlechter entwickelt, so dass sich bis in die 1980er Jahre hinein die Einkommensdifferenz verringert hat. Der Abstand blieb aus Sicht der Selbständigen aber immer positiv und ist im Laufe der 1980er Jahre wieder gewachsen (Schrumpf 1986/87). Im Gegensatz dazu dokumentieren Börsch-Supan und Pfeiffer (1992), dass die geschätzte Einkommensdifferenz zugunsten von Selbständigen zwischen 1984 und 1988 geringer geworden ist. In Großbritannien haben sich die durchschnittlichen Einkommen von Selbständigen seit den 1980er Jahren annähernd kontinuierlich verschlechtert (Blanchflower, Freeman 1993; OECD 1986, 1992).

Die sich relativ verschlechternde Einkommenssituation der Selbständigen in Großbritannien wird in der Literatur auf Veränderungen in der Zusammensetzung dieser Gruppe zurückgeführt. Danach kam es zu einer zunehmenden Heterogenität innerhalb der Selbständigen in Bezug auf z.B. Geschlecht, Alter und Arbeitszeit, die zu einer Verringerung in den Einkommen geführt hat, da insbesondere jene Berufsgruppen in Selbständigkeit expandiert sind, die mit eher geringen Einkommen verbunden sind (Meager et al. 1994; Parker 1997). Parker (1999) findet dementsprechend in seiner multivariaten Analyse der Einkommensentwicklung bei Selbständigen zwischen 1979 und 1995 in Großbritannien als Schlüsselfaktor für die Einkommensentwicklung die Veränderungen in der Berufsstruktur der Selbständigen.

Zusätzlich zur Beschreibung der Einkommensentwicklung in Abhängigkeit vom Erwerbsstatus, haben einige Studien versucht, die Relevanz der Einkommensdifferenz zwischen selbständiger und abhängiger Beschäftigung für die Statuswahl zu erfassen. In Abhängigkeit von individuellen Merkmalen wurde das relativ zu erwartende Einkommen in Selbständigkeit als erklärende Variable für berufliche Selbständigkeit verwendet. In Deutschland findet sich ein leicht positiver, signifikanter Effekt der geschätzten Einkommensdifferenz auf die Wahrscheinlichkeit, als Freiberufler oder Unternehmer selbständig tätig zu sein (Börsch-Supan, Pfeiffer 1992). Ohne nach unterschiedlichen Gruppen von Selbständigen zu unterscheiden, finden Pfeiffer et al. (1992) ebenfalls einen sehr kleinen positiven, signifikanten Effekt der Einkommensdifferenz auf die Wahrscheinlichkeit, selbständig zu sein. Allgemein zeigt sich in der überwiegend industrieökonomischen Forschung einige Evidenz für die Relevanz von relativen Einkommenserwartungen auf die Wahl beruflicher Selbständigkeit, wenngleich der Effekt meist nur sehr gering ist (Rees, Shah 1986; Pfeiffer 1994; Taylor 1996). Einen weiteren Hinweis auf die Bedeutung des Einkommens liefern die Studien von Evans und Leighton (1990), Evans und Jovanovic (1989) und Blanchflower und Meyer (1994). In ihren Analysen für die USA zeigt sich, dass Personen mit niedrigen Einkommen eine vergleichsweise hohe Wahrscheinlichkeit aufweisen, sich beruflich selbständig zu machen. Allgemein sind Übergänge in berufliche Selbständigkeit mit größeren Verschiebungen in der Einkommensverteilung verbunden. Teilweise findet eine deutliche Aufwärtsmobilität in der

Einkommensverteilung statt. Im Gegensatz dazu ist für einen Teil der Erwerbstätigen berufliche Selbständigkeit mit einer signifikanten Abwärtsmobilität in der Einkommensverteilung verbunden (Holtz-Eakin et al. 2000). Einkommensgewinne beim Übertritt in Selbständigkeit erzielen insbesondere Personen, die am unteren Ende der Einkommensverteilung angesiedelt sind. Demgegenüber zeigen sich die relativ größten Einkommensverluste bei vormals Höherverdienenden im Vergleich zu denjenigen in dieser Einkommenskategorie, die in abhängiger Beschäftigung verbleiben (Holtz-Eakin et al. 2000).

3.3.2 Flexibilität

Selbständigkeit wird in manchen Studien als eine Erwerbsform angesehen, die Vorteile aufgrund größerer räumlicher und zeitlicher Flexibilität im Vergleich zu abhängiger Beschäftigung bietet. Insbesondere im Zusammenhang mit selbständiger Erwerbstätigkeit von Frauen wird auf diesen Aspekt verwiesen (Boden 1996; Carr 1996; Devine, F. 1994). Danach unterliegen Frauen einer größeren strukturellen Spannung zwischen Familie und Beruf (Drobnic et al. 1999), die aufgrund der damit verbundenen größeren Flexibilität in beruflicher Selbständigkeit besser aufgelöst werden kann. Einen ersten Hinweis darauf findet Hundley (2000) in einer US-amerikanischen Studie. Danach zeigt sich ein starker, positiver Effekt von Kindern in der Familie auf die Wahrscheinlichkeit von Frauen, beruflich selbständig tätig zu sein. In einer Analyse von Sub-Unternehmern und Freien Mitarbeitern in den USA geben entsprechend Frauen vor allem die Flexibilität, die diese Erwerbsform eröffnet, als häufigsten Grund für Selbständigkeit an, während Männer diese Art der Selbständigkeit aufgrund der damit verbundenen Autonomie oder Aufgabenvielfalt präferieren (Polivka 1996; Lyons, Bailey 1993).

Die flexible Gestaltung der Arbeitszeit, die Selbständigkeit bietet, kann eine Strategie zur Erfüllung von Flexibilisierungsbedürfnissen sein. Entsprechend wird erwartet, dass sich das Arbeitszeitmuster deutlich zwischen abhängig und selbständig Tätigen unterscheidet. Teilzeittätigkeit wird sowohl in Deutschland als auch in Großbritannien von etwa einem Fünftel aller Erwerbstätigen ausgeübt (Lohmann, Luber 2000). Trotzdem die Mehrzahl der Selbständigen Vollzeit arbeiten, ist Teilzeitarbeit ein relativ häufiges Phänomen in selbständiger Erwerbstätigkeit. So liegen die Teilzeitquoten in Großbritannien sowohl für männliche als auch weibliche Selbständige höher als jene für abhängig Beschäftigte. Zwischen 1990 und 1997 steigt die Zahl der Teilzeit arbeitenden, selbständigen Männer um 36 Prozent. Für Frauen betrug die Zunahme im gleichen Zeitraum 15 Prozent. Demgegenüber geht die Zahl der Vollzeit arbeitenden, männlichen Selbständigen um 12 Prozent und der Vollzeit arbeitenden, weiblichen Selbständigen um 11 Prozent zurück (Moralee 1998). Diese Befunde lassen sich als Hinweise auf einen Bedarf an flexibleren Beschäftigungsverhältnissen interpretieren, der in abhängiger Beschäftigung nicht abgedeckt wird. In Deutschland trifft dies auch für selbständige Männer zu, die im Vergleich zu abhängig beschäftigten Männern eine höhere Teilzeitquote aufweisen. Einen solchen Unterschied findet sich aber überraschenderweise nicht für selbständige Frauen in Deutschland (Lohmann 2001).

3.3.3 Berufe

Die berufliche Tätigkeit einer Erwerbsperson ist von großer Bedeutung, da sie als ein guter Indikator für die Qualität der Erwerbstätigkeit angesehen werden kann. Die Berufsstruktur von Selbständigen unterscheidet sich deutlich zwischen den beiden Ländern. In Deutschland liegt der Anteil der Selbständigen an den Erwerbstätigen in einzelnen Berufsgruppen sehr hoch während in anderen die Selbständigenquote nur sehr gering ist. Im Gegensatz dazu ist in Großbritannien die Selbständigenquote in vergleichsweise vielen Berufsgruppen auf einem durchschnittlichen Niveau. Die Berufsstruktur der Selbständigen in Deutschland unterscheidet sich somit stärker von der Berufsstruktur abhängig Beschäftigter. Meager et al. (1992) interpretieren diese Unterschiede als Hinweise auf die starke Regulierung des Zugangs zu beruflicher Selbständigkeit in einigen Bereichen (z.B. Handwerk) in Deutschland. Hohe Selbständigenquoten finden sich in beiden Ländern in künstlerischen Freien Berufen (beispielsweise Schriftsteller und Künstler) oder in landwirtschaftlichen und Managementberufen. Geringe Quoten finden sich demgegenüber bei Bürotätigkeiten und wissenschaftlichen Freien Berufen.

Auf Basis einer Klassifikation von drei Berufsgruppen – Manager/Professionen, qualifizierte und unqualifizierte Tätigkeiten – kommen Lohmann und Luber (im Erscheinen) zu dem Ergebnis, dass sich die Berufsstruktur der Selbständigen in Deutschland seit Beginn der 1980er Jahre verändert hat. Relative Zuwächse in der Bedeutung für selbständige Erwerbstätigkeit erfahren demnach Management- und professionelle Berufe einerseits und unqualifizierte Berufe andererseits. Ende der 1990er Jahre arbeiten 56% der männlichen und 45% der weiblichen Selbständigen in Deutschland in Management- und professionellen Berufen. Qualifizierte Tätigkeiten üben 34% der selbständigen Männer und 45% der selbständigen Frauen aus und die entsprechenden Anteil der unqualifizierten Tätigkeiten belaufen sich auf jeweils 10%.

Berufliche Selbständigkeit in Großbritannien hat laut einer Studie von Moralee (1998), basierend auf Angaben des Labour Force Surveys, zwischen 1992 und 1997 einen Gesamtzuwachs von ca. 3,9% erfahren. Überdurchschnittlich stark expandiert sind Selbständige in den Berufsgruppen: „personal and protective services“ (+29%), „associate professional and technical occupations“ (+25%), „professional occupations“ (+10%), aber auch „plant and machine operators“ (+7%). Ähnlich wie in Deutschland kam es in Großbritannien auch zu einer Expansion selbständiger Erwerbstätigkeit einerseits in hoch qualifizierten, professionellen Berufen und andererseits in gering qualifizierten Berufen des manuellen Bereichs. Den deutlichsten Rückgang beruflicher Selbständigkeit zeigt sich in der Gruppe der Verkaufsberufe (-17%). Die höchsten Selbständigenquoten finden sich indes nach wie vor in „craft and related occupations“ und in „managerial and administration occupations“ (Moralee 1998: 127). In den beiden letzt genannten Berufsgruppen dokumentieren hingegen Meager und Bates (im Erscheinen) den deutlichsten Rückgang der Selbständigenquote.

Auffallender Unterschied zwischen Deutschland und Großbritannien ist die verschiedene Relevanz von Managementberufen für selbständige Erwerbstätigkeit. Dies ist jedoch nicht zuletzt auf Differenzen in der Bedeutung bzw. Wahrnehmung dieser Berufsgruppe allgemein zurückzuführen. Heidenreich (1997: 313) fasst es folgendermaßen zusammen: „Im Gegensatz zu angelsächsischen Ländern wird „Management“ [in Deutschland, SL] nicht als eine eigenständige, allgemein definier- und erlernbare Tätigkeit begriffen, sondern als ein spezifische Funktion empfunden, die insbesondere in fertigungsnahen Bereichen in erheblichem Maße von Meistern (auf den unteren Ebenen) bzw. Ingenieuren wahrgenommen wird.“ Begründet liegt dieser Unterschied im deutschen Berufsbildungssystem, das aufgrund der Verbindung von systematisierten Kenntnissen und anwendungsbezogenem Erfahrungswissen, einen besonderen Managementstil begünstigt, der überwiegend produkt- und technikorientiert und weniger kaufmännisch ist. Manager wird somit in Deutschland nicht im gleichen Maße wie in Großbritannien als eigenständiger Beruf angesehen. Die Unterschiede in der Berufsstruktur zwischen Deutschland und Großbritannien gründen demzufolge teilweise auch in Differenzen in der Bezeichnung möglicherweise gleicher oder ähnlicher Tätigkeiten.

3.3.4 Wirtschaftszweig

Das Niveau selbständiger Erwerbstätigkeit variiert sehr stark nach einzelnen Branchen und Wirtschaftssektoren. Die jeweilige Sektorstruktur und der sektorale Strukturwandel sind offensichtlich wichtige Bestimmungsgrößen für die Entwicklung dieser Form von Erwerbstätigkeit. Entsprechende Zusammenhänge wurden in einer Reihe von Studien nachgewiesen (Luber, Leicht 2000; Luber 1999; Luber, Gangl 1997; OECD 1986, 1992, 2000; Loutfi 1991; Staber, Bögenhold 1993; Bögenhold 1994).

Sowohl der am stärksten schrumpfende Agrarsektor als auch der am stärksten expandierende Tertiärsektor weisen in beiden Ländern die höchsten Selbständigenquoten auf. Zwar liefert die erwerbsstrukturelle Gewichtsverlagerung vom industriellen Sektor hin zum Dienstleistungssektor zweifellos einen großen Beitrag zum Wachstum selbständiger Erwerbstätigkeit, da hier traditionell berufliche Selbständigkeit deutlich stärker ausgeprägt ist. Der Beitrag der Verlagerung zwischen dem sekundären und tertiären Sektoren geht über die Zeit jedoch deutlich zurück. Verschiebungen innerhalb der Sektoren und die erheblich differenzierenden branchen- und segmentspezifischen Entwicklungen sind für den Wandel der Selbständigkeit seit den 1980er Jahren von entscheidender Bedeutung (Steinmetz, Wright 1989; Meager 1993). Die differenzierte, branchenspezifische Betrachtung verdeutlicht aber nicht nur große Unterschiede zwischen den Branchen des Dienstleistungssektors (Luber, Gangl 1997; Luber, Leicht 2000). Sie zeigt für die 1980er und 1990er Jahre vor allem auch ein deutliches Wachstum selbständiger Erwerbstätigkeit in einzelnen Branchen des sekundären Sektors sowohl in Deutschland als auch in Großbritannien (Leicht 1995; Meager 1993). So behaupten sich Selbständige im produzierenden Gewerbe in erster Linie in einem Umfeld, das sich durch eine Vielfalt der Nachfrage (z.B. Feinmechanik, Optik oder Maschinenbau) oder durch eine hohe Ortgebundenheit der Leistungserbringung (z.B. Baugewerbe oder Reparatur) auszeichnet. Hierbei handelt es sich überwiegend um die Bereiche des sekundären Sektors, die durch eine handwerklich organisierte Produktion gekennzeichnet sind. Im Gegensatz dazu lässt sich in großbetrieblich strukturierten Branchen des sekundären Sektors wie beispielsweise die Grundstoff- und Produktionsgütersektoren kein Anwachsen beruflicher Selbständigkeit feststellen (Leicht 1995).

Die besondere Bedeutung der handwerklich organisierten Produktion für die Entwicklung von kleinen Betrieben und selbständiger Erwerbstätigkeit liegt bereits in bestimmten Kennzeichen dieser Produktionsform begründet. Die Eigenheit der handwerklichen Fertigung besteht darin, dass die Vielfalt und Differenzierung des Angebotes unterschiedlichen Präferenzen und Nachfragemustern besonders entsprechen kann: „(...) [D]ie handwerklichen Leistungen sind in der Regel eine kundenorientierte Einzel- bzw. Kleinserienfertigung, das Erstellen von komplexen Gesamtlösungen aus zugelieferten Großserienprodukten der Industrie, die Wartung komplexer Geräte, die auf individuelle Präferenzen abgestellte Herstellung von Konsumgütern oder das Erbringen von komplexen Dienstleistungen“ (Klemmer, Schrumpf 1999: 25).

Eine besondere Stellung kommt dem Baugewerbe zu. Allgemein qualifizieren den Bausektor unterschiedliche Aspekte für Selbständigkeit. Aufgrund der hohen Arbeitsteilung im Baugewerbe bietet es sich an, dass sich einzelne Arbeiter auf Teilbereiche spezialisieren. Zusätzlich ist das Baugewerbe durch eine hohe Ortsgebundenheit der Leistungserbringung geprägt. Ein weiterer Aspekt ist die Tatsache, dass durch die starke Projektbezogenheit der Tätigkeiten Unternehmen eher scheuen, Arbeiter längerfristig fest an sich zu binden (Eisenberg 2001). Vor allem in Großbritannien expandiert selbständige Erwerbstätigkeit in diesem Bereich in den 1980er Jahren sehr stark. In Deutschland findet ein merklicher Zuwachs von Selbständigkeit überwiegend in den 1990er Jahren statt, wobei dieser Anstieg deutlich geringer ausfällt (Luber, Gangl 1997). Die Ursachen für die Länderunterschiede im Ausmaß der Expansion beruflicher Selbständigkeit liegen unter anderem in den Unterschieden in den Zugangsvoraussetzungen zu selbständiger Erwerbstätigkeit begründet (siehe auch Abschnitt 2.3.3 und Klinge 1989, 1990). Die besondere Bedeutung von qualifikatorischen Zugangsbeschränkungen wird zusätzlich am Muster der Zunahme beruflicher Selbständigkeit im produzierenden Gewerbe in Deutschland deutlich. So findet der Zuwachs nicht im Bereich des regulierten Handwerks statt. Die Zunahme der Handwerksbetriebe in Deutschland beträgt in den 1990er Jahren nur 4,7% wohingegen die Zahl der Betriebe in den weniger stark regulierten, handwerksähnlichen Bereichen, wie z.B. Bodenleger, im gleichen Zeitraum um 66,3% gewachsen ist. Die Zahl der Handwerksbetriebe an allen Betrieben in Deutschland beläuft sich auf ca. 20% (ZDH 2000). Demgegenüber ist der Zugang zu beruflicher Selbständigkeit im britischen Handwerk relativ wenig reglementiert (Nisbet, Wayne 2000; Nisbet 1997), was insbesondere im Bausektor eine Ausweitung des Sub-Unternehmertums („labour-only subcontracting") in den 1980er Jahren zur Folge hat. Begleitet wird diese Entwicklung von einem starken Bedeutungsverlust der Gewerkschaften (Winch 1998; Evans 1990).

Im Bereich der Dienstleistungen ist seit den 1980er Jahren und besonders in den 1990er Jahren in Deutschland ein Zuwachs an Selbständigkeit in persönlichen, sozialen (bzw. kurativen) und kulturellen Diensten freier Berufe, unternehmensorientierten Dienstleistungen und monetären Diensten (Banken und Versicherungen) zu verzeichnen. Eine gegenteilige Entwicklung zeigt sich in den distributiven Dienstleistungen (Handel) (Leicht 1995; Luber, Gangl 1997). Ganz ähnliche Entwicklungen zeigen sich auch in Großbritannien (Meager 1998, 1993). Während in den Dienstleistungsbranchen in den 1980er Jahren mit Ausnahme des Handel- und Gaststättengewerbes ebenfalls eine starke Zunahme im Anteil Selbständiger festzustellen ist, stagniert das Wachstum in den 1990er Jahren (Meager 1998, 1993; OECD 1986, 1992). Gegen Ende der 1990er Jahre zeichnet sich sogar teilweise ein Rückgang beruflicher Selbständigkeit ab (OECD 2000). Die deutlichsten Unterschiede in der Wirtschaftsstruktur selbständiger Erwerbstätigkeit zwischen den beiden Ländern bestehen somit in den vergleichsweise hohen Selbständigenquoten im produzierenden und im Baugewerbe in Großbritannien. Demgegenüber sind im Bereich der persönlichen

Dienstleistungen die Anteile beruflicher Selbständigkeit in Deutschland deutlich höher (Meager et al. 1992).

3.3.5 Solo-Selbständigkeit

Vor allem in Deutschland ist im Laufe der 1990er Jahre ein Trend zu immer mehr Solo-Selbständigkeit zu beobachten. Die steigende Zahl an allein arbeitenden Selbständigen hat dazu geführt, dass entgegen den eigentlichen wirtschaftspolitischen Erwartungen eines großen Potentials an Beschäftigungsschaffung durch neue Selbständigkeit, die Debatte um möglicherweise zunehmende Marginalisierung und Prekarität von Erwerbstätigen zugenommen hat (Leicht, Philipp 1999; Leicht 2000; Bögenhold, Leicht 2000). Gleichgerichtete Befürchtungen finden sich auch in der britischen Literatur insbesondere im Zusammenhang mit der Entwicklung beruflicher Selbständigkeit in den 1980er Jahren (Hakim 1988, 1989, 1998; Stanworth, Stanworth 1995). Während jedoch bereits zu Beginn der 1980er Jahre in Großbritannien der Anteil der allein arbeitenden Selbständigen weit über dem Anteil der Arbeitgeber lag, ist in Deutschland deren Anteil nach wie vor geringer, jedoch insbesondere seit Mitte der 1990er Jahre deutlich angestiegen (OECD 2000). 1983 arbeiteten 61% aller Selbständigen in Deutschland zusammen mit weiteren Beschäftigten. Dieser Anteil lag zum gleichen Zeitpunkt in Großbritannien bereits nur bei 38% (Campbell, Daly 1992; Abell et al. 1995). Bis 1997 ist der Anteil in Deutschland auf 53% zurückgegangen. In Großbritannien kam es ebenfalls zu einem Rückgang auf 26%. In ganz Deutschland ist zwischen 1994 und 1998 die Zahl der (nicht-landwirtschaftlichen) Selbständigen absolut um 355 Tausend gewachsen. Während das Volumen der Solo-Selbständigen um 378 Tausend zunahm, ging die Zahl der Arbeitgeber insgesamt um 23 Tausend zurück. „Das heißt, per saldo ist in diesem Zeitraum das Selbständigenwachstum vor allem auf die Zunahme der Ein-Personen-Unternehmen zurückzuführen" (Leicht 2000: 81). Seit 1996 steigt wiederum auch die Zahl der Arbeitgeber in Deutschland – jedoch deutlich geringer als die Zahl der Solo-Selbständigen.

Der nach wie vor hohe Anteil von Arbeitgebern an den Selbständigen in Deutschland (53%) ist im europäischen Vergleich eher die Ausnahme. Außer in Österreich (69%) und Dänemark und Frankreich (jeweils ca. 50%) findet sich in keinem anderen europäischen Land ein ähnlich hoher Anteil an Selbständigen mit weiteren Beschäftigten (OECD 2000). Unterschiedliche Erklärungen lassen sich für den relativ hohen Anteil von Arbeitgebern finden. Eine Besonderheit liegt in der Organisation der beruflichen Ausbildung. Durch das duale Berufsbildungssystem werden bereits Auszubildende als Beschäftigte in Betrieben und Unternehmen gerechnet. Diese stellen eine besondere Form relativ günstiger

Arbeitskräfte dar, die selbst kleine Betriebe nutzen können (Weimer 1990). So lässt sich vermuten, dass Selbständige häufig zusammen mit Auszubildenden arbeiten und somit als Arbeitgeber gezählt werden. Diese Form des Zusammenarbeitens hat eine lange Tradition im deutschen Handwerk. Handwerksbetriebe werden in der Regel nur selten von Solo-Selbständigen geführt (Meager et al. 1992; Lane 1989).

Darüber hinaus wird in mehreren Studien zum Beschäftigungswachstum neu gegründeter Betriebe die zentrale Rolle der Qualifikation des Gründers betont (Woywode 1998; Brüderl et al. 1993; Brüderl et al. 1996). Wird davon ausgegangen, dass Selbständige und somit auch Gründer in Deutschland durchschnittlich höher qualifiziert sind als in Großbritannien, sind die Wachstumsaussichten im Hinblick auf Beschäftigungszuwächse für deutsche Betriebe größer. Entsprechend würden sich mehr Selbständige bzw. Betriebe mit abhängigen Beschäftigten im Wirtschaftsprofil niederschlagen. Ein weitere, wichtige Ursache für die Unterschiede zwischen Deutschland und Großbritannien liegt in der jeweiligen Zusammensetzung der Gruppe der beruflich Selbständigen. Die Berufsstruktur variiert zwischen beiden Ländern. Verschiedene Berufe sind wiederum mit unterschiedlichen Neigungen zur Beschäftigung weiterer Arbeitskräfte verknüpft. Es lässt sich nun die These formulieren, dass in Großbritannien in bestimmten Dienstleistungen wie beispielsweise Erziehung und Kinderbetreuung, berufliche Selbständigkeit relativ häufig ist und diese Berufe per se eher von Selbständigen ohne weitere Beschäftigte erbracht werden. Im Gegensatz dazu ist in Deutschland überwiegend der Staat für die Erbringung dieser Dienstleistungen zuständig und demzufolge handelt es sich in Deutschland um abhängige Beschäftigte, die diese Tätigkeiten verrichten. Zusätzlich hat in Großbritannien die Auslagerung von Tätigkeiten von Unternehmen hin zu Sub-Unternehmern („sub-contracting") einen erheblichen Teil zum Wachstum von Solo-Selbständigkeit beigetragen (Meager 1998; Eardley, Corden 1996; Döse et al. 1994).

Die branchenstrukturelle Verteilung der Zunahme an Solo-Selbständigen gibt weitere Hinweise auf Ursachen und Unterschiede zwischen Deutschland und Großbritannien. Obwohl das Wachstum an Selbständigen ohne Beschäftigte in Deutschland in allen Wirtschaftszweigen stattgefunden hat, findet sich eine starke Konzentration der Entwicklung auf die Dienstleistungsbranchen. Solo-Selbständigkeit expandiert demnach in erster Linie im Bereich der unternehmensorientierten Dienstleistungen sowie im Bereich Erziehung, Unterricht, Gesundheit und persönliche Dienste. Ein etwas geringeres Wachstum findet sich darüber hinaus im Baugewerbe, im Handel und im Gaststättengewerbe (Leicht, Philipp 1999). Ähnliche Tendenzen zeigen sich bereits in den 1980er Jahren in Großbritannien. Der Anteil der Solo-Selbständigen wächst demnach am stärksten im Bausektor, im Bereich Banken, Finanz- und unternehmensorientierte Dienstleistungen und in anderen Dienstleistungen (vor allem soziale und personenbezogene Dienstleistungen) (Meager et al. 1992; Daly 1991). In den 1990er Jahren expandiert Selbständigkeit in Großbritannien insgesamt im Bausektor, im Transportgewerbe, in den unternehmensorientierten und sonstigen Dienstleistungen. Solo-Selbständige sind 1997 insbesondere im Bausektor und Transportgewerbe aber auch in den sonstigen Dienstleistungen überrepräsentiert (Moralee 1998). Besonders starke Zuwächse beruflicher Selbständigkeit finden sich in diesem Zeitraum im Bereich Banken, Versicherungen und Finanzdienstleistungen, zu denen auch unternehmensorientierte Dienste gezählt werden: „The banking, finance and insurance industry showed a 21 per cent rise in the number of self-employed without employees, compared with a 5 per cent fall in the number with employees" (Moralee 1998: 128).

Die relativ starke Zunahme von Solo-Selbständigkeit in unternehmensorientierten Dienstleistungen in beiden Ländern deutet einerseits auf die Zunahme wirtschaftsnaher, wissensintensiver Dienste, die meist durch den Einsatz von modernen Technologien von Selbständigen auch ohne die Mitarbeit weiterer Beschäftigter erbracht werden können. Andererseits vermuten Leicht und Philipp (1999), dass sich dahinter auch ein Trend der zunehmenden Flexibilisierung sowohl der Unternehmens- als auch der Beschäftigungsformen verbirgt, der zur Folge hat, dass „durch verstärkte Externalisierung von Leistungen vermehrt auf freiberufliche und allein arbeitende Experten zurückgegriffen wird, die ihre Arbeitskraft (ob freiwillig oder auch gezwungenermaßen) selbst vermarkten" (Leicht und Philipp 1999: 3).

Tendenziell ist Solo-Selbständigkeit in Deutschland in den 1990er Jahren stärker unter Frauen und unter jüngeren Erwerbstätigen zu finden. Zudem zeigt sich deutlich, dass im Vergleich zu Arbeitgebern, das monatliche Nettoeinkommen von Solo-Selbständigen deutlich geringer ist (Leicht 2000). Zu Beginn der 1980er Jahre waren Frauen und jüngere Erwerbspersonen in Großbritannien ebenfalls überproportional häufig als Solo-Selbständige tätig (Curran, Burrows 1989: 377). Es ist anzunehmen, dass sich dieses Verhältnis aufgrund der Entwicklung der beruflichen Selbständigkeit vor allem bei Männer in den 1980er Jahren in Großbritannien bis in die 1990er Jahre hinein grundlegend gewandelt hat.

3.4 Regelmäßigkeiten im Sozial- und Wirtschaftsprofil

Was lässt sich nun aus diesen in groben Zügen charakterisierten bisherigen, empirischen Befunden zur sozialen und ökonomischen Struktur selbständiger Erwerbstätigkeit ableiten? Gibt es bestimmte Regelmäßigkeiten im Sozial- und

Wirtschaftsprofil der Selbständigen und wo liegen die größten Unterschiede zwischen Deutschland und Großbritannien?

Allgemein lassen sich folgende Regelmäßigkeiten in der sozialen und ökonomischen Struktur von Selbständigen aus der Literatur ableiten:

- Selbständige verfügen in der Regel über ein hohes Bildungsniveau und sind durchschnittlich besser qualifiziert als abhängig Beschäftigte. Aber auch gering qualifizierte Erwerbspersonen sind in beiden Ländern selbständig tätig.
- Das Durchschnittsalter von Selbständigen ist höher als von abhängig Beschäftigten. Sie verfügen somit meist über mehr Berufs- und teilweise auch Branchenerfahrung.
- Selbständige sind überdurchschnittlich oft verheiratet und Kinder in der Familie erhöhen die Wahrscheinlichkeit einer selbständigen Erwerbstätigkeit vor allem von Frauen.
- Vererbung ist eine zentraler Bestimmungsgröße beruflicher Selbständigkeit. Es zeigt sich eine hohe intergenerationale Statusvererbung. Überdurchschnittlich häufig kommen Selbständige aus Selbständigenfamilien.
- Einerseits wird in vielen Fällen über die Generationen hinweg soziales Kapital weitergebeben. Andererseits werden auch finanzielle Mittel vererbt, die eine wichtige Rolle für den Schritt in berufliche Selbständigkeit spielen.
- Selbständige waren in der Regel vor der Selbständigkeit in abhängiger Beschäftigung tätig.
- Frauen sind in Selbständigkeit unterrepräsentiert.
- Das Einkommen von Selbständigen ist durchschnittlich höher als von abhängig Beschäftigten.
- Gewisse Formen der zeitlichen Flexibilität scheinen mit beruflicher Selbständigkeit verbunden zu sein. So ist Teilzeitarbeit ein relativ weit verbreitetes Phänomen in selbständiger Erwerbstätigkeit.
- Die berufliche Struktur selbständiger Erwerbstätigkeit ist überwiegend durch hochqualifizierte Tätigkeiten geprägt. Gering qualifizierte Berufe gewinnen jedoch an Bedeutung.
- Der Dienstleistungssektor ist von herausragender Bedeutung für die Struktur und Entwicklung beruflicher Selbständigkeit, obgleich nach wie vor traditionelle Bereiche des produzierenden Gewerbes für selbständige Erwerbstätigkeit relevant sind.
- Die Bedeutung der Solo-Selbständigkeit steigt deutlich an.

In dieser Weise lässt sich allgemein das Sozial- und Wirtschaftsprofil von Selbständigen in Deutschland und Großbritannien zusammenfassen. Trotzdem kann nicht von einer homogenen Gruppe der Selbständigen gesprochen werden. Innerhalb der Kategorie der selbständig Erwerbstätigen variieren die oben genannten Aspekte sehr deutlich und es haben sich bereits einige Hinweise und

Interaktionen abgezeichnet, die auf qualitativ sehr unterschiedliche selbständige Erwerbsformen hindeuten.

Zusätzlich zeigen die beiden Länder deutliche Unterschiede in der Struktur und Entwicklung selbständiger Erwerbstätigkeit. Insgesamt sind Selbständige in Großbritannien durchschnittlich geringer qualifiziert und jünger als in Deutschland. Britische Frauen sind zwar ebenfalls unterrepräsentiert innerhalb der Gruppe der Selbständigen, doch der Zuwachs an weiblicher Selbständigkeit ist in Großbritannien deutlich stärker ausgeprägt als in Deutschland. Die deutlichsten Differenzen zwischen den beiden Ländern zeichnen sich indes in der Berufs- und Branchenstruktur ab. Die Relevanz gering qualifizierter Tätigkeiten und des Bausektors für berufliche Selbständigkeit ist in Großbritannien wesentlich größer als in Deutschland. Demgegenüber expandiert in Deutschland Selbständigkeit stärker in sogenannten modernen, unternehmensorientierten Dienstleistungen. Sichtbar werden diese qualitativen Unterschiede auch im Anteil der Solo-Selbständigkeit an der Gesamtbeschäftigung. In Großbritannien arbeitet der überwiegende Teil der Selbständigen ohne die Hilfe weiterer Beschäftigter während in Deutschland Selbständige häufiger Arbeitgeber sind.

Nicht alle aufgeführten Aspekte des Sozial- und Wirtschaftsprofils von Selbständigen können in der nachfolgenden empirischen Untersuchung berücksichtigt werden. Aufgrund spezifischer Restriktionen durch die verwendeten Daten werden folgende Charakteristika weitergehend geprüft:

- soziale Struktur: Bildung, Alter, Geschlecht, familiäre Lebenssituation
- wirtschaftliche Struktur: Beruf, Wirtschaftszweig, Solo-Selbständigkeit.

Vor allem die Relevanz von Bildung und Alter einer Person für ihre Neigung zu beruflicher Selbständigkeit, sowie die Rahmenbedingungen, die durch den Beruf und den Wirtschaftszweig, in dem eine Person tätig ist, gegeben sind, stehen nachfolgend im Vordergrund der Betrachtung. Diese Indikatoren haben sich als zentrale Determinanten für die Entwicklung und die Veränderungen in beruflicher Selbständigkeit in der Forschungsliteratur herausgestellt. Einen zentralen Gesichtspunkt der nachfolgenden Analysen wird die interne Differenzierung der Gruppe der beruflich Selbständigen auf Basis einer vergleichenden Bildungs- und Berufsklassifikation sein. Dadurch wird es auch möglich, teilweise Aussagen über die Qualität selbständiger Erwerbstätigkeit zu machen. Der Faktor der mit Selbständigkeit verbundenen Flexibilität soll im folgenden nicht weiter nachvollzogen werden, da damit zusätzliche Forschungsfragen aufgeworfen werden, die den Rahmen dieser Arbeit übersteigen. Deshalb wird im weiteren Verlauf der Arbeit nur Vollzeitbeschäftigung Berücksichtigung finden.

4 Zusammenfassung und Hypothesen

In den vorangegangenen Kapiteln wurde der Stand der Selbständigenforschung in Bezug auf Rahmenbedingungen und Opportunitätsstrukturen sowie in Bezug auf die individuellen Determinanten selbständiger Erwerbstätigkeit in Deutschland und Großbritannien zusammengefasst. Es ist deutlich geworden, dass sich die Rahmenbedingungen und Opportunitätsstrukturen für berufliche Selbständigkeit in beiden Ländern stark unterscheiden und zudem seit den 1980er Jahren teilweise grundlegend wandeln. Unterschiedliche Gründe werden für diese Veränderungen angeführt: Arbeitslosigkeit und Beschäftigungskrisen, intersektoraler Strukturwandel, technologische Neuerungen, Nachfragewandel und –schwankungen und zunehmender Konkurrenzdruck durch die Internationalisierung der Märkte. Diese Faktoren wirken sowohl auf die wirtschaftlichen als auch auf die institutionell-rechtlichen Rahmenbedingungen für selbständige Erwerbstätigkeit in beiden Ländern. Jedoch nicht nur die Bedingungen haben sich gewandelt. In der Literatur wird zudem ein deutlicher sozialer und wirtschaftlicher Strukturwandel beruflicher Selbständigkeit dokumentiert. Die in der Literatur dokumentierten Analysen der individuellen Determinanten zeigen interessante Verschiebungen in der Relevanz einzelner Ressourcen und spezieller wirtschaftlicher Merkmale wie beispielsweise Beruf und Wirtschaftszweig. Ein systematischer Versuch der Verknüpfung der beiden Ebenen – Rahmenbedingungen und Determinanten, um die teilweise sehr unterschiedlichen Entwicklungen beruflicher Selbständigkeit in Deutschland und Großbritannien seit den 1980er Jahren zu erklären, liegt in der Literatur jedoch bisher nicht vor. Dies ist der Ansatz der vorliegenden Arbeit.

Dabei werden unterschiedliche Bereiche relevanter Rahmenbedingungen für berufliche Selbständigkeit unterschieden:

- *wirtschaftliche Rahmenbedingungen*: Wirtschaftsstruktur, Arbeitsmarkt und Flexibilisierung, Arbeitslosigkeit
- *institutionell-rechtliche Rahmenbedingungen*: Deregulierung, Förderprogramme, Zugangsbeschränkungen.

Nachfolgend werden zunächst die Erkenntnisse aus der Literatur zu den Veränderungen in diesen Rahmenbedingungen nochmals kurz zusammengefasst. Im letzten Abschnitt wird dann ein Überblick über die Hypothesen und die jeweiligen Analyseschritte zur Überprüfung gegeben.

4.1 Zusammenfassung der Veränderungen in den Rahmenbedingungen beruflicher Selbständigkeit

Die *Wirtschaftsstruktur* und deren Entwicklung seit den 1980er Jahren ist in beiden Ländern geprägt durch zwei parallel verlaufende Prozesse. Zum einen tritt zunehmend eine flexible Spezialisierung im Bereich der industriellen Produktion hervor, die zu einer Expansion kleiner Betriebe und beruflicher Selbständigkeit geführt hat, bedingt zum Großteil einerseits durch Veränderungen in der Nachfragestruktur und andererseits durch technologische Neuerungen. Vor allem neue Möglichkeiten für selbständige Erwerbstätigkeit in den Bereichen der handwerklichen Produktion und der Dienstleistungserbringung, die überwiegend charakterisiert sind durch Spezialisierung und individuelle Problemlösungskompetenz, entstehen durch diesen Trend (Leicht 1995). Zum anderen – und damit zusammenhängend – kommt es zu einer wachsenden Tertiarisierung der Wirtschaftsstruktur, d.h. der Beschäftigungsanteil im tertiären Sektor wächst kontinuierlich an. Dies eröffnet ebenfalls neue Möglichkeiten für berufliche Selbständigkeit, da einerseits Bereiche expandieren, die traditionell eher durch selbständige Erwerbstätigkeit geprägt sind. Andererseits entstehen neue Tätigkeitsfelder vor allem in personen- und unternehmensbezogenen oder kulturellen Dienstleistungen (Luber, Leicht 2000; Bögenhold, Leicht 2000).

Entsprechende Wachstumsmuster beruflicher Selbständigkeit in zentralen Berufsfeldern und Wirtschaftszweigen können in der Literatur nachvollzogen werden. So kommt es einerseits zu einer Expansion neuer, hoch qualifizierter Tätigkeiten in selbständiger Erwerbstätigkeit, die mit geringer Kapital- aber mit hoher Wissensintensität verbunden sind, wie z.B. Berater- oder Maklertätigkeiten aber auch kulturelle Berufe wie Künstler oder Journalisten (Bögenhold, Leicht 2000; Gottschall, Schnell 2000). Aber auch gering qualifizierte Berufe, die traditionell nicht in beruflicher Selbständigkeit ausgeübt werden, erfahren eine Zunahme an Selbständigkeit, wie z.B. Verkäufer, KFZ-Fahrer oder Reinigungskräfte (Lohmann, Luber im Erscheinen; Meager, Bates im Erscheinen). Andererseits kann die herausragende Stellung der Veränderungen im Dienstleistungssektor als eine wichtige Ursache für die Entwicklung selbständiger Erwerbstätigkeit aufgezeigt werden (OECD 2000).

Es zeigen sich jedoch deutliche Unterschiede in diesen Entwicklungen und Veränderungen zwischen Deutschland und Großbritannien. In Deutschland können ausgeprägte Tendenzen flexibler Spezialisierung im industriellen Sektor und traditionellen Handwerksbereich nachvollzogen werden. Flexible Spezialisierung wird in Deutschland aufgrund spezifischer, institutioneller und wirtschaftlicher Besonderheiten, wie beispielsweise die starke Stellung des Handwerks und die Organisation beruflicher Ausbildung, gefördert, während in Großbritannien flexible Spezialisierung weniger stark ausgebildet ist (Loveman et al. 1990). Im Gegensatz dazu ist die Tertiarisierung der Wirtschaftsstruktur in Großbritannien, gemessen anhand des Beschäftigungsanteils des tertiären Sektors, wesentlich weiter fortgeschritten. Die deutsche Wirtschaftsstruktur ist nach wie vor stärker geprägt durch die industrielle Produktion (Green 1998; Schmid 1998).

Deutliche Länderunterschiede treten zusätzlich in der unterschiedlichen Struktur und der Entwicklung der *Arbeitsmärkte* auf. Während in Deutschland berufsspezifische Teilarbeitsmärkte dominieren, ist der britische Arbeitsmarkt stärker betriebsspezifisch geprägt (Szydlik 1990, 1993; Brauns et al. 1999). Diese Unterschiede bestimmen auch Unterschiede in der *Flexibilisierung* von Erwerbsarbeit wie sie zwischen beiden Ländern seit den 1980er Jahren auftreten. Je nachdem ob berufs- oder betriebsspezifische Teilarbeitsmärkte vorherrschen, werden andere Formen der Flexibilisierung von Arbeit genutzt. In berufsspezifischen Teilarbeitsmärkten werden überwiegend Formen der funktionalen, internen Flexibilisierung, die mit Teilzeitarbeit und innerbetrieblicher Mobilität verbunden sind, genutzt. In betriebsspezifischen Teilarbeitsmärkten wird dagegen eher auf numerische Flexibilität zurückgegriffen, die zu einer Ausweitung an befristeter Beschäftigung, Leiharbeit und auch Sub-Unternehmertum – überwiegend in Form von Solo-Selbständigkeit – führt. Insgesamt findet ein erwerbsstruktureller Wandel in Form einer Zunahme atypischer Beschäftigung statt (Crompton et al. 1996). Die Entwicklung selbständiger Erwerbstätigkeit ist eingebettet in diesen Wandel, da sich dadurch einerseits die Erwerbsalternativen zu selbständiger Erwerbstätigkeit verändern, indem sich abhängige Beschäftigung verändert. Andererseits treten Tendenzen des out-sourcing und subcontracting auf, die zu einer Expansion beruflicher Selbständigkeit führen (Allen, Henry 1996). Diese Entwicklung unterscheidet sich sehr stark zwischen Deutschland und Großbritannien.

Der Zusammenhang zwischen der Entwicklung selbständiger Erwerbstätigkeit und *Arbeitslosigkeit* ist nicht eindeutig zu bestimmen (OECD 2000). Es wird davon ausgegangen, dass die Attraktivität beruflicher Selbständigkeit dadurch gestiegen ist, dass sich aufgrund einer anhaltenden Arbeitsmarktkrise die Bedingungen für abhängige Beschäftigung verschlechtert haben (Bögenhold 1985, 1987; Bögenhold, Staber 1990). Folglich rückt selbständige Erwerbstätigkeit vor allem in Zeiten drohender oder bereits erfahrener Arbeitslosigkeit als Alternative mehr in den Fokus von Erwerbspersonen (Pfeiffer 1999). Zudem kann Arbeitslosigkeit als auslösendes Moment für die Wahl selbständiger Erwerbstätigkeit wirken (Aronson 1991). Der Übergang aus Arbeitslosigkeit in Selbständigkeit ist jedoch insgesamt schwer zu vollziehen, da bestimmte Ressourcen aufgrund der Arbeitslosigkeit fehlen (Brüderl et al. 1996). Arbeitslosigkeit wirkt zudem negativ auf die Entwicklung beruflicher Selbständigkeit, da eine schlechte, wirtschaftliche Lage das Risiko des Scheiterns von Existenzgründungen oder bereits bestehender Betriebe erhöht, so dass Zugänge in Selbständigkeit gehemmt werden und die Zahl der Abgänge aus Selbständigkeit in Zeiten hoher Arbeitslosigkeit steigen (Meager 1992a). In Deutschland ist seit Anfang der 1980er Jahre das Niveau der Arbeitslosigkeit sehr hoch. Nach einer kurzen Phase des Rückgangs der Arbeitslosigkeit Ende der 1980er bis Anfang der 1990er Jahre nimmt seither die Zahl der Erwerbslosen in Deutschland wieder deutlich zu. In Großbritannien ist das Niveau der Arbeitslosigkeit in den 1980er Jahren ebenfalls sehr hoch, geht aber seit Beginn der 1990er Jahre klar zurück. Die Schwierigkeiten auf dem Arbeitsmarkt verringern sich demnach etwas.

Im Bereich der institutionellen Rahmenbedingungen für berufliche Selbständigkeit kommt der *rechtlichen Deregulierung des Arbeitsmarktes* in Deutschland und Großbritannien eine besondere Rolle zu. Hierin unterscheiden sich die beiden Länder signifikant. In Großbritannien wurde in den 1980er Jahren eine wesentlich weitreichendere Deregulierung und Flexibilisierung des Arbeitsmarktes vorangebracht als in Deutschland (Schömann et al. 1998; Rogowski, Schömann 1996), die teilweise als Ursache für die Expansion – vor allem prekärer – selbständiger Erwerbstätigkeit angesehen wird (Blanchflower, Freeman 1993; Black et al. 1992; Burrows 1991). Demgegenüber wird der deutsche Arbeitsmarkt nach wie vor als hoch reguliert angesehen (Grubb, Wells 1993) und insbesondere die institutionellen Regulierungen und Beschränkungen für berufliche Selbständigkeit sind sehr strikt (Logotech 1997), so dass die Zunahme prekärer Selbständigkeit erschwert ist. Insgesamt kommt es zu deutlichen Variationen im Ausmaß der Flexibilisierung von Arbeit zwischen den beiden Ländern. In Deutschland ist die Flexibilisierung von Arbeit eher schwach ausgebildet, wohingegen in Großbritannien die Flexibilisierungsmöglichkeiten, die Unternehmen zur Verfügung stehen, aufgrund des wenig regulierten Arbeitsmarktes sehr weitreichend sind. Die flexible Handhabung von Erwerbstätigkeiten ist in Großbritannien wesentlich verbreiteter. Es tritt insgesamt ein dynamischerer Prozess des in- und outsourcing auf (Crompton et al. 1996). So ist z.B. allgemein die Stabilität von beruflicher Selbständigkeit in Großbritannien geringer als in Deutschland (Arum, Müller im Erscheinen).

Besonders motiviert durch die Beschäftigungskrisen in den 1970er und 1980er Jahren werden sowohl in Deutschland als auch in Großbritannien spezielle *Förderprogramme* zur Unterstützung von Selbständigkeit und Existenzgründungen eingeführt (Kießling 1996; Meager 1993). Diese tragen insgesamt sicherlich zum Anstieg selbständiger Erwerbstätigkeit bei, da sie den Übergang in Selbständigkeit erleichtern (Meager 1995). In Deutschland wird aber die Förderung als nicht besonders effektiv eingestuft. In Großbritannien wird der Großteil der staatlichen Fördermaßnahmen dagegen positiv beurteilt (Sternberg 2000).

Insbesondere die Verbesserungen auf dem privaten Kapitalmarkt werden als wichtiger Beitrag für die Expansion beruflicher Selbständigkeit angesehen.

Die Expansion beruflicher Selbständigkeit fällt in Deutschland zusätzlich verhaltener aus als in Großbritannien aufgrund der relativ strikten *Zugangsbeschränkungen*. Sowohl die qualifikatorischen als auch die administrativen Voraussetzungen für berufliche Selbständigkeit unterscheiden sich signifikant zwischen den beiden Ländern (Logotech 1997). Diese Anforderungen sind in Deutschland besonders hoch. Dadurch ist der Übergang in berufliche Selbständigkeit stark erschwert. Demgegenüber fungieren diese Voraussetzungen auch als eine Art „Sieb", indem Existenzgründungen mit potentiell schlechteren Bestandschancen verhindert werden (McManus 2000, 2001a). Selbständige in Deutschland verfügen in der Regel über ein hohes Humankapital und in manchen Bereichen, z.B. im Handwerk, zusätzlich über spezifisches Unternehmer-Humankapital (Langfeldt 1984). Im Gegensatz dazu sind die qualifikatorischen und administrativen Anforderungen in Großbritannien, außer in den Freien Berufen, nur sehr gering. Berufliche Selbständigkeit ist sehr leicht zu verwirklichen (Logotech 1997). Dies hat aber auch eine höhere Fluktuation in selbständiger Erwerbstätigkeit zur Folge. Selbständige sind zudem tendenziell nicht höher qualifiziert als abhängig Beschäftigte.

Insbesondere die institutionellen aber auch die wirtschaftlichen Rahmenbedingungen spiegeln sich somit in der sozialen und wirtschaftlichen Struktur selbständiger Erwerbstätigkeit wider, indem z.B. durch die qualifikatorischen Voraussetzungen zu beruflicher Selbständigkeit in bestimmten Bereichen die Selbständigen deutlich höher qualifiziert sind als abhängig Beschäftigte. Veränderungen in den Rahmenbedingungen führen somit auch zu Veränderungen im Sozial- und Wirtschaftsprofil beruflicher Selbständigkeit. So hat z.B. die Einführung von Förderprogrammen dazu geführt, dass andere Personengruppen als bisher in Selbständigkeit wechseln (Meager 1995). Der Zuwachs an gering qualifizierter Selbständigkeit kann sicherlich teilweise auf diesen Trend zurückgeführt werden. Weitergehende Befunde bezüglich des Sozial- und Wirtschaftsprofils der Gruppe der Selbständigen lassen sich aus der Literatur zusammenfassen:

• Bezogen auf das *Sozialprofil* lassen sich aus der bisherigen Forschung vier generelle Trends in beiden Ländern aufzeigen:
  - die Anteile von sowohl hoch als auch gering qualifizierten Selbständigen steigen (Lohmann, Luber im Erscheinen; Meager, Bates im Erscheinen)
  - der Anteil jüngerer Personen in Selbständigkeit nimmt zu (OECD 1986, 1992)
  - die familiäre Situation und vor allem die intergenerationale Vererbung des Selbständigenstatus verlieren an Bedeutung (Lohmann et al. 1999; Lohmann, Luber im Erscheinen) und

- mehr Frauen wechseln in Selbständigkeit (Meager, Bates 2001; Lauxen-Ulbrich, Leicht 2002).

• Bezogen auf das *Wirtschaftsprofil* lassen sich allgemein folgende Erkenntnisse dokumentieren:

- die Berufsstruktur von Selbständigkeit verändert sich; sowohl professionelle, hoch qualifizierte Berufe als auch unqualifizierte Berufe nehmen zu (Moralee 1998; Lohmann, Luber im Erscheinen; Meager, Bates im Erscheinen),
- die Branchenstruktur wandelt sich (Luber, Leicht 2000; OECD 2000) und
- Solo-Selbständigkeit steigt deutlich an (Leicht 2000; OECD 2000).

Eine systematische Zusammenschau der Veränderungen in den Rahmenbedingungen und Opportunitätsstrukturen und den Veränderungen im Sozial- und Wirtschaftsprofil beider Länder fehlt bisher in der Literatur. Nachfolgend soll diese Verbindung durch die Formulierung von Hypothesen über die spezifischen Veränderungen in der sozialen und wirtschaftlichen Struktur beruflicher Selbständigkeit in Deutschland und Großbritannien aufgrund der spezifischen Veränderungen in den Rahmenbedingungen versucht werden.

4.2 Hypothesen und ihre empirische Prüfung

In Kapitel 1 wurden vier forschungsleitende Fragen formuliert, die der Konzeption dieser Arbeit zugrunde liegen:

(1) Verlauf: Wie stellt sich die Entwicklung beruflicher Selbständigkeit in Deutschland und Großbritannien seit den 1980er Jahren dar?

(2) Ursachen: Warum kommt es zu einem Wiederanstieg in der Zahl beruflich Selbständiger in Deutschland und Großbritannien?

(3) Konsequenzen: Ist diese Entwicklung mit einem grundlegenden Wandel der sozialen und wirtschaftlichen Struktur der Gruppe der selbständig Erwerbstätigen verbunden?

(4) Länderunterschiede: Worin unterscheiden sich die Entwicklungen in Deutschland und Großbritannien und wie lassen sich diese Unterschiede erklären?

Nachfolgend werden zunächst die Erwartungen hinsichtlich dem Verlauf, den Ursachen und den Konsequenzen (Fragen 1 bis 3) näher erläutert. Dazu werden allgemeine Hypothesen formuliert und die empirische Vorgehensweise dargestellt, ohne auf die Länderspezifika einzugehen. Dieses erfolgt im Anschluss bei der Formulierung der Hypothesen bezüglich der vierten Frage.

Die Frage nach dem *Verlauf der Entwicklung beruflicher Selbständigkeit* in Deutschland und Großbritannien wurde bereits auf Basis der Forschungsliteratur teilweise beantwortet. Seit Ende der 1970er bzw. Anfang der 1980er Jahre kommt es in beiden Ländern zu einem Wachstum der absoluten und relativen

Zahl beruflich Selbständiger. Offen bleibt großteils die Analyse der neueren Entwicklung in den 1990er Jahren und vor allem die Einbettung der Veränderungen beruflicher Selbständigkeit in den allgemein stattfindenden Wandel von Erwerbsarbeit. Durch eine genaue Betrachtung der historischen Entwicklung sowohl von Selbständigkeit als auch von anderen Erwerbsformen soll diese Lücke geschlossen werden. Es wird davon ausgegangen, dass die Entwicklung beruflicher Selbständigkeit einige Parallelen mit der Entwicklung anderer atypischer Beschäftigungsformen aufweist, da die Expansion beruflicher Selbständigkeit ähnlich wie die Expansion anderer atypischer Beschäftigungsformen durch die zunehmende Flexibilisierung von Arbeit begründet ist. Zusätzlich werden Parallelen in der Entwicklung von Selbständigkeit mit der Entwicklung von Arbeitslosigkeit erwartet. Im Hintergrund steht die Annahme, dass in Phasen einer schlechten konjunkturellen Entwicklung die Flexibilisierungsbestrebungen von Unternehmen zunehmen. Die empirische Prüfung begrenzt sich auf eine deskriptive Analyse von Zeitreihen aus beiden Ländern für den Zeitraum von Beginn der 1980er Jahre bis Ende 1990er Jahre. Die Analyse ist insgesamt recht kurz gehalten, da hierzu in der Literatur bereits einige Befunde vorliegen (Kapitel 6).

Ausführlicher betrachtet wird hingegen die *branchen- und berufsspezifische Entwicklung selbständiger Erwerbstätigkeit* in beiden Ländern (Kapitel 7), um weitergehende Antworten auf die *Frage nach den Ursachen der Expansion* beruflicher Selbständigkeit geben zu können. Basis sind hier Querschnittsuntersuchungen zu unterschiedlichen Zeitpunkten aus beiden Ländern. In der Forschungsliteratur liegen bisher kaum Erkenntnisse vor allem zur berufsstrukturellen Entwicklung in komparativer Perspektive vor. Es wird davon ausgegangen, dass durch Flexibilisierung und wirtschaftsstrukturellen Wandel neue Möglichkeiten für berufliche Selbständigkeit entstehen. Vor allem im Bereich der sozialen, personen- und unternehmensorientierten Dienstleistungen ist ein Anstieg an beruflicher Selbständigkeit zu erwarten. Es stellt sich die Frage, welche beruflichen Tätigkeiten mit diesem Anstieg verknüpft sind bzw. ob das Anwachsen überwiegend von gering oder von hoch qualifizierten Selbständigen getragen wird. Je nachdem in welchen beruflichen Tätigkeiten und in welchen Branchen gering oder hoch qualifizierte Selbständigkeit zunimmt, können Rückschlüsse auf die Wirksamkeit von einerseits Flexibilisierung oder andererseits wirtschaftstrukturellen Wandel in Form von flexibler Spezialisierung und Tertiarisierung gezogen werden.

Viele der höher qualifizierten Tätigkeiten im Dienstleistungssektor werden von Selbständigen, die ohne weitere Beschäftigte arbeiten, ausgeübt. Somit sollte die Expansion beruflicher Selbständigkeit in diesen Diensten mit einer Zunahme an Solo-Selbständigkeit verbunden sein. Jedoch nicht nur eine Zunahme an Solo-

Selbständigkeit in höher qualifizierten Berufen wird erwartet. Ebenso wird die These vertreten, dass gering qualifizierte Berufe in Solo-Selbständigkeit an Bedeutung gewonnen haben. Die Ursachen hierfür werden vor allem in der wachsenden Tendenz zu flexibleren Arbeitsgestaltung durch Unternehmen vermutet. Dabei werden auch gering qualifizierte Tätigkeiten aus dem Unternehmen ausgelagert und an selbständige Sub-Unternehmer, die zumeist ohne weitere Beschäftigte arbeiten, vergeben, so beispielsweise Fahr- oder Reinigungstätigkeiten. Diese Trends sind überwiegend auf Branchen konzentriert, die durch betriebsspezifische Teilarbeitsmärkte gekennzeichnet sind, wie beispielsweise der eher großbetrieblich geprägte industrielle Sektor, aber auch Teile des Dienstleistungssektors. Durch eine Verbindung der branchen- und berufsstrukturellen Entwicklung werden klarere Aussagen zu den zugrundeliegenden Prozessen der Veränderungen in selbständiger Erwerbstätigkeit möglich.

Implizit wird durch diese Analysen bereits die *Frage nach den Konsequenzen*, also nach einem *strukturellen Wandel beruflicher Selbständigkeit* beantwortet. Neben den wirtschaftlichen Merkmalen Beruf, Branche und Solo-Selbständigkeit sind darüber hinaus soziale Merkmale wie Qualifikation, Alter, familiäre Lebenssituation und Geschlecht von großem Interesse. In der bisherigen Forschung wurde offensichtlich, dass sich Selbständige relativ deutlich von abhängig Beschäftigten in den sozialen und wirtschaftlichen Merkmalen unterscheiden. Es wird davon ausgegangen, dass sich diese Unterschiede im Zuge der Expansion beruflicher Selbständigkeit seit Beginn der 1980er Jahre gewandelt haben. Je nachdem wie sich diese Veränderungen abzeichnen, können unterschiedliche Ursachen für diesen Wandel festgemacht werden. Die zentrale Frage hierbei ist, ob es zu einer Annäherung im Sozial- und Wirtschaftsprofil zwischen Selbständigen und abhängigen Beschäftigten gekommen ist. Sind Personen überwiegend infolge einer wachsenden numerischen Flexibilisierung im Bereich *gering qualifizierter Tätigkeiten* beruflich selbständig, wird angenommen, dass sie sich nicht besonders in ihren sozialen Merkmalen von abhängig Beschäftigten unterscheiden. In der Regel handelt es sich um Personen, die über keine ursprüngliche Disposition zu beruflicher Selbständigkeit verfügen, d.h. entsprechend nicht die üblicherweise distinkten Merkmale beruflicher Selbständigkeit aufweisen. Nimmt deren Zahl seit den 1980er Jahren zu, sollte sich das *Sozialprofil* von Selbständigen relativ stark über die Zeit verändern und dem Profil abhängiger Beschäftigung annähern. So ist zu erwarten, dass mehr junge Erwerbspersonen betroffen sein werden. Darüber hinaus werden stärker Frauen von Flexibilisierung betroffen sein, insbesondere wenn sie wieder in den Arbeitsmarkt einsteigen wollen, da die Optionen auf dem Arbeitsmarkt für Frauen nach wie vor vergleichsweise schlechter sind. Ferner wird davon ausgegangen, dass wichtige Determinanten wie z.B. familiäre Ressourcen an Bedeutung verlieren.

Selbständige ähneln in ihrer familiären Lebenssituation ebenfalls immer mehr abhängig Beschäftigten.

Bezogen auf Merkmale des *Wirtschaftsprofils* Selbständiger wird davon ausgegangen, dass zum einen insbesondere die Tätigkeitsbereiche expandieren, in denen die qualifikatorischen und administrativen Zugangsbeschränkungen eher gering sind, d.h. vor allem gering qualifizierte Dienste z.B. im Gastgewerbe oder den personen- und haushaltsbezogenen Dienstleistungen. Zum anderen wird diese Expansion in großen Teilen von Solo-Selbständigkeit getragen werden.

Numerische Flexibilisierung im Bereich der *höher qualifizierten Tätigkeiten* sollte demgegenüber mit geringeren Veränderungen im Sozial- und Wirtschaftsprofil einhergehen. Sub-Unternehmertum in diesem Bereich konzentriert sich in der Regel auf Tätigkeiten, die schon vor der Expansion in Teilen durch beruflich Selbständige erbracht wurden, wie z.B. Berater- und Maklertätigkeiten oder professionelle unternehmensbezogene Dienste. Veränderungen werden nur insofern erwartet, als auch in diesem Bereich die Zunahme mit einem Anwachsen an Solo-Selbständigkeit einher geht und ebenso teilweise auf Bereiche konzentriert ist, die durch geringere Zugangsbeschränkungen gekennzeichnet sind, wie z.B. semi-professionelle Tätigkeiten in den personenbezogenen Diensten. Neben der detaillierten deskriptiven Analyse der Veränderungen im Sozial- und Wirtschaftsprofil über die Zeit in Deutschland und Großbritannien (Kapitel 7) werden die Befunde zusätzlich ausführlich in multivariaten Verfahren geprüft (Kapitel 8 und 9).

Kern der vorliegenden Arbeit stellt der Vergleich zwischen Deutschland und Großbritannien dar. Durch den *Ländervergleich* werden konkretere Aussagen zu den Ursachen und den Konsequenzen der Expansion beruflicher Selbständigkeit in den beiden Ländern möglich, indem Rückschlüsse auf die Wirksamkeit spezifischer Veränderungen in den Rahmenbedingungen möglich werden. Deutschland und Großbritannien weisen deutliche Unterschiede in der Entwicklung beruflicher Selbständigkeit auf. Wie bereits teilweise im Literaturüberblick beschrieben, expandiert selbständige Erwerbstätigkeit während unterschiedlichen zeitlichen Phasen und in unterschiedlichen Bereichen in beiden Ländern. In Großbritannien nimmt die Zahl der gering qualifizierten Selbständigkeit in den 1980er Jahren zu, wohingegen in Deutschland insbesondere in den 1990er Jahren hoch qualifizierte Solo-Selbständigkeit das Wachstum zu dominieren scheint. Diese Entwicklungen werden nachfolgend genauer analysiert. Es wird davon ausgegangen, dass in Großbritannien die Veränderungen im Sozial- und Wirtschaftsprofil wesentlich markanter sind. Aufgrund einer zunehmenden Flexibilisierung und Deregulierung des Arbeitsmarktes kommt es zu deutlichen Annäherung im Sozial- und Wirtschaftsprofil zwischen Selbständigen und abhängig Beschäftigten. In Deutschland werden ebenfalls Veränderungen in der sozialen und ökonomischen Struktur zu beobachten sein, doch die Tendenzen sprechen eher für das Aufkommen neuer Möglichkeiten aufgrund flexibler Spezialisierung und Tertiarisierung, die nach wie vor von spezifischen Personen mit entsprechenden Ressourcen genutzt werden. Somit bleiben deutliche Unterschiede zwischen Selbständigen und abhängig Beschäftigten bestehen.

Als Ursachen für dies Länderunterschiede werden Unterschiede zum einen in der Strukturierung und Flexibilisierung der Arbeitsmärkte und zum anderen in den institutionell-rechtlichen Rahmenbedingungen vermutet. Dabei wird davon ausgegangen, dass die *Struktur des* deutschen *Arbeitsmarktes* vorwiegend durch berufsspezifische Teilarbeitsmärkte, die funktionale, interne *Flexibilisierung* in Form von Arbeitszeitflexibilisierung oder innerbetrieblicher Mobilität fördern, geprägt ist. Numerische Flexibilität im Sinne von subcontracting findet in Deutschland weniger ausgeprägt statt bzw. führt tendenziell eher zur Auslagerung hoch qualifizierter Tätigkeiten wie beispielsweise Beratertätigkeiten. Demgegenüber fördert die Struktur des britischen Arbeitsmarktes stärker den Einsatz numerischer Flexibilisierung u.a. in Form von Sub-Unternehmertum. Durch die Dominanz betriebsspezifischer Teilarbeitsmärkte kommt es zu einer Auslagerung von gering qualifizierten Tätigkeiten. Entsprechend wird davon ausgegangen, dass es in Deutschland zu einer Expansion hoch qualifizierter Selbständigkeit vorwiegend in professionellen Berufen und Teilen der industriellen Branche, die durch berufsspezifische Arbeitsmärkte gekennzeichnet sind, kommt, wohingegen in Großbritannien die Zunahme gering qualifizierter Selbständigkeit im Dienstleistungssektor überwiegt. Hierbei sind vor allem die Bereiche der unternehmensorientierten Dienstleistungen und des Baugewerbes durch betriebsspezifische Arbeitsmärkte geprägt. Entsprechend sollten sich Tendenzen der Expansion gering qualifizierter Selbständigkeit in diesen Branchen vor allem in Großbritannien nachvollziehen lassen. Aufgrund der Annahme, dass numerische Flexibilisierung einen zentralen Beitrag zur Entwicklung beruflicher Selbständigkeit in beiden Ländern leistet, ist davon auszugehen, dass in den entsprechenden Branchen diese Entwicklung klar von einem Wachstum an Solo-Selbständigkeit getragen wird.

Die *institutionell-rechtlichen Regelungen* beruflicher Selbständigkeit spiegeln sich in beiden Ländern im Sozial- und Wirtschaftsprofil wider. Selbständige unterscheiden sich deutlich von abhängig Beschäftigten insbesondere in Bezug auf Qualifikationen und Alter. In Deutschland werden aber insgesamt aufgrund der rigiden Zugangsbeschränkungen in großen Teilen selbständiger Erwerbstätigkeit größere Unterschiede im Sozialprofil zwischen Selbständigen und abhängig Beschäftigten erwartet als in Großbritannien. Selbständige sind durchschnittlich besser qualifiziert und älter als abhängig Beschäftigte. In Großbritannien hingegen ist es jüngeren und gering qualifizierten Erwerbspersonen einfacher möglich, in berufliche Selbständigkeit zu wechseln, da in Deutschland potentielle Selbständige zuvor u.a. das benötigte Humankapital akkumulieren müssen.

Aufgrund spezifischer *Veränderungen in den institutionellen Rahmenbedingungen* kommt es vor allem in Großbritannien zu Veränderungen im Sozialprofil. Der *Förderung* beruflicher Selbständigkeit wird hier eine wichtige Rolle zugesprochen. Für neue Personengruppen wurde der Zugang zu beruflicher Selbständigkeit wesentlich erleichtert. Dabei wird die These vertreten, dass insbesondere die Förderung beruflicher Selbständigkeit von Arbeitslosen zu Veränderungen im sozialen und wirtschaftlichen Profil beruflicher Selbständigkeit führt, da deren soziale Struktur sich vom Profil der übrigen Selbständigen deutlich unterscheidet. Dieser Aspekt spielt in Deutschland keine so große Rolle, da einerseits die Förderung selbständiger Erwerbstätigkeit insgesamt als weniger erfolgreich eingestuft wird. Andererseits wurde in der bisherigen Forschung deutlich, dass sich Personen, deren Wechsel in Selbständigkeit gefördert wurde, in der Regel in ihren sozialen und wirtschaftlichen Merkmalen nicht deutlich von den übrigen Selbständigen unterscheiden. Die Förderung in Deutschland hat somit zu einem geringeren Maße neue Personenkreise in berufliche Selbständigkeit geführt als in Großbritannien.

Insgesamt kann die These formuliert werden, dass die Expansion beruflicher Selbständigkeit in Großbritannien aufgrund der für die Entwicklung dominanten Veränderungen in der Flexibilisierung und Deregulierung der Arbeit mit einer Ausweitung an gering qualifizierten Tätigkeiten in Teilen des industriellen aber vor allem des Dienstleistungssektors verbunden ist. Demgegenüber wird die Entwicklung selbständiger Erwerbstätigkeit in Deutschland stärker getragen durch die Zunahme hoch qualifizierter Tätigkeiten aufgrund einer stärkeren flexiblen Spezialisierung sowie der Strukturierung des Arbeitsmarkts und der Regulierung des Zugangs zu beruflicher Selbständigkeit. Eine Annäherung im Sozial- und Wirtschaftsprofil zwischen Selbständigen und abhängig Beschäftigten wird entsprechend in Großbritannien deutlicher nachzuvollziehen sein als in Deutschland.

Diese Zusammenhänge und Hypothesen sollen nachfolgend genauer analysiert werden. Es wird eine sehr detaillierte Betrachtung der Veränderungen in der sozialen und ökonomischen Struktur beruflicher Selbständigkeit in Deutschland und Großbritannien seit den 1980er Jahren auf Basis mehrere Querschnittsuntersuchungen durchgeführt. Durch die komparative Perspektive wird es möglich, Hinweise auf die Wirksamkeit bestimmter Rahmenbedingungen nachzuweisen und somit Aussagen über die Ursachen der Expansion beruflicher Selbständigkeit und deren Konsequenzen für die soziale und wirtschaftliche Struktur von Selbständigen zu treffen.

5 Datenbasis und Klassifikationen

Im Zentrum der Betrachtung stehen die Entwicklung und die Veränderungen beruflicher Selbständigkeit in Deutschland und Großbritannien im Zeitraum Ende der 70er bzw. Anfang der 80er Jahre bis Ende der 90er Jahre. Im Rahmen der Untersuchung werden unterschiedliche Datenquellen genutzt und unterschiedliche, empirische Methoden angewandt.

5.1 Datenbasis

Die empirischen Analysen basieren auf verschiedenen Datenbasen. Ein erster Teil beruht auf Zeitreihen, die vom statistischen Amt der Europäischen Union (Eurostat) auf Basis nationaler Arbeitskräfteerhebungen zusammengestellt werden (Gruber 1995). Im zweiten Teil der empirischen Analysen wird auf Mikrodaten großer deutscher und britischer Bevölkerungsumfragen zurückgegriffen. Für Deutschland handelt es sich dabei um den vom Statistischen Bundesamt erhobenen Mikrozensus. Die Analysen für Großbritannien basieren auf den UK Labour Force Surveys unterschiedlicher Jahre.

5.1.1 Zeitreihen

Die in den empirischen Analysen verwendeten Zeitreihen basieren auf den Arbeitskräfteerhebungen der Europäischen Union, zusammengestellt von Eurostat in der New Cronos Datenbank seit 1983. Ziel und Aufgabe dieser Erhebung ist die Bereitstellung von vergleichbaren Statistiken über die sozio-ökonomische Lage der Bevölkerung in den europäischen Mitgliedsstaaten. Im Mittelpunkt stehen dabei Daten über den Arbeitsmarkt, insbesondere Informationen über Erwerbstätigkeit und Erwerbslosigkeit (Eurostat 1993, 1999).

Hinsichtlich der nationalen Umsetzung des Frageprogramms besteht in den Mitgliedsstaaten ein gewisser Spielraum. In Deutschland ist die europäische Arbeitskräfteerhebung als 0,45% Unterstichprobe in den Mikrozensus einbezogen (Gruber 1995). In Großbritannien wurde 1973 eine eigenständige Erhebung – der UK Labour Force Survey – eingeführt (Office for National Statistics 1996). Die Erhebung soll eine repräsentative Auswahl der gesamten Wohnbevölkerung umfassen. Für Deutschland und Großbritannien wird ein Umfang von 60.000 bis 100.000 Haushalten pro Erhebung von Eurostat vorgegeben. Die veröffentlichten Daten und Ergebnisse stellen auf die Gesamtbevölkerung hochgerechnete Angaben dar (Eurostat 1990).

Im Vordergrund der Analysen im Rahmen dieser Arbeit stehen die ausgewiesenen Angaben zu unterschiedlichen Formen der Erwerbstätigkeit in Deutschland und Großbritannien. Die Definition von Erwerbstätigkeit folgt dem Labour-Force Konzept der International Labour Organisation (ILO): „the concept of being 'in employment' or 'at work' in the Community labour force survey is rather all-embracing and purports to cover 'any work of at least one hour's duration carried out for pay or profit during the reference week'" (Eurostat 1990: 13). Die Erhebung folgt einem Berichtswochenkonzept, d.h. die Angaben der Befragten beziehen sich in der Regel auf Gegebenheiten in einer fest definierten Woche (Eurostat 1993).

Im Rahmen der empirischen Analysen können auf Basis der Erhebungen der europäischen Arbeitskräftestichproben seit 1983 für Deutschland und Großbritannien Zeitreihen für verschiedene Erwerbsformen und Konzepte abgebildet werden, wie beispielsweise Selbständigkeit, befristete Beschäftigung oder Teilzeitbeschäftigung. Als Ergänzung wird ferner die Entwicklung der Arbeitslosigkeit[1] und des Beschäftigungsanteils im Dienstleistungssektor berücksichtigt. Es wird insgesamt der Zeitraum von 1983 bis 1998 betrachtet.

5.1.2 Mikrodaten

Sowohl der deutsche Mikrozensus als auch der britische Labour Force Survey sind umfangreiche, repräsentative Bevölkerungsumfragen, in deren Mittelpunkt die Erfassung der Bevölkerung und des Arbeitsmarktes stehen. Durch einen bereits lange zurückreichenden Beobachtungszeitraum und vergleichbare Erhebungskonzepte und –methoden in beiden Ländern sind weitreichende Analysen der Entwicklung von Erwerbstätigkeit über die Zeit und im Vergleich zwischen Deutschland und Großbritannien gut möglich.

5.1.2.1 Der deutsche Mikrozensus

Der deutsche Mikrozensus ist eine repräsentative Mehrzweckstichprobe über die Bevölkerung und den Arbeitsmarkt, die von der amtlichen Statistik seit 1957 im früheren Bundesgebiet und seit 1991 auch in den neuen Bundesländern durchge-

---

[1] Arbeitslosigkeit ist hierbei definiert nach dem Labour Force Konzept, das der Definition von Erwerbstätigkeit in der EU-Arbeitskräftestichprobe zugrunde liegt. Arbeits- bzw. Erwerbslosigkeit unterscheidet sich dabei deutlich von den offiziellen Arbeitslosenzahlen der Arbeitsmarktstatistiken in Deutschland und Großbritannien, da bspw. jede erwerbslose Person, die in der Berichtswoche mindestens eine Stunde einer Beschäftigung nachging, als erwerbstätig gerechnet wird. Demgegenüber können Arbeitslose z.B. in Deutschland bis zu 18 Stunden in der Woche erwerbstätig sein (Schmidt 2000; Rinne 1996).

führt wird (Emmerling, Riede 1997). Neben der Bereitstellung sozioökonomischer Strukturdaten, ist die laufende Beobachtung des Arbeitsmarktes ein Hauptziel des Mikrozensus. Dementsprechend haben Fragen zur Erwerbsbeteiligung, zur Arbeitsuche und zur Erwerbstätigkeit einen besonders hohen Stellenwert (Lüttinger, Riede 1997). Der Mikrozensus ist eine 1%-Haushalts-Flächenstichprobe. Er umfaßt seit 1991 etwa 800.000 Personen bzw. über 350.000 Haushalte (Staudenmaier et al. 2000). Die nur auf die frühere Bundesrepublik bezogenen Erhebungen bis 1990 schließen dagegen ca. 600.000 Personen bzw. 250.000 Haushalte ein (Hartmann 1989). Die Erhebung basiert auf dem Prinzip des Berichtswochenkonzepts.[2]

Die zugrundeliegenden Konzepte zur Erfassung von Erwerbstätigkeit bzw. Erwerbslosigkeit basieren auf standardisierten, internationalen Definitionen herausgegeben von der International Labour Organisation (ILO). „Danach gilt als Erwerbstätige(r) jede Person im Alter von 15 und mehr Jahren, die in der Berichtswoche zumindest eine Stunde gegen Entgelt (Lohn, Gehalt) oder als Selbständiger bzw. als mithelfende(r) Familienangehörige(r) gearbeitet hat" (Lüttinger, Riede 1997: 29; Emmerling, Riede 1997).[3]

Im Rahmen der empirischen Analysen werden die Mikrozensen der Jahre 1982, 1989, 1993, 1995 und 1996 berücksichtigt. Dabei handelt es sich bezogen auf den Mikrozensus 1982 um eine 98%-Substichprobe der Ursprungserhebung. Die Mikrozensen ab 1989 liegen als faktisch anonymisierte Daten in Form von 70%-Unterstichproben vor.[4] Der Mikrozensus erlaubt aufgrund der sehr hohen Fallzahlen allgemein sehr differenzierte und gegliederte Querschnittsanalysen.

Der Fokus der Arbeit ist auf erwerbstätige Personen gerichtet. Ausgenommen werden Auszubildende und mithelfende Familienangehörige. Die Auswertungen beschränken sich auf Personen im Alter zwischen 20 und 59 Jahren, die außerhalb des landwirtschaftlichen Sektors tätig sind. Zur Gewährleistung der Vergleichbarkeit der historischen Entwicklung konzentrieren sich die Analysen darüber hinaus auf Westdeutschland. Insgesamt ergeben sich daraus die folgenden Stichprobenumfänge erwerbstätiger Personen in Westdeutschland (vgl. Tabelle 5.1).

---

[2] Alle erfragten Angaben beziehen sich hierbei in der Regel auf die letzte Woche ohne Feiertage im April des jeweiligen Jahres der Erhebung.

[3] Zu Fragen der genauen Definition und Abgrenzung siehe Schmidt 2000. Zu Änderungen in den Leitfragen zur Erfassung der Erwerbstätigkeit seit 1957 siehe Statistisches Bundesamt 1997.

[4] Die Analyse des Mikrozensus 1989 wurde mir im Rahmen von Sonderauswertungen durch das Zentrum für Umfragen, Methoden und Analysen (ZUMA), Mannheim ermöglicht. Ich möchte mich an diese Stelle für die Zusammenarbeit und Unterstützung durch die Abteilung Mikrodaten bei ZUMA ganz herzlich bedanken, und hier insbesondere bei Heike Wirth für ihre Hilfe.

Tabelle 5.1: Zahl der erwerbstätigen Personen im Mikrozensus

	1982	1989	1993	1995	1996
Fallzahlen					
Erwerbstätige insgesamt	188.829	121.871	135.240	132.190	131.675
davon % Selbständige	7,4%	8,2%	8,3%	9,0%	9,8%

5.1.2.2 Der britische Labour Force Survey

Der UK Labour Force Survey ist ebenfalls eine repräsentative Erhebung der britischen Bevölkerung, die seit 1973 durchgeführt wird. Die Stichprobe umfasst dabei private Haushalte sowie Anstaltsbevölkerung und Studierende in Wohnheimen. Primäres Ziel dieser Statistik ist es, Informationen zur Struktur und Entwicklung des britischen Arbeitsmarktes zu erlangen. Die Befragung umfaßt etwa 60.000 Haushalte und enthält damit Informationen über ca. 120.000 Personen. Hierbei folgt der Survey ebenfalls einem Berichtswochenkonzept (Office for National Statistics 1996).[5]

Der UK Labour Force Survey bietet regelmäßige Information zu einer Reihe von Themenblöcken, insbesondere zu Fragen der Erwerbstätigkeit, Erwerbslosigkeit, Arbeitszeiten, Aus- und Weiterbildung der Bevölkerung und zur Integration junger Erwerbspersonen in den Arbeitsmarkt. Die Definitionen von Erwerbstätigkeit und Erwerbslosigkeit beziehen sich auch hier auf die Vorgaben der International Labour Organisation (ILO). Demzufolge gilt auch hier die Abgrenzung bei auf Erwerb gerichteten Tätigkeiten von mindestens einer Stunde in der Woche für die Definition von Erwerbstätigkeit (Sly 1995).

Im Rahmen der empirischen Analysen werden die UK Labour Force Surveys von 1979, 1984, 1994 und 1996 genutzt. Vergleichbar dem deutschen Mikrozensus bietet auch der britische Labour Force Survey weitreichende soziodemographische Rahmendaten und detaillierte Angaben zur beruflichen Tätigkeit der Befragten. Entsprechend lassen sich auch hier genaue Analysen des Sozial- und Wirtschaftsprofils für spezifische Teilgruppen auf dem Arbeitsmarkt durchführen (Office for National Statistics 1996).

Die Analysen begrenzen sich auch hier auf erwerbstätige Personen, die außerhalb der Landwirtschaft tätig sind und zwischen 20 und 59 Jahren alt sind. Demgemäß ergeben sich folgende Fallzahlen aus den einzelnen Erhebungen (vgl. Tabelle 5.2):

[5] Dabei wird die jeweilige Woche von Jahr zu Jahr neu innerhalb des vierteljährlichen Zeitintervalls festgelegt (Office for National Statistics 1996).

Tabelle 5.2: Zahl der erwerbstätigen Personen in den britischen Labour Force Surveys

	1979	1984	1994	1996
Fallzahlen				
Erwerbstätige insgesamt	65.753	41.315	42.696	41.401
davon % Selbständige	7,9%	11,7%	13,2%	12,6%

5.2 Klassifikationen

Um Veränderungen im Sozial- und Wirtschaftsprofil im Detail erfassen zu können, sind genaue Messinstrumente des Profils notwendig. Zentral hierbei ist eine Berufsklassifikation, die es ermöglicht, Veränderungen in der Struktur beruflicher Selbständigkeit insbesondere auch im direkten Vergleich zu abhängiger Erwerbstätigkeit zu messen. Eine entsprechender Ansatz, der in dieser Arbeit verfolgt wird, wird nachfolgend genauer beschrieben. Darüber hinaus findet eine detaillierte Branchen- und eine spezifische Bildungsklassifikation in den Untersuchungen Berücksichtigung, die ebenfalls in den folgenden Abschnitten erläutert werden. Am Ende wird eine Übersicht über die in den empirischen Analysen verwendeten Indikatoren gegeben.

5.2.1 Berufsklassifikation

Nationale Berufsklassifikationen sind in der Regel nicht darauf ausgerichtet, den Bereich der selbständigen Erwerbstätigkeit abzudecken. Eine für berufliche Selbständigkeit qualitativ differenzierende Klassifikation gibt es nicht. Der Schwerpunkt liegt auf der Strukturierung abhängiger Erwerbsarbeit. Beruflichkeit wird überwiegend mit dem Bereich der abhängigen Beschäftigung verbunden und Selbständigkeit ist vorwiegend über die berufliche Stellung charakterisiert. In Deutschland und Großbritannien finden zudem sehr unterschiedliche Berufsklassifikationen Anwendung.

5.2.1.1 Die britischen Berufsklassifikationen

Bis 1990 wurde in den britischen Labour Force Surveys die vom Office of Population Censuses and Surveys (OPCS) erarbeitete Occupational Classification von 1980 (CO80) verwendet (Thomas, Elias 1989). In dieser Systematik werden neben der eigentlichen, beruflichen Tätigkeit teilweise Informationen zur beruflichen Stellung bei der Zuordnung einer Reihe von Berufen mit einbezogen. Diese Vermischung unterschiedlicher Dimensionen von Erwerbstätigkeit trifft insbesondere auf berufliche Tätigkeiten mit Beaufsichtigungsbefugnissen (Supervision) und teilweise auch auf berufliche Selbständigkeit zu. So werden beispielsweise Arbeiter und Vorarbeiter mit Aufsichtsbefugnissen trotz gleicher Tätigkeiten (z.B. als Bäcker) unterschiedlichen Berufsgruppen zugeordnet. Selbständig Erwerbstätige werden teilweise der Kategorie der Manager zugerechnet (z.B. Inhaber von Reisebüros). „In der Mehrzahl der Fälle werden Selbständige jedoch nach ihrer ausgeübten Tätigkeit in der Berufssystematik verkodet" (Brauns et al. 1997: 55). Die voneinander abgegrenzten 547 Berufsgruppen basieren auf der Kombination von 350 Ursprungs-Berufsgruppen mit der beruflichen Stellung (supervisory status). Durch die Nutzung der 350 Ursprungs-Berufsgruppen kann das Problem der Vermengung unterschiedlicher Dimensionen größtenteils umgangen werden. Dies trifft sowohl auf den Labour Force Survey von 1979 als auch auf den Labour Force Survey von 1984 zu.

Seit Beginn der 1990er wird im britischen Labour Force Survey zur Erfassung der Berufsangaben die „Standard Occupational Classification (SOC)" verwendet. Diese Klassifikation stellt das Ergebnis einer Überarbeitung der bis dahin geläufigen Berufsklassifikationen dar. Diese Überarbeitung wird als notwendig erachtet, um die Systematik der Berufe an die Veränderungen in der Berufsstruktur seit den 1980er Jahren anzupassen (Thomas, Elias 1989). Die Standard Occupational Classification bildet statistische Kategorien mit dem Ziel, Berufe bzw. auf Erwerb gerichtete berufliche Tätigkeiten im Hinblick auf zwei Kriterien systematisch zu gruppieren:

1. skill level: das Niveau der Kenntnisse, Fertigkeiten und Erfahrungen, das zur Ausübung dieses Berufs typischerweise notwendig ist
2. Art und Artverwandtschaft der Tätigkeiten, bspw. des zu verarbeitenden Materials, der zu bedienenden Maschinen und Werkzeuge usw. (Brauns et al. 1997).

Im Gegensatz zur Occupational Classification von 1980 (OC80) bleiben in der Regel alle Aspekte, die in irgendeiner Weise die berufliche Stellung innerhalb der Betriebs- und Arbeitsorganisation betreffen, unberücksichtigt. Ausnahme hiervon stellt die Kodierung der Berufe im Bereich des Managements dar. Inhaber und Eigentümer von Unternehmen in Dienstleistungsbranchen werden der Major Group 1 „managers and administrators" zugeordnet, d.h. in diesem Fall wird die berufliche Stellung bei der Zuordnung berücksichtigt (allgemein zum Problembereich „Manager" in den britischen Daten siehe Kapitel 5.2.1.3).

Die Standard Occupational Classification besitzt eine explizit hierarchische Struktur. Die ausführlichste Ebene des Standard Occupational Classification enthält 371 Berufsgruppen auf einem sogenannten 3-Steller Niveau (Unit Groups). Diese lassen sich auf insgesamt 77 Minor Groups auf der 2-Steller Ebene aggregieren. Die oberste Ebene stellen die neun Major Groups (einstellig) dar:

Standard Occupational Classification 1992 – Major Groups:

1. Managers and administrators
2. Professional occupations
3. Associate professionals and technical occupations
4. Clerical and secretarial occupations
5. Craft and related occupations
6. Personal and protective service occupations
7. Sales occupations
8. Plant and machine operatives
9. Other occupations

Zur Ermittlung der jeweiligen beruflichen Tätigkeit werden den Befragten zwei Fragen gestellt:

1. „What was your (main) job (in the week ending Sunday ...)?"
2. „What did you mainly do in your job?"

Die zweite Frage dient dabei insbesondere zur Validierung der Berufsangaben der ersten Frage.

5.2.1.2 Die Klassifizierung der Berufe in Deutschland

In den deutschen Datensätzen liegen ebenfalls zwei unterschiedliche Klassifikationen der Berufe vor. Entsprechend werden in den Mikrozensen 1982 und 1989 Berufe gemäß der Klassifizierung der Berufe (KldB) des Statistischen Bundesamtes von 1975 kodiert. Seit 1992 wird die überarbeitete Berufssystematik der KldB92 in den Mikrozensen verwendet. Diese Anpassung der Berufsklassifikation ist begründet durch den allgemein sich vollziehenden, berufsstrukturellen Wandel und die Ausdifferenzierung der Berufe im Dienstleistungssektor. Diese Entwicklungen können auf Basis der KldB75 nicht ausreichend abgebildet werden. Das Statistische Bundesamt legt indes große Priorität auf die Kontinuität und Vergleichbarkeit der alten und neuen Systematik. Entsprechend ist ein Zeitvergleich in großen Teilen möglich (Statistisches Bundesamt 1992).

Beide Klassifikationen haben eine klare hierarchische Struktur. Auf der obersten Aggregatsebene bestehen beide aus sechs Berufsbereichen (gekennzeichnet durch römische Ziffern), die sich wiederum in 33 Berufsabschnitte untergliedern (1-Steller Niveau). Während diese in der KldB75 auf 86 Berufsgruppen (2-Steller) und 328 Berufsordnungen (3-Steller) basieren, gehen sie in der KldB92 auf 88 Berufsgruppen und 369 Berufsordnungen zurück.

Klassifizierung der Berufe 1992 – Berufsbereiche:

I. Berufe in der Land-, Tier-, Forstwirtschaft, Gartenbau
II. Bergleute, Mineralgewinner
III. Fertigungsberufe

IV. Technische Berufe
V. Dienstleistungsberufe
VI. Sonstige Arbeitskräfte

Als Abgrenzungskriterium für die einzelnen Berufe wird die ausgeübte Tätigkeit verwendet, die eine Person zu einem bestimmten Zeitpunkt verrichtet, unabhängig von ihrer formalen Schul- und Berufsausbildung, von der Stellung im Beruf oder im Betrieb. Das Statistische Bundesamt definiert als Beruf „die auf Erwerb gerichteten, charakteristischen Kenntnisse und Fertigkeiten sowie Erfahrungen erfordernden und in einer typischen Kombination zusammenfließenden Arbeitsverrichtungen" (Statistisches Bundesamt 1992: 13). Auf der untersten Ebene der Berufsklassen wird demnach versucht, einzelne Berufe, Spezialisierungsformen bzw. Fachrichtungen mit weitgehend gleichartiger Tätigkeit zu gruppieren. Als Berufsordnungen werden in der Regel solche Berufe ausgewiesen, die aus berufskundlicher Sicht einen abgrenzbaren, eigenständigen Charakter haben, d.h. über ein entsprechendes Berufsbild mit konkretem Aufgaben- und Tätigkeitsprofil und meist formalisierter Ausbildung verfügen. Die Berufsordnungen stellen üblicherweise die statistischen Basiseinheiten dar und sind auch in den deutschen Mikrozensen die unterste Ebene der verfügbaren Systematik. Für die übergeordneten Ebenen werden mehrere Bestimmungsfaktoren maßgeblich: So ist in einigen Berufen die Besonderheit des zu verarbeitenden Materials bestimmend, in anderen Bereichen ist ein gemeinsames Berufsmilieu ausschlaggebend und wieder in anderen Fällen entscheidet die gemeinsame Berufsaufgabe oder das gemeinsame Objekt der Berufstätigkeit. Die berufliche Stellung bleibt bei der Zuordnung innerhalb der KldB außer Betracht (Brauns et al. 1997).

5.2.1.3 Vergleich der deutschen und britischen Berufsklassifikation

Der größte Unterschied zwischen der britischen und deutschen Berufsklassifikation besteht darin, dass die Zuordnung in den deutschen Daten fast ausschließlich über die berufliche Tätigkeit bzw. die Artverwandtschaft der Tätigkeit erfolgt, wohingegen in den britischen Daten in Einzelfällen Informationen der beruflichen Stellung und insbesondere des erforderlichen Fertigkeitsniveaus (skill level) in die Gruppierung der Berufe mit aufgenommen werden.

Der eigentlich größte und wichtigste Unterschied zwischen den deutschen und britischen Klassifikationen besteht indes in der variierenden Zuordnung bzw. Bedeutung der Berufsgruppe „Manager". In Großbritannien kommt dieser Kategorie eine eigenständige Bedeutung zu, da der allgemeine Ansatz verfolgt wird, „to treat jobs where the main activity is ‚management above the first-line supervisor or foreman', as requiring a special class of skills and thus needing to be classified separately from the jobs of the workers managed“ (Employment Department Group 1990: 9). In den deutschen Klassifikationen gibt es hierzu keine äquivalente Kategorie. Der englische Begriff „Manager“ umfasst im Deutschen mehr als nur die typischerweise als „Manager“ bezeichneten Unternehmer sondern auch leitende Angestellte mit Führungs- und Aufsichtsbefugnissen und bezeichnet somit eher die Stellung im Betrieb einer Erwerbsperson und weniger deren konkrete berufliche Tätigkeit. Eine ungefähre Entsprechung findet sich in Deutschland nur auf dem 3-Steller Niveau der Berufsordnung 750 „Unternehmer/innen, Geschäftsführer/innen“. Diese Kategorie stellt jedoch eher eine Residualgruppe als eine klar abgegrenzte Berufsgruppe dar.

Der Anteil der „Manager“ (Berufsordnung 750 „Unternehmer/innen, Geschäftsführer/innen“) an der Gesamtzahl der Erwerbstätigen ist entsprechend in Deutschland mit 1,6% deutlich geringer als im Vereinigten Königreich (16,3%). Die Unterschiede in der Zuordnungslogik scheinen sich demnach deutlich in der Zahl der Manager niederzuschlagen. Demgegenüber ist der Anteil der selbständig Erwerbstätigen an den Managern in Deutschland wesentlich höher als in Großbritannien: 41,0% der Manager in Deutschland sind Selbständige, während in UK nur 14,1% der Manager selbständig sind. In Deutschland scheint demnach ein großer Zusammenhang zwischen der beruflichen Stellung als „Selbständiger“ und der Zuordnung zur Gruppe der Manager zu bestehen, wohingegen in Großbritannien der Anteil der abhängig beschäftigten Manager überwiegt. Es handelt sich somit um zwei sehr deutlich voneinander abweichende Kategorien.

Der relativ geringe Anteil an abhängig Beschäftigten innerhalb der Gruppe der Manager in Deutschland lässt vermuten, dass hier leitende Angestellte mit Führungsaufgaben anders als in Großbritannien nicht dieser Kategorie zugerechnet werden. Fasst man die beiden Gruppen – Manager und Angestellte mit begrenzter oder umfassender Verantwortung und Führungsaufgaben – zusammen, so gleichen sich die entsprechenden Gruppen zwischen Deutschland und Großbritannien etwas an. Die Zahl der Erwerbstätigen in dieser Kategorie erhöht sich in Deutschland auf ca. 7,4%. Trotzdem liegt dieser Anteil noch immer bei knapp der Hälfte im Vergleich zu Großbritannien. Der Begriff Manager scheint demnach im englischen Sprachgebrauch wesentlich breiter definiert zu sein und auch Angestellte, mit geringerer Verantwortung und Befugnissen zu beinhalten.

5.2.1.4 Entwicklung einer gemeinsamen Berufsklassifikation

Aufgrund der sehr großen Unterschiede zwischen den deutschen und britischen Berufsklassifikationen erscheint die Entwicklung einer gemeinsamen Berufsklassifikation kaum möglich. Die Vergleichbarkeit kann somit nur auf einem relativ hoch aggregierten Niveau erreicht werden. Im Rahmen der vorliegenden

Arbeit wird eine mehrstufige Strategie bei der Zuordnung der Berufe zu einer gemeinsamen Klassifikation angewandt.

Zunächst kann in beiden Ländern zwischen manuellen und nicht-manuellen Berufen unterschieden werden. Für den Bereich der manuellen Berufe[6] wird in Anlehnung an die nationale Besonderheit in der britischen Klassifikation der Berücksichtigung eines „skill levels" bei der Kodierung der Berufe, in einem nächsten Schritt eine empirische Lösung für die Unterscheidung zwischen qualifizierten und weniger qualifizierten Berufen gewählt. Es wird jeweils der Anteil der Facharbeiter innerhalb einer Berufsordnung (3-Steller) errechnet. Sind jeweils mehr als 50% der Beschäftigten innerhalb einer Berufsordnung als Facharbeiter tätig, wird diese Gruppe den qualifizierten manuellen Berufen zugerechnet. Sind entsprechend weniger als 50% der Beschäftigten Facharbeiter, und über 50% einfache, angelernte Arbeiter so wird diese Berufsordnung zu den weniger qualifizierten manuellen Berufen gezählt. Eine gesonderte Kategorie bilden die technischen Berufe (Techniker, Ingenieure, Naturwissenschaftler), die sich in beiden Ländern anhand der vorliegenden Klassifikationen identifizieren lassen (KldB92: Berufsbereich IV; SOC92: Teile der Major Group 3). Das gleiche Verfahren wird für die Freien Berufe angewandt. Anhand der nationalen Klassifikationen werden in Anlehnung an Vorgaben des Instituts für Freie Berufe (1993) die relevanten Freien Berufe und Professionen zusammengefasst.[7]

Bei der Analyse selbständiger Erwerbstätigkeit ist neben der Unterscheidung zwischen qualifizierten und semi- bzw. unqualifizierten manuellen Berufen die Unterscheidung zwischen qualifizierten und weniger qualifizierten Dienstleistungsberufen von besonderem Interesse. Zurückgehend auf Überlegungen von Klauder (1990) wird eine qualitative Einteilung in primäre und sekundäre Dienstleistungsberufe vorgenommen. Dabei unterscheiden sich die beiden Kategorien in ihrer Stellung zum Produktionsprozess und in der Wissensbasiertheit der Tätigkeiten. „Die primären Dienstleistungen stellen im Schwerpunkt eine Art ‚Verlängerung' des Produktionsweges nach vorne und hinten dar, halten den gesamtwirtschaftlichen ‚Produktionsfluß' aufrecht oder gehen schließlich direkt in den Konsum. Die ‚sekundären' Dienstleistungen dienen im Schwerpunkt dazu, die industrielle Produktion qualitativ über die vermehrte Förderung und Nutzung des menschlichen Geistes, des ‚Humankapitals' zu verbessern" (Klauder 1990: 141; vgl. auch Tessaring 1996).

---

[6] Hierzu zählen in der KldB92 die Berufsbereiche II, III und teilweise VI und in der SOC92 die Major Groups 5,8 und 9.

[7] In Großbritannien handelt es sich dabei um den größten Teil der Major Group 2 und in Deutschland um Teile des Berufsbereichs V.

In Anwendung auf den Mikrozensus 1996 kommt Wießner (1997a) zu folgender Einteilung des Berufsbereichs V auf Basis der zweistelligen Berufsgruppen:

primäre Dienstleistungsberufe:

- Warenkaufleute
- Verkehrsberufe[8]
- Ordnungs- und Sicherheitsberufe
- sonstige Dienstleistungsberufe;

sekundäre Dienstleistungsberufe:

- Dienstleistungskaufleute und zugehörige Berufe
- Organisations-, Verwaltungs-, Büroberufe
- Schriftwerkschaffende, ordnende und künstlerische Berufe
- Gesundheitsdienstberufe
- Sozial- und Erziehungsberufe, anderweitig nicht genannte geistes- und naturwissenschaftliche Berufe.

Übertragen auf die britischen Daten bestehen die beiden Gruppen dort aus den folgenden Major Groups:

primäre Dienstleistungsberufe:

- clerical and secretarial occupations
- personal and protective service occupations;

sekundäre Dienstleistungsberufe:

- managers and administrators
- professional occupations
- associate professional and technical occupations.

Im großen und ganzen lassen sich die Berufe in der deutschen und britischen Zuordnung in Übereinstimmung bringen, so dass zumindest davon ausgegangen werden kann, dass vom Prinzip her ähnliche Kategorien abgebildet werden. Nach wie vor besteht jedoch das Problem in Bezug auf die Management-Kategorie.

Die Zuordnung zu der Gruppe der Manager ist in Deutschland unabhängig vom Wirtschaftszweig, in dem das Unternehmen angesiedelt ist. In UK dagegen finden Unternehmer/innen (d.h. selbständige Manager) nur im Dienstleistungssektor Berücksichtigung.[9] In allen anderen Bereichen der Major Group 1 „managers and administrators“ sind nur abhängige Beschäftigte klassifiziert. Wird die Kategorie Manager in Deutschland wiederum weiter gefasst und umschließt auch

[8] Teile dieser Berufe (z.B. Pförtner, Friseure) werden für die Vergleichbarkeit mit der britischen Zuordnung dem manuellen Bereich zugerechnet.

[9] Teile der minor group 12: „specialist managers“ (121, 123, 127); minor group 13: „other financial institution and office managers n.e.c. (139); minor group 17: „managers and propriertors in service industries“; und minor group 19: „other managers and administrators n.e.c.“ (199).

Angestellte in leitenden Positionen, so sind davon 85% in den sekundären Dienstleistungsberufen beschäftigt, wenn nur der Dienstleistungssektor einbezogen wird. Ca. 17% der leitenden Angestellten in Deutschland fallen in die Gruppe der primären Dienstleistungsberufe. Hierbei ist kein klares Muster der Zuteilung abzuleiten, das auf Großbritannien übertragbar wäre. Nimmt man diese Fehlerquote in Kauf, so kann die Gruppe der Manager in Großbritannien zu den sekundären Dienstleistungsberufen gezählt werden.

Tabelle 5.3: Klassifikation der Berufe

		Beispiele für Berufe Selbständiger 1996	
		Deutschland	*Großbritannien*
Berufskategorie			
1	unqualifzierte, manuelle Berufe	- 714 Berufskraftfahrer - 411 Köche[1] - 934 Gebäudereiniger	- 929 other building labourers nes - 509 other construction trades nec - 501 roofers, tilers, cladders etc.
2	qualifizierte, manuelle Berufe	- 901 Friseure - 501 Tischler - 511 Maler	- 570 carpenters and joiners - 504 builders, build. contractors - 874 taxi, cab drivers[2] - 507 painters and decorators
3	Techniker, Ingenieure, Naturwissenschaftler	- 603 Bauingenieure - 600 Ingenieure o. Fachrich. - 601 Maschinenbauing.	- 214 software engineers - 210 engineers – civil, structural - 211 mechanical engineers
4	primäre Dienstleistungsberufe	- 670 Kaufleute, Händler o.n.A. - 911 Hoteliers, Gastwirte - 672 Einzelhandelskaufleute	- 179 service industry managers[3] - 174 restaurant & catering managers - 121 marketing & sales managers
5	sekundäre Dienstleistungsberufe	- 750 Unternehmer, Geschäftsführer - 695 Versicherungsfachleute - 704 Handelsmakler	- 179 service industry managers - 659 other childcare occup. nes - 175 publicans, club steward etc.
6	Freie Berufe	- 841 Ärzte - 813 Rechtsvertreter - 609 Architekten	- 250 chartered & certified account. - 220 medical practitioners - 242 solicitors

1) Der Anteil der Facharbeiter liegt in diesem Beruf bei 44,2%.
2) Taxifahrer werden in Großbritannien als „skilled manual workers" klassifiziert.
3) Beinhaltet nur Manager im Groß- und Einzelhandel. Die restlichen Manager dieser Kategorie wurden der Gruppe 5 „sekundäre Dienstleistungsberufe" zugerechnet.

In Tabelle 5.3 sind die drei häufigst genannten Berufe von Selbständigen in den einzelnen Kategorien abgetragen. Die hier angewandte Lösung ist nicht optimal und eine direkt vergleichbare Klassifizierung für beide Länder wäre wünschenswert. Aufgrund der Fokussierung der ursprünglichen Berufssystematiken auf abhängige Beschäftigung und den Unterschieden in den Sichtweisen von Berufen zwischen den beiden Ländern ist dies jedoch nicht erreichbar. Die daraus entstehenden Resultate sind ohne Zweifel nicht direkt vergleichbar zwischen Deutschland und Großbritannien, da teilweise empirische Zuordnungskriterien genutzt werden. Die Vorgehensweise dabei ist jedoch gleich in beiden Ländern und über die Zeit, so dass die Zuordnungslogik vergleichbar ist. Es können somit nur eingeschränkt Aussagen über die direkten Unterschiede in den Berufsstrukturen zwischen Deutschland und Großbritannien gemacht werden. Vergleiche der Berufsstrukturen für abhängige und selbständige Erwerbstätige sind jedoch durchaus möglich.

5.2.2 Branchenklassifikation

Wirtschaftszweigsystematiken dienen dazu, die wirtschaftlichen Tätigkeiten von Unternehmen, Betrieben und anderen statistischen Einheiten in allen amtlichen Statistiken einheitlich zu erfassen. Die Systematiken der Wirtschaftszweige der Jahre 1970 (WZ70) und 1979 (WZ79) in Deutschland sind dabei vorrangig an nationalen Bedürfnissen und Interessen zur Erfassung wirtschaftlicher Tätigkeiten orientiert. Primäre Gliederungskriterien ist die Tatsache, ob die wirtschaftliche Einheit überwiegend Waren produziert, Waren gehandelt oder Dienstleistungen erbracht hat, die Produktions- und Handelsstufe (Urproduktion, Verarbeitung und Baugewerbe, Großhandel und Einzelhandel) und außerdem die Art der produzierten bzw. verkauften Waren und Dienstleistungen. Zusätzlich werden die Stellung der wirtschaftlichen Einheit im Wirtschaftsablauf und die Tatsache, ob eine produzierende Einheit ihre Waren und Dienstleistungen überwiegend gegen Entgelt verkauft oder nicht, berücksichtigt (Statistisches Bundesamt 1993). Die durch Überarbeitung der WZ70 entstandene WZ79 basiert auf den gleichen Prinzipien, stellt jedoch den Versuch dar, inzwischen eingetretenen, wirtschaftlichen und technologischen Entwicklungen Rechnung zu tragen. Darüber hinaus besteht das Ziel einer besseren internationalen Vergleichbarkeit statistischer Daten, so dass sich die WZ79 teilweise an Vorgaben der Allgemeinen Systematik der Wirtschaftszweige in den Europäischen Gemeinschaften (NACE 1970) orientiert.

Wesentlich stärkere Berücksichtigung findet der Aspekt der europäischen Vergleichbarkeit dann bei der Erarbeitung der Klassifikation der Wirtschaftszweige von 1993 (WZ93). Orientiert an der 1992 eingeführten Revision der Systematik der Wirtschaftszweige in der Europäischen Gemeinschaft (NACE Rev. 1) wird die WZ93 entwickelt. Durch diese Überarbeitung kommt es im Vergleich zur WZ79 nicht nur zu Verschiebungen innerhalb einzelner Bereiche, sondern auch zu grundsätzlichen strukturellen Veränderungen des Aufbaus der Wirtschaftszweigklassifikation. Die WZ93 ist tätigkeitsbezogen gegliedert, während bei der WZ79 institutionelle Gliederungsgesichtspunkte im Vordergrund stehen. Auch die Unterscheidung zwischen marktbestimmten und nichtmarktbestimmten Tätigkeiten wird aufgehoben (Statistisches Bundesamt 1993). Mit dem Übergang von der WZ79 auf die WZ93 sind somit eine Reihe struktureller Veränderungen und ein Bruch in den statistischen Zeitreihen verbunden. Demzufolge ist ein Vergleich über die Zeit nur eingeschränkt möglich. Durch das Statistische Bundesamt liegt jedoch ein Umsteigeschlüssel vor, der das höchst mögliche Maß an Vergleichbarkeit bietet, die Unterschiede aber nicht beseitigen kann. Die WZ93 wird in Deutschland nach einer Übergangsfrist seit 1995 im Mikrozensus angewandt. Im Mikrozensus 1982 wird die WZ70 und in den Mikrozensen von 1989 und 1993 die WZ79 angewandt.

Den britischen Datensätzen liegen ebenfalls insgesamt drei verschiedene Branchenklassifikationen zugrunde: Standard Industrial Classification von 1968 (SIC68)[10], von 1980 (SIC80) und von 1992 (SIC92). Die grundlegenden Prinzipien der Zuordnung innerhalb dieser Klassifikationen sind sehr ähnlich zu Deutschland. Sie beinhalten die Art der Prozesse und Arbeiten, die verrichtet werden, das Material, das verarbeitet wird, die Art oder beabsichtigte Nutzung der hergestellten oder gehandelten Güter und die Art der angebotenen Dienstleistung (Central Statistical Office 1979).

Die Überarbeitung der alten Klassifikation SIC68 wurde durch Veränderungen in der Organisation und relativen Bedeutung einzelner Wirtschaftszweige notwendig. Es werden nun eine Reihe von bisher zusammengefassten Kategorien separat erfasst. In der Anpassung an die neueren Entwicklungen in der Wirtschafts- und Arbeitsmarktstruktur orientiert sich das britische Statistische Amt sehr stark an den Vorgaben durch die Europäische Kommission in Form der NACE 1970. Trotzdem wird immer darauf geachtet, dass ein Mindestmaß an Vergleichbarkeit der Klassifikationen über die Zeit erhalten bleibt (Central Statistical Office 1979). Um diese Vergleichbarkeit sicherzustellen, werden im Übergang von der SIC80 auf die SIC92 in den Labour Force Surveys von 1994 und 1996 die Wirtschaftszweigangaben auf Basis beider Klassifikationen verkodet (Office for National Statistics 1995, 1996). Der Bruch in den statistischen Zeitreihen aufgrund des Wechsels der Klassifikationen ist somit in Großbritannien weniger stark als in den deutschen Daten. Die Standard Industrial Classification von 1992 orientiert sich ebenfalls deutlich an der NACE Rev. 1 Klassifi-

---

[10] Die SIC68 wird häufig auch als MLH abgekürzt. Diese Bezeichnung bezieht sich auf die 3-Steller Ebene der Klassifikation, die als ‚Minimum List Headings' angegeben wird.

kation der Europäischen Gemeinschaft, die 1993 in der EG verbindlich eingeführt wurde (Office for National Statistics 1992).

Um somit eine Klassifikation zu bekommen, die eine maximale Vergleichbarkeit über die Zeit und eine maximale Vergleichbarkeit zwischen den Ländern gewährleistet, bietet sich eine Orientierung an der NACE Rev. 1 Klassifikation der Europäischen Union an. Insgesamt können auf einem relativ hohen Aggregationsniveau zehn Branchen außerhalb des landwirtschaftlichen Sektors unterschieden werden, die in die empirischen Analysen einfließen und dabei noch sinnvolle Zellbesetzungsgrößen sicherstellen:

- verarbeitendes Gewerbe, Energie, Bergbau;
- Baugewerbe;
- Einzel- und Großhandel, Reparatur;[11]
- Gastgewerbe;
- Nachrichten, Verkehr;
- Finanzdienstleistungen, Versicherungen;
- unternehmensorientierte Dienstleistungen;
- Bildung, Kultur;
- Gesundheitswesen und
- sonstige Dienstleistungen.

5.2.3 Bildungsklassifikation

Die in dieser Arbeit verwendete Bildungsklassifikation orientiert sich grundlegend am Casmin-Schema (König et al. 1988; Müller, Shavit 1998). Das Casmin-Schema ist eine international vergleichbare Klassifikation, die sich durch die Berücksichtigung unterschiedlicher Arten von Bildung auszeichnet. Dabei wird zwischen allgemeinbildend und beruflich orientierten Bildungsabschlüssen unterschieden. Die beiden Bereiche werden darüber hinaus nach hierarchischen Ebenen der erworbenen Qualifikation und den typischerweise damit verbundenen Zertifizierungsniveaus differenziert (Brauns, Steinmann 1999).

Zur Verkodung der Basiskategorien wird zunächst die hierarchische Differenzierung im allgemeinbildenden Schulsystem herangezogen, bevor weiterhin zwischen einer allgemeinen und berufsbildenden Ausbildung unterschieden wird. Daraus ergeben sich acht Basiskategorien (vgl. Tabelle 5.4).

---

[11] Der Bereich „Reparaturen und Instandhaltung von Gebrauchsgütern“ wird bis zur Einführung der neuen Klassifikationen in den 90er Jahren dem produzierenden Gewerbe zugeordnet, danach dem Wirtschaftszweig „Einzel- und Großhandel“ zugerechnet. Teilweise kann auch in den älteren Daten diese Neugruppierung nachvollzogen werden, doch die Unterschiede können nicht gänzlich kontrolliert werden.

Tabelle 5.4: Casmin-Klassifikation

Bildungsniveau	Deutschland	Großbritannien
1a	ohne Schulabschluss	inadequately completed general elementary education
1b	Haupt-/Volksschulabschluss	general elementary education
1c	Haupt-/Volksschulabschluss mit Abschluss einer Lehr- /Anlernausbildung od. Meister- /Technikerausbildung	basic vocational qualifications (e.g. BTEC, BEC First Certificate or equivalent)
2a	Realschulabschluss mit Abschluss einer Lehr- /Anlernausbildung od. Meister-/ Technikerausbildung	intermediate vocational qualifications (e.g. BTEC, BEC First diploma or equivalent)
2b	Realschulabschluss (Mittlere Reife)	intermediate general qualifications (e.g. O-level or equivalent)
2c	Fachhochschulreife, Hochschulreife (Abitur) mit od. ohne Lehr- / Anlernausbildung od. Meister-/ Technikerausbildung	full secondary general or vocational secondary (e.g. A-level or equivalent w. or w/o RSA Advanced Diploma or equivalent)
3a	Fachhochschule, Ingenieurschule	lower tertiary
3b	Hochschule	full tertiary, university degree

vgl. Brauns, Steinmann (1997: 34f.)

Um sinnvolle Zellbesetzungsgrößen zu erhalten, werden die Kategorien in der nachfolgenden Arbeit teilweise zusammengefasst. Andererseits wird auf dem Sekundarniveau weitergehend unterschieden, ob eine allgemein- oder eine berufsbildende Qualifikation vorliegt. Somit wird zwischen den folgenden acht Kategorien differenziert: 1ab, 1c, 2a, 2b, 2c_allgemein, 2c_beruflich, 3a, 3b. Die neu gebildeten Kategorien auf der Sekundarstufe unterscheiden dabei zwischen:

- 2c_allgemein: Fachhochschulreife oder Hochschulreife (Abitur) / A-level
- 2c_beruflich: Fachhochschulreife oder Hochschulreife (Abitur) mit Abschluss einer Lehr- oder Anlernausbildung oder Meister- oder Technikerausbildung / A-level mit beruflicher Ausbildung.

5.3 Weitere Indikatoren und Vorgehensweise

Die empirische Analyse der Arbeit ist dreigeteilt. Zunächst wird auf der Basis von Zeitreihen für Deutschland und Großbritannien eine genaue Beschreibung der Entwicklung unterschiedlicher Erwerbsformen und Indikatoren durchgeführt. In einem zweiten Schritt wird das Sozial- und Wirtschaftsprofil beruflicher Selbständigkeit seit Ende der 70er bzw. Anfang der 80er Jahre auf Basis der Mikrodaten deskriptiv analysiert.

Tabelle 5.5: Verwendete Indikatoren

abhängige Variable:	
• Wahrscheinlichkeit, selbständig tätig zu sein	Dummy-Variablen 0 = abhängig beschäftigt 1 = selbständig
• Wahrscheinlichkeit, selbständig tätig mit weiteren Beschäftigten od. solo-selbständig zu sein	Dummy-Variablen 0 = abhängig beschäftigt 1 = solo-selbständig 2 = selbständig mit Beschäftigten
unabhängige Variablen:	
• Alter	1 = 20-29 Jahre 2 = 30-39 Jahre 3 = 40-49 Jahre 4 = 50-59 Jahre
• Geschlecht	0 = weiblich 1 = männlich
• Kinder in der Familie	0 = keine Kinder 1 = Kinder im Alter unter 5 (6) Jahren 2 = Kinder im Alter zwischen 5 (6) und 14 (15) Jahren[1)]
• Familienstand	0 = nicht verheiratet 1 = verheiratet 2 = geschieden oder verwitwet
• Bildung	Casmin Klassifikation – 8 Kategorien: 1ab, 1c, 2a, 2b, 2c_allgemein, 2c_beruflich, 3a, 3b
• Wirtschaftszweig	10 Branchen: verarbeitendes Gewerbe, Energie, Bergbau; Baugewerbe; Einzel- und Großhandel, Reparatur; Gastgewerbe; Nachrichten, Verkehr; Finanzdienstleistungen, Versicherungen; unternehmensorientierte Dienstleistungen; Bildung, Kultur; Gesundheitswesen; sonstige Dienstleistungen[2)]
• berufliche Tätigkeit	6 Berufsgruppen: unqualifizierte, manuelle Berufe; qualifizierte, manuelle Berufe; Techniker, Ingenieure, Naturwissenschaftler; primäre Dienstleistungen; sekundäre Dienstleistungen; Freie Berufe

1) Die Zahlen in Klammern stellen die Altersgrenzen in den deutschen Daten dar.
2) In den britischen Daten müssen ‚Finanzdienstleistungen' und ‚unternehmensorientierte Dienstleistungen' aufgrund von Klassifizierungsproblemen zu einem Wirtschaftszweig zusammengefasst werden.

Im letzten Abschnitt der empirischen Analysen werden multivariate Methoden angewandt. Dabei wird die Wahrscheinlichkeit, zu einem bestimmten Zeitpunkt selbständig tätig zu sein, im Vergleich zur Wahrscheinlichkeit als abhängig Beschäftigter zu arbeiten, in Abhängigkeit von individuellen Merkmalen und Indikatoren geschätzt (Logitmodelle).

Sowohl in den deskriptiven als auch in den multivariaten Untersuchungen werden unterschiedliche Indikatoren betrachtet (vgl. Tabelle 5.5). Das Sozialprofil von Selbständigen wird anhand von fünf verschiedenen, individuellen Merkmalen abgebildet. Neben dem Geschlecht, Alter und Familienstand bzw. der familiären Lebenssituation der Personen (Kinder in der Familie) wird vor allem auch das Bildungsniveau zwischen selbständig und abhängig Erwerbstätigen verglichen. Das Wirtschaftsprofil setzt sich aus den Merkmalen: Beruf, Wirtschaftszweig und Arbeitgeber bzw. Solo-Selbständigkeit zusammen. Die multivariaten Untersuchungen untergliedern sich somit in zwei Abschnitte. Neben binomialen Logitmodellen finden in einem weiteren Schritt multinomiale Logitmodelle Anwendung, da hier in der abhängigen Variablen zusätzlich zwischen Arbeitgebern und Solo-Selbständigen differenziert wird. Als weitere Kontrollvariable wird die Nationalität der Person in die Modelle mit aufgenommen.

6 Historische Entwicklung selbständiger Erwerbstätigkeit und anderer Erwerbsformen

Die Entwicklung selbständiger Erwerbstätigkeit ist eingebettet in einen allgemein stattfindenden, erwerbsstrukturellen Wandel in Deutschland und Großbritannien. Dieser Wandel wird einerseits hervorgerufen durch zunehmende Flexibilisierung auf den Arbeitsmärkten, die zu einer Ausweitung atypischer Beschäftigungsverhältnisse und damit auch zu Veränderungen in beruflicher Selbständigkeit führt. Andererseits kommt es zu einem wirtschaftsstrukturellen Wandel in Form von flexibler Spezialisierung und zunehmender Tertiarisierung basierend auf Nachfrageverschiebungen sowohl auf Seiten der Konsumenten, als auch auf Seiten der Unternehmen. Die konkrete Ausgestaltung dieser Veränderungen variiert indes zwischen Deutschland und Großbritannien aufgrund von Unterschieden in der Strukturierung der Arbeitsmärkte und den institutionell-rechtlichen Rahmenbedingungen.

Der erwerbsstrukturelle Wandel und damit zusammenhängend die Veränderungen in beruflicher Selbständigkeit unterscheiden sich somit zwischen Deutschland und Großbritannien. Es wird angenommen, dass vor allem das Ausmaß, in dem die Entwicklung beruflicher Selbständigkeit Parallelen zur Entwicklung anderer atypischer Formen von Erwerbsarbeit aufweist, zwischen den beiden Ländern variiert. Wird die Entwicklung selbständiger Erwerbstätigkeit primär durch Flexibilisierung der Arbeitsmärkte gesteuert, ist eine engere Anbindung an die Entwicklung anderer atypischer Beschäftigungsformen zu erwarten. Demgegenüber kann selbständige Erwerbstätigkeit einem sehr eigenen Entwicklungstrend folgen und weniger stark an die Veränderungen anderer Erwerbsformen geknüpft sein. Die Entwicklung selbständiger Erwerbstätigkeit hängt jedoch immer mit der Entwicklung anderer (abhängiger) Erwerbstätigkeiten zusammen, da sich die einzelnen Erwerbsformen als Alternativen auf dem Arbeitsmarkt gegenüber stehen.

Diese Überlegungen sollen im folgenden genauer untersucht werden. Zunächst wird eine Beschreibung des erwerbsstrukturellen Wandels in Deutschland und Großbritannien auf Basis ausgewählter Erwerbsformen vorgenommen. Die Entwicklung befristeter Beschäftigung, Teilzeitarbeit und beruflicher Selbständigkeit wird dargelegt. Darüber hinaus wird der Anteil der Erwerbstätigen im Dienstleistungssektor und der Verlauf der Arbeitslosigkeit in den beiden Ländern betrachtet. In einem nächsten Schritt wird spezifischer der Wandel beruflicher Selbständigkeit untersucht, indem die unterschiedlichen Entwicklungen der Solo-Selbständigkeit und der Zahl der selbständigen Arbeitgeber analysiert werden.

Die deskriptive Beschreibung der Entwicklung verschiedener Erwerbsformen basiert auf Daten der Eurostat New Cronos Datenbank für den Zeitraum 1983 bis 1998.

Tabelle 6.1: Anteile atypischer Beschäftigungsverhältnisse in % aller Beschäftigten – 1983, 1990, 1998 in Großbritannien und Deutschland getrennt nach Geschlecht[1]

	1983			1990			1998		
	M	F	T	M	F	T	M	F	T
Normalarbeitsverhältnis[a]									
Deutschland			69,7[e]			67,0			62,7
Großbritannien[b]	80,0	51,0	70,0			64,8			62,2
Teilzeitarbeit									
Deutschland	1,7	30,0	12,6	2,6	33,8	15,2	5,0	39,9	19,9
Großbritannien	3,3	42,1	19,0	5,3	43,2	21,7	8,8	44,8	24,9
befristete Beschäftigung[c]									
Deutschland	8,9	11,4	9,9[e]	6,9	11,2	10,3	10,9	11,1	11,0
Großbritannien	4,1	7,3	5,5	3,6	6,9	5,2	6,0	8,3	7,1
Selbständigkeit[d]									
Deutschland	9,0	4,9	7,4	9,7	5,3	7,9	12,0	7,2	9,6
Großbritannien	11,9	5,6	9,3	16,8	7,1	12,5	15,6	7,5	11,5

Quelle: Eurostat (2000): New Cronos. M=Männer, F=Frauen, T=Total
[a] Quelle: Walwei 1998.
[b] Zahlen für 1983 – Normalarbeitsverhältnis getrennt nach Männern und Frauen – Quelle: Hakim 1990: 165.
[c] Anteil an allen abhängig Beschäftigten
[d] außerhalb der Landwirtschaft
[e] Angaben für Deutschland für 1984

Tabelle 6.1 zeigt den jeweiligen Anteil von Erwerbstätigen in bestimmten Formen der Erwerbsarbeit an allen Erwerbstätigen zu drei unterschiedlichen Zeitpunkten: 1983, 1990 und 1998. Wie bereits in Kapitel 2 teilweise beschrieben, zeigen sich die erwarteten Entwicklungen in den beiden Ländern sehr deutlich. Der Anteil des Normalarbeitsverhältnisses (abhängig, unbefristet, Vollzeit)

[1] Die Prozentanteile der einzelnen Erwerbsformen in dem jeweiligen Jahr summieren teilweise auf über 100% auf. Dieser Fehler liegt zum einen in den unterschiedlichen Datenquellen begründet. Der Anteil des Normalarbeitsverhältnisses, der aus dem Artikel von Walwei (1998) entnommen wurde, ist aller Wahrscheinlichkeit nach zu hoch angesetzt. Die entsprechende Zahl kann jedoch nicht auf Basis der Eurostat New Cronos Datenbank errechnet werden. Zum anderen können bei einzelnen Erwerbstätigen mehrere dieser Merkmale kombiniert auftreten, z.B. befristete Teilzeitbeschäftigung, so dass es zu dieser erhöhten Prozentzahl kommt.

geht über die Zeit deutlich zurück. Während noch zu Beginn der 1980er Jahre der Anteil in beiden Ländern bei knapp 70% liegt, arbeiten Ende der 1990er Jahre noch ca. 62% aller Erwerbstätigen in einem Normalarbeitsverhältnis. Der Rückgang findet in Großbritannien überwiegend in den 1980er Jahren statt, während sich in Deutschland dieser Anteil stärker in den 1990er Jahren reduziert. In Großbritannien ist der Rückgang in den 1980er Jahren vor allem zu Gunsten von Teilzeitarbeit und selbständiger Erwerbstätigkeit verlaufen. In den 1990er Jahren ist zudem ein Zuwachs an befristeter Beschäftigung zu finden. In Deutschland findet die Reduzierung des Anteils Normalbeschäftigter in den 1990er Jahren ebenfalls primär zu Gunsten von Teilzeitarbeit und selbständiger Erwerbstätigkeit statt. Ein merklicher Anstieg befristeter Beschäftigung ist indes nicht zu verzeichnen, wobei der Anteil bereits zu Beginn der 1980er Jahre in Deutschland deutlich über der Zahl in Großbritannien liegt. Auf den ganzen Zeitraum bezogen, steigt die Selbständigenquote in beiden Ländern um 2,2 Prozentpunkte. Anteilig ist der Anstieg von knapp 30% in Deutschland seit Beginn der 1980er Jahre indes höher als in Großbritannien (+24%).

Der deutlichste Zuwachs findet sich in beiden Ländern bei der Teilzeitbeschäftigung. In Deutschland ist der entsprechende Anteil seit Beginn der 1980er Jahre relativ sogar um mehr als 50% gewachsen. In UK ist ein Mehr von 30% zu verzeichnen. Aufgrund des bereits 1983 sehr hohen Anteils an Teilzeit beschäftigten Frauen an allen erwerbstätigen Frauen ist dieses Wachstum überwiegend auf die Expansion Teilzeit arbeitender Männer zurückzuführen. Deren Anteil an allen erwerbstätigen Männern hat sich im betrachteten Zeitraum in beiden Ländern mehr als verdoppelt. Einen starken Zuwachs findet sich in Großbritannien auch für selbständig erwerbstätige Männer. Der Anteil selbständig tätiger Männer an allen erwerbstätigen Männern steigt zwischen 1983 und 1990 um über 41%. In den 1990er Jahren ist er jedoch wieder leicht rückläufig. Im Gegensatz dazu, expandiert berufliche Selbständigkeit in Deutschland sowohl unter Männern (+2,3 Prozentpunkte bzw. +24%) als auch unter Frauen (+1,9 Prozentpunkte bzw. +36%) vor allem im Laufe der 1990er Jahre.

Betrachtet man nun die Entwicklung über den kompletten Zeitraum hinweg und berücksichtigt parallel dazu die Entwicklung der Arbeitslosigkeit in den beiden Ländern, so lassen sich noch einige zusätzliche Erkenntnisse ableiten (siehe Abbildung 6.1). Seit Beginn der 1980er Jahre kommt es sowohl in Deutschland als auch in Großbritannien zu einer nahezu kontinuierlichen Verschiebung in den jeweiligen Anteilen der drei verschiedenen Erwerbsformen. In Deutschland lässt sich eine Zweiteilung in die beiden betrachteten Dekaden nachvollziehen. Im Laufe der 1980er Jahre erfährt insbesondere befristete Beschäftigung eine größere Verbreitung, die bis Ende der 1980er Jahre wieder rückläufig ist. Die Entwicklung befristeter Beschäftigung zeigt insgesamt einen sehr zyklischen Verlauf und ähnelt darin – zeitlich leicht verzögert – dem Verlauf der Arbeitslosenquote.

Abbildung 6.1: Entwicklung verschiedener Erwerbsformen in Deutschland und Großbritannien 1983-1998 – Anteile an Gesamtbeschäftigung in Prozent

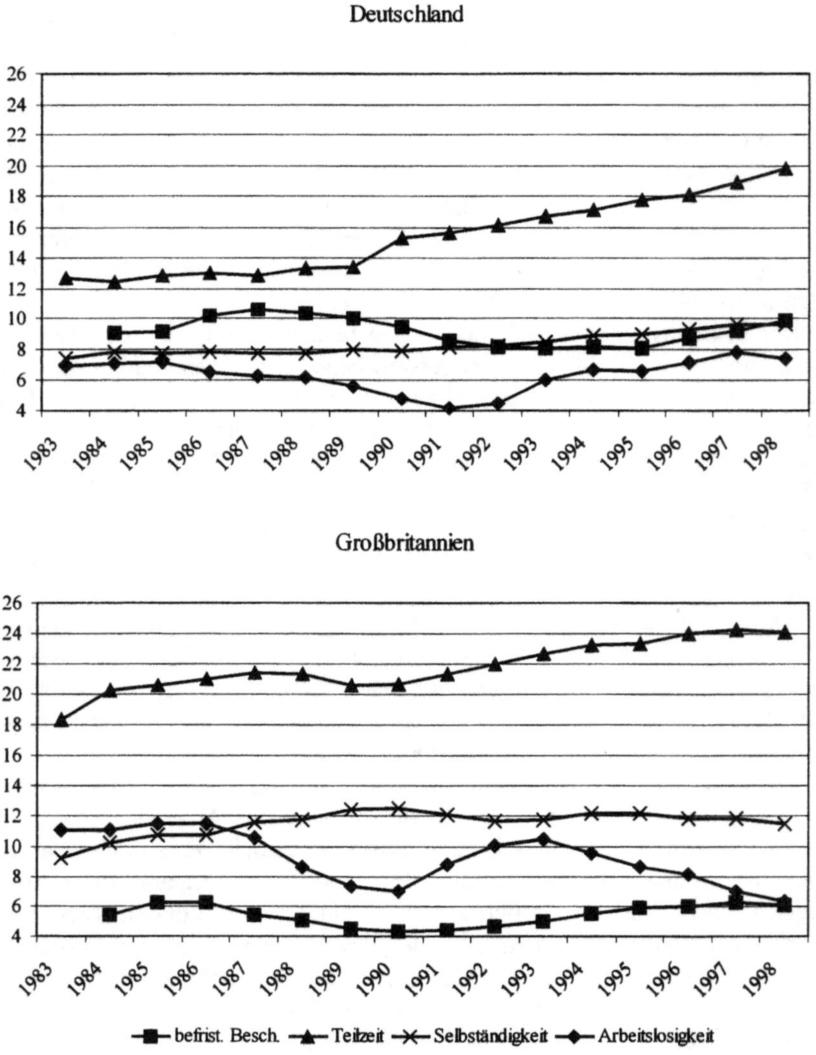

Quelle: Eurostat: New Cronos Datenbank, div. Jg.

Der Anstieg der Arbeitslosigkeit zu Beginn der 1990er Jahre wird zunächst begleitet von einer Expansion der Teilzeitbeschäftigung und selbständiger Erwerbstätigkeit. Der Anteil befristeter Beschäftigung zeigt erst ab Mitte der 1990er Jahre einen Wiederanstieg. Insgesamt sind die 1990er Jahre geprägt durch einen starken Zuwachs an Teilzeitbeschäftigung und einer Zunahme an selbständiger Erwerbstätigkeit. Während jedoch die Selbständigenquote gegen Ende der 1990er Jahre zu stagnieren scheint, wächst sowohl die Teilzeit- als auch ab 1995 die Befristungsquote kontinuierlich weiter an.

In Großbritannien entwickeln sich die verschiedenen Erwerbsformen anders als in Deutschland. Zunächst ist auffällig, dass – ausgenommen befristete Beschäftigung – die Quoten in Großbritannien deutlich höher liegen als in Deutschland. Trotzdem sind vergleichbare Zuwächse in den jeweiligen Anteilen der verschiedenen Erwerbsformen zu finden. Es kommt auch hier zu einer deutlichen Verschiebung in den relativen Gewichten zwischen den Erwerbsformen. Teilzeitbeschäftigung und – weniger stark ausgeprägt – befristete Beschäftigung nehmen in ihrer Bedeutung bis Ende der 1980er Jahre zu, bevor ein leichter Rückgang in den Quoten einsetzt, der in seinem Verlauf stark der Entwicklung der Arbeitslosenquote ähnelt. Selbständige Erwerbstätigkeit weist diese „Delle" in der Entwicklung nicht auf, sondern die Selbständigenquote wächst kontinuierlich weiter und erreicht 1990 ihren Höhepunkt. Während der Anteil der selbständig Tätigen danach auf diesem Niveau stagniert, expandiert sowohl Teilzeitarbeit als auch befristete Beschäftigung im Laufe der 1990er Jahre. Gegen Ende der 1990er Jahre zeichnet sich jedoch auch bei diesen Erwerbsformen eine Abschwächung des Zuwachses an. Es scheint, dass durch den sehr starken Rückgang der Arbeitslosenquoten seit 1993 in Großbritannien, zeitlich verzögert die Expansion atypischer Beschäftigung gebremst wird bzw. der Rückgang der Arbeitslosigkeit insbesondere aufgrund der Schaffung von Normalarbeitsverhältnissen vonstatten geht. Insgesamt trägt die Entwicklung selbständiger Erwerbstätigkeit einen bedeutenden Anteil zum erwerbsstrukturellen Wandel in beiden Ländern bei.

Die Beschäftigungsanteile des Dienstleistungssektors wachsen in beiden Ländern kontinuierlich seit Beginn der 1980er Jahre (siehe Abbildung 6.2). Die Beschäftigungsquote des Dienstleistungssektors liegt dabei in Großbritannien immer deutlich über der Quote in Deutschland. Arbeiten 1983 56,3 Prozent aller deutschen Erwerbstätigen im Dienstleistungssektor, so liegt der entsprechende Anteil in Großbritannien bereits bei 63,2 Prozent. Dieses Niveau wird in Deutschland erste Ende der 1990er Jahre erreicht. In beiden Ländern kommt es zu relativ ähnlichen Zuwachsraten über die Zeit, wobei die Zunahme sowohl in Großbritannien aber insbesondere in Deutschland in den 1990er Jahren stärker ist. Vor allem die Entwicklung der Teilzeitbeschäftigung zeigt deutliche Parallelen zur Entwicklung des Dienstleistungssektors.

Abbildung 6.2: Beschäftigungsanteile des Dienstleistungssektors in Deutschland und Großbritannien 1983-1998, in Prozent der Gesamtbeschäftigung

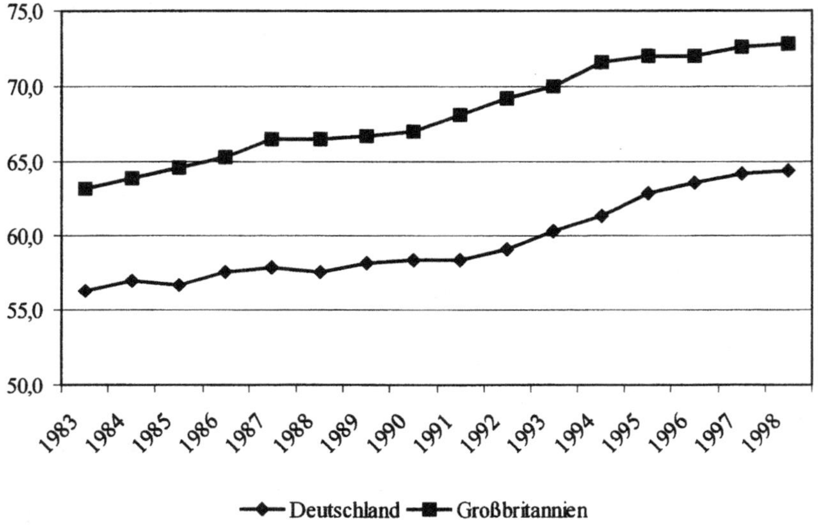

Quelle: Eurostat: New Cronos Datenbank, div. Jg.

Die Entwicklungen insgesamt sind zusätzlich mit beträchtlichen Ausdifferenzierungsprozessen innerhalb der einzelnen Erwerbsformen verbunden. So ist selbständige Erwerbstätigkeit an sich eine recht heterogene Erwerbsform und es lassen sich insbesondere bedeutende Unterschiede in der Entwicklung zwischen Selbständigen, die ohne weitere Beschäftigte und Selbständigen, die zusammen mit weiteren Erwerbstätigen arbeiten, vermuten. Abbildung 6.3 bildet die entsprechende Entwicklung in Deutschland und Großbritannien ab. Zum einen sind die Anteile der Solo-Selbständigkeit und zum anderen deren Pendant – die Anteile der Arbeitgeber – an allen Selbständigen abgetragen. Zur Veranschaulichung ist zusätzlich nochmals die Entwicklung der Selbständigenquote dargestellt. Während in Deutschland über den gesamten Zeitraum hinweg der Anteil der Arbeitgeber an den Selbständigen den Anteil der Solo-Selbständigen übertrifft, ist dieses Verhältnis in Großbritannien gerade umgekehrt. 1983 beträgt der

Anteil der Solo-Selbständigen in Großbritannien knapp 61%. In Deutschland beläuft sich die entsprechende Zahl auf 34%.

Abbildung 6.3: Entwicklung der Solo- und Arbeitgeberselbständigkeit in Deutschland und Großbritannien 1983-1998, Anteile an allen Selbständigen

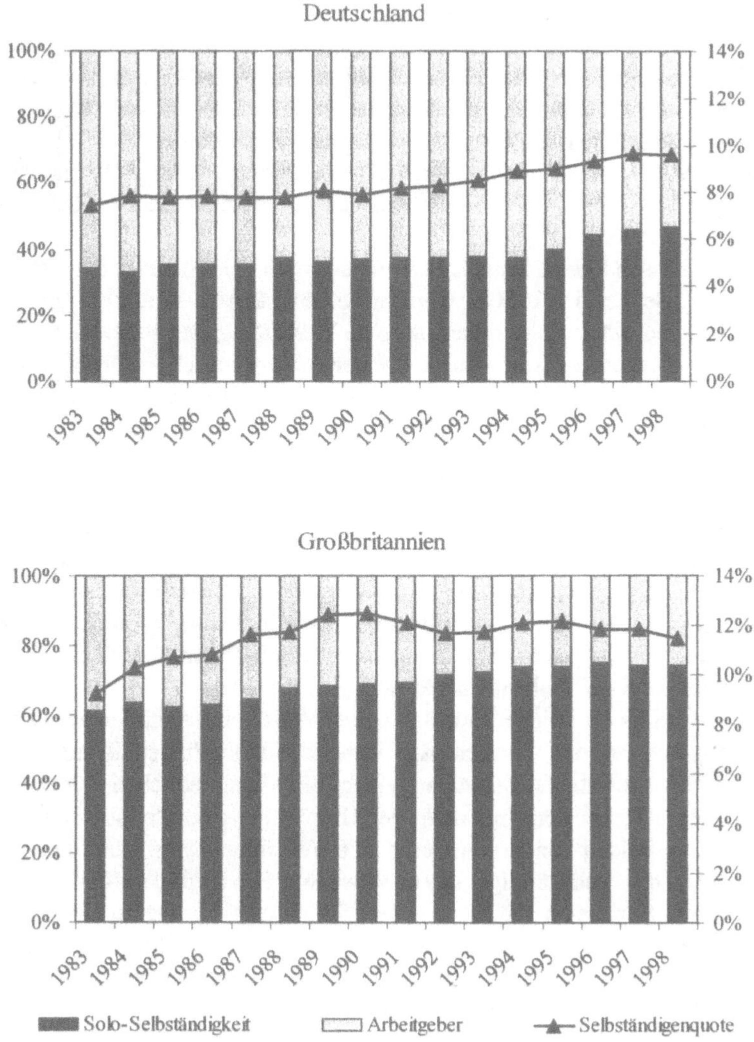

Quelle: Eurostat: New Cronos Datenbank, div. Jg.

In beiden Ländern ist ein massiver Zuwachs an Solo-Selbständigkeit zu verzeichnen. Bis 1998 steigt der Anteil in Großbritannien auf 74% und in Deutschland auf 47%. Die Expansion selbständiger Erwerbstätigkeit scheint in beiden Ländern auf der Zunahme an Solo-Selbständigen zu beruhen.

Betrachtet man die entsprechenden Zuwachsraten der Solo- und Arbeitgeber-Selbständigkeit, so trifft diese Behauptung in beiden Ländern eindeutig zu (siehe Abbildung 6.4). Aber anders als in Deutschland ist in Großbritannien der Zuwachs an Solo-Selbständigkeit nicht nur wesentlich stärker als der Zuwachs an Arbeitgebern, sondern zusätzlich ist die Zahl der Selbständigen mit Beschäftigten seit 1993 sogar rückläufig. In Deutschland wächst die Zahl der Arbeitgeber hingegen fast kontinuierlich über den gesamten Zeitraum an. Vor allem seit Mitte der 1990er Jahre findet jedoch eine massive Zunahme an Solo-Selbständigkeit statt. 1997 hat sich die Zahl der allein arbeitenden Selbständigen im Vergleich zu 1983 verdoppelt.

Zusammenfassend kann festgehalten werden, dass ein Wandel der Erwerbsstrukturen seit Beginn der 1980er Jahre in beiden Ländern stattfindet. Die Zahl der Selbständigen wächst signifikant an. Die Bedeutung des sogenannten Normalarbeitsverhältnisses geht sowohl in Deutschland als auch in Großbritannien seit Beginn der 1980er Jahre deutlich zurück. Demgegenüber nimmt der Anteil der Teilzeitbeschäftigung und Selbständigkeit zu. Hierbei finden die größten Verschiebungen im Erwerbsgefüge in Großbritannien im Laufe der 1980er Jahre statt, während es in Deutschland im Laufe der 1990er Jahre zu deutlichen Veränderungen kommt. Die Entwicklung der Arbeitsmarkt- und Wirtschaftsindikatoren zeigen dabei interessante Parallelen. Allgemein betrachtet, entwickelt sich Teilzeitbeschäftigung und befristete Beschäftigung tendenziell ähnlich wie Arbeitslosigkeit – vor allem in Großbritannien. Zusätzlich sind in beiden Ländern deutliche Parallelen zwischen dem Zuwachs im Beschäftigungsanteil des Dienstleistungssektors und der Teilzeitbeschäftigung festzustellen.

Die Entwicklung beruflicher Selbständigkeit zeigt keine auffallenden Parallelen im Vergleich zu den übrigen Arbeitsmarkt- und Wirtschaftsindikatoren. Selbständige Erwerbstätigkeit ist zudem einem nicht unerheblichen Ausdifferenzierungsprozess unterworfen. Innerhalb der Gruppe der selbständig Erwerbstätigen kommt es in beiden Ländern zu deutlichen Verschiebungen. Vor allem Solo-Selbständigkeit, d.h. Selbständige, die ohne weitere Beschäftigte arbeiten, erfahren eine enorme Expansion seit Beginn der 1980er Jahre. In Deutschland ist der Zuwachs in den 1990er Jahren besonders stark ausgeprägt. Während hier jedoch auch eine Zunahme an selbständigen Arbeitgebern zu verzeichnen ist, ist deren Anteil in Großbritannien in den 1990er Jahre sogar rückläufig.

Abbildung 6.4: Veränderungsraten der Solo- und Arbeitgeber-Selbständigkeit in Deutschland und Großbritannien, 1983=100

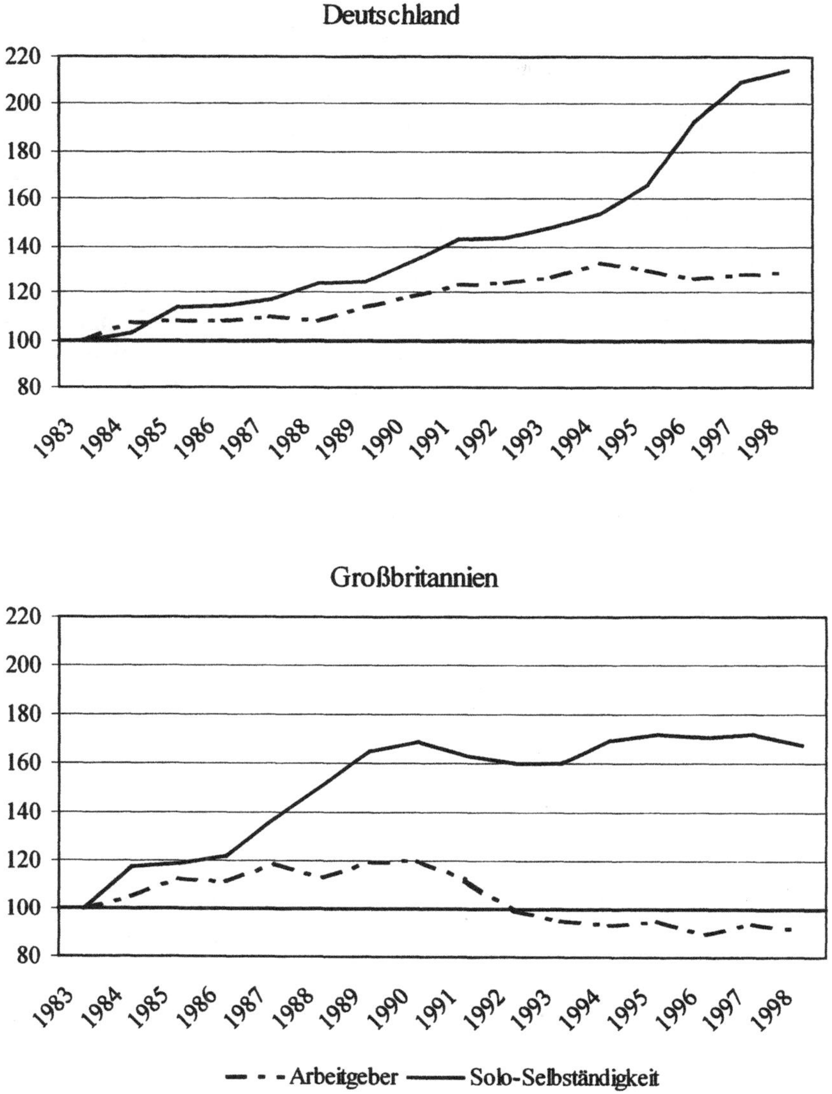

Quelle: Eurostat: New Cronos Datenbank, div. Jg.

Insgesamt ist die Stagnation in der Expansion beruflicher Selbständigkeit in Großbritannien in den 1990er Jahren sehr auffallend. In der Literatur lassen sich unterschiedliche Erklärungsansätze für diese Entwicklung finden. Meager und Bates (im Erscheinen) fassen vor allem vier verschiedene Ursachen zusammen, die für den Bruch in der Entwicklung beruflicher Selbständigkeit seit 1990 verantwortlich sind. Erstens, finden spezifische out-sourcing Tendenzen, die in den 1980er Jahren vor allem im Bausektor zu einem enormen Anstieg an selbständiger Erwerbstätigkeit führen, in den 1990er Jahren nur noch zu einem deutlich geringen Ausmaß statt, da „fewer 'non-core' support activities [are] left within many organisations to sub-contract during the 1990s" (Meager, Bates im Erscheinen). Zweitens, einige institutionelle Faktoren, welche die Entwicklung beruflicher Selbständigkeit in den 1980er Jahren begünstigen, treten in den 1990er Jahren weniger stark hervor. Beispielsweise verschlechtert sich der Kapitalmarkt zur Finanzierung von Betriebsgründungen in Großbritannien nach 1990 und die politische Unterstützung für Selbständigkeit reduziert sich. Drittens, kommt es zu Beginn der 1990er Jahre zu einer deutlichen Rezession in der britischen Wirtschaft, die anders als zu Beginn der 1980er Jahre stärker den Dienstleistungssektor in Mitleidenschaft zieht. Berufliche Selbständigkeit ist stark konzentriert in diesem Sektor und der Rückgang in Selbständigkeit in den 1990er Jahren ist demnach auch als Auswirkung der wirtschaftlichen Rezession anzusehen. Und viertens, gehen Meager und Bates davon aus, dass einige Existenzgründungen aus den 1980er Jahren mit nur geringen Überlebenschancen gestartet sind. Aufgrund der schlechteren wirtschaftlichen Lage zu Beginn der 1990er Jahre müssen vermutlich einige dieser Gründungen wieder aufgegeben werden.

7 Das Sozial- und Wirtschaftsprofil von Selbständigen

Im vierten Kapitel wurden einige Hypothesen formuliert, die nachfolgend in einem ersten Schritt auf Basis detaillierter, deskriptiver Analysen überprüft werden sollen. Ausgangspunkt dabei ist die Annahme, dass es zu spezifischen Veränderungen in den wirtschaftlichen und institutionell-rechtlichen Rahmenbedingungen für berufliche Selbständigkeit in Deutschland und Großbritannien gekommen ist, die zu einem Wandel im Sozial- und Wirtschaftsprofil selbständiger Erwerbstätigkeit führen.

Nachfolgend wird die soziale und wirtschaftliche Struktur beruflicher Selbständigkeit in Deutschland und Großbritannien deskriptiv genau analysiert. Die Angaben beruhen hierbei auf dem bereits beschriebenen, sehr umfangreichen deutschen Mikrozensus und den britischen Arbeitskräftestichproben. Der Zeitraum der Betrachtung umfasst die 1980er und 1990er Jahre, wobei für Großbritannien bereits auf eine Erhebung aus dem Jahre 1979 zurückgegriffen wird, um auch dort die Zeit vor der Expansion beruflicher Selbständigkeit abdecken zu können.

Die nachfolgende Analyse ist in mehrere Schritte gegliedert. Zunächst wird ein genauer Blick auf die branchenspezifische Struktur und Entwicklung beruflicher Selbständigkeit seit Beginn der 1980er Jahre geworfen, um Tertiarisierungs- und Spezialisierungstendenzen nachvollziehen zu können. In einem nächsten Schritt werden diese Veränderungen in Beziehung gesetzt zu einem berufsstrukturellen Wandel. Welche Berufe sind mit der Expansion beruflicher Selbständigkeit in einzelnen Branchen verknüpft? Anschließend wird eine detaillierte Analyse der sozialen Struktur selbständiger Erwerbstätigkeit und insbesondere der Veränderungen darin seit Anfang der 1980er Jahre durchgeführt. In einem letzten Schritt wird die spezielle Gruppe der Soloselbständigen mit der Gruppe der Arbeitgeber verglichen. Es wird der Frage nachgegangen, in welchen Bereichen eine Zunahme der Solo-Selbständigkeit zu verzeichnen ist.

7.1 Branchenspezifische Struktur und Entwicklung beruflicher Selbständigkeit

Tabelle 7.1 zeigt die branchenspezifische Struktur und Entwicklung beruflicher Selbständigkeit in Deutschland und Großbritannien. Es sind sowohl die Selbständigenquoten als auch die Verteilung der Selbständigen über zehn bzw. neun

Wirtschaftszweige hinweg abgetragen.[1] Der Zuwachs an Selbständigen in beiden Ländern seit Ende der 1970er/Anfang der 1980er Jahre kommt im wesentlichen im Dienstleistungssektor zur Geltung, wohingegen es im verarbeitenden Gewerbe eher eine negative Veränderung in der Zahl der dort selbständig Tätigen gibt. Nichtsdestotrotz zeigen sich deutliche Variationen in den Wachstumsmustern zwischen Deutschland und Großbritannien. So liegt der Anteil der selbständig Erwerbstätigen im verarbeitenden Gewerbe in Deutschland deutlich höher als in Großbritannien. Die Selbständigenquoten in diesem Bereich erfahren indes in beiden Ländern eine Zunahme. Dies lässt sich aber vorwiegend auf eine starke Reduzierung abhängiger Beschäftigung in dieser Branche zurückführen. Die Relevanz beruflicher Selbständigkeit ist in den traditionellen Bereichen des Handels und Gastgewerbes stark rückläufig. Trotzdem ist in beiden Wirtschaftszweigen eine hohe Zahl beruflich Selbständiger tätig, so dass sowohl Anfang der 1980er Jahre als auch Ende der 1990er Jahre in Deutschland die Selbständigenquote im Gastgewerbe und der Anteil der Selbständigen im Handel am höchsten sind. Dies trifft auch Ende der 1970er Jahre in Großbritannien zu. Bis Ende der 1990er Jahre wandelt sich die Wirtschaftsstruktur jedoch in beiden Ländern enorm.

Die Branchen der personen- und haushaltsbezogenen, kurativen, kulturellen und sozialen Dienstleistungen (Gesundheit und sonstige Dienstleistungen) sind die dominanten Wachstumsträger der Expansion beruflicher Selbständigkeit in beiden Ländern. In diesen Wirtschaftszweigen entwickeln sich die Zuwachsraten bei den selbständig Erwerbstätigen weitaus dynamischer als bei den abhängig Beschäftigten (siehe auch Leicht et al. im Erscheinen). Der Zuwachs in den personen- und haushaltsbezogenen Diensten ist indes in Großbritannien wesentlich stärker als in Deutschland. Demgegenüber arbeiten innerhalb der Kategorie der sonstigen Dienstleistungen immer mehr Selbständige in Deutschland im Bereich der kulturellen Dienstleistungen, wie beispielsweise im Verlagswesen. Hierbei sollte es sich vorwiegend um „Alleindienstleister", d.h. Selbständige ohne weitere Mitarbeiter, in hoch qualifizierten Kulturberufen handeln (Gottschall und Schnell 2000; Bögenhold, Leicht 2000). Gleichzeitig liefern die expandierenden, unternehmensorientierten Dienstleistungen (z.B. wirtschaftliche, steuerliche und technische Beratung und Planung, Forschung und Entwicklung, Werbung) sowie

[1] Aufgrund von Veränderungen in der Klassifikation der Wirtschaftszweige in den britischen Daten lassen sich Finanz- und unternehmensorientierte Dienstleistungen nicht genau trennen, so dass sich die nachfolgenden Analysen im Falle Großbritanniens auf neun Wirtschaftszweige begrenzen. Für Deutschland wird weiterhin an einer Gliederung in zehn Wirtschaftszweige festgehalten, da es deutliche Unterschiede in der Bedeutung und Entwicklung beruflicher Selbständigkeit in diesen beiden Branchen gibt (siehe auch Kapitel 5).

Finanzdienstleistungen und Versicherungen einen enormen Beitrag zum wirtschaftsstrukturellen Wandel.

Tabelle 7.1: Branchenstruktur beruflicher Selbständigkeit

	Deutschland					Großbritannien			
Selbständigenquote	1982	1989	1993	1995	1996	1979	1984	1994	1996
verarbeit. Gewerbe	3,9	3,8	3,9	4,0	4,2	2,0	3,3	4,5	4,1
Baugewerbe	9,3	10,6	10,7	11,1	13,1	22,3	33,3	45,8	45,4
Handel, Reparatur	17,1	16,1	14,8	15,4	15,9	18,2	24,0	18,9	16,0
Gastgewerbe	35,7	31,3	28,6	30,6	29,9	26,8	31,1	26,1	23,8
Nachricht., Verkehr	5,5	6,1	5,9	6,4	7,3	6,8	9,3	10,5	11,4
Finanzdienstleistung	5,1	8,6	8,6	8,7	8,4	10,9	12,0	14,5	13,3
unternehmens. DL	25,6	24,3	24,8	24,4	25,0				
Bildung	1,9	2,2	2,7	2,4	3,2	0,6	2,7	3,3	3,4
Gesundheit	9,9	11,4	12,7	13,7	13,9	3,8	5,3	8,1	8,6
sonstige DL	2,9	4,2	4,0	5,1	5,8	4,2	6,6	6,4	8,4
Insgesamt	7,4	8,2	8,3	9,0	9,8	7,9	11,6	13,2	12,6

	Deutschland					Großbritannien			
Verteilung	1982	1989	1993	1995	1996	1979	1984	1994	1996
verarbeit. Gewerbe	21,0	17,4	16,3	14,2	13,3	10,3	9,4	8,7	8,4
Baugewerbe	11,0	10,1	10,7	10,6	12,2	26,3	27,4	31,2	31,2
Handel, Reparatur	27,1	24,5	21,7	22,9	21,9	30,4	28,2	19,8	16,6
Gastgewerbe	10,1	9,0	8,0	8,1	8,1	7,2	7,8	5,9	5,5
Nachricht, Verkehr	4,9	4,8	4,7	4,5	4,6	7,1	6,0	6,0	6,9
Finanzdienstleistung	2,6	4,3	4,4	4,2	3,7	9,7	10,2	16,3	16,0
unternehmens. DL	10,5	13,9	16,4	16,2	16,9				
Bildung	1,1	1,1	1,4	1,1	1,5	0,3	1,3	1,6	1,8
Gesundheit	5,9	7,3	8,8	8,9	8,4	2,2	2,2	4,8	5,9
sonstige DL	6,0	7,6	7,7	9,2	9,4	6,4	7,5	5,8	7,7
Insgesamt	100	100	100	100	100	100	100	100	100

Quelle: Mikrozensus 1982, 1989, 1993, 1995, 1996; Mikrozensus 1989: Sonderauswertungen durch ZUMA; Quarterly Labour Force Survey 1979, 1984, 1994, 1996; eigene Berechnungen.

Parallel dazu kommt es aber auch zu einem Anstieg selbständiger Erwerbstätigkeit im Bausektor, der vor allem in Großbritannien sehr ausgeprägt ist. In dieser Verschiebung liegt der zunächst wohl auffallendste Unterschied zwischen Deutschland und Großbritannien. Während in Deutschland die Selbständigenquote in diesem Bereich seit Beginn der 1980er Jahre moderat von 9% auf 13% ansteigt, findet in Großbritannien eine enorme Expansion beruflicher Selbständigkeit statt, so dass Ende der 1990er Jahre 45% aller Erwerbstätigen in diesem

Wirtschaftszweig selbständig tätig sind.[2] Die Ursache für den starken Anstieg selbständiger Erwerbstätigkeit im britischen Baugewerbe wird steuerrechtlichen und regulativen Veränderungen, die zu einem enormen Anstieg an sogenannten „labour-only subcontractors" führen, zugeschrieben (Nisbet 1997; Winch 1998; siehe auch Kapitel 2). Diese Form des Sub-Unternehmertums führt dazu, dass seit Mitte der 1980er Jahre viele Formen der vormals abhängigen Beschäftigung in neue Formen der Selbständigkeit umgewandelt werden. Der beobachtete Anstieg selbständiger Erwerbsarbeit im britischen Bausektor verliert jedoch seit Mitte der 1990er Jahre an Dynamik bzw. ist sogar wieder leicht rückläufig. Diese neueren Entwicklungen sind mit den hier verwendeten Daten nur bedingt abzubilden. Insbesondere seit 1997 kommt es zu einer weitergehenden Reduzierung beruflicher Selbständigkeit im britischen Bausektor. Als Gründe hierfür wird eine neue, strengere Anwendung rechtlicher Regelungen seit 1997 angeführt, welche die Nutzung von „labour-only subcontractors" stark einschränken (Meager, Bates im Erscheinen). Nichtsdestotrotz scheinen erste Anzeichen dieser Veränderungen bereits seit Mitte der 1990er Jahre deutlich zu werden. Meager und Bates (im Erscheinen) vermuten, dass neben den Änderungen in der Implementierung gesetzlicher Regelungen vor allem auch der Mangel an qualifizierten Nachwuchs-Fachkräften, der insbesondere im Laufe der 1990er Jahre auftritt, die größeren, britischen Bauunternehmen zu einem Umdenken veranlasst und den Trend des out-sourcing und sub-contracting umkehrt (Winch 1998).

Relativ ähnliche Selbständigenquoten finden sich in beiden Ländern Ende der 1990er Jahre im verarbeitenden Gewerbe, im Handel und im Bereich Bildung. Deutlich höhere Selbständigenquoten trotz einer insgesamt geringen Rate zeigen sich in Deutschland im Gastgewerbe und insbesondere im Bereich der Finanz- und unternehmensorientierten Dienstleistungen. Fasst man auch in Deutschland die beiden letzt genannten Branchen zusammen, so liegt die Selbständigenquote 1996 bei 18% im Vergleich zu 13% in Großbritannien. Zusätzlich liegt die Selbständigenrate in Deutschland im Gesundheitswesen deutlich höher als in Großbritannien. Die größere Bedeutung dieses Bereichs ist teilweise auf die Unterschiede in der Organisation und Strukturierung des Gesundheitswesens zurückzuführen. In Großbritannien dominiert der „National Health Service", dem ein großer Teil der Ärzte als abhängig Beschäftigte angehört. Dementsprechend liegt die Selbständigenquote bei Ärzten 1979 in Großbritannien mit 22% deutlich unter der Quote in Deutschland mit knapp 38% (1982). Dieser Unterschied relativiert sich jedoch bis Ende der 1990er Jahre. In Deutschland erhöht sich die

---

[2] Die Klassifikation der Wirtschaftszweige in den britischen Daten lässt leider keine tiefergehende Gliederung der Branchen im Bausektor zu, so dass z.B. keine Differenzierung zwischen Bauhaupt- und Baunebengewerbe möglich ist.

Selbständigenquote unter Ärzten bis 1996 nur unwesentlich auf knapp 39%. In Gegensatz dazu steigt die Selbständigenquote bei Ärzten in Großbritannien im Jahre 1996 merklich auf 31% an. Sie liegt damit zwar immer noch deutlich unter der Quote in Deutschland, doch die Expansion in diesem Bereich ist enorm. Die Selbständigenquote im britischen Gesundheitswesen hat sich zwischen 1979 und 1996 mehr als verdoppelt.

Es scheint offensichtlich, dass die unternehmens- und personenbezogenen Dienste das Wachstum in den 1980er und 1990er Jahren in beiden Ländern maßgeblich beeinflussen. Somit erweisen sich moderne Dienstleistungen als ein zentrales Betätigungsfeld für neue Selbständigkeit. Der Bereich der unternehmens- und personenbezogenen Dienstleistungen ist stark geprägt durch hoch qualifizierte Selbständige. In einer komparativen Studie zu vier europäischen Ländern wurde bereits deutlich, dass insbesondere tertiäre Bildung berufliche Selbständigkeit in diesen Wirtschaftszweigen fördert, wobei dies in Deutschland wesentlich stärker der Fall ist als in Großbritannien (Luber et al. 2000). Demgegenüber reduziert sich die Zahl an Selbständigen in Routinedienstleistungen, wie etwa im Handel und Gastgewerbe. Dieser Bereich ist stärker durch gering qualifizierte Personen besetzt (Luber et al. 2000). Überlagert werden diese Veränderungen in Großbritannien durch die Entwicklung im Baugewerbe. Der enorme Anstieg beruflicher Selbständigkeit in diesem Bereich lässt sich zu einem großen Teil auf das regulative System in den 1980er Jahren in Großbritannien, das toleranter gegenüber atypischen Beschäftigungsformen und Subcontracting ist (Rubery et al. 1993; Döse 1994), zurückführen. Die Flexibilisierung des Beschäftigungssystems führt in diesem Bereich in Teilen zu neuen, teilweise auch prekären Formen selbständiger Erwerbstätigkeit. Diese Frage lässt sich indes nur weitergehend durch die Berücksichtigung der involvierten Tätigkeiten und des zugrundeliegenden Sozialprofils Selbständiger beantworten.

7.2 Berufsstrukturelle Entwicklung selbständiger Erwerbstätigkeit

Zur Erfassung der beruflichen Struktur und Entwicklung selbständiger Erwerbstätigkeit wird zwischen sechs Berufskategorien unterschieden, die zum einen zwischen manuellen und nicht-manuellen und zum anderen zwischen höher qualifizierten und geringer qualifizierten Berufen differenzieren (siehe auch Kapitel 5).

Zunächst wird allgemein die Berufsstruktur selbständig Erwerbstätiger mit der beruflichen Struktur abhängiger Beschäftigung verglichen, um einen ersten Eindruck vom Qualifikationsprofil allgemein zu erhalten.

Abbildung 7.1: Berufsstrukturelle Verteilung abhängiger Beschäftigung und Selbständiger – Anteile der jeweilige Berufsgruppe in Prozent

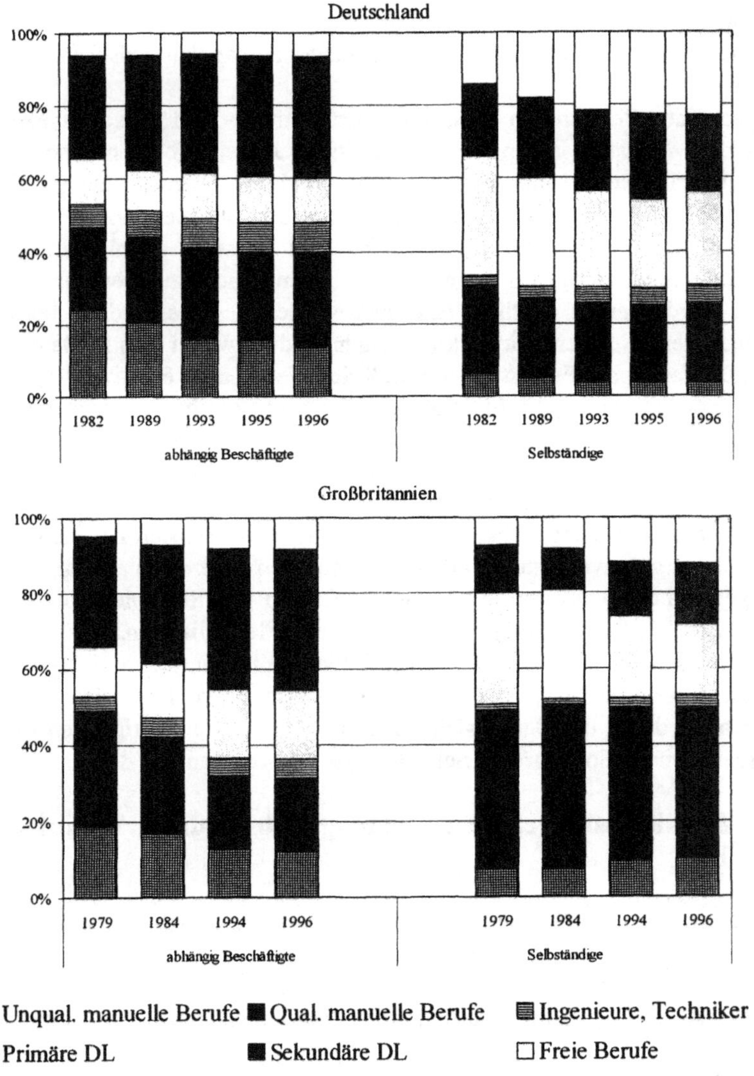

Quelle: Deutschland – Mikrozensus 1982, 1989, 1993, 1995, 1996; eigene Berechnungen; Mikrozensus 1989: Sonderauswertungen durch ZUMA; Großbritannien – Quarterly Labour Force Survey 1979, 1984, 1994, 1996; eigene Berechnungen.

In einem nächsten Schritt wird dann genauer differenziert welche Berufsgruppen in welchen Bereichen besonders stark expandieren bzw. rückläufig in ihrer Bedeutung für Selbständigkeit sind.

Die Berufsstruktur unterscheidet sich merklich zwischen Selbständigen und abhängig Beschäftigten in beiden Ländern (siehe Abbildung 7.1 und Tabelle 7.2). In Deutschland arbeiten Anfang der 1980er Jahre Selbständige häufiger in qualifizierten, manuellen Berufen, primären Dienstleistungsberufen oder Freien Berufen als abhängig Beschäftigte. Demgegenüber sind die Anteile der abhängig Beschäftigten in unqualifizierten, manuellen Berufen, in Technik- und Ingenieurberufen und sekundären Dienstleistungsberufen höher. Die höchsten Selbständigenquoten finden sich in den primären Dienstleistungsberufen (17%) und in den Freien Berufen (16%). Die Bedeutung von Dienstleistungsberufen ist in beruflicher Selbständigkeit allgemein höher als in abhängiger Beschäftigung. So arbeiten knapp 67% aller Selbständigen Anfang der 1980er Jahre entweder in primären oder sekundären Dienstleistungsberufen oder in Freien Berufen. Mehr als die Hälfte der abhängig Beschäftigten arbeiten hingegen in manuellen Berufen oder in Technik- und Ingenieurberufen. Innerhalb der Dienstleistungsberufe sind Selbständige häufiger als Kaufleute, Hoteliers und Gastwirte (primäre Dienstleistungsberufe) tätig, wohingegen der Anteil der abhängig Beschäftigten in Berufen wie Organisations-, Verwaltungs- und Büroberufen oder in Sozial- und Erziehungsberufen (sekundäre Dienstleistungsberufe) höher ist.

Auch in den 1990er Jahren finden sich diese markanten Unterschiede in der Berufsstruktur der beiden Gruppen von Erwerbstätigen. Selbständige neigen nach wie vor häufiger dazu, in primären Dienstleistungsberufen oder Freien Berufen zu arbeiten. Die Selbständigenquoten in diesen Bereichen liegen immer noch deutlich am höchsten, wobei insbesondere die Rate in den Freien Berufen kontinuierlich wächst. Demgegenüber liegt der Anteil der abhängig Beschäftigten, die in unqualifizierten und qualifizierten, manuellen Berufen, Technik- und Ingenieurberufen und den sekundären Dienstleistungsberufen tätig sind, höher. Trotzdem kommt es zu prägnanten Verschiebungen in der Berufsstruktur. Unqualifizierte, manuelle Berufe gehen insgesamt in ihrer Bedeutung seit Beginn der 1980er Jahre zurück. In beiden Gruppen ist der entsprechende Anteil seither relativ um ca. 40% gesunken. Die Selbständigenquote steigt innerhalb dieser Berufsgruppe seit Mitte der 1990er Jahre an und hat zwischen 1982 und 1996 relativ um 44% dazu gewonnen. Qualifizierte, manuelle Berufe verlieren in Bezug auf selbständige Erwerbstätigkeit an Bedeutung, wohingegen der Anteil unter abhängig Beschäftigten gestiegen ist. Der stärkste relative Zuwachs findet sich in beiden Gruppen bei Technik- und Ingenieurberufen. Sowohl der Anteil unter den selbständig Erwerbstätigen als auch die Selbständigenquote verdoppeln sich im Laufe des betrachteten Zeitraums. Der Anteil der primären Dienstleistungsberufe ist in beiden Gruppen rückläufig, wobei dieser Rückgang unter den Selbständigen relativ stärker ist. Im Gegensatz dazu steigt die Bedeutung der sekundären Dienstleistungsberufe sowohl für Selbständige als auch relativ etwas stärker für abhängig Beschäftigte. Einen sehr starken Zuwachs erfahren Freie Berufe für Selbständige sowie etwas schwächer für abhängig Beschäftigte. Entsprechend wächst die Selbständigenquote in diesem Bereich überproportional an. Dieses Wachstum konzentriert sich jedoch, wie die überdurchschnittliche Zunahme in den Technik- und Ingenieurberufen auch, stärker auf die 1980er Jahre.

Tabelle 7.2: Selbständigenquoten in den einzelnen Berufsgruppen

	Deutschland					Großbritannien			
Selbständigenquote	1982	1989	1993	1995	1996	1979	1984	1994	1996
unqual. man. Berufe	2,0	2,2	2,3	2,3	2,9	3,3	5,4	10,3	10,3
qual. manuel. Berufe	7,9	7,6	7,2	8,0	8,4	10,5	18,6	24,4	23,6
Techniker, Ing.	2,9	3,8	4,9	5,2	6,0	3,7	3,6	7,2	7,7
primäre DL-Berufe	17,2	19,3	16,0	16,2	19,0	15,9	21,0	15,4	13,0
sekundäre DL-Berufe	5,3	5,8	5,7	6,6	6,3	3,6	4,4	5,7	5,8
Freie Berufe	16,1	21,0	25,4	26,2	27,2	12,0	13,6	17,8	17,5
Insgesamt	7,4	8,2	8,3	9,0	9,8	7,9	11,7	13,2	12,6

Quelle: Mikrozensus 1982, 1989, 1993, 1995, 1996; Mikrozensus 1989: Sonderauswertungen durch ZUMA; Quarterly Labour Force Survey 1979, 1984, 1994, 1996; eigene Berechnungen.

Auch in Großbritannien variiert die Berufsstruktur deutlich zwischen abhängig und selbständig Tätigen. Insgesamt finden sich zu Beginn des Beobachtungszeitraums deutlich höhere Anteile bei Selbständigen in qualifizierten, manuellen Berufen, primären Dienstleistungsberufen und den Freien Berufen. In diesen Bereichen sind zusätzlich die Selbständigenquoten überdurchschnittlich hoch. Im Gegensatz dazu sind die Anteile in unqualifizierten, manuellen Berufen und sekundären Dienstleistungsberufen bei abhängig Beschäftigten höher. Anders als in Deutschland arbeiten fast die Hälfte sowohl der Selbständigen als auch der abhängig Beschäftigten in manuellen Berufen (jeweils ca. 49%). Ähnlich wie in Deutschland arbeiten im Bereich der Dienstleistungsberufe Selbständige häufiger als Kaufleute, Hoteliers und Gastwirte (primäre Dienstleistungsberufe) und abhängig Beschäftigten häufiger in Organisations-, Verwaltungs- und Büroberufen oder in Sozial- und Erziehungsberufen (sekundäre Dienstleistungsberufe).

Dieses Muster verändert sich über die Zeit. Ende der 1990er Jahre arbeiten noch immer Selbständige mit höherer Wahrscheinlichkeit in qualifizierten, manuellen Berufen oder Freien Berufen als abhängig Beschäftigte. Die Selbständigenquote ist in beiden Bereichen über den gesamten Zeitraum annähernd kontinuierlich gewachsen. Insbesondere innerhalb der qualifizierten, manuellen Berufe expandiert berufliche Selbständigkeit enorm, so dass sich Ende der 1990er Jahre die Rate mehr als verdoppelt hat. Abhängige Beschäftigte, hingegen, zeigen deutlich höhere Anteile in sekundären Dienstleistungsberufen. Insgesamt arbeiten in den 1990er Jahren 47% der Selbständigen in Dienstleistungsberufen, wohingegen dieser Anteil für abhängige Beschäftigung bei 64% liegt. Ende der 1970er Jahre waren es nur knapp 49%. Demgegenüber liegt der Anteil der Selbständigen in qualifizierten, manuellen Berufen bei knapp 40%. Somit kommt es zu einer deutlichen Expansion der Dienstleistungsberufe bei abhängig Beschäftigten, während die Bedeutung dieser Berufsgruppen für berufliche Selbständigkeit im gleichen Zeitraum leicht rückläufig ist. Dieser Rückgang ist insbesondere auf die starke Verringerung des Anteils der Selbständigen in primären Dienstleistungsberufen zurückzuführen. In allen anderen Berufsgruppen steigt die Selbständigenquote zwischen Ende der 1970er und Ende der 1990er Jahre deutlich an. Parallel hierzu kommt es zu einer Zunahme des Anteils an unqualifizierten, manuellen Berufen und vor allem an Technik- und Ingenieurberufen. Qualifizierte, manuelle Berufe verlieren seit Ende der 1970er Jahre für beide Gruppen an Bedeutung, wobei der Rückgang in selbständiger Erwerbstätigkeit absolut und relativ deutlich geringer ausfällt als in abhängiger Beschäftigung.

Demzufolge kommt es zu prägnanten Veränderungen in der Berufsstruktur selbständiger Erwerbstätigkeit in Deutschland und Großbritannien. Gibt es Parallelen in diesen Entwicklungen zwischen den beiden Ländern oder in welchen Bereichen unterscheiden sie sich voneinander? Der Anteil Selbständiger in Dienstleistungsberufen und Freien Berufen ist in Deutschland deutlich höher als in Großbritannien. Ende der 1990er Jahre arbeiten knapp 70% aller Selbständigen in Deutschland in diesen Berufen, wohingegen in Großbritannien mehr als die Hälfte der Selbständigen in manuellen Berufen oder Technik- und Ingenieurberufen tätig ist. Grund für den nach wie vor hohen Anteil an manuellen Berufen bei Selbständigen in den 1990er Jahren in Großbritannien ist zum einen die hohe Zahl an Selbständigen in qualifizierten, manuellen Berufen. Knapp 40% aller Selbständigen sind in dieser Berufsgruppe zu finden. In Deutschland beläuft sich der entsprechende Anteil auf knapp 22%. Zum anderen kommt es zu einer Expansion beruflicher Selbständigkeit in unqualifizierten, manuellen Berufen. Während in Deutschland der Anteil der Selbständigen in dieser Berufskategorie bei steigenden Selbständigenquoten deutlich rückläufig ist, nimmt die Bedeutung dieser Berufe für Selbständige in Großbritannien um über 30% zu. Die Bedeutung Freier Berufe ist ebenfalls stark gestiegen, doch während dieses Ergebnis in Deutschland überwiegend auf Selbständige zutrifft, ist der Zuwachs für abhängig Beschäftigte in Großbritannien relativ stärker. In Deutschland ist zudem die

Selbständigenquote mit 27% deutlich am höchsten. Im Gegensatz dazu sind in Großbritannien innerhalb der qualifizierten, manuellen Berufe die meisten Erwerbstätigen selbständig tätig. Auffallend ist zudem die hohe Selbständigenquote von 10% in den unqualifizierten, manuellen Berufen. In Deutschland arbeiten nur knapp 3% der Erwerbstätigen in diesem Bereich als Selbständige. Zusammenfassend kann festgehalten werden, dass selbständig Erwerbstätige in Deutschland häufiger in hoch qualifizierten Berufen tätig sind als in Großbritannien. Im Gegensatz dazu sind manuelle Tätigkeiten und insbesondere unqualifizierte, manuelle Berufe in Großbritannien für berufliche Selbständigkeit von großer Bedeutung. Es kann vermutet werden, dass z.B. der enorme Unterschied in der Bedeutung manueller Berufe für selbständige Erwerbstätigkeit zwischen Deutschland und Großbritannien zu einem Großteil in der variierenden Bedeutung des Bausektors begründet liegt. Demgegenüber lassen sich Zuwächse an Selbständigen in professionellen Berufen in unternehmensorientierten oder sonstigen Dienstleistungen vermuten, die verschiedene Entwicklungen in beiden Ländern aufweisen. Deshalb wird in einem nächsten Schritt die jeweilige berufliche Struktur und Entwicklung in den einzelnen Branchen genauer analysiert (siehe Tabelle A.7.1 und A.7.2 im Anhang).

Wie erwartet liegt der Anteil der Selbständigen in manuellen Berufen im britischen Bausektor deutlich über dem entsprechenden Anteil in Deutschland. Demnach arbeiten in Großbritannien 85% aller Selbständigen im Bausektor in manuellen Berufen. In Deutschland sind es dagegen deutlich unter 70%. Im deutschen Baugewerbe arbeiten mehr Selbständige in sekundären Dienstleistungsberufen oder Freien Berufen, beispielsweise als Unternehmer oder Architekten. Vor allem die Selbständigenquote in den technischen und Ingenieurberufen sowie den Freien Berufen steigt seit Anfang der 1980er Jahre in Deutschland. Erwerbstätige in Freien Berufen im deutschen Baugewerbe arbeiten Ende der 1990er Jahre zu 35% als Selbständige. Im Gegensatz dazu konzentriert sich die Expansion beruflicher Selbständigkeit im britischen Baugewerbe sowohl auf unqualifizierte als auch qualifizierte manuelle Berufe. Der Zuwachs an unqualifizierten Tätigkeiten geht dabei vor allem auf die steigende Zahl an selbständigen Bauarbeitern zurück. Deren Anteil an allen Selbständigen in dieser Branche wächst zwischen 1984 und 1996 von knapp 20% auf 33% an. Die Selbständigenquote erreicht Ende der 1990er Jahre eine Höhe von 51% und liegt in den qualifizierten, manuellen Berufen mit 62% sogar noch darüber.

Die Mehrzahl der Selbständigen arbeitet auch im verarbeitenden Gewerbe in manuellen Berufen. Während jedoch in Deutschland deren Bedeutung eher rückläufig ist, nimmt selbständige Erwerbstätigkeit in qualifizierten, manuellen Berufen in Großbritannien seit Ende der 1970er Jahre zu. Parallel dazu arbeiten in den 1990er Jahren mehr Selbständige in Freien Berufen, wobei dieser Anstieg in

Deutschland wesentlich stärker ist. Dafür ist indes nicht eine Berufsgruppe allein verantwortlich, sondern die Zunahme streut über viele Freie Berufe, wie beispielsweise Architekten, Werbefachleute oder Unternehmensberater. In Deutschland ist zusätzlich ein Wachstum selbständiger Erwerbstätigkeit in technischen und Ingenieurberufen zu beobachten. Im Verarbeitenden Gewerbe kommt es somit in beiden Ländern tendenziell zu einer Verschiebung hin zu höher qualifizierten Tätigkeiten in beruflicher Selbständigkeit.

Selbständige Erwerbstätigkeit verliert im Bereich Handel und Reparatur allgemein in beiden Ländern an Bedeutung. Konzentrationsprozesse in diesem Bereich führen zu einer Reduzierung selbständig tätiger Kaufleute und Handelsvertreter. Vor allem in Großbritannien ist dieser Rückgang sehr stark. Zusätzlich reduziert sich die Zahl der freiberuflichen Selbständigen. Im Gegensatz dazu expandiert deren Zahl in Deutschland. Dabei nimmt vor allem die Zahl der künstlerischen Berufe, Werbefachleute und Unternehmensberater in der Handels- und Reparaturbranche in Deutschland zu. Es kommt zu einer Verlagerung innerhalb dieser Branche hin zu unternehmensbezogenen Professionen. Zudem wächst im Handel die Bedeutung von Werbung und Marketing. In Großbritannien findet sich somit eine Reduzierung beruflicher Selbständigkeit über alle Berufsgruppen hinweg, wohingegen in Deutschland selbständige Erwerbstätigkeit in den höher qualifizierten Freien Berufen an Bedeutung gewinnt. Im Gastgewerbe lassen sich ganz ähnliche Trends feststellen. Selbständigkeit insgesamt ist deutlich rückläufig in dieser Branche. Während in Großbritannien diese Reduzierung in allen Berufsgruppen zu finden ist, wächst in Deutschland entgegen der Gesamtentwicklung die Bedeutung selbständiger Erwerbstätigkeit in Freien Berufen über die Zeit an. In beiden Ländern sind jedoch über 80% der Selbständigen als Hoteliers und Gastwirte in den sekundären Dienstleistungsberufen tätig. Selbständigkeit innerhalb dieser Berufsgruppe ist in beiden Länder deutlich rückläufig. Es scheint auch hier ein Konzentrationsprozess stattzufinden, der berufliche Selbständigkeit insgesamt in diesem Bereich zurückgehen lässt.

In der Nachrichten- und Verkehrsbranche steigt hingegen die Selbständigenquote über die Zeit deutlich an. In Großbritannien konzentriert sich dieser Zuwachs insbesondere auf manuelle Berufe. Selbständigkeit steigt sowohl in unqualifizierten, manuellen Berufen und hier überwiegend in Boten- und Kurierdienstberufen als auch in den qualifizierten, manuellen Berufen. Innerhalb der letztgenannten Gruppe expandiert berufliche Selbständigkeit bei Fahrern im Personen- und Güterverkehr, d.h. vor allem Taxi- und Lastwagenfahrer sind Ende der 1990er Jahre zu einem größeren Teil selbständig tätig als dies noch Ende der 1970er Jahre der Fall war. Dieser Trend findet sich auch in der deutschen Nachrichten- und Verkehrsbranche. Die Mehrzahl der Selbständigen in manuellen Berufen sind auch hier Berufskraftfahrer im Personen- und Güterverkehr. Zusätzlich steigt die Zahl der selbständigen Lager- und Transportarbeiter. Anders als in Großbritannien wächst in diesem Bereich berufliche Selbständigkeit auch bei sekundären Dienstleistungsberufen und hier insbesondere im Bereich der Reise- bzw. Fremdenverkehrsfachleute. Auch nimmt die Zahl der Selbständigen bei Bürofachkräften in dieser Branche zu. Trotzdem wird das Wachstum beruflicher Selbständigkeit in der Nachrichten- und Verkehrsbranche in beiden Ländern überwiegend getragen von einem Anstieg tendenziell gering qualifizierter, manueller Tätigkeiten im Transportwesen.

Auch in den Finanz- und unternehmensorientierten Dienstleistungen zeigt sich in Großbritannien ein Wachstum an beruflicher Selbständigkeit in manuellen Berufen, wohingegen in Deutschland in beiden Branchen die Veränderungen klar in den Dienstleistungsberufen konzentriert sind. Die Zunahme in manuellen Berufen in Großbritannien wird getragen von einer Expansion beruflicher Selbständigkeit innerhalb der Gruppe der Reinigungskräfte und des Sicherheits- und Wachpersonals. Einen Zuwachs an Selbständigen bei Reinigungskräften findet sich auch in Deutschland, wobei er wesentlich schwächer ausfällt. Durch die Trennung der beiden Branchen wird zudem deutlich, dass sehr unterschiedliche Strukturen und Entwicklungen beruflicher Selbständigkeit vorliegen. In Deutschland arbeiten über 50% der Erwerbstätigen in professionellen Berufen der unternehmensorientierten Dienstleistungen als Selbständige. Dabei handelt es sich insbesondere um Unternehmensberater, Rechtsvertreter und –berater, Werbefachleute und Wirtschaftswissenschaftler. Diese Berufsgruppen erfahren die deutlichste Zunahme seit Beginn der 1980er Jahre. Die Zahl der Unternehmensberater steigt in Deutschland auch im Bereich der Finanzdienstleistungen, übertroffen jedoch von der Expansion beruflicher Selbständigkeit bei Handelsvertretern und Handelsmaklern in den primären und sekundären Dienstleistungsberufen. Der Anteil der selbständigen Versicherungsfachleute innerhalb der sekundären Dienstleistungsberufe bleibt seit Anfang der 1980er Jahre nahezu konstant bei 76% aller Selbständigen. Berufliche Selbständigkeit bei Maklern und Handelsvermittlern nimmt auch in Großbritannien zu. Außerdem steigt die Bedeutung beruflicher Selbständigkeit für rechtsberatende Berufe, gestaltende und grafische Berufe oder allgemein Managementaufgaben erfüllende Berufsgruppen. Zusätzlich ist in Großbritannien eine Zunahme selbständiger Erwerbstätigkeit im Bereich der technischen und Ingenieurberufe zu beobachten. Überwiegend innerhalb der Berufsgruppen der Design- und Entwicklungsingenieure und der Softwareingenieure steigt der Anteil der selbständig Tätigen. Abgesehen von der Zunahme gering qualifizierter manueller Berufe kann festgehalten werden, dass selbständige Erwerbstätigkeit in Finanz- und unternehmensorientierten Dienstleistungen in beiden Ländern vorwiegend in hoch qualifizierten Berufsgruppen zunimmt. Nichtsdestotrotz ist die Bedeutung beruflicher Selbständigkeit in professionellen Diensten in Deutschland größer. Werden auch für Deutschland beide Branchen zusammengefasst, so liegt die Selbständigenquote 1996 immer noch mit 55,4% deutlich höher als in Großbritannien mit 37,5%. Von allen Selbständigen in diesen Branchen sind in Deutschland knapp 41% in professionellen Diensten tätig, gegenüber 33% in Großbritannien.

Im Bildungswesen wächst selbständige Erwerbstätigkeit in beiden Ländern allgemein in den Dienstleistungsberufen. Hierbei handelt es sich überwiegend um die Zunahme selbständiger Fahr-, Musik- oder Sportlehrer. Aber auch Selbständigkeit in sonstigen erzieherischen Berufen nimmt an Bedeutung zu. Diese ist allgemein in Großbritannien wesentlich höher als in Deutschland, so dass der Anteil der Selbständigen in sekundären Dienstleistungsberufen deutlich über dem entsprechenden Anteil in Deutschland liegt. Im Gesundheitswesen sind die Entwicklungen in beiden Ländern relativ ähnlich, wohingegen die Struktur beruflicher Selbständigkeit deutlich variiert. Insgesamt kommt es zu einem Anwachsen selbständiger Erwerbstätigkeit in den sekundären Dienstleistungsberufen der Krankenpflege, Hebammen oder sonstigen therapeutischen Berufe. Parallel dazu wächst die Zahl der selbständigen Therapeuten, Masseure, Krankengymnasten und Psychologen in den Freien Professionen. Während jedoch in Deutschland der Anteil der selbständigen Ärzte und Zahnärzte über die Zeit leicht rückläufig ist, wächst selbständige Erwerbstätigkeit in diesen Berufsgruppen in Großbritannien deutlich an. Obwohl die Selbständigenquote in diesen Berufen klar anwächst, sind mit einem Anteil von knapp 30% weniger Freiberufler im britischen Gesundheitswesen selbständig tätig, als dies in Deutschland der Fall ist. Hier beläuft sich die Selbständigenquote in der Gruppe der Freien Berufe auf 47%.

Umgekehrt ist die Selbständigenquote unter Freiberuflern in den sonstigen Dienstleistungen in Großbritannien deutlich höher als in Deutschland. Dabei handelt es sich überwiegend um Selbständige in künstlerischen Berufen wie beispielsweise Publizisten, Musiker, Künstler oder Schauspieler. Auch in Deutschland steigt die Zahl der beruflich Selbständigen in dieser Berufsgruppe merklich an. Aber auch in den übrigen Dienstleistungsberufen nimmt selbständige Erwerbstätigkeit zu. Hier sind vor allem personenbezogene Dienst wie beispielsweise Kosmetik-, Körperpflege und verwandte Berufe, aber auch Sozialarbeiter bzw. -pfleger zu nennen. Zusätzlich kommt es in Deutschland im Laufe der 1990er Jahre zu einer steigenden Zahl an Selbständigen in altenpflegerischen Berufen. Während in Deutschland zudem Selbständigkeit unter Handelsvertretern und -vermittler, Maklern oder Unternehmern allgemein zunimmt, ist ein Großteil des Zuwachses in sekundären Dienstleistungsberufen in Großbritannien wiederum auf die Expansion beruflicher Selbständigkeit in erzieherischen bzw. Kinderbetreuungsberufen zurückzuführen. In Großbritannien ist darüber hinaus in der Gruppe der unqualifizierten, manuellen Berufe eine deutliche Zunahme Selbständiger, die als Reinigungskräfte tätig sind, zu beobachten.

Zusammenfassend kann festgehalten werden, dass die berufliche Struktur und Entwicklung einerseits zwischen abhängig und selbständig Erwerbstätigen variiert und andererseits bezogen auf Selbständigkeit deutliche Unterschiede zwischen Deutschland und Großbritannien auftreten. Selbständig Erwerbstätige in Deutschland arbeiten häufiger in qualifizierten, manuellen Berufen, höher qualifizierten Dienstleistungsberufen oder Freien Berufen als abhängig Beschäftigte. Allgemein ist der Anteil der Selbständigen in Dienstleistungsberufen deutlich höher. Dieses Verhältnis ist in Großbritannien gerade umgekehrt. Selbständige arbeiten mit deutlich höherer Wahrscheinlichkeit in manuellen Berufen als in Deutschland. Dies ist insbesondere auf die enorme Bedeutung des britischen Bausektors für berufliche Selbständigkeit zurückzuführen. Trotzdem expandiert auch in Großbritannien, ebenso wie in Deutschland, berufliche Selbständigkeit in hoch qualifizierten und professionellen Berufen. Insgesamt kommt es zu einer Verschiebung hin zu höher qualifizierten Tätigkeiten in beruflicher Selbständigkeit. Die Expansion dieser Tätigkeiten ist indes in Deutschland wesentlich stärker, wo in den meisten Wirtschaftszweigen die Bedeutung professioneller Tätigkeiten zunimmt. Vor allem in den unternehmensorientierten aber auch in den sonstigen Dienstleistungen wächst die Zahl der Selbständigen in Freien Berufen. Deutliche Zuwächse professioneller Tätigkeiten zeigen sich in Großbritannien im Gesundheitswesen. Im Gegensatz zu Deutschland expandiert dort selbständige Erwerbstätigkeit unter Ärzten und Zahnärzten aber auch in erzieherischen und Kinderbetreuungsberufen sehr deutlich. Demgegenüber reduziert sich die Zahl der Selbständigen in beiden Ländern in Routinedienstleistungen im Handel und Gastgewerbe und damit zusammenhängend in den geringer qualifizierten Dienstleistungsberufen. Parallel dazu kommt es in beiden Ländern zu einem Zuwachs selbständiger Erwerbstätigkeit in unqualifizierten, manuellen Berufen. Die Dynamik in diesem Berufssegment findet überwiegend im Baugewerbe aber auch in der Nachrichten- und Verkehrsbranche, in unternehmensorientierten und sonstigen Dienstleistungen statt. Dieser Trend ist wiederum wesentlich stärker in Großbritannien.

Es kommt somit zu einer zweigeteilten Entwicklung an den zwei gegensätzlichen „Polen“ der Berufskategorien. Einerseits expandiert berufliche Selbständigkeit in hoch qualifizierten Professionen in den unternehmensorientierten, kurativen, kulturellen und personenbezogenen Dienstleistungen. Diese Entwicklung ist in Deutschland stärker als in Großbritannien. Andererseits wächst die Zahl beruflich Selbständiger in gering qualifizierten manuellen Berufen im Bausektor, in der Nachrichten- und Verkehrsbranche und in den unternehmens-, personen- und haushaltsbezogenen Dienstleistungen. Dieser Trend ist wiederum stärker in

Großbritannien. Zudem ist der Anteil der beruflich Selbständigen in hoch qualifizierten Tätigkeiten in Deutschland wesentlich höher als in Großbritannien.

7.3 Die soziale Struktur selbständiger Erwerbstätigkeit

Das Sozialprofil der Erwerbspersonen wird anhand der Merkmale Geschlecht, Alter, Bildung, Familienstand und Nationalität abgebildet. Hierbei wird zunächst die soziale Struktur selbständiger Erwerbstätigkeit mit dem Sozialprofil abhängiger Beschäftigung verglichen, bevor in einem nächsten Schritt das Sozialprofil spezifischer Selbständigengruppen und dessen Veränderungen über die Zeit analysiert wird.

Der Vergleich des Sozialprofils zwischen Selbständigen und abhängig Beschäftigten lässt bereits wichtige Determinanten beruflicher Selbständigkeit deutlich werden. Es zeigt sich, dass selbständige Erwerbstätigkeit in Deutschland zu Beginn der 80 Jahre von Männern dominiert wird (siehe Tabelle 7.3 und Tabelle A.7.3 im Anhang). Der Anteil von Frauen an den Selbständigen von knapp 19% ist deutlich niedriger als ihr Anteil an den abhängig Beschäftigten von ca. 30%. Selbständige sind zudem durchschnittlich älter. So liegt beispielsweise der Anteil der 20-29-Jährigen an allen Selbständigen nur bei ca. 8%, während der entsprechende Anteil an den abhängig Beschäftigten bei 29% liegt. Demgegenüber sind 28% aller Selbständigen zwischen 50 und 59 Jahren alt und nur 19% aller abhängig Beschäftigten. Selbständige sind zusätzlich durchschnittlich höher qualifiziert. Vor allem berufsbildende Abschlüsse (Casmin 1c, 2a, 2c-berufsbildend) und (Fach-) Hochschulabschlüsse (Casmin 3a, 3b) sind häufiger unter Selbständigen. Im Gegensatz dazu ist der Anteil der Erwerbstätigen mit keinem oder nur minimalstem Schulabschluss (Casmin 1ab) unter den abhängig Beschäftigten doppelt so hoch wie unter den selbständig Erwerbstätigen. In direktem Zusammenhang mit der Altersstruktur der Selbständigen steht sicherlich das Ergebnis, dass selbständig Erwerbstätige häufiger verheiratet, geschieden oder verwitwet sind. Die Höhe der Unterschiede lassen jedoch vermuten, dass es sich hierbei nicht nur um einen bloßen Alterseffekt handelt.[3] Diese Frage muss aber zurückgestellt werden und kann erst im Rahmen der multivariaten Betrachtung beantwortet werden. Selbständige Erwerbstätigkeit ist zudem dominiert von deutschen Erwerbspersonen. Erwerbspersonen, die nicht die deutsche Staatsangehörigkeit besitzen, sind im Vergleich zu abhängiger Beschäftigung, in beruflicher Selbständigkeit unterrepräsentiert.

---

[3] Es ließe sich z.B. vermuten, dass es sich dabei auch um einen steuer- oder erbschaftsrechtlich bedingten Effekt handeln könnte. Diese Phänomen lässt sich indes mit den vorliegenden Daten nicht kontrollieren.

Tabelle 7.3: Sozialprofil selbständig und abhängig Erwerbstätiger – Deutschland 1982 und 1996

	1982			1996		
	SQ	SE	AB	SQ	SE	AB
Geschlecht						
Frauen	4,8	18,7	29,5	4,8	23,3	34,1
Männer	8,4	81,4	70,5	8,4	76,7	65,9
		100	100		100	100
Alter						
20-29 Jahre	2,2	8,3	29,1	2,2	8,1	23,8
30-39 Jahre	8,0	26,7	24,6	8,0	30,5	30,6
40-49 Jahre	9,8	37,5	27,7	9,8	33,1	25,2
50-59 Jahre	10,6	27,5	18,6	10,6	28,2	20,4
		100	100		100	100
Bildung						
Casmin 1ab	3,8	10,0	20,2	3,8	6,7	12,2
Casmin 1c	7,6	49,3	47,8	7,6	33,5	36,6
Casmin 2a	8,2	17,4	15,6	8,2	20,8	24,0
Casmin 2b	7,6	2,5	2,4	7,6	2,4	2,6
Casmin 2c-allg.	8,0	1,4	1,3	8,0	3,2	1,5
Casmin 2c-ber.	10,4	4,1	2,8	10,4	6,9	6,9
Casmin 3a	10,3	4,7	3,2	10,3	7,6	6,6
Casmin 3b	11,5	10,7	6,6	11,5	19,0	9,7
		100	100		100	100
Familienstand						
verheiratet	8,8	82,4	68,3	11,1	69,4	60,4
ledig	3,1	10,4	25,7	6,8	21,6	32,0
geschieden/verwitwet	8,8	7,2	6,0	11,4	9,1	7,6
		100	100		100	100
Staatsangehörigkeit						
deutsch	7,7	94,5	90,2	7,7	93,4	92,5
nicht deutsch	4,3	5,5	9,8	4,3	6,6	7,5
		100	100		100	100
N		13.960	174.869		12.879	118.796

* **SQ** = Selbständigenquote (Anteil der Selbständigen an allen Erwerbstätigen innerhalb der einzelnen Kategorien in Prozent); **SE** = selbständig Erwerbstätige; **AB** = abhängig Beschäftigte.
Quelle: Mikrozensus 1982, 1996; eigene Berechnungen.

Die oben aufgeführten Ergebnissen lassen sich im Großen und Ganzen auch in den 1990er Jahren wiederfinden. Berufliche Selbständigkeit ist dominiert von Männern. Der Frauenanteil bei den Selbständigen liegt bei 23%, während er in abhängiger Beschäftigung 34% beträgt. Selbständige sind auch in den 1990er Jahren durchschnittlich älter, eher verheiratet, geschieden oder verwitwet und durchschnittlich höher qualifiziert als abhängig Beschäftigte. Vor allem auf dem Tertiärniveau (Casmin 3a und 3b) sind die Anteile unter Selbständigen höher.

Zusätzlich verfügen mehr Selbständige über Abitur ohne weitergehende, berufliche Bildung (Casmin 2c-allgemein). Selbständig Erwerbstätige besitzen außerdem mit sehr hoher Wahrscheinlichkeit die deutsche Staatsangehörigkeit. Der Anteil der Erwerbspersonen ohne deutsche Staatsangehörigkeit ist in Selbständigkeit im Vergleich zu abhängiger Beschäftigung niedriger.

Allgemein ähnelt sich das Sozialprofil der Selbständigen in den 1980er und 1990er Jahren in Deutschland sehr stark. Trotzdem sind interessante Veränderungen und Verschiebungen innerhalb des Profils zu beobachten (siehe Tabelle A.7.3 im Anhang). So ist zwar der Zuwachs an Frauen absolut gesehen in Selbständigkeit und abhängiger Beschäftigung nahezu gleich über die Zeit, relativ wächst ihr Anteil in Selbständigkeit aber deutlich stärker (25% vs. 16%). Der Rückgang der Erwerbstätigen im Alter zwischen 20 und 29 Jahren fällt in beruflicher Selbständigkeit vergleichsweise schwächer aus. Die Anteile sowohl der 30-39-Jährigen als auch der 50-59-Jährigen nehmen in abhängiger Beschäftigung hingegen merklich stärker zu. Insgesamt steigt das Bildungsniveau zwischen den 1980er und 1990er Jahren in beiden Gruppen. Insbesondere auf Kosten der Kategorien Casmin 1ab und 1c kommt es zu erheblichen Verschiebungen in den Anteilen der einzelnen Bildungsabschlüsse. Der Anteil der beruflich Selbständigen mit Pflichtschulabschluss ist indes weniger stark rückläufig als in abhängiger Beschäftigung. Dagegen sinkt der Anteil der Selbständigen mit Casmin 1c und 2b stärker. Abhängig Erwerbstätige erfahren insgesamt einen deutlichen Zuwachs in den Kategorien der berufsbildenden Abschlüsse des sekundären (Casmin 2a, 2c-berufsbildend) und unteren tertiären Bildungsniveaus (Casmin 3a). Demgegenüber nimmt der Anteil der Selbständigen mit Abitur ohne weiterführende, berufliche Qualifikation (Casmin 2c-allgemein) und mit Hochschulabschluss (Casmin 3b) merklich zu. Der Zuwachs an Abiturienten ohne Berufsausbildung innerhalb der Gruppe der Selbständigen lässt sich möglicherweise auf eine Zunahme der Zahl der Studiumsabbrecher zurückführen, die ohne abgeschlossenes Hochschulstudium in berufliche Selbständigkeit wechseln. Zwischen 1982 und 1996 ist in Deutschland der Anteil der Verheirateten deutlich zurückgegangen. Sowohl unter Selbständigen als auch unter abhängig Beschäftigten steigt der Anteil der Nicht-Verheirateten in diesem Zeitraum deutlich an. Vor allem in der Gruppe der Selbständigen verdoppelt sich deren Anteil im Vergleich zum Beginn der 1980er Jahre. Während in abhängiger Beschäftigung der Anteil der Erwerbspersonen ohne deutsche Staatsangehörigkeit rückläufig ist, steigt deren Anteil an allen Selbständigen um fast 20% an.

Zusammenfassend kann festgehalten werden, dass Selbständige in Deutschland eher männlich, durchschnittlich älter, höher qualifiziert und verheiratet sind. Zudem besitzen sie in der Regel die deutsche Staatsangehörigkeit. Vor allem Alter und Bildung sind wichtige Ressourcen für berufliche Selbständigkeit. Insgesamt kommt es primär in Bezug auf Bildung und Familienstand zu den gravierendsten Veränderungen zwischen 1982 und 1996 in Deutschland. Diese Entwicklungen passen in die allgemein berichteten gesellschaftlichen Veränderungen in Deutschland, die einerseits durch eine massive Bildungsexpansion und andererseits durch Veränderungen in den Familienstrukturen dokumentiert werden (z.B. Geißler 1996). Unterdessen verlaufen diese Veränderungen bei selbständig und abhängig Beschäftigten nicht gleichförmig. Zusätzlich kommt es zu teilweise gegenläufigen Entwicklungen zwischen beiden Gruppen bezogen auf den Frauenanteil, das Alter und die Staatsangehörigkeit der Erwerbspersonen.

Selbständige Erwerbstätigkeit ist auch in Großbritannien klar dominiert durch männliche Erwerbstätige (siehe Tabelle 7.4 und Tabelle A.7.4 im Anhang). Der Anteil der Frauen an allen Selbständigen beläuft sich 1979 nur auf 13%, wohingegen ihr Anteil an allen abhängig Beschäftigten knapp 29% beträgt. Selbständige sind tendenziell eher zwischen 30 und 49 Jahren alt. Der Anteil der 20-29-Jährigen ist unter abhängig Beschäftigten höher als unter Selbständigen. Die Bildungsverteilung auf Basis der Daten von 1979 ist allgemein etwas überraschend. Über 50% aller Erwerbstätigen geben an, nur über keinen oder den minimalsten Bildungsabschluss zu verfügen.[4] Der Anteil ist unter selbständig Erwerbstätigen sogar höher als unter abhängig Beschäftigten. Die Anteile der berufsbildenden Abschlüsse sind insgesamt nur sehr gering. Berufliche Bildung kommt demzufolge Ende der 1970er Jahre in Großbritannien allgemein nur eine marginale Bedeutung zu. Trotzdem verfügen abhängig Beschäftigte tendenziell eher über einen berufsbildenden Abschluss auf unterem Bildungsniveau (Casmin 1c) oder auf unterem Tertiärniveau (Casmin 3a). Demgegenüber ist der Anteil der Hochschulabsolventen (Casmin 3b) bei selbständig Erwerbstätigen höher. Ähnlich wie in Deutschland sind Selbständige eher verheiratet, geschieden oder verwitwet. Dies ist wiederum zum Großteil auf die Altersstruktur der Selbständigen zurückzuführen. Der Anteil der Erwerbspersonen, die keine britische Staatsangehörigkeit haben, ist unter den Selbständigen höher als unter den abhängig Beschäftigten.

---

[4] Dieses Ergebnis findet sich jedoch auch in anderen Studien zu Großbritannien in den 1970er Jahren, siehe z.B. Erikson, Goldthorpe 1992. Diese Befunde und vor allem die massiven Veränderungen seit Ende der 1970er Jahre in der Bedeutung beruflicher Bildung in Großbritannien lassen sich sicherlich teilweise auf Veränderungen in der Wahrnehmung und Bedeutung beruflicher Bildung allgemein zurückführen. Darüber hinaus basieren die Ergebnisse hier auf datentechnischen Ursachen. Die Fragestellung in den Labour Force Surveys zu beruflicher Bildung hat sich zwischen 1979 und 1984 gravierend verändert, indem 1984 diese Form der Qualifikation wesentlich detaillierter abgefragt wird (siehe Central Statistical Office 1979; Office for National Statistics 1984). Berufliche Bildung erhält dadurch bereits einen ganz anderen Stellenwert und wird wesentlich genauer erfasst als noch Ende der 1970er Jahre.

Auch in den 1990er Jahren dominieren männliche Erwerbstätige in beruflicher Selbständigkeit. Der Anteil der Frauen an allen Selbständigen ist weniger als die Hälfte des Frauenanteils in abhängiger Beschäftigung. Selbständige sind durchschnittlich älter. Allein der Anteil der 20-29-Jährigen liegt in abhängiger Beschäftigung höher als in beruflicher Selbständigkeit.

Tabelle 7.4: Sozialprofil selbständig und abhängig Erwerbstätiger – Großbritannien 1979 und 1996*

	1979			1996		
	SQ	SE	AB	SQ	SE	AB
Geschlecht						
Frauen	3,8	13,3	28,7	6,0	16,5	37,2
Männer	9,5	86,7	71,3	16,1	83,5	62,8
		100	100		100	100
Alter						
20-29 Jahre	4,2	15,0	29,6	6,5	13,3	27,5
30-39 Jahre	10,8	35,5	25,3	13,1	29,9	28,6
40-49 Jahre	9,7	28,5	22,9	14,9	33,0	27,2
50-59 Jahre	7,5	21,0	22,2	17,2	23,9	16,6
		100	100		100	100
Bildung						
Casmin 1ab	8,1	56,4	55,1	14,4	18,1	15,5
Casmin 1c	7,3	4,8	5,2	16,8	24,4	17,5
Casmin 2a	10,0	8,8	6,7	18,8	17,1	10,7
Casmin 2b	6,5	9,9	12,2	9,4	12,6	17,6
Casmin 2c-allg.	7,8	5,5	5,6	9,6	5,5	7,6
Casmin 2c-ber.	6,0	1,3	1,8	5,9	1,4	3,3
Casmin 3a	5,6	3,2	4,5	7,8	6,0	10,1
Casmin 3b	9,0	10,2	8,8	10,8	15,0	18,0
		100	100		100	100
Familienstand						
verheiratet	9,1	88,0	75,4	14,7	73,9	61,9
ledig	3,6	8,7	19,9	8,1	18,4	30,2
geschieden/verwitwet	5,7	3,3	4,7	12,5	7,8	7,9
		100	100		100	100
Staatsangehörigkeit						
britisch	7,9	95,3	96,3	12,5	95,6	96,3
nicht britisch	9,8	4,7	3,7	14,8	4,5	3,7
		100	100		100	100
N		5.209	60.549		5.219	36.182

* **SQ** = Selbständigenquote (Anteil der Selbständigen an allen Erwerbstätigen innerhalb der einzelnen Kategorien in Prozent); **SE** = selbständig Erwerbstätige; **AB** = abhängig Beschäftigte.
Quelle: Quarterly Labour Force Survey 1979, 1996; eigene Berechnungen.

Die Bildungsverteilung der Erwerbstätigen ist in den 1990er Jahren deutlich gestreut über sämtliche Bildungskategorien. Die Anteile der Selbständigen mit geringen Bildungsabschlüsse (Casmin 1ab, 1c, 2a) liegen höher als die entsprechenden Anteile bei abhängig Beschäftigten. In allen übrigen Bildungskategorien sind die Anteile unter abhängig Beschäftigten höher. Abhängig Erwerbstätige sind demnach durchschnittlich besser qualifiziert als selbständig Erwerbstätige. Selbständige sind im Vergleich zu abhängig Beschäftigten häufiger verheiratet. Der Anteil der Erwerbspersonen ohne britische Staatsangehörigkeit ist innerhalb der Gruppe der beruflich Selbständigen höher als innerhalb der Gruppe der abhängig Beschäftigten.

Das Sozialprofil abhängiger und selbständiger Erwerbstätiger unterscheidet sich deutlich in Großbritannien. Zudem kommt es zu deutlichen Veränderungen zwischen 1979 und 1996, die wesentlich prägnanter ausfallen als in Deutschland. Der Männeranteil in abhängiger und selbständiger Erwerbstätigkeit ist zwar rückläufig seit Beginn der 1980er Jahre, dies führt jedoch nicht zu einer Zunahme beruflicher Selbständigkeit bei Frauen. Die Zunahme des Frauenanteils in abhängiger Beschäftigung ist sogar absolut und relativ stärker als der Zuwachs in Selbständigkeit. Die Altersstruktur Selbständiger verschiebt sich deutlich hin zu den älteren Kohorten. Der Anteil der beiden jüngsten Kohorten zwischen 20 und 39 Jahren ist in Selbständigkeit rückläufig, wohingegen der Anteil der 50-59-Jährigen stärker zunimmt als in abhängiger Beschäftigung. Selbständige sind Ende der 1990er Jahre durchschnittlich älter als Ende der 1970er Jahre. Die Verschiebungen im Qualifikationsgefüge sind in beiden Gruppen enorm. Vor allem kommt es zu einem prägnanten Rückgang im Anteil der Erwerbspersonen mit Pflichtschulabschluss (Casmin 1ab). Demgegenüber kommt es zu starken Zuwächsen in beiden Gruppen bei den beruflich ausgerichteten Bildungskategorien Casmin 1c, 2a, 3a und 3b. Während die Anteile in Selbständigkeit vor allem in Casmin 1c und 2a zunehmen, steigen die Anteile in Casmin 2c-allgemein, 2c-berufsbildend, 3a und 3b relativ und absolut in abhängiger Beschäftigung stärker an. Abhängig Beschäftigte sind demzufolge in den 1990er Jahren deutlich höher qualifiziert als selbständig Erwerbstätige. Insbesondere kommt es zu einem Bedeutungszuwachs der berufsbildenden Abschlüsse. Diese Verschiebung lässt sich indes bereits auf Basis der Daten von 1984 beobachten (siehe Tabelle A.7.4 im Anhang). Der Rückgang des Anteils der Verheirateten findet überwiegend zu Gunsten der Nicht-Verheirateten statt. Das Niveau des Rückgangs ist relativ ähnlich in beiden Gruppen von Erwerbstätigen. Der Anteil der Erwerbspersonen ohne britische Staatsangehörigkeit ist relativ stabil über die Zeit sowohl in abhängiger als auch in selbständiger Erwerbstätigkeit.

Wie unterscheiden sich nun Deutschland und Großbritannien im Hinblick auf das Sozialprofil und die Veränderungen darin seit Beginn der 1980er Jahre?

Selbständige Erwerbstätigkeit ist in beiden Ländern geprägt durch männliche Erwerbstätige. Der Anteil der Männer an allen Selbständigen ist indes in Großbritannien höher als in Deutschland. Zudem kommt es in Deutschland zu einem relativ stärkeren Zuwachs des Frauenanteils in beruflicher Selbständigkeit als in abhängiger Beschäftigung. In Großbritannien ist dieses Verhältnis gerade umgekehrt. In Deutschland sind beruflich Selbständige zu beiden Zeitpunkten deutlich älter als abhängig Beschäftigte. In Großbritannien trifft diese Aussage auch auf die Altersstruktur der 1990er Jahre zu. Der Rückgang des Anteils der jüngsten Kohorte innerhalb der Gruppe der Selbständigen ist somit auch wesentlich stärker in Großbritannien als in Deutschland. Beruflich Selbständige sind in Deutschland wesentlich besser qualifiziert als abhängig Beschäftigte und deutlich höher qualifiziert als Selbständige in Großbritannien. Dort sind selbständig Erwerbstätige durchschnittlich sogar geringer qualifiziert als abhängig Beschäftigte. Die Veränderungen in der Familienstruktur sind relativ ähnlich in beiden Ländern. Der Anteil der Verheirateten liegt insgesamt in Großbritannien etwas höher als in Deutschland. Während in Deutschland weniger Erwerbspersonen ohne deutsche Staatsangehörigkeit selbständig sind als abhängig beschäftigt, ist dieses Verhältnis in Großbritannien gerade umgekehrt.

Der Vergleich des Sozialprofils von selbständig und abhängig Beschäftigten hat bereits einige interessante Unterschiede zwischen beiden Gruppen deutlich werden lassen. Zudem wurde gezeigt, dass Deutschland und Großbritannien in zentralen Charakteristika beruflicher Selbständigkeit, wie beispielsweise dem Bildungsniveau, deutlich variieren.

7.4 Soloselbständige im Vergleich zu Arbeitgebern

Bereits in Kapitel 6 wurde die Entwicklung der Solo-Selbständigkeit und der Arbeitgeber-Selbständigkeit in Deutschland und Großbritannien seit Beginn der 1980er Jahre dokumentiert. Es zeigt sich, dass in Deutschland Solo-Selbständigkeit vor allem in den 1990er Jahren stärker wächst als Arbeitgeber-Selbständigkeit. Entsprechend finden sich auch absolut und relativ stärker wachsende Selbständigenquoten in der Kategorie der Soloselbständigen im Vergleich zu Arbeitgebern (siehe Tabelle 7.6). Gleiches gilt für Großbritannien. Anders als in Deutschland ist hier aber nicht nur die Zahl der Soloselbständigen wesentlich stärker gewachsen als die Zahl der Arbeitgeber, sondern vielmehr ist die Zahl der Arbeitgeber rückläufig. Demzufolge steigen die Selbständigenquoten in Solo-Selbständigkeit über die Zeit an, während die Quoten bei Arbeitgebern seit 1984 rückläufig sind (siehe Tabelle 7.8).

Tabelle 7.5: Sozial- und Wirtschaftsprofil Soloselbständige und Arbeitgeber – Deutschland 1982 und 1996*

	1982		1996	
	Solo-Selbst.	Arbeitgeber	Solo-Selbst.	Arbeitgeber
Sozialprofil				
Geschlecht				
Frauen	24,5	15,5	26,6	20,9
Männer	75,5	84,5	73,4	79,1
	100	100	100	100
Alter				
20-29 Jahre	12,1	6,1	11,6	5,7
30-39 Jahre	28,3	25,8	34,6	27,6
40-49 Jahre	33,8	39,6	30,9	34,7
50-59 Jahre	25,8	28,4	22,8	32,1
	100	100	100	100
Bildung				
Casmin 1ab	14,2	7,7	8,2	5,7
Casmin 1c	47,8	50,1	30,7	35,5
Casmin 2a	16,7	17,8	20,5	21,0
Casmin 2b	3,2	2,0	3,2	1,8
Casmin 2c-allgemein	1,8	1,1	4,5	2,3
Casmin 2c-beruflich	4,2	4,1	8,2	6,0
Casmin 3a	5,4	4,3	8,6	6,8
Casmin 3b	6,7	12,9	16,3	20,9
	100	100	100	100
Wirtschaftsprofil				
Berufe				
unqualif. Manuelle	7,5	5,5	5,1	2,9
qualif. Manuelle	18,0	28,2	17,2	24,8
Techniker, Ing.	2,7	2,3	5,4	4,8
primäre DL	40,1	29,0	27,4	24,8
sekundäre DL	19,4	19,8	21,2	20,3
Freie Berufe	12,4	15,2	23,7	22,4
	100	100	100	100
Wirtschaftszweig				
verarb. Gewerbe	16,6	23,3	12,1	14,2
Baugewerbe	6,6	13,4	9,7	14,0
Handel	30,3	25,4	21,1	22,4
Gastgewerbe	11,1	9,5	5,6	9,9
Verk./ Nachrichten	7,0	3,7	5,6	4,0
Finanzdienstleistungen	4,9	1,5	5,7	2,3
unternehm. DL	12,6	9,3	20,4	14,4
Bildung	1,6	0,7	2,3	0,9
Gesundheit	2,7	7,5	4,3	11,4
sonstige DL	6,7	5,6	13,3	6,7
	100	100	100	100
N	4.876	9.084	5.368	7.511

Quelle: Mikrozensus 1982, 1996; eigene Berechnungen.

Einige Charakteristika beider Gruppen von Selbständigen sind relativ konstant über die Zeit. So sind Soloselbständige in Deutschland im Vergleich zu Arbeitgebern häufiger Frauen, zwischen 20-39 Jahren alt und verfügen häufiger nur über einen allgemeinbildenden Schulabschluss (Casmin 1ab, 2b, 2c-allgemein) (Tabelle 7.5 und Tabelle A.7.5 im Anhang).

Die Mehrzahl der Soloselbständigen hat einen berufsbildenden Abschluss vorzuweisen (Casmin 1c, 2a, 2c-beruflich, 3ab). Besonders deutliche Zuwächse in Solo-Selbständigkeit finden sich über den gesamten Zeitraum betrachtet bei Erwerbstätigen mit Qualifikationen auf Tertiärniveau (Casmin 3ab).

Soloselbständige arbeiten häufiger als Arbeitgeber in unqualifizierten, manuellen Berufen, als Techniker oder Ingenieure oder in primären Dienstleistungsberufen. Zudem sind sie überwiegend im Gastgewerbe, in der Transport- und Nachrichtenbranche, in Finanzdienstleistungen, unternehmensorientierten Dienstleistungen, im Bildungswesen und den sonstigen Dienstleistungen tätig (siehe Tabelle 7.5).

Arbeitgeber sind im Vergleich zu Soloselbständigen mit höherer Wahrscheinlichkeit männlich und durchschnittlich deutlich älter. So ist der Anteil der 20-29-Jährigen in Solo-Selbständigkeit deutlich höher als bei Arbeitgebern. Arbeitgeber verfügen ähnlich wie Soloselbständige häufig über berufliche Ausbildung jedoch insgesamt auf einem etwas höheren Niveau (Casmin 1c, 2a, 3b). Der Anteil der Arbeitgeber mit Hauptschulabschluss und beruflichen Qualifikationen (Casmin 1c) ist indes deutlich rückläufig. Dieser Bildungsabschluss ist häufig verknüpft mit der Ausübung qualifizierter, manueller Tätigkeiten. Entsprechend liegt der Anteil von Arbeitgebern in diesen Berufen deutlich höher als bei Soloselbständigen (siehe Tabelle 7.5). Dies kann wiederum als ein Hinweis auf die Bedeutung des Handwerks gewertet werden. Entsprechend liegt der Anteil der Arbeitgeber im verarbeitenden Gewerbe und Baugewerbe deutlich über dem Anteil bei Soloselbständigen.

Bezogen auf die Selbständigenquoten in den jeweiligen Kategorien des Sozial- und Wirtschaftsprofils zeigen sich ebenfalls deutliche Unterschiede zwischen Soloselbständigen und Arbeitgebern (siehe Tabelle 7.6). Der Anteil von Soloselbständigen ist unter Männern und über 30-Jährigen Erwerbstätigen überdurchschnittlich hoch. Zudem ist der Anteil der Solo-Selbständigkeit bei Erwerbstätigen mit Qualifikationen auf Sekundar- und unterem Tertiärniveau (Casmin 2a, 2b, 2c-allg., 2c-beruflich, 3a). Der Anteil der Arbeitgeber ist demgegenüber vor allem bei Erwerbstätigen mit Qualifikationen auf Tertiärniveau sehr hoch.

Relativ viele Soloselbständige und Arbeitgeber arbeiten in primären Dienstleistungsberufen und Freien Berufen, wobei die Selbständigenquote bei Arbeitgebern in beiden Berufssegmenten deutlich über der Quote bei Soloselbständigen liegt.

Tabelle 7.6: Sozial- und Wirtschaftsprofil Soloselbständige und Arbeitgeber – Selbständigenquoten* - Deutschland

	1982		1989		1993		1995		1996	
	Solo	AG	Solo	AG.	Solo	AG	Solo	AG	Solo	AG
Gesamt	2,6	4,8	2,9	5,3	3,0	5,3	3,4	5,7	4,1	5,7
Sozialprofil										
Geschlecht										
Frauen	2,2	2,6	2,6	3,3	2,6	3,3	2,7	3,6	3,3	3,6
Männer	2,7	5,7	3,0	6,2	3,2	6,2	3,7	6,6	4,5	6,7
Alter										
20-29 Jahre	1,1	1,1	1,3	1,4	1,6	1,3	1,7	1,4	2,1	1,5
30-39 Jahre	3,0	5,0	3,3	5,2	3,5	4,9	3,9	5,1	4,6	5,1
40-49 Jahre	3,1	6,7	3,8	7,7	3,7	7,6	4,1	8,0	4,9	7,6
50-59 Jahre	3,5	7,1	3,5	8,1	3,4	8,2	3,8	8,5	4,4	8,7
Bildung										
Casm. 1ab	1,9	1,9	2,2	2,5	1,9	2,4	2,1	2,6	2,8	2,7
Casm. 1c	2,6	5,0	2,6	5,3	2,6	5,0	2,9	5,2	3,4	5,5
Casm. 2a	2,7	5,4	2,7	5,1	2,6	4,9	3,0	5,0	3,5	5,0
Casm. 2b	3,5	4,1	4,8	5,2	4,0	3,7	3,8	5,0	4,9	4,0
Casm. 2c-allg.	3,7	4,3	9,6	6,4	7,5	5,1	7,8	6,6	10,9	7,9
Casm. 2c-ber.	3,7	6,7	3,1	4,8	3,6	4,4	4,3	4,9	4,7	4,9
Casm. 3a	4,1	6,2	4,0	5,3	4,0	6,0	4,5	5,9	5,2	5,7
Casm. 3b	2,5	9,0	3,9	10,9	4,4	11,7	5,3	12,0	6,1	11,1
Wirtschaftsprofil										
Berufe										
unqualif. Manu	0,9	1,2	0,9	1,3	1,1	1,2	1,2	1,1	1,6	1,3
qualif. Manu.	2,0	5,9	1,8	5,8	1,9	5,3	2,2	5,8	2,8	5,6
Techniker, Ing.	1,1	1,8	1,4	2,4	1,8	3,1	2,2	3,1	2,7	3,3
primäre DL	7,3	9,9	8,0	11,3	6,6	9,5	6,6	9,6	8,4	10,6
sekundäre DL	1,8	3,5	2,2	3,6	2,1	3,6	2,5	4,0	2,7	3,6
Freie Berufe	4,9	11,2	6,8	14,2	9,2	16,2	10,1	16,1	11,7	15,5
Wirtschaftszweig										
verarb. Gew.	1,1	2,8	0,9	2,8	1,1	2,8	1,2	2,8	1,6	2,6
Baugewerbe	2,0	7,4	2,6	8,0	2,8	7,8	3,2	7,9	4,3	8,8
Handel	6,7	10,4	6,0	10,1	5,2	9,5	5,3	10,0	6,4	9,5
Gastgewerbe	13,7	22,0	10,7	20,5	8,1	20,5	8,4	22,2	8,6	21,3
Verk./ Nachr.	2,8	2,7	2,8	3,3	2,6	3,3	3,1	3,3	3,7	3,7
Finanzdienstl.	3,3	1,8	5,1	3,5	5,5	3,2	5,3	3,3	5,4	3,0
unternehm. DL	10,8	14,9	10,7	13,6	11,4	13,4	11,5	12,8	12,6	12,5
Bildung	1,0	0,9	1,2	1,1	1,4	1,3	1,5	0,9	2,1	1,1
Gesundheit	1,6	8,3	1,8	9,6	2,3	10,4	2,8	10,9	3,0	10,9
sonstige DL	1,1	1,8	1,9	2,3	2,0	2,0	2,7	2,4	3,4	2,4

* AG = Arbeitgeber; Anteil an allen Erwerbstätigen innerhalb der einzelnen Kategorien.
Quelle: Mikrozensus 1982, 1989, 1993, 1995, 1996; eigene Berechnungen; Mikrozensus 1989: Sonderauswertungen durch ZUMA.

Solo-Selbständigkeit expandiert in Freien Berufen stärker als Arbeitgeber-Selbständigkeit. Parallel dazu kommt es, trotz allgemein nur sehr geringer Selbständigenquoten, zu einem Zuwachs in unqualifizierten, manuellen Tätigkeiten. Überdurchschnittlich hohe Selbständigenquoten finden sich im Handel, Gastgewerbe und den unternehmensorientierten Dienstleistungen für beide Gruppen.

Sowohl die Zahl der Soloselbständigen als auch die Zahl der Arbeitgeber expandiert in den unternehmensorientierten Dienstleistungen. Während diese Expansion unter Soloselbständigen vorwiegend in den 1980er Jahren stattfindet, steigt der Anteil unter Arbeitgebern vor allem in den 1990er Jahren. Darüber hinaus wächst der Anteil von Soloselbständigen, die im Bausektor tätig sind, über die Zeit deutlich an.

Neben diesen relativ stabilen Mustern im Sozial- und Wirtschaftsprofil von Soloselbständigen und Arbeitgebern kommt es zu merklichen Veränderungen in diesen Strukturen über die Zeit (siehe Tabelle 7.6). Deutliche Zuwächse in Solo-Selbständigkeit finden sich demnach in Deutschland bei Männern, in der Altersgruppe zwischen 30 und 49 Jahren und bei Erwerbstätigen mit Abitur ohne berufliche Bildung (Casmin 2c-allgemein) oder einem abgeschlossenen Hochschulstudium (Casmin 3b). Relativ betrachtet, expandiert die Selbständigenquote der 20-29-Jährigen ebenfalls deutlich über die Zeit, aber auf einem sehr niedrigen Niveau. Solo-Selbständigkeit wächst zudem in technischen bzw. Ingenieurberufen und Freien Berufen zwischen 1982 und 1996. Bei sektorspezifischer Betrachtung nimmt Solo-Selbständigkeit im Baugewerbe und in Finanz-, unternehmensorientierten und sonstigen Dienstleistungen zu. Die allgemein sehr geringe Selbständigenquote im Bildungs- und Gesundheitswesen bei Soloselbständigen nimmt über die Zeit ebenfalls deutlich zu.

Demgegenüber expandiert die Selbständigenquote bei Arbeitgebern in Deutschland in der Altersgruppe zwischen 50 und 59 Jahren. Relativ große Zuwächse in der Selbständigenquote finden sich indes auch innerhalb der Kategorie der 20-29-Jährigen. So wächst die Rate zwischen 1982 und 1996 relativ um 33%, aber auf sehr niedrigem Niveau, während bei 50-59-Jährigen die Quote um 22% zunimmt. Erwerbstätige mit Abitur (Casmin 2c-allgemein) oder Hochschulabschluss (Casmin 3b), aber auch mit keinem oder nur minimalstem Schulabschluss (Casmin 1ab), sind Ende der 1990er Jahre mit höherer Wahrscheinlichkeit als Arbeitgeber selbständig tätig als noch zu Beginn der 1980er Jahre. Die Selbständigenquoten in diesen Kategorien sind deutlich gewachsen. Selbständige arbeiten ebenfalls häufig in technischen oder Ingenieurberufen oder Freien Berufen mit weiteren Beschäftigten zusammen.

Darüber hinaus expandiert Arbeitgeber-Selbständigkeit im Baugewerbe, im Transport- und Nachrichtenwesen und in Finanz- und sonstigen Dienstleistungen. Das Wachstum der Solo-Selbständigkeit konzentriert sich in den 1980er

Jahre vorwiegend auf die Bereiche des Baugewerbes und der Finanz- und unternehmensorientierten Dienstleistungen, wohingegen die Zunahme in den 1990er Jahren wesentlich stärker geprägt ist von Veränderungen in der Bedeutung der sonstigen Dienstleistungen.

Eine etwas andere Entwicklung zeichnet sich dagegen in Großbritannien ab (Tabelle 7.7 und 7.8). Solo-Selbständigkeit ist dort bereits Ende der 1970er Jahre von herausragender Bedeutung. Über 57% aller Selbständigen arbeiten zu diesem Zeitpunkt ohne weitere Beschäftigte und dieser Anteil steigt bis 1996 auf über 71% an. Soloselbständige sind über den gesamten Zeitraum gesehen im Vergleich zu Arbeitgebern häufiger Männer, jünger (20-29 Jahre) und geringer qualifiziert (Casmin 1ab, 1c, 2a). Sie arbeiten überwiegend in manuellen Berufen und in technischen bzw. Ingenieurberufen, im Baugewerbe oder in der Transport- und Nachrichtenbranche (siehe Tabelle 7.7). Die Selbständigenquoten in Solo-Selbständigkeit sind insbesondere hoch bei Männern. Deren Anteil innerhalb der Soloselbständigen liegt konstant bei über 80% und damit höher als innerhalb der Gruppe der Arbeitgeber. Soloselbständige sind deutlich jünger als Arbeitgeber. Deren Zahl geht jedoch über die Zeit zurück, wohingegen der Anteil der 50-59-Jährigen bei Soloselbständigen steigt (siehe Tabelle 7.7 und Tabelle A.7.6 im Anhang). Die Bildungsstruktur für beide Gruppen von Selbständigen verschiebt sich merklich über die Zeit. Insbesondere berufliche Bildung gewinnt immer mehr an Bedeutung. Nichtsdestotrotz sind Arbeitgeber durchschnittlich besser qualifiziert als Soloselbständige. Vor allem der Anteil der Arbeitgeber mit Hochschulabschluss (Casmin 3b) liegt deutlich höher. Der Anteil der Erwerbstätigen mit abgeschlossenem (Fach-) Hochschulstudium (Casmin 3ab) nimmt aber in beiden Gruppen merklich zu.

Die Mehrzahl der Soloselbständigen in Großbritannien arbeitet in qualifizierten, manuellen Berufen (siehe Tabelle 7.7). Die Selbständigenquote in diesem Bereich steigt von 7% im Jahr 1979 auf 20% im Jahr 1996 an (siehe Tabelle 7.4). Ihr Anteil innerhalb der Gruppe der Soloselbständigen bleibt dabei nahezu konstant, wohingegen der Anteil der unqualifizierten, manuellen Tätigkeiten wächst. Parallel dazu kommt es zu einer Zunahme in qualifizierten sekundären Dienstleistungsberufen und Freien Berufen. Auf der Ebene der Wirtschaftszweige findet sich ein Wachstum an Solo-Selbständigkeit einerseits in der Baubranche. Hier liegt die Selbständigenquote Ende der 1970er Jahre bei 15% und steigt bis Ende der 1990er Jahre auf knapp 40% an. Ist im Jahr 1996 ein Erwerbstätiger im britischen Bausektor selbständig tätig, so arbeitet er mit 89%-iger Wahrscheinlichkeit ohne weitere Beschäftigte. Andererseits zeigen sich ähnlich hohe Anteile von über 80% Ende der 1990er Jahre im Bereich der Transport- und Nachrichtenbranche, im Bildungswesen und in den sonstigen Dienstleistungen. Hohe Anteile von Soloselbständigen arbeiten darüber hinaus in Finanz-/ unternehmensorientierten Dienstleistungen. Die Anteile in sonstigen Dienstleistungen gehen indes deutlich zurück.

Trotz dieses Wachstums im Anteil innerhalb der Gruppe der Arbeitgeber steigt die Selbständigenquote nicht entsprechend an (siehe Tabelle 7.8). D.h. parallel dazu kommt es zu einer Ausweitung der Gesamtbeschäftigung in diesen Bereichen, so dass beispielsweise die Quote der Arbeitgeber in Freien Berufen nur von 7,0% im Jahr 1979 auf 7,7% im Jahr 1996 wächst, während der Anteil der Arbeitgeber, die in diesen Berufen tätig sind von 10% auf 19% steigt. Die meisten Arbeitgeber arbeiten im Handel in Großbritannien (siehe Tabelle 7.7). Der Anteil ist jedoch deutlich rückläufig über die Zeit. Parallel dazu expandiert Arbeitgeber-Selbständigkeit in den Finanz-/unternehmensorientierten Dienstleistungen und im Bildungs- und Gesundheitswesen.

Wie bereits mehrfach angeklungen, ist die Entwicklung beruflicher Selbständigkeit in Großbritannien allgemein zweigeteilt. Bis Ende der 1980er Jahre kommt es zu einer massiven Expansion selbständiger Erwerbstätigkeit. Seit Anfang der 1990er Jahre stagniert dieses Wachstum jedoch und ist teilweise sogar wieder rückläufig. Entsprechend lassen sich auch unterschiedliche Entwicklungen der Solo- und Arbeitgeber-Selbständigkeit in diesen verschiedenen zeitlichen Abschnitten erwarten. Die Selbständigenquote in Solo-Selbständigkeit wächst zwischen 1979 und 1994 deutlich an und erreicht Mitte der 1990er Jahre ein Niveau von 9,3%. Danach geht die Rate leicht zurück. Die Selbständigenquote bei Arbeitgebern nimmt hingegen nur zwischen 1979 und 1984 zu und weist bis 1994 einen Rückgang auf. Ende der 1990er Jahre liegt der Anteil der Arbeitgeber an allen Erwerbstätigen bei 3,6%.

Der Bruch in der Entwicklung ist demzufolge in Solo-Selbständigkeit geringer. Entsprechend finden sich zunehmende Selbständigenquoten in der Mehrzahl der einzelnen Kategorien des Sozial- und Wirtschaftsprofils (siehe Tabelle 7.8). Besonders stark expandiert Solo-Selbständigkeit zwischen 1984 und 1994 bei Erwerbstätigen mit einer Schulbildung auf Sekundarniveau (Casmin 2c-allgemein) oder auf Tertiärniveau (Casmin 3ab). Außerdem wächst der Anteil der Soloselbständigen, die in technischen oder Ingenieurberufen tätig sind, aber auch die Selbständigenquote bei unqualifiziert, manuelle Tätigen nimmt zu (siehe Tabelle A.7.6 im Anhang). Sowohl in Finanz-/unternehmensorientierten Dienstleistungen als auch im Gesundheitswesen sind 1994 mehr Soloselbständige tätig als noch 1984. Trotz der stagnierenden Entwicklung in den 1990er Jahren lässt sich auch zwischen 1994 und 1996 in einzelnen Kategorien eine Zunahme der Solo-Selbständigkeit beobachten. Besonders stark ist diese Zunahme im Anteil der technischen und Ingenieurberufe und im Gesundheitswesen und den sonstigen Dienstleistungen.

Tabelle 7.7: Sozialprofil Soloselbständige und Arbeitgeber – Großbritannien 1979 und 1996*

	1979		1996	
	Solo-Selbst.	Arbeitgeber	Solo-Selbst.	Arbeitgeber
Sozialprofil				
Geschlecht				
Frauen	12,8	14,0	15,1	20,0
Männer	87,2	86,0	84,9	80,0
	100	100	100	100
Alter				
20-29 Jahre	18,4	10,5	16,1	6,2
30-39 Jahre	35,4	35,5	30,3	28,9
40-49 Jahre	26,9	30,7	31,3	37,0
50-59 Jahre	19,3	23,4	22,3	27,8
	100	100	100	100
Bildung				
Casmin 1ab	61,4	49,8	18,3	17,4
Casmin 1c	5,0	4,5	25,9	20,5
Casmin 2a	9,7	7,5	19,3	11,7
Casmin 2b	9,0	10,9	12,5	12,7
Casmin 2c-allgemein	4,2	7,3	5,1	6,6
Casmin 2c-beruflich	1,3	1,3	1,6	1,1
Casmin 3a	2,3	3,8	5,6	6,8
Casmin 3b	6,7	14,8	11,7	23,3
	100	100	100	100
Wirtschaftsprofil				
Berufe				
unqualif. Manuelle	9,4	4,9	12,1	4,6
qualif. Manuelle	49,5	30,8	47,6	20,7
Techniker, Ing.	1,9	1,2	3,3	2,1
primäre DL	25,2	34,8	13,2	32,9
sekundäre DL	8,5	18,1	14,0	20,7
Freie Berufe	5,5	10,1	9,8	18,9
	100	100	100	100
Wirtschaftszweig				
verarb. Gewerbe	10,3	10,3	8,7	7,5
Baugewerbe	32,2	18,6	38,5	13,2
Handel	28,6	32,8	12,9	25,9
Gastgewerbe	3,8	11,8	2,4	13,2
Verk./ Nachrichten	8,8	4,9	8,1	4,1
Finanz-/untern. DL	8,1	11,8	14,3	20,1
Bildung	0,3	0,4	2,1	1,1
Gesundheit	1,1	3,5	4,3	9,9
sonstige DL	6,9	5,9	8,8	5,1
	100	100	100	100
N	2.980	2.229	3.714	1.505

Quelle: Quarterly Labour Force Survey 1979, 1996; eigene Berechnungen.

Insbesondere im letzt genannten Wirtschaftszweig nimmt die Selbständigenquote bei Soloselbständigen über die Zeit deutlich zu und wächst um 1,6 Prozentpunkte bzw. 30% von 5,2% auf 6,8% an.

Arbeitgeber arbeiten häufiger in primären Dienstleistungsberufen und Freien Berufen. Eine Zunahme findet in den technischen und Ingenieurberufen, den sekundären Dienstleistungsberufen und vor allem in Freien Berufen statt (siehe Tabelle 7.7).

Entsprechend der Gesamtentwicklung geht die Selbständigenquote bei Arbeitgebern in fast allen Kategorien des Sozial- und Wirtschaftsprofils seit 1984 zurück, wohingegen zwischen 1979 und 1984 teilweise recht deutliche Zuwächse zu verzeichnen sind. Demzufolge wachsen die Quoten der Arbeitgeber-Selbständigkeit in dieser ersten Periode vor allem in traditionellen Bereichen (siehe Tabelle 7.8). Sowohl die Rate der Arbeitgeber mit beruflicher Bildung insbesondere auf Primar- oder Sekundarniveau (Casmin 1c, 2a, 2c-beruflich) als auch im Handel und Gastgewerbe steigt deutlich an. Außerdem wächst die Arbeitgeberquote bei qualifiziert, manuellen Berufen und im verarbeitenden Gewerbe. Zwischen 1984 und 1994 ist sowohl die Selbständigenquote als auch der Anteil der Arbeitgeber im Handel und Gastgewerbe rückläufig. Entgegen des allgemeinen Rückgangs an Arbeitgeber-Selbständigkeit wächst deren Anteil in Finanz-/unternehmensorientierten Dienstleistungen und im Gesundheitswesen, jedoch ohne zu einer Zunahme in der Selbständigenquote zu führen. Die Bedeutung von sekundären Dienstleistungsberufen und Freien Berufen für Arbeitgeber steigt zwischen 1984 und 1994 an und entsprechend auch die Anteile derer mit Qualifikationen auf Tertiärniveau (Casmin 3ab). Über den gesamten Zeitraum betrachtet, werden die Arbeitgeber durchschnittlich älter. Der Anteil und die Arbeitgeberquote bei 50-59-Jährigen Erwerbstätigen steigt nahezu kontinuierlich über die Zeit an, während der Anteil der jüngsten Altersgruppe deutlich zurückgeht.

Zusammenfassend lässt sich somit feststellen, dass Arbeitgeber-Selbständigkeit in Großbritannien zwischen 1979 und 1984 in traditionellen Bereichen beruflicher Selbständigkeit expandiert ist. Das Wachstum bei Arbeitgebern, das noch zu Beginn der 1980er Jahre zu beobachten war, ist somit auf diese Bereiche zurückzuführen. Zwischen 1984 und 1994 verändert sich dieses Wachstumsmuster deutlich. Es kommt trotz des allgemeinen Rückgangs innerhalb dieser Erwerbskategorie zu einem Wachstum an Arbeitgeber-Selbständigkeit in höher qualifizierten Dienstleistungsberufen in modernen Dienstleistungsbranchen.

Tabelle 7.8: Sozial- und Wirtschaftsprofil Soloselbständige und Arbeitgeber - Selbständigenquoten* – Großbritannien

	1979		1984		1994		1996	
	Solo	AG	Solo	AG	Solo	AG	Solo	AG
gesamt	4,5	3,4	6,8	4,8	9,3	3,9	9,0	3,6
Sozialprofil								
Geschlecht								
Frauen	2,1	1,7	3,2	2,8	4,1	2,3	3,9	2,1
Männer	5,4	4,0	8,3	5,6	12,0	4,8	11,6	4,4
Alter								
20-29 Jahre	2,9	1,2	5,0	1,8	6,0	1,1	5,6	0,9
30-39 Jahre	6,1	4,6	8,5	6,0	10,0	4,1	9,4	3,7
40-49 Jahre	5,2	4,4	7,7	6,6	10,4	5,5	10,0	4,8
50-59 Jahre	4,0	3,6	6,2	5,6	11,6	5,6	11,4	5,8
Bildung								
Casm. 1ab	5,0	3,0	6,7	4,3	11,2	3,9	10,4	4,0
Casm. 1c	4,4	2,9	10,9	6,6	12,4	4,3	12,7	4,1
Casm. 2a	6,3	3,7	10,6	5,8	15,2	4,8	15,1	3,7
Casm. 2b	3,4	3,0	5,3	3,9	6,2	2,8	6,6	2,7
Casm. 2c-allg.	3,3	4,3	4,9	3,1	6,7	2,6	6,2	3,3
Casm. 2c-ber.	3,3	2,6	5,1	4,5	6,2	1,7	4,6	1,3
Casm. 3a	2,8	2,8	3,7	2,2	5,1	3,0	5,3	2,6
Casm. 3b	3,4	5,5	4,3	6,3	6,2	5,3	5,9	4,8
Wirtschaftsprofil								
Berufe								
unqualif. Manuelle	2,4	0,9	4,3	1,1	8,9	1,3	8,9	1,4
qualif. Manuelle	7,2	3,3	13,0	5,6	20,2	4,3	20,0	3,5
Techniker, Ing.	2,5	1,2	2,1	1,5	5,1	2,1	6,1	1,6
primäre DL	7,6	7,9	9,0	10,8	8,0	7,3	6,4	6,5
sekundäre DL	1,4	2,2	2,1	2,3	3,7	2,0	3,7	2,2
Freie Berufe	5,1	7,0	5,8	7,8	9,7	8,1	9,8	7,7
Wirtschaftszweig								
verarb. Gewerbe	1,1	0,9	2,1	1,3	3,1	1,4	3,0	1,1
Baugewerbe	15,5	6,8	24,4	8,9	38,9	7,0	39,8	5,6
Handel	9,7	8,5	12,5	11,5	11,2	7,7	8,8	7,2
Gastgewerbe	7,9	18,9	9,3	21,8	8,5	17,5	7,2	16,5
Verk./Nachricht.	4,7	2,0	6,5	2,8	9,1	1,5	9,5	1,9
Finanz-/untern. DL	5,2	5,8	5,6	6,4	9,3	5,1	8,5	4,8
Bildung	0,3	0,3	2,1	0,6	2,8	0,4	2,8	0,6
Gesundheit	1,2	2,7	1,5	3,8	4,1	3,9	4,4	4,1
sonstige DL	2,6	1,7	4,6	1,9	5,2	1,3	6,8	1,6

* AG = Arbeitgeber; Anteil an allen Erwerbstätigen innerhalb der einzelnen Kategorien.
Quelle: Quarterly Labour Force Survey 1979, 1984, 1994, 1996; eigene Berechnungen.

Die Entwicklung der Solo-Selbständigkeit weist über den gesamten Zeitraum betrachtet eine gewisse Zweiteilung auf. Zum einen sind immer mehr Selbständige ohne weitere Beschäftigte hoch qualifiziert und arbeiten in technischen Berufen oder modernen Dienstleistungsbranchen. Zum anderen nimmt die Bedeutung von unqualifizierten, manuellen Tätigkeiten vor allem im Laufe der 1980er Jahre in Solo-Selbständigkeit zu.

7.6 Zusammenfassung und Fazit

Die Entwicklung beruflicher Selbständigkeit in Deutschland und Großbritannien seit Beginn der 1980er Jahre wird getragen von Veränderungen in unternehmensorientierten, personen- und haushaltsbezogenen, kurativen, kulturellen und sonstigen sozialen Dienstleistungen. Darüber hinaus leisten die Verkehrs- und Nachrichtenbranche und Finanzdienstleistungen einen großen Beitrag zum wirtschaftsstrukturellen Wandel selbständiger Erwerbstätigkeit. Vor allem moderne Dienstleistungen zeigen sich als zentrale Betätigungsfelder für neue Selbständigkeit. Demgegenüber kommt es zu einer eindeutigen Reduzierung beruflicher Selbständigkeit in den Routinedienstleistungen des Handels und Gastgewerbes. Ein besonderer Stellenwert kommt indes der Entwicklung im Bausektor und hier vor allem in Großbritannien zu. Die dort stattfindenden Veränderungen dominieren im Wandel des Sozial- und Wirtschaftsprofils selbständiger Erwerbstätigkeit.

Allgemein weist die soziale Struktur beruflicher Selbständigkeit in Großbritannien geringere Abweichungen von der sozialen Struktur abhängiger Beschäftigung auf als in Deutschland. Dieses Ergebnis bezieht sich insbesondere auf das Bildungsniveau in beiden Erwerbsformen. Deutliche Unterschiede zeigen sich hingegen in Bezug auf das Alter. Das durchschnittlich höhere Alter von Selbständigen bleibt über die Zeit bestehen bzw. die Distanz vergrößert sich zwischen beiden Erwerbsformen aufgrund einer wachsenden Zahl an Selbständigen über 50 Jahren in Großbritannien. Ein gegenläufiger Trend zeichnet sich in Deutschland ab, wo sich die Altersdifferenz zwischen Selbständigen und abhängig Beschäftigten über die Zeit verringert, aber trotzdem noch immer sehr deutlich ausfällt.

Der Wandel der wirtschaftlichen Struktur beruflicher Selbständigkeit verläuft insgesamt in Deutschland und Großbritannien sehr verschieden. Allgemein expandiert selbständige Erwerbstätigkeit überwiegend in qualifizierten, manuellen Tätigkeiten, höher qualifizierten Dienstleistungsberufen und Freien Berufen. Dieser Trend ist jedoch in Deutschland stärker als in Großbritannien. Die Bedeutung von Dienstleistungsberufen für Selbständigkeit ist in Deutschland generell größer als in Großbritannien. Dort sind nach wie vor sehr viele Selbständige in manuellen Berufen tätig. Insgesamt kommt es zu einer Verschiebung in der Berufsstruktur selbständiger Erwerbstätigkeit hin zu höher qualifizierten Tätigkeiten in beiden Ländern; vor allen in den unternehmensorientierten und sonstigen Dienstleistungen und im Gesundheitswesen. Demgegenüber ist jedoch auch ein Zuwachs an unqualifizierten Tätigkeiten in Selbständigkeit festzustellen. Während der erst genannte Trend in Deutschland wesentlich ausgeprägter ist, nehmen gering qualifizierte Tätigkeiten in Großbritannien stärker zu.

Eine Expansion beruflicher Selbständigkeit zum einen in hoch qualifizierten und zum anderen in geringer qualifizierten Tätigkeiten findet sich somit mit jeweils unterschiedlichen Schwerpunkten in der Entwicklung in beiden Ländern. Diese zweigeteilte Veränderung beruflicher Selbständigkeit wird darüber hinaus ersichtlich, wenn zusätzlich nach Soloselbständigen und Selbständigen, die zusammen mit weiteren Beschäftigten arbeiten, differenziert wird. Arbeitgeber besetzen nach wie vor die traditionellen, höher qualifizierten Bereiche des verarbeitenden Gewerbes und der Routinedienstleistungen, aber auch in modernen Dienstleistungen sind viele Arbeitgeber tätig. Während in Deutschland auch hier eine leichte Zunahme beruflicher Selbständigkeit nachzuvollziehen ist, geht der Anteil der Selbständigen mit Beschäftigten in Großbritannien nahezu kontinuierlich zurück. In beiden Ländern konzentriert sich der Wandel beruflicher Selbständigkeit auf die Veränderungen in Solo-Selbständigkeit. Dabei handelt es sich in Deutschland überwiegend um Alleindienstleister in modernen Dienstleistungen der Finanz-, unternehmensorientierten, kulturellen und sonstigen Dienstleistungen. In Großbritannien findet ebenfalls eine Expansion von Solo-Selbständigkeit in professionellen und personenbezogenen Diensten statt, aber berufliche Selbständigkeit nimmt allgemein und Solo-Selbständigkeit insbesondere auch in gering qualifizierten Tätigkeiten zu. Hauptsächlich im Bereich der Finanz- und unternehmensorientierten als auch den personenbezogenen, sozialen und sonstigen Dienstleistungen kommt es zu einer Zunahme dieser Form der Selbständigkeit. Insgesamt wird jedoch die Entwicklung dominiert durch die Veränderungen im Bausektor, in dem die Zahl der allein arbeitenden Selbständigen seit Ende der 1970er Jahre eine massive Zunahme erfahren hat.

Alles im allem kann damit festgestellt werden, dass die Veränderungen in den Rahmenbedingungen vor allem aufgrund des Wandels in der Wirtschaftsstruktur, die Entwicklung beruflicher Selbständigkeit in beiden Ländern maßgeblich geprägt haben. Der nachvollziehbare Wandel der Industrie- zur Dienstleistungsgesellschaft in Form einer zunehmenden Tertiarisierung hat somit in beiden Ländern zu einer Renaissance beruflicher Selbständigkeit geführt, indem die Nachfrageverschiebung in Richtung Dienstleistungsökonomie solche Tätigkeiten begünstigt hat, die in beruflicher Selbständigkeit und zu einem Großteil ohne die Mitarbeit von weiteren Beschäftigten erbracht werden. Eine zunehmende Flexibilisierung der Arbeitsmärkte hat diese Tendenzen zusätzlich verstärkt, teilweise jedoch in anderen Tätigkeitsfeldern angesetzt. So kommt es einerseits zu einer Expansion hoch qualifizierter Selbständigkeit in modernen Dienstleistungssegmenten. Andererseits nimmt die Zahl Selbständiger in gering qualifizierten Tätigkeiten zu. Dieser Trend tritt erwartungsgemäß überwiegend in Großbritannien auf. Aufgrund der Unterschiede in der Strukturierung der Arbeitsmärkte zwischen Deutschland und Großbritannien wurde davon ausgegangen, dass in Großbritannien berufliche Selbständigkeit zunehmend in gering qualifizierten Tätigkeiten ausgeübt wird, wohingegen in Deutschland Flexibilisierungsbestrebungen eher zu einem Wachstum an hoch qualifizierten professionellen Tätigkeiten führt. Die oben beschriebenen Befunde sprechen deutlich für diese These.

8 Determinanten beruflicher Selbständigkeit in Deutschland und Großbritannien

Im vorangegangenen Kapitel wurden die allgemeinen Muster und Veränderungen im Sozial- und Wirtschaftsprofil selbständiger Erwerbstätigkeit in Deutschland und Großbritannien seit Beginn der 1980er Jahre dargestellt. Ein wesentliches Ergebnis dieser Betrachtung ist, dass es zu gravierenden Veränderungen in der sozialen und wirtschaftlichen Struktur beruflicher Selbständigkeit gekommen ist, wobei es deutliche Unterschiede darin zwischen Deutschland und Großbritannien gibt. Wenngleich sich bereits hier Entwicklungstendenzen und Ursachen für die Veränderungen abzeichnen, sind deskriptive Ergebnisse nur grobe Indikatoren, um tatsächlich zugrundeliegende Mechanismen der Veränderungen zu überprüfen. Für eine gezielte Überprüfung der Determinanten beruflicher Selbständigkeit und des Wandels in diesen Determinanten über die Zeit eignen sich multivariate Analysemethoden besser, da hier der Einfluss der jeweils anderen Bedingungen kontrolliert wird. Die im folgenden entwickelten Modelle gehen dabei von der Annahme aus, dass die Ausübung beruflicher Selbständigkeit von sozialen und wirtschaftlichen Charakteristika einer Person abhängig ist. In einem ersten Schritt wird deshalb das Sozialprofil einer Erwerbsperson kontrolliert. In einem zweiten Modell finden Charakteristika des Wirtschaftsprofils Berücksichtigung. In einem dritten Schritt werden dann sowohl die sozialen als auch die wirtschaftlichen Merkmale in die Modelle mit aufgenommen. Die angewandten, logistischen Regressionsmodelle geben Aufschluss über die relativen Chancenvorteile einzelner Merkmalsgruppen im Vergleich zu einer entsprechenden Referenzgruppe. Die abhängige dichotome Variable weist die Kategorien „abhängig beschäftigt" (=0) und „selbständig erwerbstätig" (=1) auf.

Die Analyse der Determinanten beruflicher Selbständigkeit in Deutschland und Großbritannien erfolgt nur für Vollzeit erwerbstätige Personen.[1] Des weiteren beschränkt sich die Untersuchung auch in den 1990er Jahren auf Westdeutschland. In den Modellen, die sich auf die wirtschaftlichen Charakteristika der Erwerbspersonen – Beruf und Wirtschaftszweig – konzentrieren, wird immer auch das Geschlecht und die Staatsangehörigkeit des Befragten kontrolliert.[2]

---

[1] Zur speziellen Fragestellung der Teilzeit-Beschäftigung bei besonderer Berücksichtigung von Selbständigkeit insbesondere von Frauen in einer international vergleichenden Perspektive siehe Lohmann 2001.

[2] Zur genaueren Beschreibung der einzelnen Indikatoren siehe Kapitel 5.

8.1 Soziale Erklärungsfaktoren beruflicher Selbständigkeit

Die Ergebnisse der deskriptiven Analysen werden in der Mehrzahl der Fälle auch im multivariaten Modell mit statistischer Signifikanz bestätigt. Tabelle 8.1 zeigt die Parameterschätzungen für Deutschland. Die Referenzkategorie der abhängigen Variablen ist dabei die Ausübung einer abhängigen Beschäftigung. Die Koeffizienten geben somit die relativen Chancen von Erwerbspersonen mit bestimmten soziodemographischen Merkmalen, selbständig erwerbstätig und nicht abhängig beschäftigt zu sein, wieder.[3]

Erwartungsgemäß zeigen sich durchweg positive Effekte für Männer. Zu jedem betrachteten Zeitpunkt ist die Wahrscheinlichkeit von Männern, beruflich selbständig tätig zu sein, um das ca. 1,5-fache (1996: $e^{0,44}$) höher als die entsprechende Wahrscheinlichkeit von Frauen. Diese Relation verschiebt sich zusätzlich über die Zeit zu Gunsten von Männern. Ebenfalls wie erwartet, zeigt sich, dass je älter die Erwerbspersonen sind, desto eher arbeiten sie als Selbständige und nicht als abhängig Beschäftigte. Dieses Chancenverhältnis verringert sich jedoch über die Zeit, so dass Ende der 1990er Jahre die Wahrscheinlichkeit von 50-59-jährigen Erwerbspersonen, selbständig tätig zu sein, zwar nach wie vor am höchsten ist, demgegenüber die Chancen der jüngsten Altersgruppe deutlich gestiegen sind. Während noch Anfang der 1980er Jahre die Wahrscheinlichkeit der ältesten Gruppe um das 4,7-fache ($\approx e^{1,55}$) über der Wahrscheinlichkeit der jüngsten Gruppe lag, ist diese Relation bis 1996 auf das 3,7-fache ($\approx e^{1,32}$) zurückgegangen. Mit Ausnahme des Jahres 1982 können für die übrigen Zeitpunkte Modelle geschätzt werden, in denen das Alter metrisch und in quadrierter Form, zur Kontrolle eines kurvilinearen Zusammenhangs, einbezogen wird (siehe Tabelle A.8.1 im Anhang). Auch hier finden sich positive Parameter für das Alter. Der quadrierte Altersterm ist jedoch negativ, d.h. der positive Einfluss steigenden Alters geht mit zunehmendem Alter leicht zurück. Über die Zeit sind die Effekte nahezu unverändert.

---

[3] Die Koeffizienten (odds ratio) sind invariant gegenüber Veränderungen in den Variablenverteilungen. Deshalb können die Werte dieser Parameter auch miteinander verglichen werden, wenn sich die Verteilungen der zugrundeliegenden Variablen unterscheiden. Durch entlogarithmieren der Koeffizienten ergeben sich log odds ratios bzw. Kreuzproduktverhältnisse oder Effektkoeffizienten, die direkt das Chancenverhältnis einer bestimmten Merkmalsausprägung im Vergleich zur Referenz wiedergeben (Long 1997). Hierbei gilt, dass eine Erhöhung des Wertes einer erklärenden Variablen um denselben Wert die Odds der abhängigen Variablen stets mit einem konstanten Faktor multiplikativ verändert („vervielfacht“) (Andreß et al. 1997).

Tabelle 8.1: Soziodemographische Determinanten beruflicher Selbständigkeit - Deutschland

	1982		1989		1993		1995		1996	
	odds	(s.e.)	odds	(s.e.)	odds	(s.e.)	odds	(s.e.)	odds	(s.e.)
Geschlecht (Ref.: weiblich)										
männlich	0,34	0,02	0,28	0,03	0,38	0,02	0,42	0,02	0,44	0,02
Alter (Ref.: 20-29 Jahre)										
30-39 Jahre	1,10	0,04	0,98	0,04	0,94	0,04	0,97	0,04	0,94	0,04
40-49 Jahre	1,39	0,04	1,36	0,04	1,29	0,04	1,32	0,04	1,23	0,04
50-59 Jahre	1,55	0,04	1,44	0,05	1,38	0,04	1,38	0,04	1,32	0,04
Bildung (Ref.: Casmin 1ab)										
Casmin 1c	0,61	0,03	0,44	0,04	0,07	0,03	0,23	0,04	0,09	0,03
Casmin 2a	0,96	0,04	0,75	0,04	0,36	0,03	0,50	0,04	0,29	0,03
Casmin 2b	0,97	0,06	1,00	0,08	0,37	0,08	0,60	0,08	0,35	0,07
Casmin 2c-allg.	1,23	0,08	1,67	0,09	1,09	0,08	1,28	0,08	1,25	0,06
Casmin 2c-berufl.	1,21	0,05	0,84	0,06	0,48	0,05	0,70	0,05	0,49	0,05
Casmin 3a	0,90	0,05	0,60	0,06	0,35	0,05	0,49	0,05	0,32	0,04
Casmin 3b	1,07	0,04	1,13	0,05	0,89	0,04	1,07	0,04	0,85	0,04
Kinder in der Familie (Ref.: keine Kinder)										
jüngstes Kind <6 J.	0,25	0,03	0,11	0,04	0,14	0,03	0,08	0,03	*0,04*	0,03
jüngstes Kind 6-14 J.	0,20	0,02	*0,06*	0,03	0,09	0,03	0,07	0,03	0,06	0,03
Familienstand (Ref.: ledig)										
verheiratet	0,41	0,03	0,28	0,03	0,12	0,03	0,10	0,03	0,07	0,03
verwit. / geschieden	0,53	0,05	0,41	0,05	0,32	0,04	0,22	0,04	0,17	0,04
Staatsangehörigkeit (Ref.: deutsch)										
nicht deutsch	-0,42	0,04	-0,15	0,05	*-0,07*	0,04	*0,02*	0,04	*-0,02*	0,04
Konstante	-4,96	0,04	-4,48	0,05	-4,08	0,04	-4,19	0,05	-3,88	0,04
Modellgüte										
N	188.829		121.871		135.240		132.190		131.675	
χ^2 (d.f.)	6120,34 (16)		3800,49 (16)		3718,90 (16)		3998,99 (16)		3681,78 (16)	
Pseudo R^2	0,062		0,055		0,048		0,050		0,044	

kursiv = nicht signifikant auf 5%-Niveau, ansonsten alle Parameter signifikant
Quelle: Mikrozensus 1982, 1989, 1993, 1995, 1996; eigene Berechnungen; Mikrozensus 1989: Sonderauswertungen durch ZUMA.

Positive Parameter finden sich auch für sämtliche Bildungskategorien. Demzufolge haben Erwerbspersonen, die über keinen oder nur einen Pflichtschulabschluss verfügen (Casmin 1ab), die geringste Chance selbständig erwerbstätig zu sein, im Vergleich zu allen anderen höheren Schulabschlüssen. Aber auch hier verringert sich das Chancenverhältnis über die Zeit für nahezu alle Bildungskategorien, d.h. umgekehrt, die Wahrscheinlichkeit von Personen mit minimalster Bildung, beruflich selbständig zu arbeiten, nimmt im Vergleich zu den übrigen Bildungskategorien über die Zeit zu. Am ehesten beruflich selbständig sind über die Zeit betrachtet, sowohl Erwerbspersonen mit Abitur ohne berufliche Bildung (Casmin 2c-allg.) als auch Personen mit Abschlüssen auf dem oberen Tertiärniveau (Casmin 3b). Die Bedeutung der Gruppe der Abiturienten für berufliche Selbständigkeit wurde bereits in der deskriptiven Betrachtung deutlich. Auch multivariat zeigt sich dieser Zusammenhang sehr klar. Es lässt sich wiederum nur darüber spekulieren, inwieweit eventuell Studienabbrecher diesen statistisch signifikanten Effekt begründen. Die Gruppe der Abiturienten ohne weitere berufliche Qualifikationen ist indes insgesamt nur sehr klein.

Die familiäre Lebenssituation einer Person wirkt sich auf die Wahrscheinlichkeit selbständiger Erwerbstätigkeit aus, verliert jedoch über die Zeit an Erklärungskraft. Insbesondere in den 1990er Jahren finden sich keine statistisch signifikanten Parameter für Kinder in der Familie. Die Unterschiede zwischen den einzelnen Kategorien in der Wahrscheinlichkeit selbständiger Erwerbstätigkeit verschwinden demnach über die Zeit. Auch der Familienstatus verliert an Einfluss, bzw. die Wahrscheinlichkeit von ledigen Erwerbspersonen, beruflich selbständig tätig zu sein, nimmt über die Zeit zu, so dass auch hier kaum mehr statistisch signifikante Unterschiede zwischen den einzelnen Gruppen gefunden werden können. Lediglich verwitwete oder geschiedene Personen neigen nach wie vor häufiger zu selbständiger Erwerbstätigkeit auch unter gleichzeitiger Kontrolle des Alters der Personen.

Negative Parameter zeigen sich nur für die Staatsangehörigkeit. Demnach ist die Ausübung selbständiger Erwerbstätigkeit in Deutschland für Erwerbstätige ohne deutsche Staatsangehörigkeit unwahrscheinlicher als für Deutsche. Vor allem in den 1980er Jahren finden sich statistisch signifikante Effekte. Diese verschwinden jedoch im Laufe der 1990er Jahre, so dass sich bis Ende der 1990er Jahre die Wahrscheinlichkeit selbständiger Erwerbstätigkeit in Relation zu abhängiger Beschäftigung zwischen Deutschen und Nicht-Deutschen nahezu ausgeglichen hat.

Insgesamt steigt somit zwischen Anfang der 1980er und Ende der 1990er Jahre die Wahrscheinlichkeit beruflicher Selbständigkeit relativ bei Männern, bei Personen im Alter zwischen 20 und 29 Jahren, bei Erwerbspersonen mit nur minimalstem Bildungsniveau, ledigen Personen und Nicht-Deutschen. Trotzdem sind die Chancen, beruflich selbständig zu arbeiten, vor allem bei älteren Erwerbspersonen, Abiturienten und Hochschulabsolventen auch Ende der 1990er Jahre deutlich höher als in der jeweiligen Referenzgruppe. Die Erklärungskraft der soziodemographischen Merkmale einer Person für die Ausübung einer selbständigen Erwerbstätigkeit geht indes insgesamt über die Zeit deutlich zurück.

Dieser Befund zeigt sich nicht in Bezug auf Großbritannien. Tabelle 8.2 fasst die entsprechenden Parameterschätzungen zusammen. Entgegen den Entwicklungen in Deutschland nimmt hier die Erklärungskraft der soziodemographischen Merkmale vor allem zwischen 1984 und 1994 zu. So nimmt die Wahrscheinlichkeit von Männern, selbständig zu sein, im Vergleich zu Frauen über die Zeit zu und liegt zu allen Zeitpunkten mehr als doppelt so hoch (1996: $e^{0,94}$=2,6). Auch in Großbritannien ist das Alter einer Person eine wichtige Determinante für Selbständigkeit. Je älter eine Erwerbsperson ist, desto wahrscheinlicher übt sie eine selbständige Erwerbstätigkeit aus im Vergleich zu Personen im Alter zwischen 20 und 29 Jahren. Die Parameter für die älteren Altersgruppen steigen über die Zeit. Die Wahrscheinlichkeit von 50-59-Jährigen ist 1979 noch 1,5-fach ($\approx e^{0,41}$) so hoch wie diejenige von 20-29-Jährigen. Diese Relation steigt bis 1996 auf das 2,5-fache ($\approx e^{0,91}$) an. Während somit auf Basis kategorisierter Altersgruppen eine deutliche Zunahme in der Neigung zu beruflicher Selbständigkeit bei älteren Erwerbspersonen festgestellt werden kann, finden sich in Modellen, in denen das Alter in metrischer und quadrierter Form einbezogen wird, deutlich rückläufige Alterseffekte (siehe Tabelle A.8.2 im Anhang). Der kurvilineare Zusammenhang zwischen Alter und der Wahrscheinlichkeit selbständiger Erwerbstätigkeit geht somit über die Zeit zurück und ist insgesamt immer klar geringer als in Deutschland.

Darüber hinaus ist im Gegensatz zu Deutschland in Großbritannien der Einfluss höherer Bildungsabschlüsse für berufliche Selbständigkeit geringer. Insgesamt zeigen sich vor allem in den 1990er Jahren negative Parameter für sekundäre und tertiäre Bildungsabschlüsse. D.h. Absolventen dieses Bildungsniveaus zeigen eine geringere Neigung zu selbständiger Erwerbstätigkeit als Personen mit keinem oder minimalsten Bildungsabschluss (Referenzkategorie). Vor allem berufsbildende Abschlüsse auf dem Sekundarniveau (Casmin 2c-beruflich) und dem Tertiärniveau (Casmin 3a) verringern die Wahrscheinlichkeit beruflicher Selbständigkeit relativ zu minimalsten Bildungsabschlüssen. Im Gegensatz dazu sind Personen mit beruflicher Bildung auf unterem Sekundarniveau (Casmin 2a) mit höherer Wahrscheinlichkeit selbständig.

Die familiäre Lebenssituation der Befragten verliert auch in Großbritannien an Einfluss auf die Wahrscheinlichkeit selbständiger Erwerbstätigkeit. So verringern sich die Unterschiede zwischen den verschiedenen Formen des Familienstatus über die Zeit, so dass Ende der 1990er Jahre keine statistisch signifikanten Effekte mehr auftreten.

Tabelle 8.2: Soziodemographische Determinanten beruflicher Selbständigkeit - Großbritannien

	1979		1984		1994		1996	
	odds	(s.e.)	odds	(s.e.)	odds	(s.e.)	odds	(s.e.)
Geschlecht (Ref.: weiblich)								
männlich	0,82	0,04	0,74	0,04	0,90	0,04	0,94	0,04
Alter (Ref.: 20-29 Jahre)								
30-39 Jahre	0,77	0,05	0,52	0,05	0,53	0,05	0,53	0,05
40-49 Jahre	0,69	0,05	0,53	0,05	0,72	0,05	0,72	0,06
50-59 Jahre	0,41	0,05	0,37	0,06	0,83	0,06	0,91	0,06
Bildung (Ref.: Casmin 1ab)								
Casmin 1c	*-0,02*	0,07	0,41	0,05	*-0,02*	0,05	*0,04*	0,05
Casmin 2a	0,22	0,06	0,35	0,05	0,26	0,05	0,22	0,05
Casmin 2b	*0,02*	0,05	*0,05*	0,05	-0,36	0,06	-0,23	0,06
Casmin 2c-allg.	0,15	0,07	-0,35	0,12	-0,38	0,07	-0,31	0,07
Casmin 2c-berufl.	-0,35	0,13	*0,00*	0,07	-0,59	0,11	-0,89	0,13
Casmin 3a	-0,22	0,08	-0,59	0,09	-0,63	0,07	-0,58	0,07
Casmin 3b	*0,05*	0,05	-0,11	0,06	-0,33	0,05	-0,31	0,05
*Kinder in der Familie (Ref.: keine Kinder)**								
jüngstes Kind <6 Jahre	-	-	0,19	0,05	0,31	0,05	0,25	0,05
jüngstes Kind 6-14 Jahre	-	-	0,20	0,04	0,15	0,04	0,23	0,04
Familienstand Ref.: ledig								
verheiratet	0,62	0,05	0,37	0,05	0,16	0,05	*0,08*	0,05
verwitwet / geschieden	0,36	0,10	0,40	0,08	*0,12*	0,08	*0,08*	0,07
Staatsangehörigkeit (Ref.: britisch)								
nicht britisch	0,21	0,07	0,34	0,07	*0,13*	0,08	0,20	0,08
Konstante	-4,17	0,06	-3,44	0,06	-3,15	0,06	-3,22	0,06
Modellgüte								
N	65.758		41.307		42.696		41.401	
χ^2 (d.f.)	1415,28 (14)		1354,44 (16)		1912,29 (16)		1793,08 (16)	
Pseudo R^2	0,039		0,045		0,057		0,057	

kursiv = nicht signifikant auf 5%-Niveau, ansonsten alle Parameter signifikant
*Angaben zu Kindern in der Familie liegen im Labour Force Survey 1979 nicht vor.
Quelle: Quarterly Labour Force Survey 1979, 1984, 1994, 1996; eigene Berechnungen.

Die Relevanz von Kindern in der Familie bleibt indes über die Zeit annähernd unverändert bestehen. Erwerbspersonen mit Kindern in der Familie haben eine bis zu 1,3-fach ($\approx e^{0,25}$, 1996) höhere Wahrscheinlichkeit, beruflich selbständig tätig zu sein, als Personen ohne Kinder in der Familie. Dieser Effekt dürfte insbesondere für Frauen eine große Rolle spielen, da hier selbständige Erwerbstätigkeit als eine Form der flexiblen Beschäftigung angesehen werden kann, welche die Vereinbarkeit von Familie und Beruf erleichtert (siehe auch die Diskussion bei Lohmann 2001).

In Großbritannien sind zudem Personen, die nicht die britische Staatsangehörigkeit besitzen, eher selbständig erwerbstätig, als erwerbstätige Briten. Die Wahrscheinlichkeit liegt um das 1,2- ($\approx e^{0,21}$) bis 1,4-fache ($\approx e^{0,34}$) höher. Dieser Befund zeichnete sich bereits in der deskriptiven Analyse ab, da hier die Anteile und Selbständigenquoten unter Nicht-Briten höher lagen als unter Briten. Nichtsdestotrotz tritt dieser Effekt auch unter Kontrolle aller anderen soziodemographischen Merkmale wie beispielsweise Alter und Bildung statistisch signifikant auf.

Die Wahrscheinlichkeit beruflicher Selbständigkeit nimmt somit relativ bei Männern, älteren Erwerbspersonen, nur gering Qualifizierten und ledigen Personen über die Zeit zu. Entsprechend finden sich die höchsten Koeffizienten für die Gruppe der 50-59-Jährigen und starke negative Effekte bei höheren Bildungsabschlüssen. Kaum verändert hat sich hingegen der Einfluss von Kindern in der Familie und der Staatsangehörigkeit. Allgemein ist die Gesamterklärungskraft aller soziodemographischen Indikatoren gestiegen.

Die größten Unterschiede zwischen Deutschland und Großbritannien zeigen sich sicherlich im Einfluss von Alter und Bildung auf die Wahrscheinlichkeit beruflicher Selbständigkeit. Während in Deutschland beide Indikatoren wichtige Determinanten selbständiger Erwerbstätigkeit sind, ist in Großbritannien nur der Einfluss des Alters vergleichbar. Während jedoch in Deutschland die Neigung zu beruflicher Selbständigkeit bei 20-29-jährigen Erwerbspersonen steigt, nimmt in Großbritannien vor allem bei den 50-59-jährigen Erwerbstätigen die Wahrscheinlichkeit zu. Höhere Bildung scheint hingegen eher hemmend auf selbständige Erwerbstätigkeit zu wirken bzw. die Wahrscheinlichkeit von minimal qualifizierten Erwerbspersonen, selbständig tätig zu sein, ist hoch.

Um die Bedeutung dieser wichtigen Indikatoren noch weitergehend zu verdeutlichen, werden für ausgesuchte Gruppen von Erwerbspersonen bedingte Wahrscheinlichkeiten auf Basis der Modellschätzung errechnet.[4] Dabei handelt es sich um eine auf Basis einer Monte Carlo Simulation vorgenommene Schätzung bedingter Wahrscheinlichkeiten. Das Verfahren geht auf eine Prozedur von

---

[4] Die bedingte Wahrscheinlichkeit, dass eine Person selbständig erwerbstätig ist (Y=1), errechnet sich aus den geschätzten odds ratios (βs) über alle unabhängigen Variablen (X) folgendermaßen:

$$\Pr(Y=1 \mid X) = \frac{1}{1+\exp[-\beta X]}.$$

King, Tomz und Wittenberg (2000, siehe auch Tomz et al. 2001) zurück.[5] Dadurch ergeben sich nicht nur einfache Punktschätzungen, sondern es lassen sich zusätzlich Konfidenzintervalle und Standardfehler für die Schätzungen angeben. In einem weiteren Schritt können dann für ausgewählte Kontrastgruppen die Veränderungen in den geschätzten Wahrscheinlichkeiten auf statistische Signifikanz getestet werden (King et al. 2000; Tomz et al. 2001).

Tabelle 8.3 fasst zunächst entsprechend die simulierten, bedingten Wahrscheinlichkeiten für Deutschland und Großbritannien zu den einzelnen Zeitpunkten zusammen. Einerseits wird der Kontrast zwischen der jüngsten und ältesten Altersgruppe dargestellt. Andererseits wird die geschätzte Wahrscheinlichkeit beruflicher Selbständigkeit je nach Bildungsabschluss abgetragen. Der Übersichtlichkeit halber wird darauf verzichtet, die Standardfehler der geschätzten Wahrscheinlichkeiten anzugehen, da alle nachfolgend aufgeführten geschätzten Wahrscheinlichkeiten nur sehr kleine Standardfehler aufweisen und entsprechend statistisch signifikant sind ($p<0,01$). Die übrigen Indikatoren wurden konstant gehalten, so dass es sich um ledige Männer ohne Kinder mit der jeweiligen Staatsangehörigkeit deutsch bzw. britisch handelt.

Allgemein ist auffällig, dass in Deutschland für beide Alters- und sämtliche Bildungsgruppen die geschätzten Wahrscheinlichkeiten über die Zeit deutlich zunehmen. Selbständige Erwerbstätigkeit expandiert somit über alle Kategorien hinweg. Besonders starke Zuwächse in den Wahrscheinlichkeiten beruflicher Selbständigkeit werden für Abiturienten (Casmin 2c-allg.) beider Altersgruppen und für junge Hochschulabsolventen (Casmin 3b) geschätzt. Umgekehrt zeigt sich ein deutlicher Zuwachs in der Neigung von älteren Erwerbspersonen mit nur minimaler Bildung (Casmin 1ab).

Insgesamt ist die Neigung zu selbständiger Erwerbstätigkeit in allen Bildungskategorien bei Personen zwischen 50 und 59 Jahren über den gesamten Zeitraum hinweg deutlich höher als bei der Gruppe der jüngeren Erwerbspersonen. Dies zeigt sich auch in der Abbildung 8.1, in der zur Veranschaulichung die geschätzten, bedingten Wahrscheinlichkeiten mit den jeweiligen Konfidenzintervallen ($p<0,01$) für beide Altersgruppen für das Jahr 1996 abgetragen sind. Die

---

[5] Das Vorgehen beruht auf einer Stata-Prozedur, die die Modellparameter ($\tilde{\beta}$) auf Basis einer Zufallsauswahl von 1000 Fällen simuliert und geschätzte Wahrscheinlichkeiten, dass die abhängige Variable Y den Wert „1" annimmt, errechnet. Die Formel zur Errechnung der simulierten Wahrscheinlichkeit $\tilde{\pi} \equiv Pr(Y=1)$ ist dabei: $\frac{1}{1+e^{(-X_c\tilde{\beta})}}$. Um eine Simulation für Y zu erhalten, wird eine Zahl basierend auf einer Bernoulli-Verteilung mit dem Parameter $\tilde{\pi}$ gezogen (King et al. 2000; Tomz et al. 2001).

Schätzungen für die älteren Erwerbspersonen liegen deutlich über der entsprechenden Schätzungen für die jüngeren Erwerbspersonen.

Tabelle 8.3: Geschätzte, bedingte Wahrscheinlichkeiten beruflicher Selbständigkeit für unterschiedliche Alters- und Bildungsgruppen*

- 20-29 Jährige

Casmin	1ab	1c	2a	2b	2c-allg.	2c-beruf.	3a	3b
Deutschland								
1982	0,010	0,018	0,025	0,025	0,033	0,032	0,024	0,028
1989	0,015	0,023	0,031	0,039	0,074	0,034	0,027	0,045
1993	0,024	0,026	0,034	0,035	0,068	0,038	0,034	0,057
1995	0,023	0,028	0,036	0,040	0,077	0,044	0,036	0,063
1996	0,031	0,034	0,041	0,044	0,101	0,049	0,042	0,070
Großbritannien								
1979	0,034	0,034	0,042	0,035	0,040	0,024	0,027	0,036
1984	0,063	0,092	0,087	0,066	0,045	0,063	0,036	0,057
1994	0,096	0,094	0,120	0,069	0,067	0,055	0,054	0,070
1996	0,092	0,096	0,113	0,075	0,070	0,040	0,054	0,069

- 50-59 Jährige

Casmin	1ab	1c	2a	2b	2c-allg.	2c-beruf.	3a	3b
Deutschland								
1982	0,044	0,044	0,108	0,110	0,137	0,135	0,102	0,120
1989	0,060	0,060	0,119	0,148	0,252	0,129	0,105	0,165
1993	0,089	0,089	0,123	0,124	0,225	0,136	0,122	0,192
1995	0,084	0,084	0,131	0,143	0,249	0,156	0,131	0,212
1996	0,108	0,108	0,139	0,146	0,296	0,164	0,142	0,220
Großbritannien								
1979	0,051	0,050	0,062	0,052	0,059	0,037	0,041	0,053
1984	0,089	0,128	0,121	0,092	0,064	0,089	0,051	0,080
1994	0,195	0,192	0,239	0,145	0,142	0,118	0,115	0,148
1996	0,202	0,209	0,241	0,168	0,157	0,095	0,125	0,157

*Standardisierung der übrigen Merkmale: männlich, keine Kinder, ledig, deutsch bzw. britisch.
Quelle: Modellschätzungen in Tabelle 8.1 und Tabelle 8.2.

Auffallend ist auch hier wiederum der Peak für Abiturienten (Casmin 2c-allg.) vor allem bei den älteren Personen. Das Konfidenzintervall ist entsprechend für diese Bildungskategorie am größten, die geschätzte Wahrscheinlichkeit aber trotzdem statistisch hoch signifikant ($p<0{,}01$). Abgesehen von dieser

Spitze ist ein annähernd linear verlaufender Zuwachs in der Neigung zu beruflicher Selbständigkeit mit steigendem Bildungsniveau festzustellen – ausgenommen Fachhochschule (Casmin 3a).

Abbildung 8.1: Geschätzte, bedingte Wahrscheinlichkeiten beruflicher Selbständigkeit nach Alters- und Bildungsgruppen, Deutschland 1996*

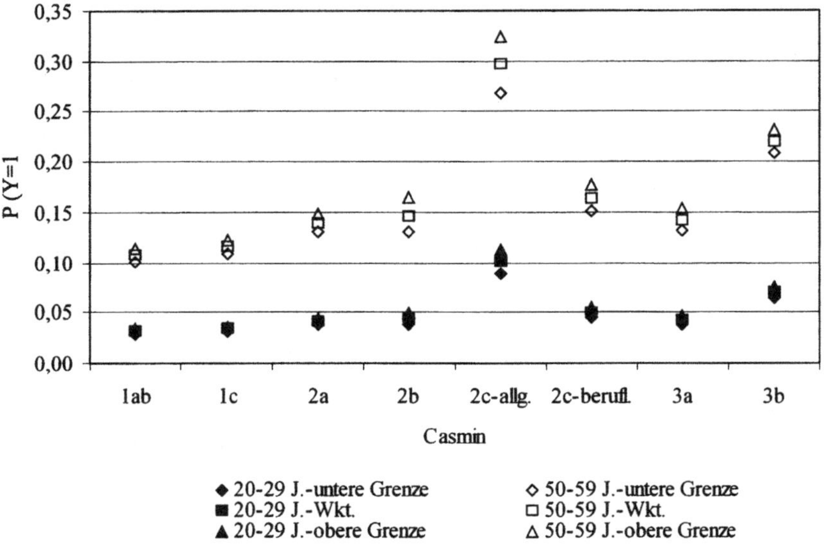

*Standardisierung der übrigen Merkmale: männlich, keine Kinder, ledig, deutsch.
Quelle: Schätzungen in Tabelle 8.3 für Deutschland 1996.

Dieser Befund steht in deutlichem Widerspruch zu den Ergebnissen für Großbritannien. Die geschätzten Wahrscheinlichkeiten für selbständige Erwerbstätigkeit nehmen auch hier für beide Altersgruppen und sämtliche Bildungskategorien über die Zeit zu. Es findet sich indes kein annähernd lineares Zusammenhangsmuster zwischen Bildung und beruflicher Selbständigkeit (siehe Tabelle 8.3). Ein Zuwachs in der Neigung zu selbständiger Erwerbstätigkeit findet insgesamt größtenteils zwischen 1979 und 1984 statt. Teilweise geht die Wahrscheinlichkeit beruflicher Selbständigkeit im Laufe der 1990er Jahre sogar wieder leicht zurück oder stagniert. Für beide Altersgruppen nimmt die geschätzte Wahrscheinlichkeit besonders deutlich für die unterste Bildungsgruppe (Casmin 1ab) und beruflich qualifizierte Personen (Casmin 1c, 2a) zu.

Die Neigung zu beruflicher Selbständigkeit ist auch in Großbritannien unter den 50-59-Jährigen in allen Bildungsgruppen deutlich höher als bei den 20-29-

Jährigen (siehe Abbildung 8.2). Die Konfidenzintervalle sind in allen Bildungskategorien bei den älteren Erwerbspersonen relativ groß. Die simulierten Wahrscheinlichkeiten sind trotzdem alle statistisch hoch signifikant (p<0.01). Entgegen dem Verlauf in Deutschland, kann in Großbritannien keine stetige Zunahme in der geschätzten Wahrscheinlichkeit mit zunehmendem Qualifikationsniveau festgestellt werden. In beiden Altersgruppen ist die Neigung besonders hoch für Personen mit beruflichen Qualifikationen auf Sekundarniveau (Casmin 1c, 2a) und minimalsten Niveau (Casmin 1ab). Für alle übrigen Bildungsabschlüsse liegen die geschätzten Wahrscheinlichkeiten deutlich niedriger.

Abbildung 8.2: Geschätzte, bedingte Wahrscheinlichkeiten beruflicher Selbständigkeit nach Alters- und Bildungsgruppen, Großbritannien 1996*

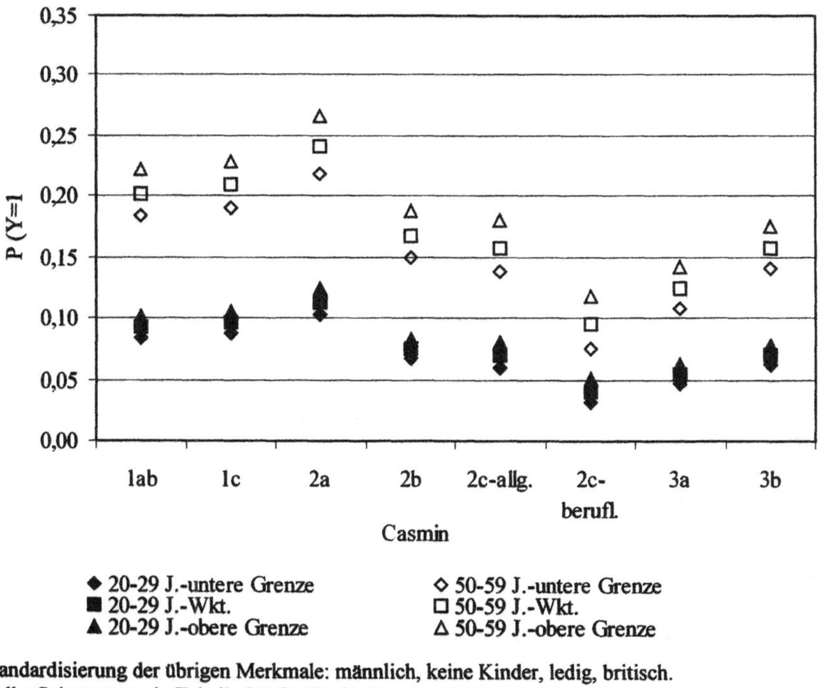

*Standardisierung der übrigen Merkmale: männlich, keine Kinder, ledig, britisch.
Quelle: Schätzungen in Tabelle 8.3 für Großbritannien1996.

In einem weiteren Schritt kann nun analysiert werden, ob die Unterschiede zwischen den einzelnen Bildungskategorien in den geschätzten Wahrscheinlichkeiten für berufliche Selbständigkeit statistisch signifikant sind. Hierfür wird beispielhaft zum einen für die jüngste Altersgruppe und zum anderen für die älteste Altersgruppe die Veränderung in den geschätzten Wahrscheinlichkeiten für die einzelnen Bildungsgruppen im Vergleich zur Referenzgruppe für das Jahr 1996 untersucht (siehe Tabelle A.8.3 im Anhang) (King et al. 2000; Tomz et al. 2001).

Analog zu den Befunden auf Basis der Parameterschätzungen zeigen sich in Deutschland nur statistisch signifikante Veränderungen in den geschätzten Wahrscheinlichkeiten. Im Vergleich zu Erwerbspersonen mit nur Pflichtschulbildung (Casmin 1ab) erhöht sich für alle höheren Bildungsabschlüsse sowohl bei 20-29-jährigen als auch bei 50-59-jährigen Erwerbspersonen die Neigung zu beruflicher Selbständigkeit signifikant. So zeigen Hochschulabsolventen im Alter zwischen 50-59 Jahren eine um 11,2 Prozentpunkte signifikant höhere, geschätzte Wahrscheinlichkeit, selbständig erwerbstätig zu sein, als Erwerbspersonen mit nur minimalster Bildung. In Großbritannien findet sich kein statistisch signifikanter Unterschied in der geschätzten Wahrscheinlichkeit selbständiger Erwerbstätigkeit zwischen Personen mit minimalster Schulbildung (Casmin 1ab) und jenen mit zusätzlich beruflicher Bildung (Casmin 1c). Lediglich ein berufsbildender Abschluss auf Sekundarniveau (Casmin 2a) erhöht die geschätzte Wahrscheinlichkeit signifikant um 2,0 Prozentpunkte für 20-29 jährige und um 3,8 Prozentpunkte für 50-59 jährige Erwerbspersonen im Vergleich zu jenen mit (Casmin 1ab). Umgekehrt verringert sich die geschätzte Neigung zu beruflicher Selbständigkeit für alle höheren Bildungsabschlüsse im Vergleich zu minimalster Bildung (Casmin 1ab). So liegt beispielsweise für Hochschulabsolventen in der jüngsten Altersgruppe die geschätzte Wahrscheinlichkeit um 2,2 Prozentpunkte und für Fachhochschulabsolventen um 3,8 Prozentpunkte geringer. Während somit in Deutschland die Neigung zu beruflicher Selbständigkeit mit steigendem Bildungsniveau zunimmt, liegt sie in Großbritannien bei gering qualifizierten Erwerbspersonen deutlich höher.

8.2 Wirtschaftliche Determinanten beruflicher Selbständigkeit

Neben den wichtigen Indikatoren des Sozialprofils haben sich in der deskriptiven Analyse Merkmale des ökonomischen Profils als zentrale Merkmale einer Erwerbsperson bei der Untersuchung beruflicher Selbständigkeit herausgestellt. Deshalb werden in einem nächsten Schritt die Effekte sowohl der beruflichen Tätigkeit als auch des Wirtschaftszweigs, in dem eine Person tätig ist, auf die Wahrscheinlichkeit beruflicher Selbständigkeit geschätzt. Dabei geht es vordergründig darum, die Gelegenheitsstrukturen, welche die einzelnen Berufsgruppen und Wirtschaftszweige für die Ausübung selbständiger Erwerbstätigkeit bieten, abzubilden. Idealerweise müssten Informationen über den Beruf und Wirtschaftszweig vor Aufnahme einer selbständigen Erwerbstätigkeit – und damit implizit über eventuelle Berufs- und Branchenwechsel bei dem Übergang in Selbständigkeit – vorliegen, um tatsächliche, kausale Zusammenhänge erfassen zu können. Diese Informationen liegen in den verwendeten Datensätzen jedoch nicht vor. Deshalb soll durch die Einführung des gegenwärtigen Berufs und Wirtschaftszweigs als erklärende Variablen der Versuch unternommen werden, Gelegenheiten, die das jeweilige Tätigkeitsfeld für berufliche Selbständigkeit bietet, abzubilden.

Tabelle 8.4 fasst die entsprechenden Parameterschätzungen für Deutschland zusammen. In sämtlichen Modellen wird neben den wirtschaftlichen Determinanten beruflicher Selbständigkeit immer auch das Geschlecht und die Staatsangehörigkeit der Personen kontrolliert. Insgesamt ist die Gesamterklärungskraft der Modelle in Deutschland über die Zeit rückläufig. Die verschiedenen Berufsgruppen bieten sehr unterschiedliche Gelegenheiten für berufliche Selbständigkeit. Während innerhalb der Gruppe der Techniker und Ingenieure die Wahrscheinlichkeit selbständiger Erwerbstätigkeit nur sehr gering ist im Vergleich zu unqualifizierten, manuell Tätigen, ist die Wahrscheinlichkeit für Erwerbspersonen in Freien Berufen am höchsten. Sie liegt um mehr als das 12- ($\approx e^{2,5}$, 1982) bzw. 17-fache ($\approx e^{2,9}$, 1995) höher im Vergleich zur Gruppe der unqualifizierten Manuellen. Allgemein ist die Neigung zu selbständiger Erwerbstätigkeit bei unqualifizierten, manuell Tätigen am geringsten. Relativ zu qualifizierten, manuell Tätigen und Erwerbspersonen in primären oder sekundären Dienstleistungsberufen erhöht sich ihre Wahrscheinlichkeit aber über die Zeit. Die Parameterschätzungen für die drei Berufsgruppen gehen klar zurück. Umgekehrt nimmt die Neigung zu beruflicher Selbständigkeit bei Technikern und Ingenieuren und Erwerbspersonen in Freien Berufen im Vergleich zu unqualifizierten Manuellen zwischen 1982 und 1996 deutlich zu.

Begleitet werden diese Veränderungen in der Neigung zu beruflicher Selbständigkeit in einzelnen Berufsgruppen von Verschiebungen in den einzelnen Wirtschaftszweigen. In Deutschland ist zu allen Beobachtungszeitpunkten die Wahrscheinlichkeit beruflicher Selbständigkeit bei Erwerbspersonen im Hotel- und Gaststättengewerbe im Vergleich zum verarbeitenden Gewerbe am höchsten.

Umgekehrt liegt die Neigung zu selbständiger Erwerbstätigkeit bei Personen im Bildungswesen am geringsten. In beiden Wirtschaftszweigen sind die Parameter jedoch rückläufig über die Zeit, so dass die Differenzen zum verarbeitenden Gewerbe geringer werden. Erwerbstätige in unternehmensorientierten Dienstleistungen haben eine um das 5-fache ($\approx e^{1,6}$) höhere Neigung zu beruflicher Selbständigkeit als jene im verarbeitenden Gewerbe. Diese Relation bleibt über die Zeit nahezu konstant. Eine Zunahme in den Parametern findet sich indes im Baugewerbe, Verkehr- und Nachrichtenwesen und in den Finanzdienstleistungen, wobei insgesamt die Differenzen zum verarbeitenden Gewerbe relativ gering sind.

Tabelle 8.4: Wirtschaftliche Determinanten beruflicher Selbständigkeit - Deutschland

	1982		1989		1993		1995		1996	
	odds	(s.e.)	odds	(s.e.)	odds	(s.e.)	odds	(s.e.)	odds	(s.e.)
Geschlecht (Ref.: weiblich)										
männlich	1,04	0,03	0,84	0,03	0,80	0,03	0,82	0,03	0,77	0,02
Berufskategorie (Ref.: unqualifiziert Manuelle)										
Qualifiziert Manuelle	1,22	0,04	1,17	0,05	0,95	0,05	1,04	0,05	0,77	0,04
Techniker, Ingenieure	0,28	0,07	0,58	0,07	0,65	0,06	0,64	0,06	0,48	0,06
primäre DL.	1,99	0,04	2,03	0,05	1,64	0,05	1,51	0,04	1,42	0,04
sekundäre DL	1,10	0,04	1,09	0,05	0,91	0,05	1,02	0,05	0,70	0,05
Freie Berufe	2,54	0,05	2,69	0,06	2,81	0,05	2,87	0,05	2,64	0,05
Wirtschaftszweig (Ref.: verarbeitendes Gewerbe)										
Baugewerbe	0,65	0,03	0,90	0,04	0,94	0,04	1,01	0,04	1,16	0,04
Groß-/ Einzelhandel	1,29	0,03	1,23	0,04	1,24	0,04	1,38	0,04	1,31	0,04
Hotel- und Gast.	2,40	0,05	2,14	0,05	2,17	0,05	2,44	0,05	2,24	0,05
Nachrichten/Verkehr	0,18	0,04	0,39	0,05	0,42	0,05	0,55	0,05	0,65	0,05
Finanz-DL	0,17	0,06	0,79	0,06	0,80	0,06	0,76	0,06	0,77	0,06
unternehmens. DL	1,61	0,04	1,57	0,05	1,56	0,04	1,54	0,04	1,58	0,04
Bildung	-1,92	0,09	-1,80	0,10	-1,80	0,09	-1,97	0,10	-1,69	0,08
Gesundheit	0,72	0,05	0,75	0,06	0,73	0,05	0,80	0,05	0,80	0,05
sonstige DL	-0,87	0,04	-0,24	0,05	-0,39	0,05	-0,08	0,04	0,09	0,04
Staatsangehörigkeit (Ref.: deutsch)										
nicht deutsch	-0,58	0,04	-0,18	0,05	-0,12	0,04	-0,20	0,04	-0,18	0,04
Konstante	-4,98	0,04	-4,91	0,06	-4,72	0,05	-4,80	0,05	-4,51	0,05
Modellgüte										
N	188.829		121.871		135.240		132.190		131.675	
χ^2 (d.f.)	17332,94 (16)		10874,99 (16)		12331,30 (16)		12684,09 (16)		12956,98 (16)	
Pseudo R^2	0,174		0,157		0,159		0,158		0,154	

kursiv = nicht signifikant auf 5%-Niveau, ansonsten alle Parameter signifikant
Quelle: Mikrozensus 1982, 1989, 1993, 1995, 1996; eigene Berechnungen; Mikrozensus 1989: Sonderauswertungen durch ZUMA.

Zu Beginn der 1980er Jahre war selbständige Erwerbstätigkeit in sonstigen Dienstleistungen noch deutlich weniger wahrscheinlich als im verarbeitenden Gewerbe. Diese Differenz ist bis Ende der 1990er Jahre nahezu verschwunden.

Beide Branchen sind durch relativ ähnliche Wahrscheinlichkeiten beruflicher Selbständigkeit geprägt.

Tabelle 8.5: Wirtschaftliche Determinanten beruflicher Selbständigkeit - Großbritannien

	1979		1984		1994		1996	
	odds	(s.e.)	odds	(s.e.)	odds	(s.e.)	odds	(s.e.)
Geschlecht Ref.: weiblich								
männlich	0,73	0,05	0,60	0,05	0,59	0,04	0,62	0,04
Berufskategorie (Ref.: unqualifiziert Manuelle)								
qualifiziert Manuelle	0,92	0,06	1,20	0,06	0,78	0,06	0,67	0,06
Techniker, Ingenieure	*0,23*	0,13	*-0,29*	0,14	-0,39	0,10	-0,38	0,10
primäre DL	1,16	0,06	1,15	0,07	0,34	0,06	*0,10*	0,06
sekundäre DL	0,18	0,07	*-0,04*	0,08	-0,48	0,07	-0,55	0,07
Freie Berufe	2,14	0,09	1,94	0,09	1,44	0,08	1,22	0,08
Wirtschaftszweig (Ref.: verarbeitendes Gewerbe)								
Baugewerbe	2,33	0,05	2,52	0,06	2,75	0,06	2,80	0,06
Groß-/ Einzelhandel	2,05	0,05	2,05	0,06	1,65	0,06	1,62	0,06
Hotel- und Gast.	2,71	0,08	2,63	0,08	2,20	0,08	2,18	0,09
Nachrichten/Verkehr	1,03	0,07	0,97	0,08	0,85	0,07	1,02	0,08
Finanz-/ unternehmens. DL	1,30	0,08	1,46	0,08	1,57	0,06	1,60	0,07
Bildung	-2,23	0,25	-0,98	0,15	-0,93	0,13	-0,63	0,13
Gesundheit	0,56	0,11	0,71	0,12	1,12	0,09	1,33	0,09
sonstige DL	1,00	0,07	1,10	0,07	0,64	0,08	1,04	0,07
Staatsangehörigkeit (Ref.: britisch)								
nicht britisch	*0,13*	0,08	0,27	0,08	*0,04*	0,08	*0,09*	0,08
Konstante	-5,00	0,08	-4,61	0,08	-3,87	0,07	-3,89	0,08
Modellgüte								
N	65.758		41.307		42.696		41.401	
χ^2 (d.f.)	6207,67 (15)		5719,06 (15)		6178,63 (15)		5483,32 (15)	
Pseudo R^2	0,171		0,192		0,185		0,175	

kursiv = nicht signifikant auf 5%-Niveau, ansonsten alle Parameter signifikant
Quelle: Quarterly Labour Force Survey 1979, 1984, 1994, 1996; eigene Berechnungen.

In Großbritannien nimmt die Gesamterklärungsleistung der wirtschaftlichen Determinanten zwischen 1979 und 1984 deutlich zu, um danach jedoch wieder zurückzugehen. Vor allem bezogen auf die Berufskategorien gehen die geschätzten Parameter seit 1984 deutlich zurück. Die Wahrscheinlichkeit unqualifizierter, manuell Tätiger, beruflich selbständig zu sein, steigt über die Zeit deutlich an. Entsprechend verringern sich die Differenzen zu den übrigen Berufsgruppen.

Trotzdem haben auch in Großbritannien Erwerbspersonen in Freien Berufen die größte Neigung, selbständig zu sein, im Vergleich zu unqualifizierten Manuellen. Die Wahrscheinlichkeit in dieser Berufsgruppe liegt auch 1996 noch um das 3,4-fache $\approx(e^{1,2})$ höher als in der Referenzgruppe. Deutlich geringere Neigungen zu selbständiger Erwerbstätigkeit als die Referenzgruppe zeigen hingegen Techniker und Ingenieure und Erwerbspersonen in sekundären Dienstleistungsberufen.

Eine weniger gleichgerichtete Entwicklung findet sich in Bezug auf die Wirtschaftszweige, in denen die Personen tätig sind. Selbständigkeit ist demnach sehr wahrscheinlich im Baugewerbe, in den traditionellen Bereichen des Handels und Gastgewerbes und in den Finanz- und unternehmensorientierten Dienstleistungen im Vergleich zum verarbeitenden Gewerbe. Deutliche Zuwächse in der Neigung zu selbständiger Erwerbstätigkeit über die Zeit finden sich im Bereich des Baugewerbes, der Finanz- und unternehmensorientierten Dienstleistungen und im Gesundheitswesen. Während in den übrigen Dienstleistungsbranchen kaum Veränderungen zu beobachten sind, nimmt die Bedeutung der traditionellen Wirtschaftszweige für selbständige Erwerbstätigkeit ab. Lag die Neigung zu selbständiger Erwerbstätigkeit im Hotel- und Gaststättengewerbe beispielsweise 1979 noch um das ca. 15-fache ($\approx e^{2,7}$) höher als im verarbeitenden Gewerbe, so ist diese Relation auf das 9-fache ($\approx e^{2,2}$) zurückgegangen.

Sowohl die verschiedenen Berufskategorien als auch die Wirtschaftszweige bieten demnach in beiden Ländern sehr unterschiedliche Gelegenheiten für berufliche Selbständigkeit. Die Neigung zu selbständiger Erwerbstätigkeit variiert sehr stark je nach Berufsfeld und Branche. Dabei bestehen wiederum interessante Unterschiede zwischen Deutschland und Großbritannien. Zur Veranschaulichung dieser Unterschiede wird erneut auf die Schätzung bedingter Wahrscheinlichkeiten nach dem bereits oben beschriebenen Verfahren von King et al. (2000; Tomz et al. 2001) zurückgegriffen.

Die Abbildungen 8.3 – 8.5 enthalten die entsprechenden, simulierten Wahrscheinlichkeiten beruflicher Selbständigkeit P(Y=1) in ausgewählten Wirtschaftszweigen und verschiedenen Berufskategorien.[6] Beispielhaft werden die Bereiche Baugewerbe, unternehmensorientierte Dienstleistungen und sonstige Dienstleistungen herausgegriffen, da hier deutliche Veränderungen über die Zeit und Differenzen zwischen den beiden Ländern erwartet werden können.

---

[6] Da insbesondere auch Veränderungen über die Zeit in den geschätzten Wahrscheinlichkeiten interessieren, wird zur besseren Übersichtlichkeit auf die Abtragung der mit den Schätzungen verbundenen Konfidenzintervalle verzichtet und statt dessen sämtliche zur Verfügung stehende Zeitpunkte in den Abbildungen abgetragen. Die simulierten Wahrscheinlichkeiten sind alle statistisch hoch signifikant (p<0,01).

Zunächst fällt in Abbildung 8.3 die herausragende Stellung Freier Berufe in beiden Ländern auf. Die simulierten Wahrscheinlichkeiten liegen für diese Berufsgruppe im Bausektor sehr hoch und haben über die Zeit noch zugenommen. So liegt die geschätzte Wahrscheinlichkeit selbständiger Erwerbstätigkeit für Erwerbspersonen, die in Freien Berufen im Bausektor tätig sind, Ende der 1990er Jahre in Deutschland bei 52% und in Großbritannien sogar bei 68%. In diesem Berufssegment kommt es in Deutschland auch zu dem deutlichsten Zuwachs in der Neigung zu beruflicher Selbständigkeit. In Großbritannien hingegen steigt die Wahrscheinlichkeit zwischen 1979 und 1994 insbesondere für qualifizierte, manuell Tätige stärker an. Liegt die entsprechende Schätzung Ende der 1970er Jahre noch bei 27%, so beträgt sie 1994 bereits 56%.

Abbildung 8.3: Geschätzte, bedingte Wahrscheinlichkeiten beruflicher Selbständigkeit nach Berufsgruppen im Baugewerbe*

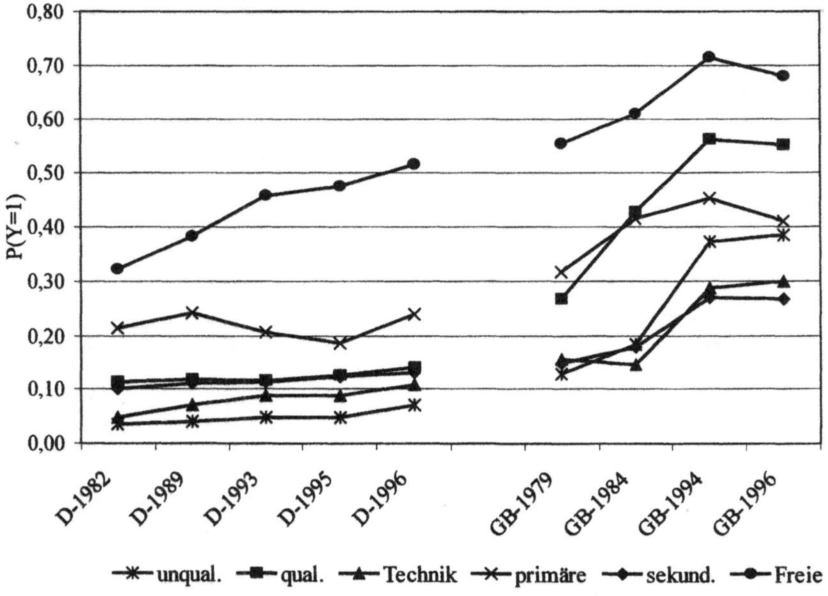

*Standardisierung der übrigen Merkmale: männlich, deutsch bzw. britisch.
Quelle: Modellschätzungen in Tabelle 8.4 und Tabelle 8.5.

Ähnlich starke Zuwächse finden sich auch bei unqualifizierten, manuell tätigen Erwerbspersonen, Technikern bzw. Ingenieuren und sekundären Dienstleistungsberufen. Die geschätzten Wahrscheinlichkeiten haben sich in diesen Berufsgruppen zwischen 1984 und 1996 annähernd verdoppelt. In Deutschland kommt es vor allem bei Technikern und Ingenieuren zu einer annähernd kontinuierlichen Zunahme in den geschätzten Wahrscheinlichkeiten. So steigt die Neigung zu beruflicher Selbständigkeit bei Erwerbspersonen mit entsprechenden Berufen von knapp 5% (1982) auf gut 11% (1996) an. In den anderen Berufsgruppen konzentrieren sich die Zuwächse stärker auf die 1990er Jahre. Eine uneinheitliche Entwicklung findet sich hingegen in Bezug auf die primären Dienstleistungsberufe. Nach einem Rückgang zwischen 1989 und 1995 zeichnet sich seither ein leichter Zuwachs in der Wahrscheinlichkeit selbständiger Erwerbstätigkeit ab.

Abbildung 8.4: Geschätzte, bedingte Wahrscheinlichkeiten beruflicher Selbständigkeit nach Berufsgruppen in unternehmensorientierten Dienstleistungen*

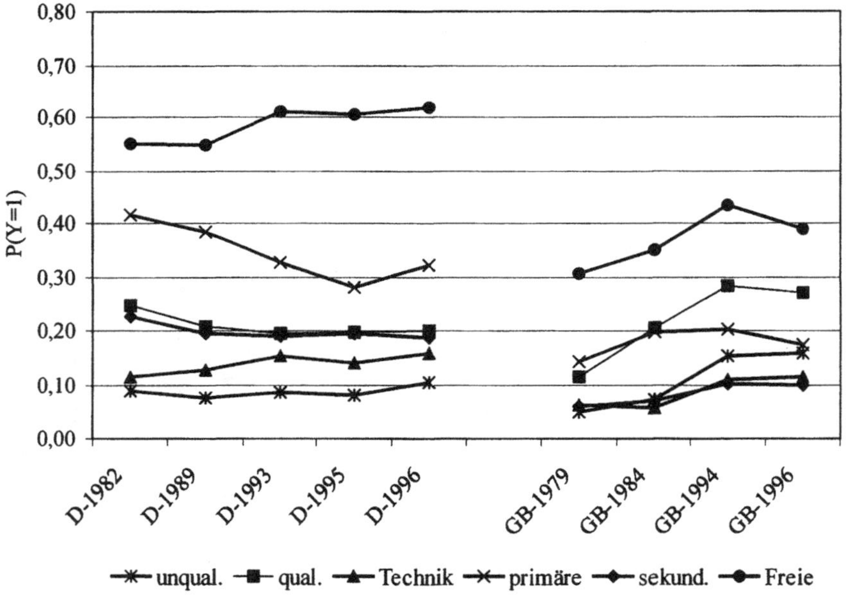

*Standardisierung der übrigen Merkmale: männlich, deutsch bzw. britisch.
Quelle: Modellschätzungen in Tabelle 8.4 und Tabelle 8.5.

Auch im Bereich der unternehmensorientierten Dienstleistungen fällt zunächst die sehr hohe Neigung von Erwerbspersonen in Freien Berufen, selbständig tätig zu sein, auf (siehe Abbildung 8.4). Vor allem in Deutschland erreicht die Schätzung ein sehr hohes Niveau, so dass Ende der 1990er Jahre die Wahrscheinlichkeit bei über 62% liegt. In Großbritannien liegt die Wahrscheinlichkeit 1994 mit knapp 44% am höchsten. In Deutschland handelt es sich bei diesem

Berufssegment neben den Technikern und Ingenieuren auch um den einzigen Bereich in dem die Wahrscheinlichkeit beruflicher Selbständigkeit über die Zeit gewachsen ist. Hingegen in Großbritannien zeigen sich deutliche Zuwächse in der geschätzten Neigung nicht nur bei Erwerbspersonen in Freien Berufen, sondern darüber hinaus auch bei unqualifizierten und qualifizierten, manuell Tätigen.

Abbildung 8.5: Geschätzte, bedingte Wahrscheinlichkeiten beruflicher Selbständigkeit nach Berufsgruppen in sonstigen Dienstleistungen*

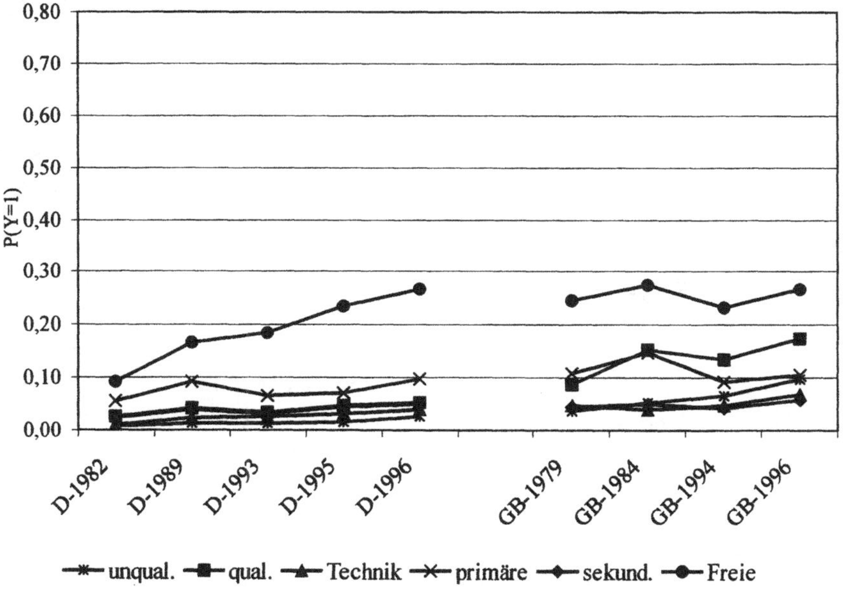

*Standardisierung der übrigen Merkmale: männlich, deutsch bzw. britisch.
Quelle: Modellschätzungen in Tabelle 8.4 und Tabelle 8.5.

Auf deutlich geringerem Niveau bewegen sich die geschätzten Wahrscheinlichkeiten beruflicher Selbständigkeit in sonstigen Dienstleistungen in beiden Ländern (siehe Abbildung 8.5). Auch hier findet sich die stärkste Neigung zu selbständiger Erwerbstätigkeit bei Erwerbspersonen in Freien Berufen. Sowohl in Deutschland als auch in Großbritannien liegt die geschätzte Wahrscheinlichkeit in dieser Berufsgruppe Ende der 1990er Jahre bei knapp 26%. Während jedoch in Großbritannien diese geschätzte Rate bereits Ende der 1970er Jahre sehr hoch ist 25%, kommt es in Deutschland zu einer enormen Expansion in der

Neigung zu beruflicher Selbständigkeit seit den 1980er Jahren. Noch 1982 liegt die geschätzte Wahrscheinlichkeit nur bei 9%.

Im Gegensatz dazu zeigt sich in Großbritannien eine deutliche Zunahme in der Neigung zu selbständiger Erwerbstätigkeit in den sonstigen Dienstleistungen in manuellen Berufen. Die geschätzte Wahrscheinlichkeit steigt demnach bei unqualifizierten, manuell Tätigen von 3,7% im Jahr 1979 auf 9,7% im Jahr 1996 und bei qualifizierten, manuell Tätigen von 8,8% Ende der 1970er Jahre auf 17,3% Ende der 1990er Jahre an.

Die markantesten Unterschiede zwischen Deutschland und Großbritannien zeigen sich wiederum in der Bedeutung der manuellen Berufe für selbständige Erwerbstätigkeit. In allen hier betrachteten Wirtschaftszweigen lag deren Relevanz für Selbständigkeit in Großbritannien merklich höher als in Deutschland. Zudem gingen die Schätzungen der Neigung zu beruflicher Selbständigkeit in diesen Berufsgruppen über die Zeit klar nach oben. Im Gegensatz dazu zeichnen sich Freie Berufe als die hauptsächlichen Betätigungsfelder selbständig Erwerbstätiger in Deutschland ab. Unabhängig von dem jeweiligen Wirtschaftszweig expandiert berufliche Selbständigkeit in diesem Bereich sehr deutlich.

8.3 Gemeinsame Analyse sozialer und ökonomischer Erklärungsfaktoren

In einem weiteren Analyseschritt werden die sozialen und ökonomischen Charakteristika der Erwerbspersonen in der Modellschätzung gleichzeitig kontrolliert. Die Tabellen 8.6 und 8.7 fassen die entsprechenden Parameterschätzungen zusammen. Vor allem die Koeffizienten der sozialen Determinanten beruflicher Selbständigkeit weisen deutliche Veränderungen unter Kontrolle der wirtschaftlichen Determinanten auf.

In Deutschland werden die Parameter in der Regel größer, d.h. unter Kontrolle des Berufs und des Wirtschaftszweigs wird der Einfluss der sozialen Merkmale stärker. Ausgenommen hiervon sind lediglich die Bildungseffekte. Diese sind im Vergleich zur ersten Modellschätzung (siehe Tabelle 8.1) geringer. Es lässt sich vermuten, dass vor allem die simultane Berücksichtigung des ausgeübten Berufs für die Reduzierung der Bildungseffekte in Deutschland verantwortlich ist. Demgegenüber vergrößern sich die Koeffizienten für das Geschlecht und das Alter.

Tabelle 8.6: Soziale und wirtschaftliche Determinanten beruflicher Selbständigkeit – Deutschland

	1982		1989		1993		1995		1996	
	odds	(s.e.)	odds	(s.e.)	odds	(s.e.)	odds	(s.e.)	odds	(s.e.)
Geschlecht (Ref.: weiblich)										
männlich	0,72	0,03	0,50	0,03	0,59	0,03	0,62	0,03	0,60	0,03
Alter Ref.: 20-29 Jahre										
30-39 Jahre	1,15	0,04	1,04	0,04	0,96	0,04	1,00	0,04	0,99	0,04
40-49 Jahre	1,55	0,04	1,46	0,04	1,38	0,04	1,45	0,04	1,37	0,04
50-59 Jahre	1,75	0,04	1,59	0,05	1,53	0,05	1,54	0,05	1,50	0,04
Bildung (Ref.: Casmin 1ab)										
Casmin 1c	0,38	0,03	0,21	0,04	*0,03*	0,03	0,13	0,04	0,07	0,03
Casmin 2a	0,74	0,04	0,47	0,05	0,25	0,04	0,35	0,04	0,25	0,04
Casmin 2b	0,79	0,07	0,72	0,09	0,26	0,09	0,45	0,08	0,29	0,07
Casmin 2c-allg.	1,02	0,09	1,30	0,10	0,82	0,09	0,98	0,08	1,03	0,07
Casmin 2c-berufl.	1,01	0,06	0,54	0,06	0,32	0,05	0,52	0,05	0,39	0,05
Casmin 3a	0,78	0,06	0,38	0,07	0,25	0,06	0,36	0,06	0,22	0,05
Casmin 3b	0,86	0,06	0,69	0,06	0,16	0,05	0,37	0,05	0,26	0,05
Kinder in der Familie (Ref.: keine Kinder)										
jüngstes Kind <6 J.	0,26	0,03	0,13	0,04	0,20	0,04	0,12	0,04	0,08	0,04
jüngstes Kind 6-14 J.	0,21	0,02	0,10	0,03	0,18	0,03	0,13	0,03	0,12	0,03
Familienstand (Ref.: ledig)										
verheiratet	0,46	0,04	0,37	0,04	0,20	0,03	0,17	0,03	0,12	0,03
verwit. / geschieden	0,46	0,05	0,42	0,05	0,33	0,05	0,24	0,05	0,19	0,04
Staatsangehörigkeit (Ref.: deutsch)										
nicht deutsch	-0,51	0,04	-0,21	0,05	-0,10	0,04	-0,13	0,04	-0,11	0,04
Berufskategorie (Ref.: unqualifiziert Manuelle)										
qualifiziert Manuelle	1,25	0,04	1,22	0,05	1,04	0,05	1,12	0,05	0,86	0,05
Techniker, Ingenieure	*-0,10*	0,07	0,31	0,08	0,49	0,06	0,44	0,06	0,35	0,06
primäre DL	1,84	0,04	1,89	0,05	1,62	0,05	1,46	0,05	1,40	0,04
sekundäre DL.	0,80	0,04	0,84	0,06	0,80	0,05	0,86	0,05	0,60	0,05
Freie Berufe	1,99	0,06	2,29	0,07	2,68	0,06	2,65	0,06	2,52	0,05
Wirtschaftszweig Ref.: verarbeitendes Gewerbe										
Baugewerbe	0,67	0,03	0,92	0,04	0,98	0,04	1,06	0,04	1,20	0,04
Groß-/ Einzelhandel	1,41	0,03	1,32	0,04	1,31	0,04	1,44	0,04	1,37	0,04
Hotel- und Gast.	2,62	0,05	2,28	0,06	2,27	0,05	2,57	0,05	2,33	0,05
Nachrichten/Verkehr	0,20	0,05	0,39	0,05	0,42	0,05	0,56	0,05	0,67	0,05
Finanz-DL	0,24	0,06	0,85	0,06	0,85	0,06	0,82	0,06	0,82	0,06
unternehmens. DL	1,78	0,04	1,67	0,05	1,65	0,04	1,61	0,04	1,63	0,04
Bildung	-1,96	0,09	-2,07	0,11	-1,97	0,09	-2,17	0,10	-1,89	0,09
Gesundheit	0,86	0,05	0,75	0,06	0,79	0,05	0,85	0,05	0,83	0,05
sonstige DL	-0,67	0,04	-0,27	0,05	-0,34	0,05	*-0,06*	0,04	*0,07*	0,04
Konstante	-6,81	0,06	-6,31	0,07	-5,97	0,07	-6,15	0,07	-5,77	0,06
Modellgüte										
N	188.829		121.871		135.240		132.190		131.675	
χ^2 (d.f.)	22177,32 (30)		13908,91 (30)		15006,73 (30)		15377,94 (30)		15447,57 (30)	
Pseudo R^2	0,223		0,201		0,194		0,192		0,183	

kursiv = nicht signifikant auf 5%-Niveau, ansonsten alle Parameter signifikant.

Quelle: Mikrozensus 1982, 1989, 1993, 1995, 1996; eigene Berechnungen; Mikrozensus 1989: Sonderauswertungen durch ZUMA.

Entgegen den Befunden auf Basis der getrennt geschätzten Modelle, gehen bei gleichzeitiger Kontrolle von sozialen und wirtschaftlichen Merkmalen die Unterschiede zwischen Männern und Frauen über die Zeit leicht zurück, d.h. die Wahrscheinlichkeit für Frauen nimmt zu, sobald die berufliche Tätigkeit und der Wirtschaftssektor kontrolliert wird. Die Geschlechtsunterschiede in selbständiger Erwerbstätigkeit sind somit großteils auf strukturelle Unterschiede in den Berufen und Wirtschaftszweigen zwischen Männern und Frauen zurückzuführen.

Die Alterseffekte hingegen sind höher als in der Ausgangsschätzung. Demnach erhöht sich die Wahrscheinlichkeit beruflicher Selbständigkeit bei den älteren Altersgruppen und umgekehrt verringert sie sich bei den jüngsten Erwerbspersonen unter Kontrolle des Berufs und Wirtschaftszweigs. Unter Kontrolle des Berufs und Wirtschaftszweigs erhöhen sich zusätzlich die Unterschiede zwischen den verschiedenen familiären Lebenssituationen in der Neigung zu selbständiger Erwerbstätigkeit. Die Parameter für Kinder in der Familie und vor allem bei verheirateten Personen sind in diesem Modell merklich höher als in der Ausgangsschätzung.

Deutlich geringere Parameter als in der ersten Modellschätzung finden sich – wie bereits erwähnt – in Bezug auf die verschiedenen Bildungskategorien. Nach wie vor neigen Abiturienten (Casmin 2c-allg.) am stärksten zu beruflicher Selbständigkeit. Insbesondere die Effekte für Universitätsabsolventen (Casmin 3b) verringern sich unter Kontrolle der beruflichen Tätigkeit und der Branche. Dies dürfte vor allem auf die sehr starken Effekte für Erwerbspersonen in Freien Berufen zurückzuführen sein. Während sich jedoch die Differenz zwischen den geringst qualifizierten Tätigkeiten und fast allen sonstigen Berufsgruppen unter Kontrolle der sozialen Determinanten verringert, nimmt der Unterschied zwischen unqualifiziert und qualifiziert, manuell Tätigen in der Neigung zu selbständiger Erwerbstätigkeit leicht zu. Insgesamt nehmen auch die Effekte der Wirtschaftsbranchen unter simultaner Kontrolle der sozialen Determinanten leicht zu. Die grundlegenden Aussagen verändern sich dadurch jedoch nicht, so dass nach wie vor die höchste Neigung zu beruflicher Selbständigkeit bei Erwerbspersonen im Hotel- und Gaststättengewerbe und in den unternehmensorientierten Dienstleistungen zu finden ist. Die deutlichsten Zuwächse ergeben sich indes im Baugewerbe, im Nachrichten- und Verkehrswesen und in den Finanzdienstleistungen.

In Großbritannien kommt es ebenfalls zu auffallenden Veränderungen in den Parameterschätzungen im Vergleich zum ursprünglichen Regressionsmodell (siehe Tabelle 8.7 im Vergleich zu Tabelle 8.2 und 8.5). Ähnlich wie in Deutschland erhöhen sich einerseits die Effekte des Alters und verringern sich andererseits die Bildungseffekte bei gleichzeitiger Kontrolle des Berufs und des Wirtschaftszweigs.

Tabelle 8.7: Soziale und wirtschaftliche Determinanten beruflicher Selbständigkeit – Großbritannien

	1979		1984		1994		1996	
	odds	(s.e.)	odds	(s.e.)	odds	(s.e.)	odds	(s.e.)
Geschlecht (Ref.: weiblich)								
männlich	0,60	0,05	0,45	0,05	0,44	0,04	0,51	0,05
Alter (Ref.: 20-29 Jahre)								
30-39 Jahre	0,87	0,05	0,67	0,05	0,72	0,05	0,69	0,06
40-49 Jahre	0,86	0,05	0,75	0,06	1,05	0,06	0,95	0,06
50-59 Jahre	0,71	0,05	0,65	0,06	1,21	0,06	1,20	0,07
Bildung (Ref.: Casmin 1ab)								
Casmin 1c	*0,02*	0,07	0,25	0,05	-0,18	0,05	-0,16	0,05
Casmin 2a	0,24	0,06	0,20	0,06	*0,03*	0,06	*-0,02*	0,06
Casmin 2b	0,11	0,06	0,18	0,06	-0,17	0,06	*-0,09*	0,06
Casmin 2c-allg.	0,25	0,07	*-0,07*	0,13	-0,17	0,08	-0,17	0,08
Casmin 2c-berufl.	*-0,08*	0,14	*0,15*	0,08	-0,41	0,12	-0,68	0,13
Casmin 3a	0,30	0,09	*0,03*	0,10	-0,33	0,08	-0,35	0,08
Casmin 3b	0,21	0,07	0,25	0,08	-0,20	0,07	-0,26	0,07
*Kinder in der Familie (Ref.: keine Kinder)**								
Jüngstes Kind <6 Jahre	-	-	0,17	0,05	0,36	0,05	0,21	0,05
Jüngstes Kind 6-14 Jahre	-	-	0,18	0,04	0,18	0,04	0,24	0,04
Familienstand (Ref.: ledig)								
verheiratet	0,62	0,06	0,39	0,06	0,14	0,05	0,14	0,05
verwitwet / geschieden	0,36	0,10	0,44	0,09	*0,10*	0,08	*0,06*	0,08
Staatsangehörigkeit Ref.: britisch								
nicht britisch	*0,10*	0,08	0,24	0,08	*0,02*	0,09	*0,08*	0,08
Berufskategorie (Ref.: unqualifiziert Manuelle)								
qualifiziert Manuelle	0,86	0,06	1,10	0,07	0,78	0,06	0,67	0,06
Techniker, Ingenieure	*0,03*	0,13	-0,45	0,15	-0,34	0,11	-0,27	0,11
Primäre DL	1,01	0,07	1,00	0,07	0,32	0,06	*0,10*	0,07
Sekundäre DL	*0,05*	0,07	-0,17	0,08	-0,48	0,07	-0,55	0,07
Freie Berufe	1,98	0,10	1,75	0,11	1,52	0,09	1,32	0,09
Wirtschaftszweig (Ref.: verarbeitendes Gewerbe)								
Baugewerbe	2,39	0,05	2,55	0,06	2,82	0,06	2,88	0,06
Groß- / Einzelhandel	2,17	0,05	2,17	0,06	1,75	0,06	1,71	0,07
Hotel- und Gast.	2,74	0,08	2,68	0,09	2,33	0,09	2,30	0,09
Nachrichten und Verkehr	1,03	0,07	0,96	0,08	0,85	0,08	1,02	0,08
Finanz-/ unternehms.. DL	1,40	0,08	1,54	0,08	1,70	0,07	1,73	0,07
Bildung	-2,34	0,26	-1,09	0,16	-1,08	0,13	-0,71	0,13
Gesundheit	0,54	0,12	0,71	0,12	1,14	0,09	1,37	0,09
sonstige Dienstleistungen	1,04	0,07	1,13	0,07	0,66	0,08	1,06	0,08
Konstante	-6,08	0,09	-5,47	0,10	-4,66	0,09	-4,66	0,09
Modellgüte								
N	65.758		41.307		42.696		41.401	
χ^2 (d.f.)	7049,39 (27)		6355,08 (29)		7084,22 (29)		6299,37 (29)	
Pseudo R^2	0,194		0,213		0,212		0,201	

kursiv = nicht signifikant auf 5%-Niveau, ansonsten alle Parameter signifikant

*Angaben zu Kindern in der Familie liegen im Labour Force Survey 1979 nicht vor.

Quelle: Quarterly Labour Force Survey 1979, 1984, 1994, 1996; eigene Berechnungen.

Damit zeigen sich die höchsten Wahrscheinlichkeiten beruflicher Selbständigkeit bei älteren und bei nur gering qualifizierten Erwerbspersonen. Bis einschließlich 1984 finden sich jedoch positive Effekte für tertiäre Bildung. Demzufolge ist die Neigung zu beruflicher Selbständigkeit bei Hochschulabsolventen bis Mitte der 1980er Jahre signifikant höher als bei nur gering qualifizierten Erwerbstätigen, wenn die berufliche Tätigkeit und der Wirtschaftszweig kontrolliert wird.

Zwischen 1984 und 1994 erhöht sich bei gering qualifizierten Personen die Wahrscheinlichkeit selbständiger Erwerbstätigkeit so stark, dass diese Ende der 1990er Jahre deutlich die höchste Neigung, selbständig tätig zu sein, aufweisen. Nach wie vor sind auch Männer eher selbständig erwerbstätig als Frauen.

Der Einfluss der familiären Lebenssituation für berufliche Selbständigkeit verändert sich kaum im Vergleich zwischen dem reduzierten und dem größeren Modell und ist insgesamt nur gering. Die Staatsangehörigkeit verliert indes deutlich an Einfluss auf die Wahrscheinlichkeit beruflicher Selbständigkeit. Ende der 1990er Jahre findet sich unter Kontrolle des Berufs und Wirtschaftszweigs kein statistisch signifikanter Effekt mehr, so dass die Unterschiede zwischen Briten und Nicht-Briten in der Neigung zu selbständiger Erwerbstätigkeit zu einem Großteil durch berufs- und wirtschaftsstrukturelle Unterschiede zwischen den beiden Gruppen erklärt werden können. Unter Kontrolle der sozialen Merkmale einer Person verringern sich die Differenzen zwischen unqualifiziert, manuell Tätigen und den übrigen Berufsgruppen in der Neigung zu beruflicher Selbständigkeit. Eine besonders starke Neigung zu beruflicher Selbständigkeit findet sich im britischen Bausektor. Dieser Effekt erhöht sich unter Kontrolle der sozialen Merkmale noch zusätzlich. Ähnlich starke Effekte zeigen sich darüber hinaus im Hotel- und Gastgewerbe. Insgesamt werden die geschätzten Parameter für die Wirtschaftsbranchen im Vergleich zum reduzierten Modell größer.

Allgemein ändern sich die grundlegenden Erkenntnisse aus den Modellen auch bei gleichzeitiger Kontrolle sozialer und wirtschaftlicher Determinanten in beiden Ländern nicht gravierend. Auffallend sind jedoch die deutlichen Veränderungen in den Parametern der Bildungskategorien und des Alters.

Um herauszufiltern, wodurch es zu diesen Veränderungen kommt, werden in einem nächsten Schritt Interaktionseffekte[7] zwischen Bildung bzw. Alter einer-

---

[7] Zur Bildung der Interaktionseffekte werden einzelne Bildungskategorien zusammengefasst: niedriges Bildungsniveau (Casmin 1ab), mittleres Bildungsniveau (Casmin 1c, 2a, 2b, 2c-allg., 2c-berufl.) und hohes Bildungsniveau (Casmin 3a, 3b). Die beiden letztgenannten, neu gebildeten Dummy-Variablen werden jeweils mit sämtlichen Wirtschaftsbranchen multipliziert. Bezogen auf das Alter werden die bereits bekannten Dummy-Variablen der Altersgruppen ebenfalls mit sämtlichen Wirtschaftsbranchen multipliziert.

seits und den Wirtschaftszweigen andererseits mit in die Modellschätzungen aufgenommen.

Abbildung 8.6 zeigt für ausgewählte Wirtschaftszweige die Schätzergebnisse der Interaktionseffekte für Bildung und Wirtschaftszweige. Abgetragen ist die Summe aus dem Parameter für die jeweilige Interaktionsvariable und dem Haupteffekt für die entsprechende Bildungskategorie. Je näher die abgetragenen Kurven um die Nulllinie herum verlaufen, desto geringer ist die Relevanz höherer Bildungsabschlüsse für berufliche Selbständigkeit in dieser Branche im Vergleich zu Pflichtschulbildung (Casmin 1ab, Referenzkategorie). Um die Darstellung überschaubar zu halten, werden nur die Befunde für die Jahre 1982 und 1996 für Deutschland und 1979 und 1996 für Großbritannien dargestellt. Die Ergebnisse für die restlichen Wirtschaftszweige und Zeitpunkte sind in den Tabellen A.8.4 und A.8.5 im Anhang zusammengefasst.

Die Relevanz von Bildung variiert sehr stark zwischen den einzelnen Wirtschaftsbranchen. Es lassen sich Wirtschaftszweige unterscheiden, in denen höhere Bildungsabschlüsse eindeutig die Neigung zu beruflicher Selbständigkeit erhöhen (z.B. hier grafisch dargestellt: unternehmenorientierte Dienstleistungen) und andere Branchen, in denen kaum eine Relevanz der Qualifikationen für selbständige Erwerbstätigkeit nachzuvollziehen ist (z.B. hier grafisch dargestellt: Verkehrs- und Nachrichtenbranche). Deutliche Unterschiede gibt es zudem zwischen sekundärer und tertiärer Bildung in einzelnen Branchen (z.B. hier grafisch dargestellt: Bildungswesen). Darüber hinaus variieren die beiden Länder erheblich (z.B. hier grafisch dargestellt: Baugewerbe).

In Deutschland hat Bildung insbesondere im Bausektor, im Handel, in den unternehmensorientierten Dienstleistungen und im Gesundheitswesen einen Einfluss. In diesen Wirtschaftszweigen steigt die Wahrscheinlichkeit beruflicher Selbständigkeit mit zunehmendem Qualifikationsniveau an.

Deutliche Unterschiede zwischen Bildung auf Sekundar- und Tertiärniveau finden sich indes im Bildungswesen und in sonstigen Dienstleistungen und etwas schwächer im Gastgewerbe und der Verkehrs- und Nachrichtenbranche. Hier sind die Effekte für Qualifikationen auf Sekundarniveau tendenziell höher als die Parameter für Tertiärabschlüsse. Letztere sind zum Großteil sogar negativ, so dass die Wahrscheinlichkeit beruflicher Selbständigkeit für diese Gruppe von Erwerbspersonen geringer als die Wahrscheinlichkeit von Personen mit minimalster Bildung ist. Vor allem im Bildungswesen finden sich stark negative Effekte für Casmin 3a und 3b. Erwerbspersonen, die in dieser Branche mit (Fach)Hochschulabschluss tätig sind, sind demzufolge wesentlich häufiger abhängig beschäftigt als jene mit nur minimalster Bildung (Casmin 1ab). Dies dürfte sicherlich auf die große Bedeutung von Lehrerberufen in diesem Wirtschaftszweig zurückzuführen sein, die üblicherweise von Hochschulabsolventen in abhängiger Beschäftigung ausgeübt werden. Insgesamt kommt es zwischen den beiden betrachteten Zeitpunkten zu einer deutlichen Reduzierung in der Relevanz von Bildung für berufliche Selbständigkeit. Die Kurven für das Jahr 1996 verlaufen in der Regel auf einem deutlich niedrigeren Niveau als die geschätzten Parameter für das Jahr 1982.

Dies trifft auch auf die Befunde für Großbritannien zu. Die Parameter Ende der 1970er Jahre liegen meistens deutlich über den entsprechenden Koeffizienten für 1996. Höhere Bildung hat auch hier an Einfluss eingebüßt. Besonders auffallend ist dieser Befund im Bereich der Baubranche. Die höchste Neigung zu beruflicher Selbständigkeit in diesem Bereich zeigen Erwerbspersonen mit nur minimalster Bildung (Casmin 1ab, Referenzkategorie). Vor allem tertiäre Bildung hemmt selbständige Erwerbstätigkeit. Die hohe Relevanz minimalster Bildung ist sicherlich auf die bereits beschriebenen Tendenzen des „subcontracting" in der britischen Bauwirtschaft zurückzuführen. Auch hier wird wiederum deutlich, dass davon überwiegend gering qualifizierte Erwerbstätige betroffen sind. Im Gegensatz dazu hat sich der Einfluss von Qualifikationen auf Sekundarniveau (Casmin 1c, 2a, 2b, 2c) im Bereich des Bildungswesens zwischen den zwei Beobachtungszeitpunkten merklich erhöht, wohingegen sich die Wahrscheinlichkeit selbständiger Erwerbstätigkeit mit höherer Bildung im Gesundheitswesen sehr stark reduziert.

Nur marginale Unterschiede im Einfluss verschiedener Bildungsabschlüssen finden sich in beiden Ländern im Gastgewerbe und in der Nachrichten- und Verkehrsbranche. Nur in Deutschland zeigt sich Anfang der 1980er Jahre eine etwas höhere Neigung zu beruflicher Selbständigkeit für Erwerbspersonen mit höherer Bildung auf Sekundarniveau (Casmin 2c-allg., 2c-berufsbildend) im Gastgewerbe. Keinen Unterschied zwischen den einzelnen Bildungskategorien findet sich zudem im Bereich der sonstigen Dienstleistungen in Großbritannien. Hier zeigen Erwerbspersonen unabhängig von ihrem Qualifikationsniveau nahezu die gleiche Neigung zu selbständiger Erwerbstätigkeit.

Die deutlichsten Unterschiede zwischen Deutschland und Großbritannien in der Relevanz von Bildung für berufliche Selbständigkeit zeigen sich im Baugewerbe und in Bezug auf tertiäre Bildung im Gesundheitswesen. Die Unterschiede im Bausektor liegen – wie bereits angesprochen – sicherlich in Differenzen im Auftreten gering qualifiziertem Sub-Unternehmertum begründet. Dieser Trend scheint in Deutschland nach wie vor deutlich geringer ausgeprägt zu sein als in Großbritannien, wobei auch hier eine Reduzierung der Bildungseffekte insgesamt festgestellt werden kann. Im Vergleich zu Deutschland trägt sicherlich die Organisation des britischen Gesundheitswesens mit einer stärkeren Basiertheit auf abhängiger Beschäftigung zu einer geringeren Neigung von Erwerbspersonen mit Qualifikationen auf Tertiärniveau, beruflich selbständig tätig zu sein, bei.

Abbildung 8.6: Interaktionseffekte von Bildung und Wirtschaftszweig – Deutschland 1982 und 1996, Großbritannien 1979 und 1996

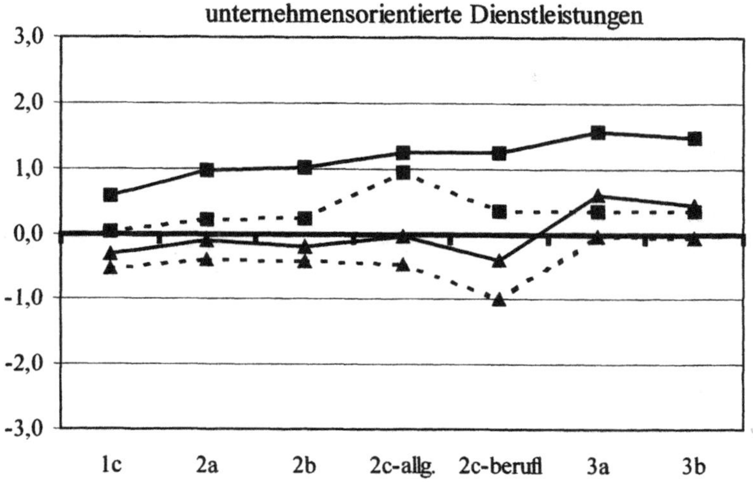

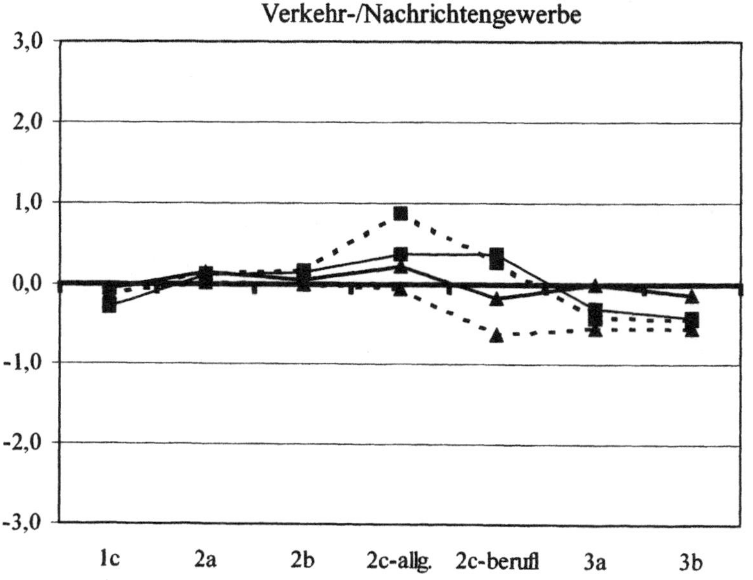

Fortsetzung Abbildung 8.6 nächste Seite

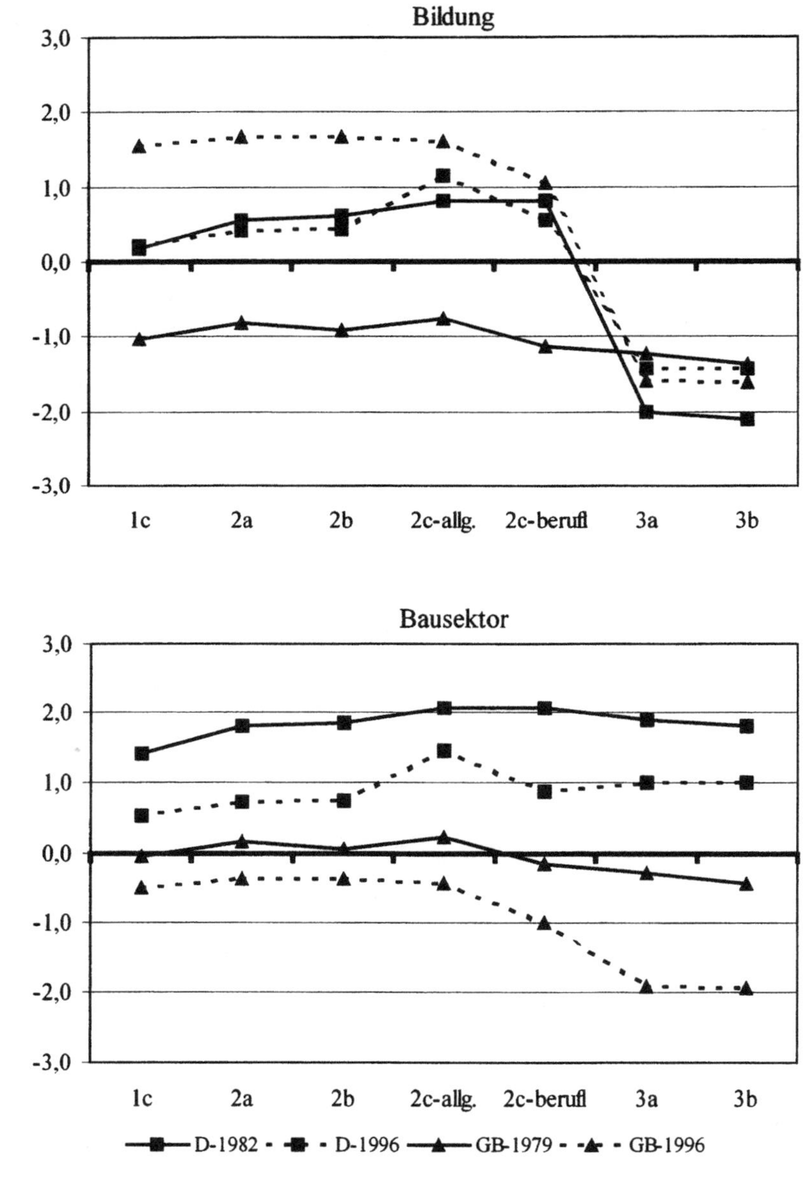

Quelle: Modellschätzungen in Tabelle A.8.4 und Tabelle A.8.5 im Anhang

Auffallend ist jedoch, dass noch Ende der 1970er Jahre relativ starke Bildungseffekte gefunden werden können. Diese haben sich bis Ende der 1990er Jahre fast völlig aufgelöst. Dies ist jedoch nicht nur auf einen Rückgang des Einflusses von Bildung auf die Neigung zu beruflicher Selbständigkeit zurückzuführen, sondern vielmehr auf eine Zunahme höherer Bildungsabschlüsse, vor allem auf dem Sekundarniveau, bei abhängig Beschäftigten in dieser Branche. Der Bildungsvorsprung von Selbständigen gegenüber abhängig Beschäftigten hat sich über die Zeit deutlich reduziert.

Die beschriebenen Befunde haben insgesamt deutlich werden lassen, dass es zentrale soziale und wirtschaftliche Charakteristika einer Person gibt, welche die Wahrscheinlichkeit der Ausübung einer selbständigen Erwerbstätigkeit beeinflussen. Wichtige soziale Determinanten sind neben der Bildung einer Person auch deren Alter und Geschlecht. Darüber hinaus bestimmt der Beruf und der Wirtschaftszweig, in dem eine Erwerbsperson tätig ist, zu einem signifikanten Teil deren Neigung zu beruflicher Selbständigkeit. Die durch diese Indikatoren gemessenen Gelegenheitsstrukturen variieren sehr stark zwischen verschiedenen Berufen und Wirtschaftsbranchen. Entsprechend wirken sich auch die sozialen Determinanten unterschiedlich je nach Tätigkeitsfeld des Selbständigen aus. Insgesamt kommt es zu deutlichen Veränderungen in den sozialen und wirtschaftlichen Determinanten beruflicher Selbständigkeit. Es hat ein Wandel einerseits in der Alters- und Bildungsstruktur und andererseits in der Berufs- und Wirtschaftsstruktur stattgefunden. Idealtypisch lassen sich zwei Entwicklungstrends unterscheiden. Zum einen expandiert berufliche Selbständigkeit bei jüngeren Erwerbspersonen in gering qualifizierten Tätigkeiten des Dienstleistungssektors und hier insbesondere in der Nachrichten- und Verkehrsbranche und den unternehmensorientierten und sonstigen Dienstleistungen. Darüber hinaus kommt es zu einer Expansion gering qualifizierter Selbständigkeit im Bausektor. Zum anderen nimmt auch die Zahl der hoch qualifizierten Selbständigen in Freien Berufen zu.

8.4 Zusammenfassung und Fazit

Die Befunde der multivariaten Analysen haben deutlich werden lassen, dass es zu bedeutenden Veränderungen in den sozialen und wirtschaftlichen Determinanten beruflicher Selbständigkeit in Deutschland und Großbritannien kommt. Seit Beginn der 1980er Jahre wandelt sich der Einfluss zentraler soziodemographischer und ökonomischer Indikatoren auf das Auftreten selbständiger Erwerbstätigkeit merklich. Dabei treten jedoch gravierende Unterschiede zwischen Deutschland und Großbritannien auf. Es zeichnen sich differierende Mechanismen der Veränderungen beruflicher Selbständigkeit in beiden Ländern ab.

In beiden Ländern ist berufliche Selbständigkeit unverändert seit den 1980er Jahren dominiert durch männliche Erwerbspersonen. Eine Zunahme in der Neigung zu selbständiger Erwerbstätigkeit ist in beiden Ländern bei nur gering qualifizierten Erwerbspersonen festzustellen. Während sich jedoch in Deutschland zusätzlich die Neigung zu Selbständigkeit bei jungen Erwerbspersonen erhöht, wächst in Großbritannien die Wahrscheinlichkeit insbesondere bei älteren Erwerbspersonen.

Die Wahrscheinlichkeit beruflicher Selbständigkeit ist auch unter Kontrolle sozialer Determinanten in den traditionell durch hohe Selbständigkeit geprägten Berufsbereichen und Wirtschaftszweigen über die Zeit hinweg am höchsten. So findet sich in beiden Ländern die stärkste Neigung zu selbständiger Erwerbstätigkeit bei Personen, die in Freien Berufen oder im Bereich Handel und Gastgewerbe tätig sind. Darüber hinaus kommt es zu einer Ausweitung selbständiger Erwerbstätigkeit zum einen in den hoch qualifizierten, freiberuflichen Tätigkeiten und zum anderen in unqualifizierten, manuellen Berufen. Insbesondere in den Wirtschaftszweigen Baugewerbe, unternehmensorientierte Dienstleistungen, Verkehrs- und Nachrichtenwesen und den sonstigen Dienstleistungen ist eine Expansion in der Neigung zu selbständiger Erwerbstätigkeit verzeichnen. In Deutschland konzentriert sich diese Zunahme in Freien Berufen, wohingegen in Großbritannien primär Selbständigkeit in (un)qualifizierten, manuellen Tätigkeiten wahrscheinlicher wird. Verbunden mit diesen verschiedenen Schwerpunkten in der Entwicklung selbständiger Erwerbstätigkeit ist in beiden Ländern eine unterschiedliche Relevanz der Ressourcen Bildung und Alter. In Deutschland erhöht allgemein ein höheres Bildungsniveau die Neigung zu selbständiger Erwerbstätigkeit und insbesondere im Baugewerbe, im Handel, in den unternehmensorientierten Dienstleistungen und im Gesundheitswesen ist Bildung eine wichtige Determinante für berufliche Selbständigkeit. Demgegenüber sind Qualifikationen nur von geringerem Einfluss in Großbritannien. Allgemein finden sich negative Bildungseffekte, so dass die Neigung zu beruflicher Selbständigkeit bei geringst qualifizierten Erwerbspersonen am höchsten ist. Dies trifft insbesondere auf das britische Baugewebe zu, aber auch in den übrigen Wirtschaftszweigen erhöht sich vor allem bei geringst qualifizierten Personen die Neigung zu Selbständigkeit. Annähernd einzige Ausnahme hiervon stellt das britische Gesundheitswesen dar, in dem generell selbständige Erwerbstätigkeit seit Ende der 1970er Jahre deutlich expandiert. Parallel hierzu kommt es in den Wirtschaftszweigen, die allgemein eine Zunahme in der Neigung zu selbständiger Erwerbstätigkeit aufweisen, zu einer Verringerung in der Relevanz von Alter für Selbständigkeit. In Deutschland geht der Einfluss von Alter über die Zeit im Bereich des Gesundheitswesens und der unternehmensorientierten Dienstleistungen deutlich zurück. Im Verkehrs- und Nachrichtenwesen und den sonstigen

Dienstleistungen hat Alter bereits zu Beginn der 1980er Jahre nur einen geringen Einfluss. In Großbritannien hat Alter Ende der 1990er Jahre im Bausektor, im Verkehrs- und Nachrichtenwesen und in den unternehmensorientierten und sonstigen Dienstleistungen nur einen geringen Einfluss. Insgesamt ist in beiden Ländern in jenen Wirtschaftszweigen, in denen selbständige Erwerbstätigkeit bedeutende Veränderungen erfahren hat, die Relevanz von Bildung und Alter als allgemein wichtige Indikatoren für berufliche Selbständigkeit über die Zeit rückläufig. Deutliche Unterschiede zwischen beiden Ländern liegen jedoch nach wie vor in der merklich höheren Relevanz dieser Indikatoren für berufliche Selbständigkeit allgemein in Deutschland und vor allem in den verschiedenen Schwerpunkten des Wandels selbständiger Erwerbstätigkeit. In Deutschland konzentrieren sich die Veränderungen unabhängig von der wirtschaftlichen Branche auf freiberufliche Tätigkeiten, wohingegen in Großbritannien die Veränderungen in unqualifizierten, manuellen Berufen dominieren. Die traditionellen Bereiche selbständiger Erwerbstätigkeit in primären und sekundären Dienstleistungsberufen verlieren insgesamt in beiden Ländern an Einfluss auf die Wahrscheinlichkeit beruflicher Selbständigkeit. Technische und Ingenieurberufen gewinnen hingegen an Einfluss.

Die Veränderungen in beruflicher Selbständigkeit werden überwiegend getragen von einem berufs- und wirtschaftsstrukturellen Wandel. Neue Betätigungsfelder insbesondere in den modernen Dienstleistungsbereichen der unternehmensorientierten, aber auch personenbezogenen, sozialen, kurativen und kulturellen Diensten tragen maßgeblich zu den Veränderungen in beruflicher Selbständigkeit seit Ende der 1970er bzw. Anfang der 1980er Jahre in beiden Ländern bei. Berufliche Selbständigkeit in diesen Tätigkeitsbereichen, die zunehmend durch Selbständigkeit geprägt sind, weicht jedoch im Sozialprofil erheblich vom Profil zu Beginn der Beobachtungsperiode ab. Es sind somit nicht nur neue Tätigkeitsfelder, die den Wandel beruflicher Selbständigkeit hervorrufen. Darüber hinaus kommt es einerseits zu einer Expansion gering qualifizierter Selbständigkeit und andererseits zu einer Zunahme beruflicher Selbständigkeit in traditionellen Betätigungsfeldern wie dem Baugewerbe. Im jeweiligen Gewicht dieser beiden letztgenannten Entwicklungen für die Veränderungen in beruflicher Selbständigkeit liegen zudem die größten Unterschiede zwischen Deutschland und Großbritannien.

Die Unterschiede zwischen beiden Ländern werden mehreren Ursachen zugesprochen. Neben Differenzen in institutionellen Gegebenheiten werden vor allem die Unterschiede in der Strukturierung der Arbeitsmärkte und deren Flexibilisierung als Ursachen vermutet. Entsprechend den theoretischen Erwartungen konzentrieren sich die Veränderungen in Deutschland auf moderne Dienstleistungen und hier vor allem auf hochqualifizierte, freiberufliche Tätigkeiten. Es wird davon ausgegangen, dass Flexibilisierungstendenzen auf dem deutschen Arbeitsmarkt und Auslagerungen von Tätigkeiten aus Firmen hin zu Sub-Unternehmern primär hoch qualifizierte Tätigkeiten umfassen. In Großbritannien konzentrieren sich Auslagerungsbestrebungen der Unternehmen dagegen primär auf gering qualifizierte Tätigkeiten, da hoch qualifizierte Tätigkeiten stärker auf betriebsspezifischem Humankapital beruhen und somit die Möglichkeiten der Auslagerung eingeschränkt sind. Dementsprechend finden sich in Großbritannien mehr gering qualifizierte Tätigkeiten in unternehmensorientierten Dienstleistungen als in Deutschland und diese Tätigkeiten erfahren einen enormen Anstieg seit Ende der 1970er Jahre.

Zu einer deutlichen Annäherung im Sozialprofil zwischen Selbständigen und abhängig Beschäftigten in diesen Berufssegmenten kommt es indes nicht. In Deutschland reduziert sich der differenzierende Einfluss sozialer Merkmale allgemein für sämtliche Berufsgruppen. Trotzdem ist nach wie vor das Alter oder die Bildung einer Person entscheidend für deren Neigung zu beruflicher Selbständigkeit. Somit kann noch immer von einer spezifischen Gruppe von Erwerbspersonen ausgegangen werden, die verstärkt beruflich selbständig wird indem sie neue Betätigungsfelder nutzt. In Großbritannien finden sich ebenfalls nach wie vor deutliche Alters- und Bildungseffekte, jedoch insgesamt geringer als in Deutschland.

9 Solo-Selbständigkeit versus Arbeitgeber-Selbständigkeit

In einem letzten Analyseschritt wird die Kategorie der selbständig Erwerbstätigen weitergehend differenziert, indem zwischen solchen, die ohne die Mithilfe weiterer Beschäftigter arbeiten und solchen, die zusammen mit abhängig Beschäftigten arbeiten, unterschieden wird. Wie bereits in Kapitel 7 gezeigt wurde, unterscheiden sich Soloselbständige und Arbeitgeber im Sozial- und Wirtschaftsprofil sehr deutlich voneinander. Die Bedeutung dieser Indikatoren für die Wahrscheinlichkeit in einer der beiden Formen selbständig erwerbstätig zu sein, wird nachfolgend multivariat mit Hilfe von multinomialen Logitmodellen überprüft. Dabei stellt die Wahrscheinlichkeit, entweder soloselbständig oder als Arbeitgeber tätig zu sein im Vergleich zur Wahrscheinlichkeit, abhängig beschäftigt zu sein, die zu erklärende Variable dar.

9.1 Soziodemographische Determinanten der Solo- und Arbeitgeber-Selbständigkeit

In einem ersten Schritt werden die sozialen Determinanten geprüft. Tabelle 9.1 enthält die entsprechenden Parameterschätzungen für Deutschland. Die Befunde der deskriptiven Analyse werden zum Großteil auch multivariat mit statistischer Signifikanz bestätigt. In beiden Formen der Selbständigkeit weisen Männer eine höhere Wahrscheinlichkeit, selbständig zu sein, auf als Frauen. So liegt Mitte der 1990er Jahre die Neigung zu Solo-Selbständigkeit bei Männern um das 1,5-fache ($\approx e^{0,4}$) und zu Arbeitgeber-Selbständigkeit um das 1,6-fache ($\approx e^{0,5}$) höher als bei Frauen in Relation zur Referenzkategorie ‚abhängige Beschäftigung'. Während sich jedoch der Unterschied zwischen Männern und Frauen in der Neigung zu Arbeitgeber-Selbständigkeit über die Zeit kaum verändert, wächst dieser in Bezug auf Solo-Selbständigkeit seit Anfang der 1980er Jahre deutlich an. Zwar nimmt die Selbständigenquote von Frauen in Solo-Selbständigkeit in diesem Zeitraum zu, doch proportional zu Männern fällt dieser Zuwachs geringer aus. Entsprechend nimmt die Wahrscheinlichkeit von Männern, als Selbständige ohne weitere Beschäftigte tätig zu sein, über die Zeit stärker zu.

Das Alter einer Erwerbsperson ist für beide Formen der Selbständigkeit von hoher Relevanz. Deutlich stärkeren Einfluss zeigt es jedoch auf die Neigung zu Arbeitgeber-Selbständigkeit. So liegt Ende der 1990er Jahre die Wahrscheinlichkeit von Personen im Alter zwischen 50-59 Jahren, als Arbeitgeber tätig zu sein, um mehr als das 5-fache ($\approx e^{1,6}$) höher als bei Personen im Alter zwischen 20-29 Jahren. Positive Alterseffekte zeigen sich auch bezogen auf Solo-Selb-

ständigkeit, jedoch sind die geschätzten Parameter deutlich geringer. Insgesamt gehen die geschätzten Parameter für das Alter der Personen über die Zeit für beide Formen der Selbständigkeit leicht zurück, wobei dieser Rückgang für Arbeitgeber deutlicher ausfällt und sich insbesondere in den 1980er Jahren vollzieht. Allgemein verringert sich die Distanz zwischen den älteren Altersgruppen und den jüngeren Erwerbspersonen in der Neigung zu Solo- bzw. Arbeitgeber-Selbständigkeit seit Beginn der 1980er Jahre.
Deutlichere Unterschiede zeigen sich bezogen auf die Relevanz der Qualifikation einer Person für die Neigung zu Solo- bzw. Arbeitgeber-Selbständigkeit. Die Bildungseffekte sind durchweg geringer für Solo-Selbständigkeit. Demzufolge haben gering qualifizierte Erwerbspersonen eine höhere Neigung zu Solo-Selbständigkeit als zu Arbeitgeber-Selbständigkeit. Noch zu Beginn der 1980er Jahre ist die Differenz in den Bildungseffekten für Solo- und Arbeitgeber-Selbständigkeit besonders groß. Insbesondere höhere Bildungsabschlüsse auf sekundärem und tertiärem Niveau erhöhen die Wahrscheinlichkeit als Arbeitgeber, selbständig zu sein. So ist beispielweise die Neigung eines Hochschulabsolventen (Casmin 3b), als Arbeitgeber und nicht als abhängig Beschäftigter tätig zu sein, Anfang der 1980er Jahre um mehr als das 4-fache ($\approx e^{1,5}$) höher als bei Personen mit Pflichtschulbildung. Diese Differenz reduziert sich bis Ende der 1990er Jahre auf das 2,8-fache ($\approx e^{1,0}$). Die Neigung zu Solo-Selbständigkeit liegt zum gleichen Zeitpunkt bei Hochschulabsolventen nur um das 1,8-fache ($\approx e^{0,6}$) höher als bei gering qualifizierten Personen. Über die Zeit nimmt die Wahrscheinlichkeit von Abiturienten (Casmin 2c-allgemein) aber auch von Hochschulabsolventen (Casmin 3b), als Soloselbständige tätig zu sein, deutlich zu. Im Gegensatz dazu verringert sich die Distanz zwischen Personen mit minimalsten Qualifikationen und den übrigen Bildungsabschlüssen.

Entgegen den bisherigen Befunden zeigt die familiäre Lebenssituation unterschiedliche Auswirkungen auf die Wahrscheinlichkeit von Solo- bzw. Arbeitgeber-Selbständigkeit. Während Kinder in der Familie Personen eher davon abhalten, als Soloselbständige tätig zu sein, wirkt eine solche familiäre Lebenssituation positiv auf Arbeitgeber-Selbständigkeit. Zusätzlich sind verheiratete Personen nur mit einer geringeren Wahrscheinlichkeit soloselbständig im Vergleich zu ledigen Erwerbspersonen. Das bisher gefundene relativ stabile Muster des positiven Einflusses sowohl von Kindern in der Familie als auch vom Familienstand einer Person auf deren Neigung zu beruflicher Selbständigkeit trifft demnach nur auf die Gruppe der Arbeitgeber zu. Soloselbständige weichen von diesem gängigen Muster vor allem in den 1990er Jahren ab.

Darüber hinaus wirkt sich die Staatsangehörigkeit einer Person unterschiedlich auf Solo- und Arbeitgeber-Selbständigkeit aus. Während Personen ohne deutsche Staatsangehörigkeit eine höhere Neigung zu Solo-Selbständigkeit aufweisen als Deutsche, sind sie im Gegensatz dazu mit geringerer Wahrscheinlichkeit als Arbeitgeber tätig. So liegt ihre Neigung zu Arbeitgeber-Selbständigkeit im Vergleich zu Deutschen um das 1,1-fache niedriger ($\approx 1/e^{-0,1}$).

Tabelle 9.1: Soziale Determinanten der Solo- und Arbeitgeber-Selbständigkeit (AG) – Deutschland

	1982		1989		1993		1995		1996	
	Solo odds (s.e.)	AG odds (s.e.)	Solo odds (s.e.)	AG odds (s.e.)	Solo odds (s.e.)	AG odds (s.e.)	Solo odds (s.e.)	AG odds (s.e.)	Solo odds (s.e.)	AG odds (s.e.)
Geschlecht (Ref.: weiblich)										
männlich	0,14	0,47	0,15	0,36	0,26	0,45	0,36	0,46	0,38	0,48
	0,04	0,03	0,04	0,03	0,04	0,03	0,04	0,03	0,03	0,03
Alter (Ref.: 20-29 Jahre)										
30-39 Jahre	0,94	1,25	0,98	1,01	0,90	1,02	0,93	1,04	0,89	1,03
	0,05	0,05	0,06	0,06	0,05	0,05	0,05	0,06	0,05	0,06
40-49 Jahre	1,05	1,63	1,20	1,47	1,04	1,50	1,11	1,50	1,04	1,43
	0,06	0,05	0,06	0,06	0,06	0,06	0,06	0,06	0,05	0,06
50-59 Jahre	1,20	1,80	1,14	1,62	0,98	1,65	1,05	1,62	0,97	1,63
	0,06	0,05	0,07	0,06	0,06	0,06	0,06	0,06	0,06	0,06
Bildung (Ref.: Casmin 1ab)										
Casmin 1c	0,30	0,83	0,15	0,64	*-0,07*	0,16	0,11	0,30	-0,10	0,22
	0,04	0,04	0,06	0,05	0,05	0,04	0,06	0,05	0,05	0,04
Casmin 2a	0,55	1,23	0,41	0,97	0,12	0,51	0,32	0,60	*0,08*	0,45
	0,05	0,05	0,07	0,06	0,05	0,04	0,06	0,05	0,05	0,05
Casmin 2b	0,80	1,09	0,94	1,02	0,50	0,24	0,54	0,62	0,44	0,24
	0,09	0,09	0,11	0,11	0,11	0,12	0,12	0,10	0,09	0,10
Casmin 2c-allg.	1,06	1,34	1,79	1,44	1,26	0,83	1,35	1,16	1,31	1,13
	0,12	0,11	0,12	0,13	0,11	0,12	0,10	0,11	0,08	0,09
Casmin 2c-berufl.	0,88	1,44	0,61	1,00	0,46	0,47	0,70	0,68	0,42	0,52
	0,08	0,07	0,09	0,08	0,07	0,07	0,07	0,06	0,06	0,06
Casmin 3a	0,78	1,01	0,58	0,63	0,36	0,35	0,56	0,44	0,33	0,30
	0,08	0,07	0,09	0,08	0,07	0,06	0,07	0,07	0,06	0,06
Casmin 3b	0,30	1,48	0,60	1,42	0,50	1,09	0,77	1,24	0,57	1,04
	0,07	0,05	0,07	0,06	0,06	0,05	0,06	0,05	0,05	0,05
Kinder in der Familie (Ref.: keine Kinder)										
jüngstes Kind <6 J.	0,20	0,28	*-0,06*	0,21	*0,01*	0,23	*-0,02*	0,16	-0,12	0,17
	0,05	0,04	0,06	0,04	0,06	0,04	0,06	0,04	0,05	0,04
jüngstes Kind 6-14 J.	0,09	0,25	-0,13	0,14	*-0,08*	0,17	*-0,04*	0,13	*-0,06*	0,14
	0,04	0,03	0,05	0,04	0,05	0,04	0,05	0,03	0,04	0,03
Familienstand (Ref.: ledig)										
verheiratet	0,14	0,61	*-0,08*	0,54	-0,26	0,42	-0,34	0,44	-0,31	0,42
	0,05	0,04	0,05	0,05	0,05	0,04	0,04	0,04	0,04	0,04
verwit. / geschieden	0,58	0,49	0,43	0,41	0,31	0,38	0,20	0,29	0,13	0,28
	0,06	0,06	0,07	0,06	0,06	0,06	0,06	0,06	0,05	0,06
Staatsangehörigkeit (Ref.: deutsch)										
nicht deutsch	-0,28	-0,51	*0,01*	-0,25	0,15	-0,21	0,22	-0,11	*0,10*	-0,10
	0,06	0,05	0,07	0,06	0,06	0,05	0,06	0,05	0,06	0,05
Konstante	-5,05	-6,10	-4,73	-5,48	-4,39	-5,09	-4,54	-5,20	-4,13	-5,04
	0,06	0,06	0,07	0,07	0,06	0,06	0,07	0,07	0,06	0,07

(Fortsetzung Tabelle 9.1)

Modellgüte					
N	188.829	121.871	135.240	132.190	131.675
χ^2 (d.f.)	6841,84 (32)	4389,65 (32)	4494,48 (32)	4765,79 (32)	4541,78 (32)
Pseudo R^2	0,058	0,054	0,048	0,050	0,446

Solo = Soloselbständige; **AG** = Arbeitgeber.
kursiv = nicht signifikant auf 5%-Niveau, ansonsten alle Parameter signifikant; Standardfehler in Klammern.
Quelle: Mikrozensus 1982, 1989, 1993, 1995, 1996; eigene Berechnungen; Mikrozensus 1989: Sonderauswertungen durch ZUMA.

Insgesamt zeigt sich, dass die Effekte der sozialen Determinanten in Bezug auf Solo-Selbständigkeit geringer sind als bezogen auf Arbeitgeber-Selbständigkeit. Die systematischen Unterschiede im Sozialprofil zwischen Soloselbständigen und abhängig Beschäftigten sind demnach geringer als zwischen Arbeitgeber-Selbständigen und abhängig Beschäftigten. Für beide Formen der Selbständigkeit kommt es indes zu einer Reduzierung in den geschätzten Parametern über die Zeit, die auf eine leichte Annäherung bzw. eine Verringerung in den Unterschieden zwischen den beiden Gruppen der Selbständigen und abhängig Beschäftigten schließen lässt. Diese Annäherung ist für Soloselbständige aufgrund der bereits Anfang der 1980er Jahre geringeren Unterschiede deutlicher.

In Großbritannien zeigen sich diese Differenzen ebenfalls (siehe Tabelle 9.2). Die Effekte der sozialen Erklärungsfaktoren sind meist in Bezug auf Solo-Selbständigkeit geringer als in Bezug auf Arbeitgeber-Selbständigkeit. Im Gegensatz zu den Befunden in Deutschland kommt es jedoch in manchen Bereichen zu einer Zunahme in den geschätzten Parametern, die auf eine Vergrößerung der Unterschiede zwischen Selbständigen und abhängig Beschäftigten schließen lässt.

Männliche Erwerbstätige weisen eine hohe Neigung zu Solo- und Arbeitgeber-Selbständigkeit auf. Während die Neigung zu Arbeitgeber-Selbständigkeit bei Männern leicht zurückgeht, vergrößert sich deren Wahrscheinlichkeit, als Soloselbständige tätig zu sein, relativ zu Frauen, deutlich über die Zeit. Der Einfluss von Alter auf die Neigung zu Arbeitgeber-Selbständigkeit steigt bis Ende der 1990er Jahre an. So liegt die Wahrscheinlichkeit, als Arbeitgeber und nicht als abhängig Beschäftigter tätig zu sein, 1996 bei Personen im Alter zwischen 50 und 59 Jahren um mehr als das 5-fache ($\approx e^{1,8}$) höher als bei Erwerbspersonen zwischen 20 und 29 Jahren. Die entsprechende Differenz beträgt in Solo-Selbständigkeit nur knapp das 2-fache ($\approx e^{0,7}$). Demzufolge haben jüngere Erwerbspersonen eine höhere Neigung zu Solo-Selbständigkeit als zu Arbeitgeber-Selbständigkeit.

Tabelle 9.2: Soziale Determinanten der Solo- und Arbeitgeber-Selbständigkeit (AG) – Großbritannien

	1979		1984		1994		1996	
	Solo odds (s.e.)	AG odds (s.e.)	Solo odds (s.e.)	AG odds (s.e.)	Solo odds (s.e.)	AG odds (s.e.)	Solo odds (s.e.)	AG odds (s.e.)
Geschlecht (Ref.: weiblich)								
männlich	0,89	0,73	0,90	0,52	1,03	0,61	1,06	0,65
	0,06	0,06	0,06	0,06	0,05	0,06	0,05	0,07
Alter (Ref.: 20-29 Jahre)								
30-39 Jahre	0,60	1,08	0,35	0,87	0,43	0,93	0,43	1,03
	0,06	0,08	0,06	0,08	0,05	0,10	0,06	0,12
40-49 Jahre	0,44	1,09	0,24	1,03	0,52	1,33	0,53	1,40
	0,06	0,08	0,07	0,09	0,06	0,11	0,06	0,13
50-59 Jahre	*0,11*	0,89	*0,04*	0,92	0,61	1,49	0,66	1,75
	0,07	0,08	0,07	0,10	0,06	0,11	0,07	0,13
Bildung (Ref.: Casmin 1ab)								
Casmin 1c	*-0,05*	*0,02*	0,45	0,35	*-0,01*	*-0,03*	*0,09*	*-0,10*
	0,09	0,11	0,06	0,07	0,05	0,08	0,05	0,09
Casmin 2a	0,17	0,28	0,35	0,33	0,26	0,24	0,30	*-0,04*
	0,07	0,09	0,06	0,08	0,05	0,09	0,06	0,10
Casmin 2b	-0,21	0,32	*-0,07*	0,22	-0,46	*-0,11*	-0,28	*-0,09*
	0,07	0,07	0,07	0,08	0,06	0,10	0,06	0,10
Casmin 2c-allg.	-0,26	0,64	-0,42	*-0,26*	-0,45	*-0,21*	-0,45	*0,01*
	0,10	0,09	0,14	0,18	0,08	0,13	0,09	0,12
Casmin 2c-berufl.	-0,51	*-0,14*	-0,21	0,30	-0,59	-0,65	-0,86	-1,02
	0,17	0,19	0,09	0,10	0,12	0,22	0,14	0,26
Casmin 3a	-0,47	*0,09*	-0,56	-0,63	-0,79	-0,26	-0,66	-0,40
	0,12	0,12	0,11	0,14	0,08	0,12	0,08	0,12
Casmin 3b	-0,47	0,57	-0,53	0,34	-0,65	0,25	-0,59	0,20
	0,08	0,07	0,08	0,07	0,06	0,08	0,06	0,08
*Kinder in der Familie (Ref.: keine Kinder)**								
jüngstes Kind <6 Jahre	-	-	0,14	0,28	0,22	0,52	0,12	0,57
			0,06	0,08	0,05	0,08	0,06	0,09
jüngstes Kind 6-14 Jahre	-	-	0,20	0,19	*0,05*	0,34	0,16	0,39
			0,05	0,06	0,05	0,06	0,05	0,07
Familienstand (Ref.: ledig)								
verheiratet	0,42	1,01	0,16	0,82	*0,03*	0,65	*-0,03*	0,46
	0,06	0,10	0,07	0,10	0,06	0,11	0,06	0,10
verwitwet / geschieden	*0,19*	0,69	0,28	0,71	*0,10*	0,31	*0,08*	*0,16*
	0,12	0,15	0,10	0,14	0,08	0,15	0,08	0,14
Staatsangehörigkeit (Ref.: britisch)								
nicht britisch	*0,15*	0,28	0,29	0,41	*0,12*	*0,15*	0,24	*0,09*
	0,09	0,10	0,09	0,10	0,09	0,13	0,09	0,14
Konstante	-4,31	-5,77	-3,68	-5,03	-3,26	-5,30	-3,37	-5,31
	0,08	0,11	0,07	0,11	0,07	0,13	0,07	0,13

(Fortsetzung Tabelle 9.2)

Modellgüte				
N	65.758	41.307	42.696	41.401
χ^2 (d.f.)	1684,43 (28)	1634,07 (32)	2267,87 (32)	2156,12 (32)
Pseudo R^2	0,039	0,045	0,056	0,057

Solo = Soloselbständige; **AG** = Arbeitgeber.
kursiv = nicht signifikant auf 5%-Niveau, ansonsten alle Parameter signifikant; Standardfehler in Klammern.
*Angaben zu Kindern in der Familie liegen im Labour Force Survey 1979 nicht vor.
Quelle: Quarterly Labour Force Survey 1979, 1984, 1994, 1996; eigene Berechnungen.

Deutliche Unterschiede zwischen den geschätzten Parametern für Solo-Selbständigkeit und Arbeitgeber-Selbständigkeit zeigen sich vor allem bezogen auf die Qualifikationen der Erwerbspersonen. Tendenziell ist der Zusammenhang zwischen dem Bildungsniveau einer Person und Solo-Selbständigkeit eher negativ, wohingegen vor allem Ende der 1970er und zu Beginn der 1980er Jahre Arbeitgeber-Selbständigkeit positiv mit höheren Qualifikationsniveaus zusammenhängt.

Ende der 1990er Jahre hat sich sowohl in Bezug auf Solo-Selbständigkeit als auch bezogen auf Arbeitgeber-Selbständigkeit die Wahrscheinlichkeit von nur minimalst qualifizierten Erwerbspersonen, selbständig zu sein, erhöht, so dass nahezu alle geschätzten Parameter der einzelnen Bildungskategorien negativ sind. Eine interessante Ausnahme stellt hier jedoch der Effekt für Hochschulabsolventen in Arbeitgeber-Selbständigkeit dar. Während Hochschulabsolventen eine um das 1,8-fache ($\approx 1/e^{-0,6}$) geringere Neigung aufweisen, als Soloselbständige tätig zu sein relativ zu Personen mit Pflichtschulbildung, erhöht ein Universitätsabschluss die Wahrscheinlichkeit von Arbeitgeber-Selbständigkeit um das 1,2-fache ($\approx e^{0,2}$). Dieser Effekt ist jedoch über die Zeit deutlich rückläufig, so dass auch diese Form der Selbständigkeit für nur gering qualifizierte Erwerbstätige wahrscheinlicher wird bzw. die Differenz zwischen den einzelnen Bildungsabschlüssen in der Neigung zu Arbeitgeber-Selbständigkeit verringert sich allgemein über die Zeit.

Der Einfluss der familiären Lebenssituation auf Arbeitgeber-Selbständigkeit nimmt über die Zeit zu, wohingegen der Familienstand an Erklärungsstärke verliert. Für Solo-Selbständigkeit ist die Relevanz von Kindern in der Familie insgesamt nur marginal. Positive Effekte finden sich für die Staatsangehörigkeit einer Person. Während jedoch auch Ende der 1990er Jahre Personen ohne britische Staatsangehörigkeit eine höhere Neigung zu Solo-Selbständigkeit aufweisen als Briten, lässt sich ein solcher Effekt für Arbeitgeber-Selbständigkeit nicht mehr finden.

Insgesamt ist die Erklärungskraft der sozialen Determinanten zwar nur eher gering, steigt jedoch über die Zeit an. D.h. die betrachteten Indikatoren nehmen an Bedeutung für die Erklärung des Auftretens von Solo- und Arbeitgeber-Selbständigkeit zwischen Ende der 1970er und Ende der 1990er Jahre zu. Ähnlich wie in Deutschland sind auch in Großbritannien die geschätzten Parameter in Bezug auf Solo-Selbständigkeit tendenziell geringer. Es vergrößern sich jedoch teilweise die Bildungseffekte, d.h. die Unterschiede zwischen abhängig Beschäftigten und Soloselbständigen werde über die Zeit größer. Die Unterschiede im Sozialprofil zwischen Soloselbständigen und abhängig Beschäftigten sind demnach insbesondere Ende der 1990er Jahre nicht durchweg geringer als die entsprechenden Unterschiede zwischen Arbeitgebern und abhängig Beschäftigten. Es kommt somit nicht zu einer deutlichen Annäherung im Sozialprofil zwischen Soloselbständigen und abhängig Beschäftigten einerseits und Arbeitgebern und abhängig Beschäftigten andererseits. Beide Formen der Selbständigkeit zeichnen sich durch spezifische soziale Charakteristika aus, die sich über die Zeit sogar noch deutlicher als Erklärungsfaktoren herauskristallisieren. Hinsichtlich Solo-Selbständigkeit ist dieser Zuwachs an Erklärungskraft der sozialen Determinanten insbesondere bedingt durch die zunehmende Relevanz von Alter und Bildung. Die Wahrscheinlichkeit von älteren und nur gering qualifizierten Erwerbspersonen, als Soloselbständige tätig zu sein, wächst über die Zeit deutlich an, so dass diese Indikatoren an Erklärungsstärke gewinnen.

9.2 Wirtschaftliche Determinanten der Solo- und Arbeitgeber-Selbständigkeit

Neben der Bedeutung sozialer Indikatoren für das Auftreten von Solo- und Arbeitgeber-Selbständigkeit ist die Relevanz der durch die Berufsgruppe und den Wirtschaftszweig, in dem eine Person tätig ist, definierten Gelegenheitsstrukturen für beide Formen der Selbständigkeit von Interesse. Die deskriptiven Analysen (siehe Kapitel 7) haben bereits deutlich werden lassen, dass es in beiden Ländern zu einer zweigeteilten Entwicklung kommt. Arbeitgeber-Selbständigkeit verliert über die Zeit immer mehr an Bedeutung und behauptet sich primär in den traditionellen Tätigkeitsfeldern beruflicher Selbständigkeit wie beispielsweise in Freien Berufen und im Hotel- und Gaststättengewerbe. Solo-Selbständigkeit hingegen weist auffallende Veränderungen auf, indem zum einen in steigendem Maße gering qualifizierte Tätigkeiten im Baugewerbe, aber auch in modernen Dienstleistungsbranchen in Solo-Selbständigkeit erbracht werden. Zum anderen nimmt die Zahl der hoch qualifizierten Alleindienstleister in modernen, unternehmens- und personenbezogenen Dienstleistungen zu.

Diese Befunde können auch multivariat zu einem Großteil bestätigt werden. In Deutschland ist die Berufskategorie der Freien Berufe sowohl für Solo- als auch für Arbeitgeber-Selbständigkeit von herausragender Bedeutung (siehe Tabelle 9.3). Der Einfluss dieser berufliche Tätigkeit auf die Wahrscheinlichkeit selbständiger Erwerbstätigkeit in beiden Formen nimmt über die Zeit noch zu, so dass Erwerbspersonen, die in Freien Berufen tätig sind, Ende der 1990er Jahre eine um das 9,8-fache ($\approx e^{2,3}$) höhere Neigung aufweisen, als Soloselbständige und nicht als abhängig Beschäftigte tätig zu sein, im Vergleich zu jenen, die in unqualifizierten, manuellen Tätigkeiten arbeiten. Bezogen auf Arbeitgeber-Selbständigkeit ist diese Wahrscheinlichkeit sogar um das 20-fache ($\approx e^{3,0}$) höher. Insgesamt sind sämtliche Parameter der Berufskategorien positiv. Die geringste Neigung zu Solo- und insbesondere zu Arbeitgeber-Selbständigkeit weisen demnach Personen auf, die in unqualifizierten, manuellen Tätigkeiten arbeiten. Während jedoch außer im Bereich der Freien Berufe die Distanz zwischen den einzelnen Berufsgruppen in der Neigung zu Solo-Selbständigkeit über die Zeit geringer wird, wächst die Wahrscheinlichkeit von Personen in technischen und Ingenieurberufen als Arbeitgeber tätig zu sein, relativ zu Personen in unqualifizierten, manuellen Tätigkeiten an.

Relativ zum verarbeitenden Gewerbe ist Arbeitgeber-Selbständigkeit Ende der 1990er Jahre vor allem in den traditionellen Bereichen des Baugewerbes, im Groß- und Einzelhandel und im Hotel- und Gaststättengewerbe sehr wahrscheinlich. Im Gegensatz dazu ist Selbständigkeit im Bildungswesen sehr unwahrscheinlich. Solo-Selbständigkeit tritt darüber hinaus im Nachrichten- und Verkehrswesen, in den Finanz- und unternehmensorientierten Dienstleistungen und den sonstigen Dienstleistungen sehr häufig auf. Beide Formen der Selbständigkeit haben in Bezug auf den Wirtschaftszweig unterschiedliche Veränderungen über die Zeit erfahren. Im Baugewerbe und in der Verkehrs- und Nachrichtenbranche nimmt die Wahrscheinlichkeit beider Formen der Selbständigkeit relativ zum verarbeitenden Gewerbe zu. Während die Neigung zu Solo-Selbständigkeit bei Personen in Finanz- und unternehmensorientierten Dienstleistungen und insbesondere auch in sonstigen Dienstleistungen zunimmt, steigt die Wahrscheinlichkeit von Arbeitgeber-Selbständigkeit bei Personen im Handel und Gastgewerbe und im Gesundheitswesen an.

In einigen Wirtschaftszweigen stehen die geschätzten Parameter für beide Formen der Selbständigkeit in deutlichem Gegensatz zueinander. Während Solo-Selbständigkeit in Finanz- und sonstigen Dienstleistungen sehr wahrscheinlich ist und Arbeitgeber-Selbständigkeit eher unwahrscheinlich, tritt im Gegenzug Arbeitgeber-Selbständigkeit im Gesundheitswesen relativ wahrscheinlich auf, wohingegen der Parameter für Solo-Selbständigkeit in diesem Bereich keinen statistisch signifikanten Unterschied zum verarbeitenden Gewerbe aufweist.

In Großbritannien ist ebenfalls die Kategorie der Freien Berufe für beide Formen der Selbständigkeit von großer Bedeutung (siehe Tabelle 9.4).

Tabelle 9.3: Wirtschaftliche Determinanten der Solo- und Arbeitgeber-Selbständigkeit (AG) – Deutschland

	1982		1989		1993		1995		1996	
	Solo odds (s.e.)	AG odds (s.e.)	Solo odds (s.e.)	AG odds (s.e.)	Solo odds (s.e.)	AG odds (s.e.)	Solo odds (s.e.)	AG odds (s.e.)	Solo odds (s.e.)	AG odds (s.e.)
Geschlecht (Ref.: weiblich)										
männlich	0,72	1,25	0,56	1,01	0,49	1,00	0,59	0,98	0,54	0,96
	0,04	0,03	0,04	0,04	0,04	0,03	0,04	0,03	0,03	0,03
Berufskategorie (Ref.: unqualifiziert Manuelle)										
qualifiziert Manuelle	0,86	1,41	0,68	1,41	0,33	1,36	0,40	1,51	0,24	1,24
	0,06	0,05	0,08	0,07	0,07	0,06	0,07	0,06	0,06	0,06
Techniker, Ingenieure	0,22	0,33	0,44	0,67	0,30	0,95	0,29	0,97	0,15	0,83
	0,10	0,08	0,12	0,09	0,09	0,08	0,09	0,08	0,08	0,08
primäre DL	1,90	2,03	1,91	2,09	1,33	1,89	1,16	1,81	1,12	1,73
	0,06	0,05	0,08	0,07	0,06	0,06	0,06	0,06	0,05	0,06
sekundäre DL	0,72	1,32	0,75	1,29	0,30	1,35	0,42	1,50	0,18	1,19
	0,07	0,05	0,08	0,07	0,07	0,06	0,06	0,06	0,06	0,06
Freie Berufe	2,15	2,75	2,30	2,91	2,36	3,15	2,42	3,25	2,28	3,00
	0,08	0,06	0,09	0,07	0,07	0,06	0,07	0,06	0,06	0,06
Wirtschaftszweig (Ref.: verarbeitendes Gewerbe)										
Baugewerbe	0,47	0,70	1,01	0,85	0,97	0,93	1,03	0,99	1,10	1,19
	0,07	0,04	0,08	0,05	0,07	0,05	0,07	0,05	0,06	0,05
Groß-/Einzelhandel	1,52	1,18	1,50	1,12	1,34	1,20	1,42	1,37	1,30	1,33
	0,05	0,03	0,06	0,04	0,06	0,04	0,06	0,04	0,05	0,04
Hotel- und Gast.	2,44	2,41	2,15	2,18	1,83	2,37	2,03	2,68	1,72	2,59
	0,07	0,05	0,09	0,06	0,09	0,06	0,09	0,06	0,08	0,06
Nachrichten/Verkehr	0,78	-0,19	0,96	*0,09*	0,80	0,20	0,96	0,28	0,88	0,47
	0,07	0,06	0,09	0,07	0,08	0,07	0,08	0,07	0,07	0,07
Finanz-DL	1,08	-0,58	1,67	*0,15*	1,69	*0,06*	1,53	*0,12*	1,36	*0,15*
	0,08	0,09	0,09	0,09	0,08	0,09	0,08	0,08	0,08	0,09
unternehmens. DL	2,07	1,36	2,14	1,26	2,05	1,25	1,99	1,23	1,86	1,35
	0,06	0,05	0,07	0,06	0,06	0,05	0,06	0,05	0,06	0,05
Bildung	-1,15	-2,43	-0,98	-2,29	-1,23	-2,17	-1,28	-2,59	-1,20	-2,23
	0,13	0,13	0,15	0,15	0,13	0,12	0,13	0,15	0,11	0,13
Gesundheit	0,21	0,88	0,29	0,88	0,24	0,90	0,34	0,98	*0,16*	1,10
	0,10	0,05	0,11	0,06	0,10	0,06	0,09	0,06	0,09	0,06
sonstige DL	-0,57	-1,02	0,32	-0,54	0,16	-0,74	0,47	-0,48	0,51	-0,32
	0,07	0,05	0,08	0,06	0,07	0,06	0,07	0,06	0,06	0,06
Staatsangehörigkeit (Ref.: deutsch)										
nicht deutsch	-0,28	-0,76	*0,13*	-0,37	0,23	-0,35	0,14	-0,44	*0,07*	-0,39
	0,06	0,05	0,07	0,06	0,06	0,06	0,06	0,06	0,06	0,05
Konstante	-5,75	-5,64	-5,78	-5,51	-5,27	-5,57	-5,32	-5,70	-4,89	-5,55
	0,07	0,06	0,09	0,07	0,07	0,07	0,07	0,07	0,07	0,07

(Fortsetzung Tabelle 9.3)

Modellgüte					
N	188.829	121.871	135.240	132.190	131.675
χ^2 (d.f.)	18298,64 (32)	11606,24 (32)	13273,32 (32)	13675,13 (32)	13986,41 (32)
Pseudo R^2	0,156	0,142	0,144	0,142	0,137

Solo = Soloselbständige; **AG** = Arbeitgeber.
kursiv = nicht signifikant auf 5%-Niveau, ansonsten alle Parameter signifikant; Standardfehler in Klammern
Quelle: Mikrozensus 1982, 1989, 1993, 1995, 1996; eigene Berechnungen; Mikrozensus 1989: Sonderauswertungen durch ZUMA.

Relativ zu Erwerbspersonen in unqualifizierten, manuellen Tätigkeiten, arbeiten Personen in Freien Berufen mit einer um das knapp 2-fache ($\approx e^{0,7}$) höheren Neigung als Soloselbständige und mit einer um das 13-fache ($\approx e^{2,6}$) höheren Neigung als Arbeitgeber. Anhand dieser Zahlen wird zusätzlich bereits die sehr unterschiedliche Relevanz dieser Berufskategorie für die beiden Formen der Selbständigkeit deutlich. Die Neigung von Personen in unqualifizierten, manuellen Tätigkeiten zu Solo-Selbständigkeit wächst über die Zeit deutlich, so dass sich die Distanz zu den anderen Berufskategorien seit Ende der 1970er Jahre verringert bzw. inzwischen über der Wahrscheinlichkeit anderer Berufsgruppen liegt. So liegt die Neigung zu Solo-Selbständigkeit bei Personen in technischen und Ingenieurberufen um das 1,7-fache ($\approx 1/e^{-0,5}$), bei Personen in primären Dienstleistungsberufen um das 1,4-fache ($\approx 1/e^{-0,4}$) und bei Personen in sekundären Dienstleistungsberufen um das 2,6-fache ($\approx 1/e^{-0,9}$) geringer als bei Personen, die in unqualifizierten, manuellen Berufen tätig sind.

Die geringste Neigung zu Arbeitgeber-Selbständigkeit findet sich bei Personen in unqualifizierten, manuellen Tätigkeiten. Zwischen 1984 und 1994 reduzieren sich die geschätzten Parameter für die verschiedenen Berufsgruppen jedoch deutlich, so dass die Neigung zu Arbeitgeber-Selbständigkeit in unqualifizierten, manuellen Tätigkeiten zunimmt. Ende der 1990er Jahre findet sich sogar im Bereich der technischen und Ingenieurberufen kein statistisch signifikanter Unterschied zu unqualifizierten, manuellen Tätigkeiten in der Neigung zu Arbeitgeber-Selbständigkeit.

Ähnlich wie in Deutschland ist auch Ende der 1990er Jahre Arbeitgeber-Selbständigkeit in den traditionellen Wirtschaftszweigen Baugewerbe, Handel und Hotel- und Gaststättengewerbe sehr wahrscheinlich. Zusätzlich ist die Wahrscheinlichkeit im Gesundheitswesen über die Zeit stark expandiert. Im Gegensatz dazu findet sich eine vergleichsweise hohe Neigung zu Solo-Selbständigkeit bei Personen im Nachrichten- und Verkehrswesen und in den sonstigen Dienstleistungen. Deutliche Zuwächse in der Neigung zu Solo-Selbständigkeit seit Ende der 1970er Jahre gibt es bei Personen im Baugewerbe, in den Finanz- und unternehmensorientierten Dienstleistungen und im Gesundheitswesen.

Tabelle 9.4: Wirtschaftliche Determinanten der Solo- und Arbeitgeber-Selbständigkeit (AG) – Großbritannien

	1979		1984		1994		1996	
	Solo odds (s.e.)	AG odds (s.e.)	Solo odds (s.e.)	AG odds (s.e.)	Solo odds (s.e.)	AG odds (s.e.)	Solo odds (s.e.)	AG odds (s.e.)
Geschlecht (Ref.: weiblich)								
männlich	0,49	0,99	0,46	0,76	0,47	0,79	0,48	0,86
	0,06	0,07	0,06	0,07	0,05	0,07	0,05	0,07
Berufskategorie (Ref.: unqualifiziert Manuelle)								
qualifiziert Manuelle	0,86	1,05	1,06	1,60	0,69	1,19	0,63	0,88
	0,07	0,11	0,07	0,13	0,06	0,13	0,06	0,14
Techniker, Ingenieure	*0,16*	*0,41*	-0,61	0,47	-0,67	0,58	-0,53	*0,19*
	0,15	0,22	0,17	0,23	0,12	0,20	0,11	0,22
primäre DL	0,87	1,62	0,69	1,98	*-0,10*	1,46	-0,36	1,16
	0,08	0,11	0,08	0,13	0,07	0,13	0,08	0,14
sekundäre DL	-0,47	0,98	-0,59	0,93	-0,87	0,70	-0,94	0,59
	0,09	0,11	0,10	0,14	0,07	0,14	0,08	0,14
Freie Berufe	1,69	2,78	1,22	3,03	0,82	2,94	0,67	2,57
	0,12	0,13	0,12	0,15	0,09	0,15	0,09	0,15
Wirtschaftszweig (Ref.: verarbeitendes Gewerbe)								
Baugewerbe	2,44	2,14	2,62	2,30	2,92	2,18	2,94	2,20
	0,06	0,08	0,07	0,10	0,07	0,11	0,07	0,12
Groß-/Einzelhandel	2,00	2,11	1,97	2,17	1,62	1,71	1,47	1,90
	0,07	0,08	0,08	0,09	0,07	0,10	0,08	0,11
Hotel- und Gast.	2,03	3,23	1,93	3,22	1,47	2,94	1,30	3,11
	0,12	0,10	0,12	0,11	0,12	0,12	0,13	0,13
Nachrichten/Verkehr	1,19	0,75	1,05	0,81	1,06	*0,08*	1,13	0,64
	0,08	0,12	0,09	0,13	0,08	0,17	0,08	0,16
Finanz-/ unternehms. DL	1,14	1,41	1,37	1,53	1,73	1,23	1,67	1,43
	0,11	0,10	0,10	0,11	0,08	0,11	0,08	0,12
Bildung	-2,27	-2,22	*-0,34*	-2,01	-0,34	-2,46	*-0,20*	-1,70
	0,37	0,35	0,18	0,30	0,14	0,31	0,14	0,28
Gesundheit	*0,08*	0,87	*0,18*	1,02	1,04	1,12	1,18	1,46
	0,19	0,14	0,20	0,15	0,11	0,13	0,11	0,14
sonstige Dienstleistungen	1,20	0,72	1,36	0,65	0,95	*-0,20*	1,29	0,32
	0,08	0,10	0,09	0,12	0,09	0,15	0,08	0,15
Staatsangehörigkeit (Ref.: britisch)								
nicht britisch	*0,15*	*0,11*	0,28	0,26	*0,19*	*-0,24*	0,25	*-0,24*
	0,10	0,11	0,10	0,11	0,10	0,14	0,09	0,14
Konstante	-5,14	-6,44	-4,72	-6,31	-3,96	-5,91	-3,94	-6,00
	0,09	0,13	0,10	0,15	0,08	0,15	0,09	0,16

(Fortsetzung Tabelle 9.4)

Modellgüte				
N	63.256	41.307	42.696	41.401
χ^2 (d.f.)	6405,19 (28)	6325,24 (30)	7104,58 (30)	6508,59 (30)
Pseudo R^2	0,154	0,174	0,177	0,173

Solo = Soloselbständige; **AG** = Arbeitgeber.
kursiv = nicht signifikant auf 5%-Niveau, ansonsten alle Parameter signifikant; Standardfehler in Klammern
Quelle: Quarterly Labour Force Survey 1979, 1984, 1994, 1996; eigene Berechnungen.

Beide Formen der Selbständigkeit sind im Bildungswesen sehr unwahrscheinlich im Vergleich zum verarbeitenden Gewerbe. Einige Wirtschaftszweige sind deutlich durch eine Form der Selbständigkeit geprägt. Im Hotel- und Gaststättengewerbe und etwas weniger stark im Handel dominiert Ende der 1990er Jahre Arbeitgeber-Selbständigkeit. Im Gegensatz dazu tritt Solo-Selbständigkeit eher in den sonstigen Dienstleistungen und im Baugewerbe auf.

Besonders auffallend im Vergleich zur vorangegangenen Modellschätzung der sozialen Determinanten von Solo- und Arbeitgeber-Selbständigkeit (siehe Tabelle 9.2) ist der deutlich geringere Effekt für das Geschlecht einer Person unter Kontrolle des Berufs und des Wirtschaftszweigs, in dem eine Person arbeitet. Vor allem die geschätzte Neigung von Männern relativ zu Frauen, als Soloselbständige tätig zu sein, verringert sich sehr stark. Es scheint, als ob die Geschlechtsunterschiede in der Neigung zu Selbständigkeit zu einem Großteil durch berufs- und wirtschaftsstrukturelle Unterschiede zwischen Männern und Frauen bedingt sind. Dies trifft insbesondere auf Solo-Selbständigkeit zu. Dieser Befund lässt sich sicherlich auf die große Bedeutung gering qualifizierter Tätigkeiten im Baugewerbe für männliche Solo-Selbständigkeit zurückführen. (Siehe auch die Ergebnisse der deskriptiven Analysen in Kapitel 7.)

9.3 Interaktionen sozialer und wirtschaftlicher Erklärungsfaktoren der Solo- und Arbeitgeber-Selbständigkeit

In einem letzten Schritt werden nun zusätzlich Interaktionen zwischen einzelnen Determinanten analysiert, um abschließend eine Beurteilung der Veränderungen in Solo- und Arbeitgeber-Selbständigkeit abgeben zu können. Als wichtige soziale Merkmale einer Person, die einen Einfluss auf deren Neigung zu Selbständigkeit aufweisen, haben sich sowohl das Alter als auch das Bildungsniveau herausgestellt. Sie haben indes unterschiedliche Wirkungen einerseits auf Solo- und andererseits auf Arbeitgeber-Selbständigkeit aufgewiesen. Es stellt sich nun die Frage, ob sie zusätzlich für verschiedene Gruppen von Erwerbspersonen auf unterschiedliche Art und Weise deren Neigung zu jeweils einer Form beruflicher Selbständigkeit beeinflussen. Deshalb werden zunächst bedingte, geschätzte Wahrscheinlichkeiten für beide Formen selbständiger Erwerbstätigkeit für verschiedene Alters- und Bildungsgruppen betrachtet.

Abbildung 9.1 fasst entsprechend die geschätzten, bedingten Wahrscheinlichkeiten für Deutschland und Großbritannien für jeweils Ende der 1970er bzw. Anfang der 1980er Jahre und Ende der 1990er Jahre zusammen. Die abgebildeten Wahrscheinlichkeiten beruhen auch hier wieder auf dem von King et al. (2000; Tomz et al. 2001) entwickelten Schätzverfahren, das es zusätzlich erlaubt dazugehörige Konfidenzintervalle abzubilden. Alle hier abgetragenen Wahrscheinlichkeiten sind statistisch signifikant, so dass auf die Darstellung der Konfidenzintervalle verzichtet wurde. Die bedingt, geschätzten Wahrscheinlichkeiten für die übrigen Zeitpunkte finden sich in Tabellen im Anhang (siehe Tabelle A.9.1 im Anhang).

Die gestrichelten Linien stellen die geschätzten Wahrscheinlichkeiten für Solo-Selbständigkeit, die durchgezogenen Linien entsprechend die Wahrscheinlichkeiten für Arbeitgeber-Selbständigkeit dar. Es werden die Altersgruppen der 20-29 jährigen Erwerbspersonen (Symbol: Quadrat) und der 50-59 jährigen Personen (Symbol: Dreieck) gegenübergestellt.

In Deutschland liegen zu beiden Zeitpunkten in allen Bildungskategorien die geschätzten Wahrscheinlichkeiten für die Gruppe der älteren Erwerbspersonen deutlich höher als für die Gruppe der jüngsten Erwerbspersonen. Dabei liegt Anfang der 1980er Jahre die geschätzte Wahrscheinlichkeit in nahezu allen Bildungsgruppen für Arbeitgeber-Selbständigkeit höher als für Solo-Selbständigkeit. Bis Ende der 1990er Jahre kehrt sich dieses Muster um. In der jüngsten Altersgruppe liegen nun die geschätzten Wahrscheinlichkeiten in sämtlichen Bildungsgruppen für Solo-Selbständigkeit höher als für Arbeitgeber-Selbständigkeit.

Arbeitgeber-Selbständigkeit weist nach wie vor in bestimmten Bildungsgruppen der älteren Erwerbspersonen eine höhere Wahrscheinlichkeit auf als Solo-Selbständigkeit. So tritt Arbeitgeber-Selbständigkeit Ende der 1990er Jahre in Deutschland mit höherer Wahrscheinlichkeit bei Personen zwischen 50 und 59 Jahren, die über eine berufliche Qualifikation auf unterem Sekundarniveau (Casmin 1c, 2a) und insbesondere über einen Hochschulabschluss (Casmin 3b) verfügen, auf. Unterschiedliche Qualifikationen einer Person zwischen 20 und 29 Jahren führen indes nicht dazu, dass Arbeitgeber-Selbständigkeit mit höherer Wahrscheinlichkeit auftritt als Solo-Selbständigkeit.

Abbildung 9.1: Geschätzte, bedingte Wahrscheinlichkeiten von Solo- und Arbeitgeber-Selbständigkeit (AG) nach Alters- und Bildungsgruppen* - Deutschland 1982 und 1996, Großbritannien 1979 und 1996

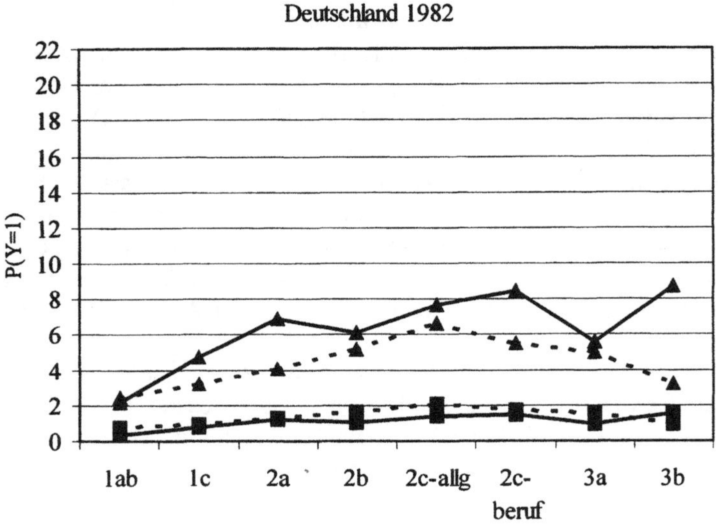

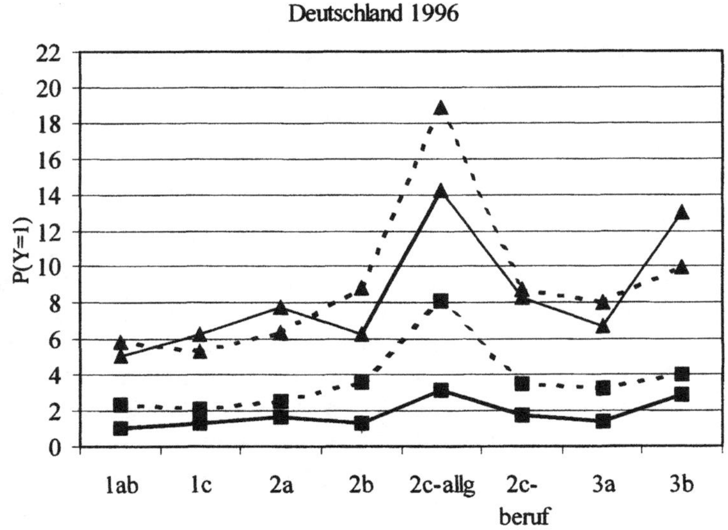

Fortsetzung Abbildung 9.1 nächste Seite

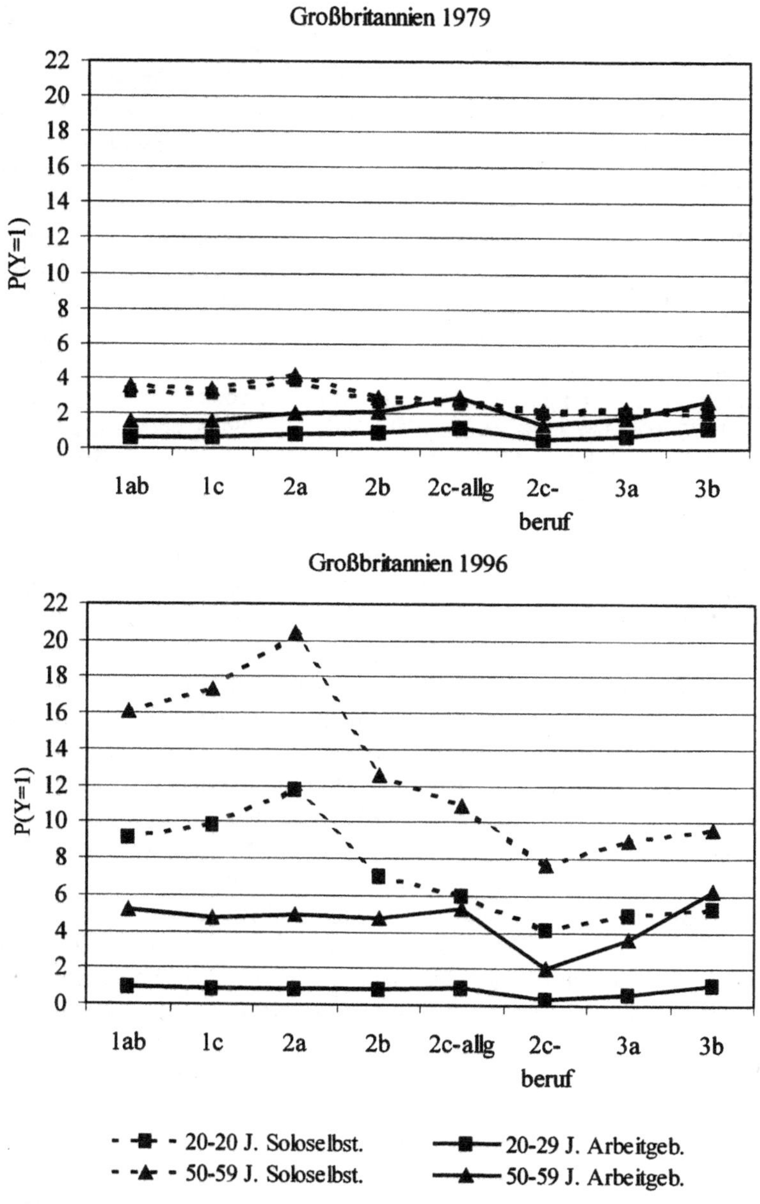

Quelle: Modellschätzungen in Tabelle 9.1 und Tabelle 9.2
* Standardisierung der übrigen Merkmale: männlich, ledig, keine Kinder, deutsch bzw. britisch.

Arbeitgeber-Selbständigkeit ist demnach bei den jüngeren Erwerbspersonen eher unwahrscheinlich. Im Vergleich über die Zeit ist die geschätzte Wahrscheinlichkeit jedoch von durchschnittlich 1,1% auf 1,8% gestiegen und liegt 1996 beispielsweise für männliche Hochschulabsolventen bei 2,9%. Demgegenüber liegt deren geschätzte Wahrscheinlichkeit für Solo-Selbständigkeit immerhin bei 4%, wohingegen 50-59-Jährige mit einer geschätzten Wahrscheinlichkeit von 9,9% als Soloselbständige und von 13% als Arbeitgeber tätig sind.

In Großbritannien ist die Neigung zu Solo-Selbständigkeit für beide Altersgruppen entsprechend dem allgemeinen Trend zwischen Ende der 1970er und Ende der 1990er Jahre enorm angestiegen und liegt deutlich über der Neigung zu Arbeitgeber-Selbständigkeit unabhängig vom jeweiligen Bildungsniveau. Die geschätzte Wahrscheinlichkeit von Solo-Selbständigkeit ist vor allem bei den unteren Bildungskategorien gewachsen. Liegt sie bei Personen mit nur minimalster Bildung 1979 noch bei 3,2%, so steigt sie Ende der 1990er Jahre auf über 9%. Vor allem Personen zwischen 20 und 29 Jahren mit beruflichen Qualifikationen auf unterem Sekundarniveau (Casmin 2a) weisen die höchste Neigung zu Solo-Selbständigkeit mit einer geschätzten Wahrscheinlichkeit von über 11% auf. Für die Gruppe der älteren Erwerbspersonen liegt die Wahrscheinlichkeit bei diesem Bildungsniveau sogar bei über 20%. Die Neigung zu Solo-Selbständigkeit ist Ende der 1990er Jahre innerhalb der Gruppe der älteren Erwerbspersonen unabhängig vom jeweiligen Bildungsabschluss höher als bei der Gruppe der jüngeren Personen. Allgemein kann Ende der 1990er Jahre ein Trend zu einer relativ geringeren Distanz in den geschätzten Wahrscheinlichkeiten für Solo- und Arbeitgeber-Selbständigkeit in beiden Altersgruppen mit zunehmendem Bildungsniveau festgestellt werden. Am geringsten ist die relative Distanz in den geschätzten Wahrscheinlichkeiten für Hochschulabsolventen (Casmin 3b) für beide Altersgruppen. Ende der 1970er Jahre liegt die Neigung zu Arbeitgeber-Selbständigkeit bei Hochschulabsolventen im Alter zwischen 50 und 59 Jahren noch höher als die entsprechende Neigung zu Solo-Selbständigkeit.

In beiden Ländern steigt die Neigung zu Solo-Selbständigkeit deutlich an. In Großbritannien sind sowohl jüngere als auch ältere Erwerbspersonen Ende der 1990er Jahre relativ unabhängig vom jeweils erreichten Bildungsniveau mit höherer, geschätzter Wahrscheinlichkeit als Soloselbständige tätig als als Arbeitgeber. Je höher indes das Bildungsniveau ist, desto geringer wird die relative Distanz in den geschätzten Wahrscheinlichkeiten beider Formen beruflicher Selbständigkeit. Gering qualifizierte Erwerbspersonen zeigen eine sehr hohe Neigung zu beruflicher Solo-Selbständigkeit, insbesondere ältere Personen Ende der 1990er Jahre. Hochschulabsolventen neigen demgegenüber relativ stark zu Arbeitgeber-Selbständigkeit.

Dies trifft auch auf ältere Erwerbspersonen in Deutschland zu. Vor allem Solo-Selbständigkeit expandiert bei Personen mit Hochschulabschluss, aber auch bei gering qualifizierten Personen. In Deutschland treten insgesamt relativ stärkere Unterschiede zwischen den Altersgruppen in der Neigung zu Solo- bzw. Arbeitgeber-Selbständigkeit auf als zwischen den Bildungsgruppen.

Einen weiteren Hinweis auf die Unterschiede zwischen beiden Ländern in der Entwicklung beruflicher Selbständigkeit liefert darüber hinaus eine genauere Analyse der berufs- und wirtschaftsstrukturellen Charakteristika beider Formen selbständiger Erwerbstätigkeit. Hierfür werden wiederum bedingte Wahrscheinlichkeiten geschätzt, differenziert nach Berufsgruppen und Wirtschaftszweigen. Beispielhaft werden die geschätzten, bedingten Wahrscheinlichkeiten für die verschiedenen Berufsgruppen in drei Wirtschaftszweigen, die sich als besonders relevant für die Veränderungen in beruflicher Selbständigkeit erwiesen haben, dargestellt (siehe Abbildung 9.2). Die Darstellung begrenzt sich darüber hinaus auf die Situation Ende der 1990er Jahre. Die Schätzungen der übrigen Jahre und Wirtschaftszweige finden sich im Anhang (siehe Tabelle A.9.2 im Anhang). Die gestrichelten Linien stellen wiederum Solo-Selbständigkeit dar, die durchgezogenen Linien stehen für Arbeitgeber-Selbständigkeit, mit jeweils unterschiedlichen Symbolen für Deutschland (Quadrat) und Großbritannien (Dreieck).

Im Bereich des Bausektors liegt die geschätzte Wahrscheinlichkeit in beiden Ländern und in beiden Formen der Selbständigkeit bei Personen in Freien Berufen am höchsten (siehe Abbildung 9.2). Eine ähnlich hohe Neigung findet sich nur bei Personen in qualifizierten, manuellen Tätigkeiten in Bezug auf Solo-Selbständigkeit in Großbritannien. Während in Deutschland, mit Ausnahme unqualifizierter, manueller Tätigkeiten, die geschätzte Wahrscheinlichkeit der Arbeitgeber-Selbständigkeit in allen Berufsgruppen deutlich über der entsprechenden geschätzten Wahrscheinlichkeit von Solo-Selbständigkeit liegt, ist dieses Muster in Großbritannien gerade umgekehrt. Besonders hoch ist die Neigung zu Solo-Selbständigkeit im britischen Bausektor demnach auch in unqualifizierten, manuellen Tätigkeiten. Hier liegt die geschätzte, bedingte Wahrscheinlichkeit bei 38%, wohingegen in Deutschland die Neigung von unqualifiziert, manuell Tätigen nur bei 3,7% liegt. Arbeitgeber-Selbständigkeit ist im Gegensatz dazu in Freien Berufen am wahrscheinlichsten und liegt in beiden Ländern zwischen 38,4% (D) und 39,4% (GB).

Die Wahrscheinlichkeit beider Formen beruflicher Selbständigkeit liegt in Großbritannien in unternehmensorientierten Dienstleistungen deutlich niedriger. Demgegenüber ist in Deutschland die Neigung bei Personen in Freien Berufen, in unternehmensorientierten Dienstleistungen entweder als Soloselbständige oder als Arbeitgeber tätig zu sein, deutlich höher als im Bausektor und liegt zum einen bei 44,7% und zum anderen bei 41,5%. Insgesamt ist in Deutschland mit

Ausnahme der Freien Berufe und der unqualifizierten, manuellen Berufe, die geschätzte Neigung zu Arbeitgeber-Selbständigkeit höher als zu Solo-Selbständigkeit. Soloselbständige arbeiten somit umgekehrt relativ häufig in unqualifizierten, manuellen Tätigkeiten und Freien Berufen. In Großbritannien ist Solo-Selbständigkeit in unternehmensorientierten Dienstleistungen ebenfalls konzentriert in unqualifizierten, manuellen Tätigkeiten und Freien Berufen. Zusätzlich arbeiten relativ häufig Soloselbständige in qualifizierten, manuellen Berufen in diesem Wirtschaftszweig. Arbeitgeber-Selbständigkeit in dieser Branche ist dagegen in Großbritannien klar konzentriert in Freien Berufen. Die geschätzte Wahrscheinlichkeit von Arbeitgeber-Selbständigkeit dieser Berufsgruppe liegt bei 23,7%, wohingegen alle übrigen Berufsgruppen eine geschätzte Neigung von unter 10% aufweisen.

Insgesamt sind die geschätzten, bedingten Wahrscheinlichkeiten beruflicher Selbständigkeit in den sonstigen Dienstleistungen deutlich geringer als in den beiden übrigen Wirtschaftszweigen. Auch hier liegen sie für Personen in Freien Berufen in beiden Ländern und für beide Formen der Selbständigkeit am höchsten.

Abbildung 9.2: Bedingte, geschätzte Wahrscheinlichkeiten von Solo- und Arbeitgeber-Selbständigkeit (AG) nach Berufsgruppen und Wirtschaftszweigen* - Deutschland und Großbritannien 1996

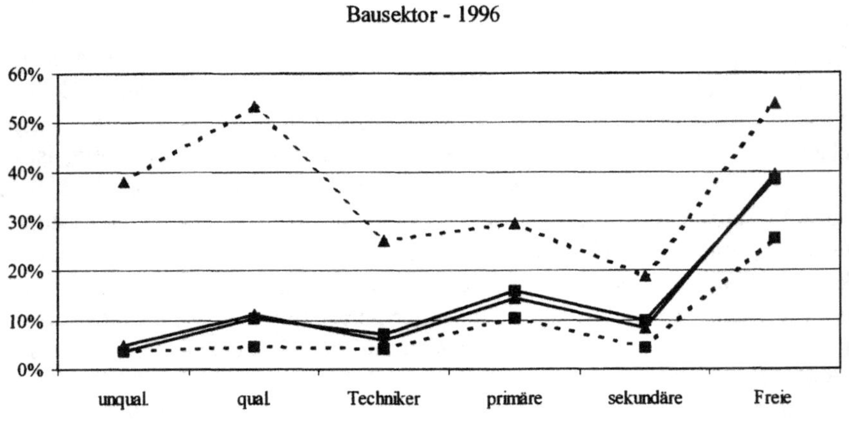

Fortsetzung Abbildung 9.2 nächste Seite

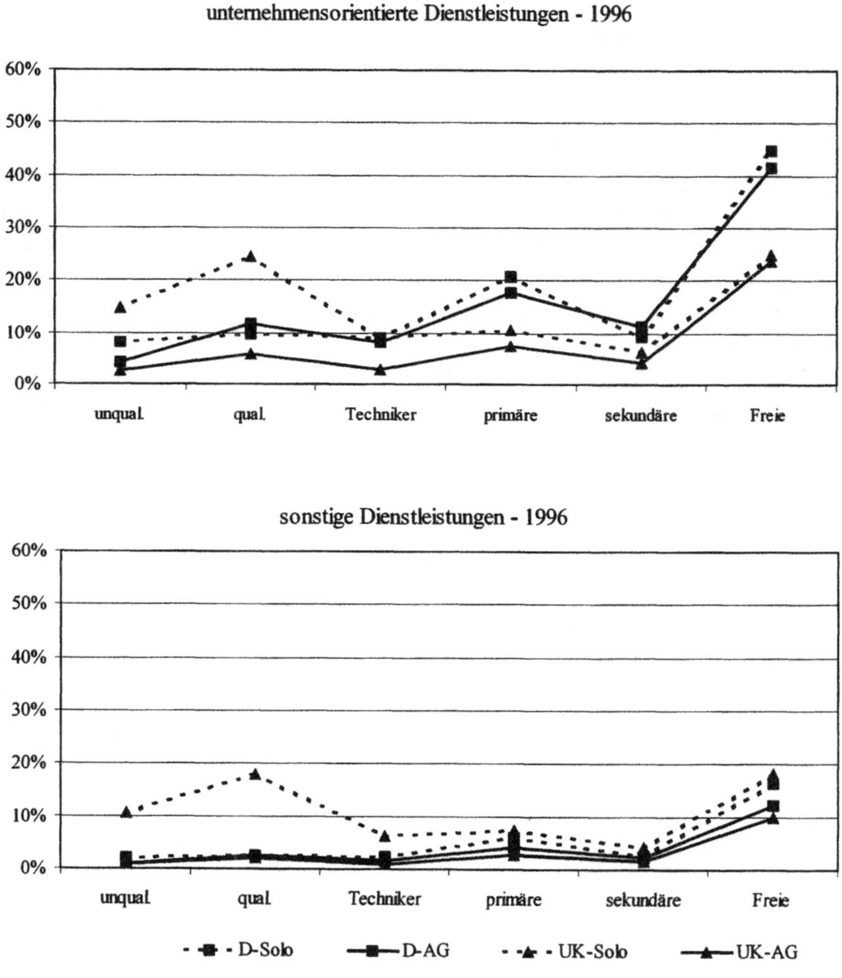

Quelle: Modellschätzungen in Tabelle 9.3 und Tabelle 9.4.
* Standardisierung der übrigen Merkmale: männlich, deutsch bzw. britisch.

Darüber hinaus liegen die geschätzten Wahrscheinlichkeiten für Solo-Selbständigkeit in allen übrigen Berufsgruppen über den geschätzten Wahrscheinlichkeiten für Arbeitgeber-Selbständigkeit. Besonders hoch sind sie für Personen in unqualifizierten und qualifizierten, manuellen Tätigkeiten in Großbritannien. So liegt deren Neigung zu Solo-Selbständigkeit bei 10,5% bzw. 17,9%, wohingegen die Wahrscheinlichkeit von Erwerbspersonen in unqualifizierten, manuellen Tätigkeiten, als Arbeitgeber in dieser Branche tätig zu sein, bei unter 1% liegt.

Wie erwartet, zeichnet sich eine zweigeteilte Entwicklung ab. In Großbritannien ist Solo-Selbständigkeit insbesondere in gering qualifizierten Tätigkeiten sehr wahrscheinlich, wohingegen in beiden Ländern Arbeitgeber-Selbständigkeit stärker in Freien Berufen konzentriert ist. Solo-Selbständigkeit ist darüber hinaus auch in Freien Berufen sehr wahrscheinlich. Während sich beide Formen der Selbständigkeit in Deutschland klar auf die Freien Berufe konzentrieren, findet sich in Großbritannien in allen drei betrachteten Branchen zusätzlich eine hohe Neigung zu Solo-Selbständigkeit bei unqualifiziert, manuell Tätigen.

Um abschließend zu klären, inwieweit diese unterschiedlichen Formen der Selbständigkeit in den verschiedenen Berufsgruppen und Wirtschaftszweigen mit den unterschiedlichen sozialen Determinanten beruflicher Selbständigkeit zusammenhängen, wird in einem letzten Schritt die Relevanz von Interaktionen zwischen einerseits der Bildung einer Person und andererseits den wirtschaftlichen Determinanten für berufliche Selbständigkeit getestet.

In Abbildung 9.3 werden die aufsummierten Interaktionseffekte für Bildung und Wirtschaftsbranche dargestellt. Dabei wird die unterschiedliche Bedeutung von Bildung in den einzelnen Wirtschaftszweigen und für die beiden Formen der beruflichen Selbständigkeit deutlich. Die durchgezogenen Linien stellen die geschätzten Effekte für Ende der 1970er bzw. Anfang der 1980er Jahre dar, die gestrichelten Linien die entsprechenden Schätzungen für 1996. Darüber hinaus stehen ausgefüllte Symbole für Arbeitgeber-Selbständigkeit und nicht ausgefüllte Symbole für Solo-Selbständigkeit. Je näher die Linie um den Nullpunkt herum verlaufen, desto geringer ist die differenzierende Wirkung der verschiedenen Bildungsniveaus auf die Neigung zu entweder Solo- oder Arbeitgeber-Selbständigkeit.[1]

Auf den ersten Blick fällt auf, dass die Variation in den Effekten von Bildung in Deutschland in allen Wirtschaftszweigen größer ist. Die Linien der Schätzungen für Großbritannien sind allgemein wesentlich näher an der Nulllinie als in Deutschland. Die starken Abweichungen von der Nulllinie in Deutschland sind jedoch überwiegend auf die 1980er Jahre beschränkt. Ende der 1990er Jahre haben sich einige Unterschiede in den Bildungseffekten deutlich verringert. Weiterhin fällt auf, dass es unterschiedliche Zusammenhangsmuster in den einzelnen Wirtschaftszweigen gibt.

[1] Die kompletten Ergebnisse der Modellschätzungen inklusive den Interaktionseffekten auch für die übrigen Jahre können auf Wunsch bei der Autorin angefordert werden.

Abbildung 9.3: Interaktionseffekte von Bildung und Wirtschaftszweig für Solo- und Arbeitgeber-Selbständigkeit (AG) - Deutschland 1982 und 1996, Großbritannien 1979 und 1996

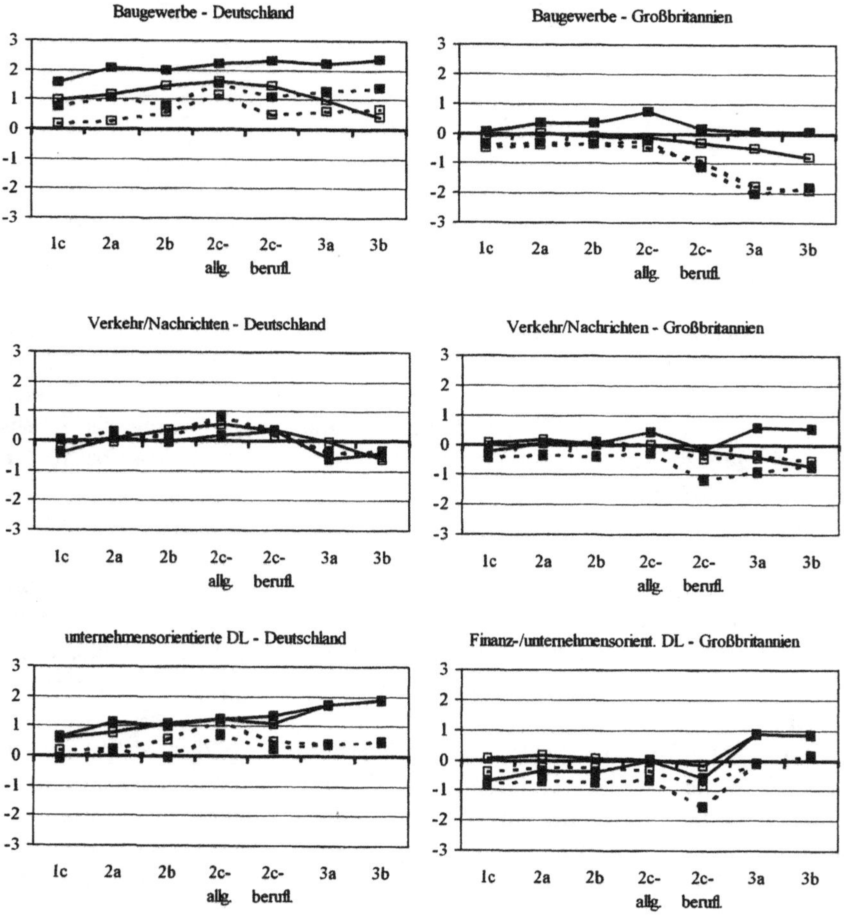

Fortsetzung Abbildung 9.3 nächste Seite

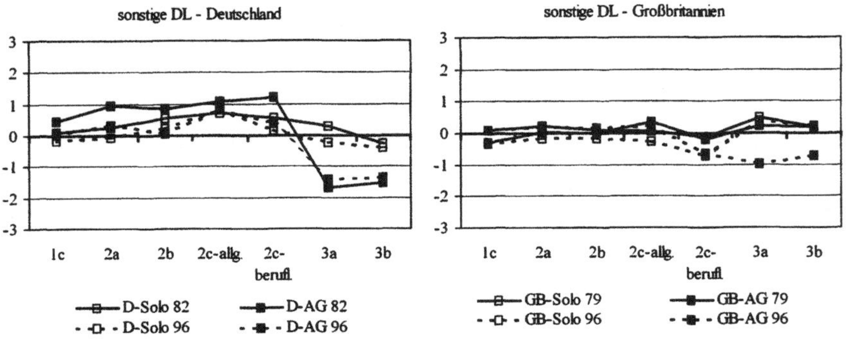

Quelle: Multinomiale Logit-Modelle inklusive Interaktionseffekte Bildung * Wirtschaftszweig – Deutschland: Mikrozensus 1982, 1996; Großbritannien: Quarterly Labour Force Survey 1979, 1996; eigene Berechnungen

Anfang der 1980er Jahre ist in Deutschland Bildung auf dem unterem Sekundarniveau (Casmin 1c, 2a, 2b) relativ zu minimalster Bildung von großer Bedeutung für Arbeitgeber-Selbständigkeit. Personen mit diesen Bildungsabschlüssen zeigen in allen betrachteten Wirtschaftsbranchen eine hohe Neigung, als Arbeitgeber tätig zu sein. Tertiäre Bildung hat nur im Bereich des Baugewerbes und in unternehmensorientierten Dienstleistungen einen relativ hohen, positiven Effekt auf Arbeitgeber-Selbständigkeit. In sonstigen Dienstleistungen und im Verkehrs- und Nachrichtenwesen wirkt tertiäre Bildung sogar negativ auf die Wahrscheinlichkeit, als Arbeitgeber tätig zu sein. In diesen Wirtschaftsbranchen weisen Personen mit Pflichtschulbildung eine höhere Neigung auf. Ende der 1990er Jahre sind die Zusammenhangsmuster zwischen den verschiedenen Bildungsabschlüssen und Arbeitgeber-Selbständigkeit noch relativ ähnlich, die Effekte haben sich jedoch deutlich reduziert.

Relativ starke Bildungseffekte finden sich auch in den 1990er Jahren im Bausektor sowohl für Solo- als auch Arbeitgeber-Selbständigkeit, wohingegen tertiäre Bildung in Großbritannien deutlich negativ auf die Wahrscheinlichkeit von Solo-Selbständigkeit im Baugewerbe wirkt. Personen mit nur minimalster Bildung weisen hier die stärkste Neigung zu Solo-Selbständigkeit auf. Die Differenzierung nach Bildungsabschlüssen ist in Großbritannien sowohl Ende der 1970er als auch Ende der 1990er Jahre insgesamt nur sehr gering. Höhere Bildung wirkt zumeist – wenn überhaupt – eher negativ auf Selbständigkeit, insbesondere auf Arbeitgeber-Selbständigkeit.

Die Unterschiede in der Bedeutung von Bildung für Solo- und Arbeitgeber-Selbständigkeit gleichen sich in beiden Ländern in nahezu sämtlichen, betrachteten Wirtschaftszweigen bis Ende der 1990er Jahre an. Während noch Ende der

1970er bzw. Anfang der 1980er Jahre deutliche Bildungsunterschiede zwischen beiden Gruppen von Selbständigen relativ zu abhängig Beschäftigten auftreten, kommt es allgemein – mit Ausnahme des Bausektors, den unternehmensorientierten und den sonstigen Dienstleistungen– zu einer Reduzierung der Relevanz von Bildung und somit zu einer Angleichung in den Unterschieden zwischen abhängig Beschäftigten und Soloselbständigen bzw. Arbeitgebern.

9.4 Zusammenfassung und Fazit

Die Ergebnisse der vorausgegangenen Analysen lassen deutlich werden, dass sich Solo- und Arbeitgeber-Selbständigkeit in Deutschland und Großbritannien deutlich voneinander unterscheiden. Arbeitgeber-Selbständigkeit entspricht demnach eher dem Bild traditioneller Selbständigkeit, indem es stärker mit den sozialen Merkmalen Alter und Bildung einer Person verknüpft ist und vermehrt in den traditionellen Tätigkeitsfeldern beruflicher Selbständigkeit des Gastgewerbes und Handels und den Freien Berufen auftritt. Demgegenüber wirkt Solo-Selbständigkeit heterogener in Bezug auf die mit ihr verknüpften sozialen Determinanten und Tätigkeitsfelder. Solo-Selbständigkeit erfährt seit Ende der 1970er bzw. Anfang der 1980er Jahre die weitreichendsten Veränderungen und trägt demzufolge einen Großteil zum Wandel beruflicher Selbständigkeit insgesamt bei.

Es wurde davon ausgegangen, dass vor allem Solo-Selbständigkeit durch die Flexibilisierung der Arbeitsmärkte und die Verschiebungen in der Nachfrage durch Unternehmen und Privatpersonen betroffen ist. Einerseits sollte dadurch die Zahl der Alleindienstleister in den Bereich der unternehmensorientierten sowie der personenbezogenen Dienste ansteigen. Andererseits wird Solo-Selbständigkeit in vielen Bereichen mit prekärer Selbständigkeit bzw. mit der sogenannten Scheinselbständigkeit gleichgesetzt. Vor allem gering qualifizierte Tätigkeiten, die von Soloselbständigen erbracht werden, werden darunter gefasst. Im Bereich des Baugewerbes sowie im Verkehrs- und Nachrichtenwesen, aber auch in den unternehmensorientierten und personenbezogenen Dienstleistungen wird eine Expansion gering qualifizierter Solo-Selbständigkeit vermutet.

Diese Tendenzen lassen sich zu einem Großteil in den hier angewandten Analysen nachvollziehen. Arbeitgeber-Selbständigkeit ist in der Regel in beiden Ländern mit höheren Qualifikationen und einem höheren Alter der Personen verbunden. Sie ist überwiegend in Freien Berufen und den traditionellen Wirtschaftszweigen des Baugewerbes, im Handel und Hotel- und Gaststättengewerbe sowie im Gesundheitswesen verbreitet. Die Bedeutung der Arbeitgeber-Selbständigkeit ist jedoch in beiden Ländern deutlich rückläufig. Parallel dazu verändern sich die Zusammenhangsmuster zwischen den sozialen und wirtschaftlichen Determinanten einerseits und dem Auftreten von Arbeitgeber-Selbständigkeit andererseits. Dabei gibt es zusätzlich bemerkenswerte Unterschiede zwischen Deutschland und Großbritannien.

In Deutschland sind sowohl die Alters- als auch die Bildungseffekte im Zusammenhang mit Arbeitgeber-Selbständigkeit deutlich rückläufig. Entsprechend nimmt die Wahrscheinlichkeit von jüngeren Erwerbspersonen und Personen mit nur geringer Bildung, als Arbeitgeber tätig zu sein, zu. Die systematischen Unterschiede in der Bildungs- und Altersstruktur zwischen Arbeitgebern und abhängig Beschäftigten verringern sich demnach über die Zeit, sind jedoch auch Ende der 1990er Jahre noch erheblich. Geringere Unterschiede zwischen beiden Gruppen von Erwerbstätigen finden sich indes in Großbritannien. Entgegen den Entwicklungen in Deutschland steigen hier die Alterseffekte in Bezug auf Arbeitgeber-Selbständigkeit. Die höchste Neigung zu Arbeitgeber-Selbständigkeit weisen somit auch Ende der 1990er Jahre ältere Erwerbspersonen auf. Parallel dazu wächst die Wahrscheinlichkeit bei gering qualifizierten Personen. Trotzdem ist Arbeitgeber-Selbständigkeit in beiden Ländern unter Hochschulabsolventen und älteren Erwerbspersonen nach wie vor am wahrscheinlichsten. Während somit in Deutschland eine leichte Annäherung in den großen Unterschieden im Sozialprofil zwischen Arbeitgebern und abhängig Beschäftigten festzustellen ist, vergrößern sich teilweise die geringeren Unterschiede in Großbritannien.

Weitreichendere Unterschiede zwischen beiden Ländern treten in Bezug auf die Entwicklung von Solo-Selbständigkeit auf. Solo-Selbständigkeit ist allgemein eine Erwerbsform, die klar geprägt ist durch männliche Erwerbstätigkeit. Frauen arbeiten nur sehr selten als Soloselbständige und ihre Neigung ist im Vergleich zu Männern über die Zeit sogar eher rückläufig. Alter und Bildung sind zudem von geringerer Relevanz für das Auftreten von Solo-Selbständigkeit im Vergleich zu Arbeitgeber-Selbständigkeit. Die Effekte sind wiederum deutlich stärker in Deutschland als in Großbritannien. Während jedoch in Deutschland erneut die Effekte für Bildung und Alter eher rückläufig sind, werden einige Bildungseffekte in Großbritannien über die Zeit stärker. Insgesamt erhöht sich vor allem die Neigung von gering qualifizierten Erwerbspersonen, als Soloselbständige tätig zu sein, unabhängig vom jeweiligen Alter der Personen. Diese Trend tritt zwar auch in Deutschland auf, jedoch wesentlich schwächer als in Großbritannien.

In Deutschland unterscheiden sich Soloselbständige von Arbeitgebern stärker in Hinblick auf die Altersstruktur als in der Bildungsstruktur. In Großbritannien ist dieses Muster gerade umgekehrt. Die größeren Unterschiede zwischen Soloselbständigen und Arbeitgeber finden sich im Hinblick auf die Bildungsstrukturen. Die geringeren Unterschiede in den Bildungsstrukturen in Deutschland lassen sich zu einem Großteil auf die relativ hohen Bildungsvoraussetzungen für berufliche Selbständigkeit zurückführen, die für beide Formen der Selbständigkeit bindend sind. Im Gegensatz dazu sind aufgrund der geringeren, formalen Bildungsvoraussetzungen für berufliche Selbständigkeit in Großbritannien die deutlichsten Unterschiede zwischen Solo- und Arbeitgeber-Selbständigkeit in der Bildungsstruktur zu finden. Nichtsdestotrotz ist auch in Deutschland Bildung ein stark differenzierendes Merkmal zwischen Soloselbständigen und Arbeitgebern. In beiden Ländern sind Arbeitgeber in der Regel deutlich besser qualifiziert als Soloselbständige. Diese Differenzen sind größtenteils über die Zeit stabil. Bildung verliert jedoch an differenzierender Wirkung in beiden Ländern unabhängig vom Wirtschaftszweig und Beruf, in dem eine Person tätig ist. Interessante Veränderungen weist das Alter als Determinante beruflicher Selbständigkeit auf. In Deutschland verliert Alter insgesamt an Einfluss auf berufliche Selbständigkeit. In Großbritannien sind hingegen insbesondere ältere Erwerbspersonen in die Entwicklungen seit Ende der 1970er Jahre involviert und hierbei vor allem in die Entwicklungen von Solo-Selbständigkeit. Das Alter einer Person wird somit über die Zeit wichtiger für das Auftreten selbständiger Erwerbstätigkeit. Trotzdem auch Bildung an Einfluss über die Zeit eingebüßt hat, weisen Hochschulabsolventen nach wie vor in beiden Ländern die höchste Wahrscheinlichkeit, selbständig erwerbstätig zu sein, auf.

Freie Berufe sind als Tätigkeitsfelder für Soloselbständige sowohl in Deutschland als auch in Großbritannien von herausragender Bedeutung. In beiden Ländern nimmt die Neigung von Personen in Freien Berufen, als Soloselbständige tätig zu sein, über die Zeit deutlich zu. Diese Entwicklung bildet eindeutig den Schwerpunkt der Veränderungen in Deutschland. In Großbritannien liegt der Schwerpunkt der Entwicklung hingegen im Bereich der unqualifizierten, manuellen Tätigkeiten. Personen in diesem Berufssegment weisen über die Zeit eine deutlich zunehmende Neigung zu Solo-Selbständigkeit auf. Parallel dazu wächst die Wahrscheinlichkeit von Solo-Selbständigkeit in beiden Ländern im Baugewerbe, im Verkehrs- und Nachrichtenwesen und in den unternehmensorientierten und sonstigen Dienstleistungen. In Deutschland konzentriert sich diese Expansion in all diesen Branchen auf Freie Berufe, wohingegen in Großbritannien eine zunehmende Neigung bei Personen in unqualifizierten und qualifizierten, manuellen Tätigkeiten zu beobachten ist. Insgesamt ist in beiden Ländern keine Annäherung im Wirtschaftsprofil zwischen Selbständigen und abhängig Beschäftigten zu beobachten.

Es zeichnen sich sehr unterschiedliche Entwicklungen in Solo- und Arbeitgeber-Selbständigkeit ab. Arbeitgeber-Selbständigkeit verliert allgemein an Bedeutung in beiden Ländern. Sie behauptet sich trotzdem in den traditionellen Bereichen beruflicher Selbständigkeit der Freien Berufe und des Handels und Gastgewerbes. Bezogen auf Solo-Selbständigkeit kommt es zu einer zweigeteilten

Entwicklung. Einerseits expandiert Solo-Selbständigkeit in gering qualifizierten Tätigkeiten im Baugewerbe und in bestimmten Dienstleistungsbranchen wie beispielsweise dem Verkehrs- und Nachrichtenwesen und den unternehmensorientierten und sonstigen Dienstleistungen. Andererseits nimmt die Neigung von hoch qualifizierten Personen in Freien Berufen, als Soloselbständige tätig zu sein, über die Zeit zu. Gemäß der Annahmen ist die Zunahme an hoch qualifizierten Soloselbständigen in Deutschland größer als in Großbritannien, und umgekehrt, die Expansion gering qualifizierter Solo-Selbständigkeit in Großbritannien ausgeprägter als in Deutschland.

10 Zusammenfassung der Ergebnisse und Ausblick

Gegenstand der vorliegenden Arbeit sind die Fragen nach dem Verlauf, den Ursachen und den Konsequenzen der Entwicklung selbständiger Erwerbstätigkeit und den Länderunterschieden darin zwischen Deutschland und Großbritannien. Ausgangspunkt hierbei ist die Annahme, dass sich die Rahmenbedingungen und Opportunitätsstrukturen für berufliche Selbständigkeit in beiden Ländern seit den 1980er Jahren weitreichend wandeln. Es wird davon ausgegangen, dass diese Veränderungen für den Wiederanstieg der Zahl selbständig Erwerbstätiger verantwortlich sind und zu einem grundlegenden sozialen und wirtschaftlichen Strukturwandel dieser Gruppe von Erwerbstätigen führen.

Entsprechend werden vier zentrale Fragestellungen in der vorliegenden Arbeit verfolgt:

(1) Verlauf: Wie stellt sich die Entwicklung beruflicher Selbständigkeit in Deutschland und Großbritannien seit den 1980er Jahren dar?

(2) Ursachen: Warum kommt es zu einem Wiederanstieg in der Zahl beruflich Selbständiger in Deutschland und Großbritannien?

(3) Konsequenzen: Ist diese Entwicklung mit einem grundlegenden Wandel der sozialen und wirtschaftlichen Struktur der Gruppe der selbständig Erwerbstätigen verbunden?

(4) Länderunterschiede: Worin unterscheiden sich die Entwicklungen in Deutschland und Großbritannien und wie lassen sich diese Unterschiede erklären?

Die Beantwortung dieser Fragen wird auf Basis von detaillierten deskriptiven und multivariaten Analysen versucht. Die Untersuchungen liefern einige sehr aufschlussreiche Befunde zum Verlauf, den Ursachen und Konsequenzen der Entwicklung beruflicher Selbständigkeit seit den 1980er Jahren und den Länderunterschieden darin zwischen Deutschland und Großbritannien.

Bezüglich des *Verlaufs beruflicher Selbständigkeit* wird davon ausgegangen, dass einige Parallelen in der Entwicklung selbständiger Erwerbstätigkeit mit anderen atypischen Beschäftigungsformen auftreten. Berufliche Selbständigkeit erfährt in beiden Ländern seit den 1980er Jahren einen Zuwachs. In Deutschland konzentriert sich das Wachstum an beruflicher Selbständigkeit insbesondere auf die 1990er Jahre, wohingegen in Großbritannien die Veränderungen stärker in den 1980er Jahren ablaufen. Die Expansion beruflicher Selbständigkeit in Großbritannien stagniert im Laufe der 1990er Jahre und Ende der 1990er Jahre ist sogar ein Rückgang in der Selbständigenquote festzustellen. Die Entwicklung selbständiger Erwerbstätigkeit ist in beiden Ländern Teil eines allgemeinen, erwerbsstrukturellen Wandels. Das Normalarbeitsverhältnis verliert in beiden Ländern innerhalb der Erwerbsstrukturen an Bedeutung zu Gunsten insbesondere von Teilzeitarbeit und selbständiger Erwerbstätigkeit. Hierbei wird die Expansion beruflicher Selbständigkeit vor allem getragen von der Zunahme an Soloselbständigen. Selbständige Erwerbstätigkeit ist einem nicht unerheblichen Ausdifferenzierungsprozess unterworfen. Ähnlichkeiten in der Entwicklung beruflicher Selbständigkeit mit der Entwicklung der Arbeitslosigkeit treten in beiden Ländern nicht auf. Insgesamt zeigt die Entwicklung beruflicher Selbständigkeit nur geringe Parallelen mit der Entwicklung der übrigen Arbeitsmarkt- und Wirtschaftsindikatoren.

Als entscheidende wirtschaftliche Rahmenbedingungen, deren Veränderungen seit den 1980er Jahren als *Ursachen* für die Entwicklung beruflicher Selbständigkeit angesehen werden, werden zwei parallel verlaufende Prozesse unterschieden: Veränderung der Wirtschaftsstruktur in Form von Tertiarisierung und Spezialisierung und eine zunehmende Flexibilisierung von Arbeit. Als erste Hinweise auf die Wirksamkeit dieser Faktoren werden Veränderungen in der wirtschaftlichen und auch sozialen Struktur beruflicher Selbständigkeit angesehen. In Kapitel 7 findet sich eine entsprechende detaillierte deskriptive Analyse des Wirtschafts- und Sozialprofils beruflicher Selbständigkeit.

Die Veränderungen im Wirtschaftsprofil beruflicher Selbständigkeit verlaufen in beiden Ländern auf den ersten Blick relativ ähnlich. Sowohl in Deutschland als auch in Großbritannien ist der wirtschaftsstrukturelle Wandel in Selbständigkeit getragen von Veränderungen in unternehmensorientierten, personen- und haushaltsbezogenen, kurativen, kulturellen und sonstigen sozialen Dienstleistungen. Darüber hinaus sind die Branchen des Verkehrs- und Nachrichtenwesens, der Finanzdienstleistungen und vor allem auch des Bausektors wichtige Tätigkeitsfelder für selbständige Erwerbstätigkeit. Demgegenüber kommt es zu einer Reduzierung beruflicher Selbständigkeit in den Routinedienstleistungen des Handels und Hotel- und Gastgewerbes.

Die darüber hinaus stattfindenden Veränderungen in Selbständigkeit sind in beiden Ländern recht unterschiedlich verlaufen. Insbesondere das Sozialprofil von Selbständigen unterscheidet sich deutlich zwischen Deutschland und Großbritannien. Die Differenzen zwischen Selbständigen und abhängig Beschäftigten in der sozialen Struktur sind in Großbritannien insgesamt geringer als in Deutschland. Vor allem die Bildungsstruktur zeigt geringere Unterschiede. In Deutschland sind Selbständige insgesamt durchschnittlich besser qualifiziert und älter als abhängig Beschäftigte. Dies ist nicht zuletzt auf die Wirkung der qualifikatorischen Zugangsvoraussetzungen, die in Deutschland wesentlich höher sind und deutlich mehr Tätigkeitsbereiche betreffen als in Großbritannien, zurückzuführen.

Wie erwartet unterscheiden sich beide Länder zusätzlich deutlich im berufsstrukturellen Wandel, der mit der Expansion beruflicher Selbständigkeit verbunden ist. In Deutschland expandiert Selbständigkeit vor allem in qualifizierten, manuellen Berufen und Freien Berufen, wohingegen in Großbritannien der Zuwachs klar auf manuelle Berufe konzentriert ist. Es kommt aber in beiden Ländern zu einer Verschiebung in der Berufsstruktur selbständiger Erwerbstätigkeit hin zu höher qualifizierten Tätigkeiten besonders in unternehmensorientierten und sonstigen Dienstleistungen und im Gesundheitswesen. Dieser Trend ist in Deutschland wesentlich stärker ist als in Großbritannien. Dort kommt es parallel dazu zu einer massiven Ausweitung gering qualifizierter manueller Tätigkeiten in Selbständigkeit vor allem im Baugewerbe, Verkehr- und Nachrichtenwesen, aber auch in modernen Diensten. In beiden Ländern werden diese Entwicklungen vor allem getragen vom Zuwachs an Soloselbständigen.

Die Veränderungen in beruflicher Selbständigkeit in Großbritannien in den 1980er Jahren sind dominiert durch die Veränderungen im Bausektor. In dieser Wirtschaftsbranche kommt es zu einer massiven Ausweitung der Zahl an Selbständigen, vorwiegend in gering qualifizierten, manuellen Tätigkeiten. Diese Entwicklung beruht zum Großteil auf Flexibilisierungsbestrebungen von Unternehmen.

Darüber hinaus wird die Entwicklung beruflicher Selbständigkeit in den 1980er Jahren in Großbritannien begleitet von sehr positiven institutionell-rechtlichen Rahmenbedingungen. Die Gesetzeslage in den 1980er Jahren ist insgesamt sehr auf die Förderung beruflicher Selbständigkeit ausgelegt und befördert dabei auch die Expansion gering qualifizierter (Sub-Unternehmer)-Selbständigkeit. Die Bedeutung eines positiven institutionell-rechtlichen Umfeldes für die Entwicklung beruflicher Selbständigkeit wird zudem daran ersichtlich, dass nach dem Wegfall der massiven staatlichen Förderung in den 1990er Jahren in Großbritannien, die Expansion beruflicher Selbständigkeit stagniert.

Die Entwicklung beruflicher Selbständigkeit in Großbritannien und Deutschland seit den 1980er Jahren ist mit der *Konsequenz* eines deutlichen sozialen und wirtschaftlichen Strukturwandel dieser Gruppe von Erwerbspersonen verbunden. Über die Zeit kommt es zu einer leichten Annäherung im Sozialprofil von Selbständigen und abhängig Beschäftigten. Die sozialen Merkmale Geschlecht, familiäre Lebenssituation und teilweise auch Bildung und Alter verlieren an Einfluss auf die Wahrscheinlichkeit der Ausübung selbständiger Erwerbstätigkeit. In Deutschland ist Bildung eine wichtige Ressource für Selbständigkeit, besonders auch in den expandierenden Branchen der modernen Dienstleistungen, verliert jedoch über die Zeit an Einfluss. In Großbritannien steigt vor allem bei gering qualifizierten Erwerbstätigen die Neigung zu selbständiger Erwerbstätigkeit. Diese Entwicklung dominiert die Veränderungen in beruflicher Selbständigkeit in Großbritannien. Die Relevanz von Alter als Determinante beruflicher Selbständigkeit ist in Deutschland über die Zeit rückläufig. In Großbritannien geht dessen Bedeutung in den expandierenden Branchen, mit Ausnahme des Bausektors, ebenfalls zurück. Entgegen der Annahme, steigt aber die Neigung zu beruflicher Selbständigkeit bei älteren Erwerbspersonen im britischen Bausektor. Die Flexibilisierung von Arbeit in diesem Wirtschaftszweig betrifft somit vorwiegend ältere Erwerbspersonen und nicht, wie angenommen, jüngere Erwerbspersonen.

Auch im Wirtschaftsprofil kommt es zu deutlichen Veränderungen über die Zeit. Die höchste Neigung zu selbständiger Erwerbstätigkeit findet sich auch in den 1990er Jahren in den eher traditionell durch Selbständigkeit geprägten Bereichen der Freien Berufe und des Handels und Hotel- und Gastgewerbes. Eine Ausweitung der Wahrscheinlichkeit selbständiger Erwerbstätigkeit lässt sich in unqualifizierten Tätigkeiten und Freien Berufen, sowie im Baugewerbe, im Verkehrs- und Nachrichtenwesen, in den unternehmensorientierten und sonstigen Dienstleistungen nachvollziehen.

Ein weiterer wichtiger Aspekt des Wandels beruflicher Selbständigkeit stellt die unterschiedliche Entwicklung von Solo- und Arbeitgeber-Selbständigkeit in Deutschland und Großbritannien dar. Beide Gruppen von Selbständigen unterscheiden sich deutlich in der sozialen und wirtschaftlichen Struktur voneinander (vgl. Kapitel 7 und 9). Arbeitgeber sind in der Regel älter, besser qualifiziert und insgesamt konzentriert in traditionellen Tätigkeitsfeldern der Freien Berufe, des Handwerks, Handels und Hotel- und Gaststättengewerbes. Die sozialen Merkmale der Personen stellen für diese Gruppe wichtige Determinanten dar und das Muster der Zusammenhänge entspricht klar den Erwartungen. Arbeitgeber verlieren jedoch seit den 1980er Jahren an Bedeutung in den Erwerbsstrukturen beider Länder. Die eigentlichen Veränderungen in beruflicher Selbständigkeit vollziehen sich primär in Solo-Selbständigkeit. Die Zahl und der Anteil der Soloselbständigen steigt über die Zeit sowohl in Deutschland als auch in Großbritannien an. Neben der bloßen Zunahme der Zahl kommt es jedoch auch zu einem Wandel in der sozialen und wirtschaftlichen Struktur der Soloselbständigen. Hoch qualifizierte Alleindienstleister in modernen Dienstleistungen gewinnen in beiden Ländern im Laufe der 1980er und 1990er Jahre an Bedeutung. Dieser Trend ist indes in Deutschland wesentlich stärker ausgeprägt als in Großbritannien. In Deutschland konzentriert sich der Anstieg in Solo-Selbständigkeit auf Freie Berufe in unternehmensorientierten, personen- und haushaltsbezogenen, kurativen, kulturellen und sonstigen sozialen Dienstleistungen. Dieser Bereich ist häufig verbunden mit wissensintensiven Diensten und Expertentum und lässt einen Anstieg qualitativ hochwertiger Erwerbstätigkeit vermuten. Im Gegensatz dazu ist in Großbritannien die Expansion der Solo-Selbständigkeit wesentlich klarer konzentriert auf gering qualifizierte Tätigkeiten überwiegend im Baugewerbe, aber auch im Verkehrs- und Nachrichtenwesen und den modernen Dienstleistungsbranchen. Demnach ist in Deutschland die Expansion der Solo-Selbständigkeit stärker konzentriert in hoch qualifizierten Tätigkeiten, was jedoch nicht die Ausweitung prekärer, sogenannter Scheinselbständigkeit ausschließt. Scheinselbständigkeit wird indes eher in den gering qualifizierten Berufssegmenten in Solo-Selbständigkeit vermutet, die wiederum stärker in Großbritannien expandieren. Entsprechend unterscheidet sich die soziale Struktur Soloselbständiger in Deutschland wesentlich stärker von der sozialen Struktur abhängig Beschäftigter als in Großbritannien. Die sozialen Merkmale verlieren jedoch in beiden Ländern an Einfluss auf das Auftreten von Solo-Selbständigkeit.

Trotz einiger Gemeinsamkeiten in der Entwicklung beruflicher Selbständigkeit treten deutliche *Länderunterschiede* zwischen Deutschland und Großbritannien hervor. Wie lassen sich nun diese Unterschiede erklären? Es wird davon ausgegangen, dass die Unterschiede in Differenzen in den wirtschaftlichen und institutionell-rechtlichen Rahmenbedingungen begründet liegen.

Die detaillierte Betrachtung der relevanten Rahmenbedingungen (vgl. Kapitel 2) verdeutlicht, dass sich bedeutende Veränderungen seit den 1980er Jahren in beiden Ländern vollziehen und zudem Deutschland und Großbritannien signifikant in der jeweiligen Ausgestaltung und dem jeweiligen Wandel dieser Rahmenbedingungen variieren. Die Entwicklung der *Wirtschaftsstruktur* seit den 1980er Jahren ist in beiden Ländern geprägt durch zwei parallel verlaufende Prozesse: flexible Spezialisierung und wachsende Tertiarisierung. Beide Tendenzen führen zu neuen Möglichkeiten beruflicher Selbständigkeit, da einerseits Bereiche expandieren, die traditionell eher durch selbständige Erwerbstätigkeit geprägt sind (Dienstleistungssektor). Andererseits kommt es aufgrund von Nachfrageverschiebungen sowohl auf Seiten der Konsumenten als auch auf Seiten der Unternehmen zur Entstehung neuer Betätigungsfelder für berufliche Selbständigkeit insbesondere in modernen Dienstleistungsbranchen der unternehmensorientierten, personen- und haushaltsbezogenen, kurativen, kulturellen und sonstigen sozialen Dienste. Während jedoch flexible Spezialisierung in Deutschland verbreiteter ist, dominiert in Großbritannien eher der allgemeine Tertiarisierungsschub. Entsprechend expandieren in Deutschland hochqualifizierte Berufsfelder der handwerklichen Produktion und Dienstleistungen, wohingegen in Großbritannien der Anteil der eher gering qualifizierten Dienstleistungserbringer in Selbständigkeit größer ist. Unterstützt wird dieser Trend in Großbritannien zusätzlich durch die massive *Flexibilisierung des Arbeitsmarktes* im Laufe der 1980er Jahre. Diese führt neben einem allgemeinen, erwerbsstrukturellen Wandel auch zu Tendenzen des out-sourcing und subcontracting, und dadurch auch zu einer Expansion beruflicher Selbständigkeit.

Die konkrete Umsetzung spezifischer Flexibilisierungsbestrebungen ist abhängig von der Strukturierung der Arbeitsmärkte. Deutschland und Großbritannien variieren deutlich in der Struktur der jeweiligen nationalen Arbeitsmärkte. In Deutschland ist aufgrund der Dominanz berufsspezifischer Arbeitsmärkte in den 1980er und 1990er Jahren funktionale, interne Flexibilisierung vorherrschend und numerische Flexibilisierung in Form von subcontracting findet in Deutschland weniger statt bzw. führt tendenziell zur Auslagerung hoch qualifizierter Tätigkeiten in (Solo-)Selbständigkeit. In Großbritannien dominieren betriebsspezifische Arbeitsmärkte, so dass hier numerische Flexibilisierung im Sinne von Sub-Unternehmertum weiter verbreitet ist und überwiegend zur Auslagerung von gering qualifizierten Tätigkeiten führt. Entsprechend expandiert hoch qualifizierte (Solo-)Selbständigkeit in Deutschland sowohl in Teilen der industriellen Produktion als auch im Dienstleistungssektor und hier vor allem im Bereich der unternehmensorientierten Dienstleistungen. Im Gegensatz dazu nimmt gering qualifizierte (Solo-)Selbständigkeit in Großbritannien im Bereich der unternehmensorientierten Dienstleistungen sowie im Verkehrs- und Nachrichtenwesen und dem Bausektor zu. Die Unterschiede in der Strukturierung der Arbeitsmärkte scheinen somit eine entscheidende Rolle bei der Ausgestaltung von selbständiger Erwerbstätigkeit zu haben.

Darüber hinaus sind auch *institutionell-rechtliche Rahmenbedingungen* und hier vor allem die qualifikatorischen und administrativen *Zugangsbeschränkungen* zu beruflicher Selbständigkeit von entscheidender Bedeutung. Übergänge in Selbständigkeit sind in Deutschland insgesamt wesentlich schwieriger zu vollziehen als in Großbritannien, so dass die Dynamik der Entwicklung geringer ausfällt. Die Bildungsvoraussetzungen für berufliche Selbständigkeit sind sehr hoch und umfassen viele Tätigkeitsbereiche. Das Wachstum beruflicher Selbständigkeit wird in Deutschland getragen von Erwerbspersonen, welche die qualifikatorischen Voraussetzungen erfüllen. Entsprechend verfügen diese über ein überdurchschnittliches Bildungsniveau. Andererseits kommt es zu einer Zunahme an beruflicher Selbständigkeit in Bereichen, die durch geringere Zugangsvoraussetzungen geprägt sind, wie beispielsweise im handwerksähnlichen Bereich oder den Semi-Professionen, sowie den haushaltsbezogenen Diensten. Demzufolge verringert sich der Bildungsvorsprung Selbständiger gegenüber abhängig Beschäftigter über die Zeit in Deutschland. Für Großbritannien wird insgesamt aufgrund der geringeren Zugangsbeschränkungen und einer weitreichenden *rechtlichen Deregulierung des Arbeitsmarktes* ein dynamischer Prozess des in- und out-sourcing postuliert. Demgegenüber ist Deutschland nach wie vor geprägt durch einen sehr stark regulierten Arbeitsmarkt. Dies wird als teilweise hemmend für die Entwicklung beruflicher Selbständigkeit angesehen. Zusätzlich positiv auf die Entwicklung selbständiger Erwerbstätigkeit in Großbritannien wirkt ferner die *Förderlandschaft* für Selbständigkeit. Diese wird als wesentlich effizienter eingestuft als in Deutschland. Insbesondere Verbesserungen auf dem privaten Kapitalmarkt wirken sich positiv auf die Entwicklung beruflicher Selbständigkeit in den 1980er Jahren aus. Der britische Arbeitsmarkt fördert aufgrund der Struktur, der Flexibilisierung und der Deregulierung Übergänge in berufliche Selbständigkeit stärker als dies in Deutschland der Fall ist. Selbständiger Erwerbstätigkeit kommt somit in Großbritannien nicht die gleiche Sonderstellung zu wie in Deutschland. Entsprechend unterscheiden sich Selbständige in ihrer sozialen und wirtschaftlichen Struktur weniger stark von abhängig Beschäftigten.

Zusammenfassend kann festgestellt werden, dass neben neuen Betätigungsfeldern insbesondere auch neue Personengruppen die Zunahme an beruflicher Selbständigkeit seit den 1980er Jahren prägen. Trotzdem sich Selbständige auch in den 1990er Jahren in der sozialen Struktur von abhängig Beschäftigten unterscheiden, kommt es zu deutlichen Veränderungen über die Zeit, die darauf hindeuten, dass verstärkt Personen selbständig sind, die sich in ihrem Sozialprofil vom Profil der Selbständigen vor Beginn der Expansion beruflicher Selbständigkeit Ende der 1970er bzw. Anfang der 1980er Jahre unterscheiden. Die jeweilige Ausgestaltung dieser Veränderungen variiert indes deutlich zwischen Deutschland und Großbritannien. Insbesondere gibt es klare Differenzen in dem mit der Entwicklung selbständiger Erwerbstätigkeit verbundenen, berufsstrukturellen Wandel. Während in Deutschland die Entwicklung selbständiger Erwerbstätigkeit in der Beobachtungsperiode dominiert ist durch die Zunahme hoch qualifizierter (Solo-)Selbständiger, überwiegt in Großbritannien das Wachstum gering qualifizierter Tätigkeiten in Selbständigkeit. Dieser Befund korrespondiert mit den theoretisch hergeleiteten Erwartungen, die auf den Unterschieden in der Strukturierung und Flexibilisierung der Arbeitsmärkte zwischen Deutschland und Großbritannien gründen. Danach haben die enorme Flexibilisierung und Deregulierung verbunden mit den stärker betriebszentriert strukturierten Arbeitsmärkten in Großbritannien eher zu einer Auslagerung von gering qualifizierten Tätigkeiten geführt. Im Gegensatz dazu sind Flexibilisierungstendenzen in Deutschland zum einen wesentlich geringer ausgeprägt und zum anderen sind hier eher die Bereiche der hoch qualifizierten Tätigkeiten in diese Entwicklung involviert. Zusätzlich kommen die großen Unterschiede in der rechtlichen Regelung des Zugangs zu beruflicher Selbständigkeit zum Tragen.

Endgültige Aussagen über die mit der Zunahme an beruflicher Selbständigkeit verbundene Qualität der neuen Beschäftigung lässt sich auf Basis der hier vorliegenden Analysen jedoch nicht treffen. Obwohl ein erster, wichtiger Schritt in diese Richtung getan wurde, lassen sich neue Formen möglicherweise marginaler oder prekärer Selbständigkeit oder Formen von Scheinselbständigkeit nicht erfassen. Für eine solche Analyse wäre eine andere Datenbasis notwendig. Neben genaueren Angabe zu der tatsächlich ausgeübten Tätigkeit und der Beziehung zu einzelnen Auftraggebern, um dieser Form der Selbständigkeit näher zu kommen, wären zudem Mobilitätsanalysen hilfreich, um die, in der vorliegenden Arbeit verfolgte Fragestellung weitergehend zu bearbeiten. Durch die Nutzung von Paneldaten könnten direkt Übergänge in Selbständigkeit analysiert und demnach die Bestimmungsgründe für einen Wechsel besser erfasst werden. Vor allem auch die Berücksichtigung von Veränderungen in der Zusammensetzung der Mobilitätsströme könnten in die Betrachtung mit einfließen und die hier in sehr differenzierter Form gefundenen Ergebnisse zu Veränderungen in der sozialen und wirtschaftlichen Struktur beruflicher Selbständigkeit weitergehend stützen.

Allgemein konnten spezifische, soziale Merkmale, die sich in der bisherigen Forschung als relevant für berufliche Selbständigkeit erwiesen haben, in der vorliegenden Arbeit nicht mit einbezogen werden. Vor allem die Relevanz der sozialen Herkunft einer Person für deren Neigung zu beruflicher Selbständigkeit konnte nicht berücksichtigt werden. Damit verbundenes soziales Kapital hat sich in der Forschungsliteratur als wichtige Determinante beruflicher Selbständigkeit herausgestellt. Insbesondere zur Abgrenzung gegenüber traditionellen Formen selbständiger Erwerbstätigkeit, die überwiegend mit der intergenerationalen Vererbung von Selbständigkeit verbunden sind, wären entsprechende Angaben von Interesse. Neue Formen beruflicher Selbständigkeit sind demgegenüber in der Regel weniger stark mit diesem Aspekt verknüpft. Zusätzlich würden auf Basis dieses Indikators weitere, wichtige Unterschiede zwischen Männern und Frauen in der Neigung zu beruflicher Selbständigkeit deutlich werden. Frauen folgen in der Regel weniger häufiger diesem traditionellen Weg in selbständige Erwerbstätigkeit als Männer.

Tabelle A.7.1: Selbständigenquoten und Anteile der jeweiligen Berufsgruppe nach Branchen – Deutschland*

	1982			1989			1993			1995			1996		
	SQ	SE	AB	SQ	SE	AB	SQ	SE	AB	SQ	SE	AB	SQ	SE	AB
verarb. Gew.	3,9			3,8			3,9			4,0			4,2		
unqual. Man.	0,8	7,8	36,6	0,8	6,9	31,5	0,9	5,2	23,7	0,6	3,4	21,9	0,8	3,6	19,4
qualif. Man.	6,2	50,1	30,6	5,3	48,6	33,7	4,5	44,8	38,8	4,6	45,6	39,7	4,5	45,1	41,5
Tech., Ing.	1,6	4,3	10,4	2,4	7,5	11,8	3,2	11,1	13,9	3,0	10,3	14,1	3,5	12,5	14,8
primäre DL	10,9	14,3	4,7	10,0	13,8	4,8	10,1	13,4	4,9	8,3	11,0	5,1	8,7	11,7	5,3
sekundäre DL	5,0	21,7	16,5	4,9	22,4	17,0	4,9	22,7	17,8	5,4	24,3	17,8	4,9	20,6	17,4
Freie Berufe	5,9	1,9	1,2	2,7	0,9	1,2	10,2	2,8	1,0	12,9	5,4	1,5	15,4	6,6	1,6
		100	100		100	100		100	100		100	100		100	100
Baugewerbe	9,3			10,6			10,7			11,1			13,1		
unqual. Man.	1,3	2,9	22,3	0,9	1,5	19,5	1,4	1,4	12,2	1,6	1,9	14,7	2,0	1,4	10,5
qualif. Man.	9,5	63,2	62,0	10,7	64,4	63,8	10,2	64,2	68,0	11,2	65,0	64,9	12,9	66,2	67,5
Tech., Ing.	7,6	3,0	3,7	9,8	3,8	4,1	12,4	8,6	7,2	12,5	8,5	7,5	13,6	8,6	8,2
primäre DL	42,5	9,4	1,3	39,5	8,9	1,6	24,3	5,0	1,9	23,3	4,9	2,0	25,0	5,0	2,3
sekundäre DL	17,7	17,2	8,2	17,9	15,9	8,7	17,1	17,0	9,8	16,9	15,9	9,9	17,4	14,3	10,3
Freie Berufe	15,4	4,3	2,4	22,8	5,5	2,2	32,6	3,8	0,9	32,4	3,8	1,0	34,8	4,5	1,3
		100	100		100	100		100	100		100	100		100	100
Handel	17,1			16,1			14,8			15,4			15,9		
unqual. Man.	1,3	1,0	15,5	1,2	0,8	12,1	1,0	0,8	13,6	1,2	0,9	13,9	1,1	0,6	10,7
qualif. Man.	14,4	13,0	16,0	13,1	15,3	19,4	14,7	16,4	16,6	15,3	17,6	17,6	13,3	16,2	20,1
Tech., Ing.	8,5	0,9	1,9	10,7	1,4	2,2	8,0	1,2	2,4	9,2	1,8	3,3	9,0	1,5	2,9
primäre DL	27,2	63,4	34,9	25,3	61,3	34,7	22,3	59,7	36,1	21,8	53,3	34,7	24,2	60,9	36,1
sekundäre DL	11,2	18,7	30,5	9,6	16,6	30,2	8,9	16,9	30,0	11,6	20,9	28,9	9,4	15,8	28,6
Freie Berufe	32,4	3,0	1,3	38,4	4,6	1,4	38,2	4,9	1,4	38,6	5,5	1,6	39,1	5,0	1,5
		100	100		100	100		100	100		100	100		100	100
Gastgewerbe	35,7			31,3			28,6			30,6			29,9		
unqual. Man.	8,7	5,2	30,2	9,6	7,1	30,4	6,9	6,2	33,4	9,2	7,6	32,9	8,8	7,3	32,5
qualif. Man.	38,3	2,2	2,0	25,4	2,0	2,7	24,7	2,4	2,9	31,9	3,0	2,8	29,1	2,9	3,0
Tech., Ing.	16,7	0,1	0,2	12,5	0,1	0,4	0,0	0,0	0,9	18,2	0,2	0,4	0,0	0,0	0,6
primäre DL	45,9	87,1	57,1	40,6	84,4	56,1	39,0	85,1	53,4	40,4	82,8	53,8	39,1	83,5	55,7
sekundäre DL	23,4	5,4	9,9	22,5	6,2	9,8	21,7	5,9	8,6	21,4	5,9	9,6	24,8	6,1	8,0
Freie Berufe	0,0	0,0	0,7	6,3	0,1	0,8	16,0	0,5	0,9	31,3	0,5	0,5	22,2	0,2	0,3
		100	100		100	100		100	100		100	100		100	100
Verk./Nachr.	5,5			6,1			5,9			6,4			7,3		
unqual. Man.	10,2	56,0	28,8	10,1	48,0	27,7	8,2	39,5	27,8	8,5	38,6	28,6	10,6	42,2	28,2
qualif. Man.	0,9	3,7	23,2	1,9	6,0	19,9	4,3	13,7	19,2	5,7	15,9	17,9	7,0	17,9	18,8
Tech., Ing.	0,3	0,3	5,7	0,6	0,6	6,3	0,5	0,6	7,4	0,8	0,9	8,1	0,5	0,5	7,9
primäre DL	4,8	9,6	11,2	6,2	12,5	12,3	4,8	9,2	11,4	3,7	6,2	11,1	4,1	6,9	12,6
sekundäre DL	5,1	28,0	30,3	5,9	32,0	33,1	6,3	36,1	33,4	6,8	35,5	33,3	7,5	32,1	31,5
Freie Berufe	13,7	2,5	0,9	7,1	0,8	0,7	6,1	1,0	0,9	17,0	3,0	1,0	2,7	0,3	0,9
		100	100		100	100		100	100		100	100		100	100

(Fortsetzung Tabelle A.7.1)

Finanz-DL	5,1			8,6			8,6			8,7			8,4		
unqual. Man.	2,5	2,4	5,1	7,8	1,6	1,8	0,0	0,0	1,1	0,0	0,0	1,3	2,0	0,2	1,0
qualif. Man.	3,7	1,1	1,5	6,7	0,5	0,6	4,9	0,4	0,8	0,0	0,0	0,8	0,0	0,0	0,8
Tech., Ing.	1,1	0,3	1,3	0,0	0,0	1,1	1,1	0,2	1,7	0,0	0,0	2,0	1,0	0,2	1,9
primäre DL	21,1	14,6	3,0	32,1	10,5	2,1	31,5	10,4	2,1	30,3	9,8	2,1	39,3	12,0	1,7
sekundäre DL	4,7	80,2	86,9	8,0	85,0	91,9	7,9	85,1	92,3	8,4	87,6	91,1	7,7	84,5	92,1
Freie Berufe	3,2	1,4	2,2	8,1	2,3	2,5	15,5	3,9	2,0	8,3	2,6	2,7	9,9	3,1	2,6
		100	100		100	100		100	100		100	100		100	100
unterneh. DL	25,6			24,3			24,8			24,4			25,0		
unqual. Man.	6,1	2,3	12,1	4,9	1,9	11,6	6,3	2,3	11,4	4,7	1,3	8,5	5,8	1,7	9,2
qualif. Man.	21,5	4,3	5,4	10,6	2,3	6,4	15,7	3,4	6,0	10,0	2,7	7,9	12,2	3,3	7,9
Tech., Ing.	19,5	7,5	10,7	20,4	6,9	8,7	20,1	8,5	11,2	17,4	9,3	14,3	17,9	9,8	15,0
primäre DL	22,8	10,1	11,8	23,2	8,8	9,3	22,8	8,6	9,6	20,8	7,8	9,7	23,3	8,9	9,8
sekundäre DL	15,0	22,6	44,1	15,9	28,1	47,7	15,0	27,2	50,8	16,4	29,3	48,1	16,4	27,5	46,9
Freie Berufe	53,5	53,2	15,9	50,5	52,1	16,4	59,9	50,1	11,1	58,2	49,5	11,5	59,2	48,8	11,2
		100	100		100	100		100	100		100	100		100	100
Bildung	1,9			2,2			2,7			2,4			3,2		
unqual. Man.	1,6	2,1	2,5	1,1	0,9	1,9	1,7	1,2	1,9	0,0	0,0	1,4	0,0	0,0	1,5
qualif. Man.	0,9	0,7	1,4	1,2	0,9	1,7	1,1	0,6	1,6	1,5	0,7	1,2	0,0	0,0	1,1
Tech., Ing.	0,6	1,4	4,6	0,3	0,9	5,8	2,1	4,9	6,5	0,5	0,7	4,0	1,3	1,6	3,9
primäre DL	1,9	3,4	3,4	1,8	2,7	3,3	3,2	3,7	3,1	3,8	4,4	2,7	3,2	3,2	3,1
sekundäre DL	1,0	8,9	17,9	1,6	17,9	24,7	1,7	17,3	27,2	1,1	11,9	25,1	1,1	8,4	25,2
Freie Berufe	2,3	83,6	70,2	2,7	76,8	62,7	3,2	72,2	59,8	3,0	82,2	65,6	4,2	86,8	65,2
		100	100		100	100		100	100		100	100		100	100
Gesundheit	9,9			11,4			12,7			13,7			13,9		
unqual. Man.	1,0	1,0	10,8	0,7	0,4	8,2	1,0	0,4	5,9	0,1	0,3	6,6	0,0	0,0	5,9
qualif. Man.	3,8	0,7	2,0	3,7	0,7	2,3	1,4	0,2	2,1	0,9	0,1	1,6	2,3	0,3	1,9
Tech., Ing.	5,6	1,2	2,3	3,1	0,6	2,2	7,7	1,7	3,0	3,7	0,7	2,7	5,1	0,8	2,5
primäre DL	4,4	2,1	5,0	3,5	1,1	4,0	4,9	1,3	3,7	5,5	1,2	3,3	5,8	1,4	3,6
sekundäre DL	0,5	3,2	66,5	0,6	3,3	67,3	1,2	5,9	69,6	1,3	5,6	69,7	1,4	6,3	69,5
Freie Berufe	42,9	91,8	13,4	43,2	93,9	15,9	45,6	90,5	15,7	47,6	92,1	16,1	46,9	91,2	16,7
		100	100		100	100		100	100		100	100		100	100
sonstige DL	2,9			4,2			4,0			5,1			5,8		
unqual. Man.	1,6	6,0	10,8	1,3	3,2	10,6	1,0	2,4	9,6	1,3	2,4	9,5	1,4	2,4	10,4
qualif. Man.	14,8	44,4	7,5	12,7	32,9	10,0	11,6	27,1	8,6	14,9	27,7	8,5	14,5	24,9	9,1
Tech., Ing.	1,0	1,4	4,1	0,7	0,7	4,4	1,1	1,3	4,8	2,3	2,1	4,8	2,6	2,3	5,3
primäre DL	1,5	14,2	28,3	5,0	19,8	16,6	3,5	20,8	23,6	3,3	13,6	21,6	5,0	13,0	15,4
sekundäre DL	1,6	24,9	43,8	2,4	28,7	52,7	1,8	20,9	48,8	2,5	23,8	50,6	2,7	24,5	54,4
Freie Berufe	4,6	9,1	5,6	10,1	14,8	5,8	19,8	27,5	4,6	24,3	30,4	5,1	27,3	32,8	5,4
		100	100		100	100		100	100		100	100		100	100

* **SQ** = Selbständigenquote (Anteil der Selbständigen an allen Erwerbstätigen innerhalb der einzelnen Kategorien in Prozent); **SE** = selbständig Erwerbstätige; **AB** = abhängig Beschäftigte; Angaben in Prozent; gesamt jeweils 100% - aufsummiert über die Berufskategorien.

Quelle: Mikrozensus 1982, 1989, 1993, 1995, 1996; eigene Berechnungen; Mikrozensus 1989: Sonderauswertungen durch ZUMA.

Tabelle A.7.2: Selbständigenquoten und Anteile der jeweiligen Berufsgruppe getrennt nach Branchen – Großbritannien*

	1979			1984			1994			1996		
	SQ	SE	AB	SQ	SE	AB	SQ	SE	AB	SQ	SE	AB
verarb. Gewerbe	2,0			3,3			4,5			4,1		
unqual. Manuelle	0,8	11,2	27,4	1,2	8,9	25,4	1,9	9,8	23,7	2,4	13,7	24,3
qualif. Manuelle	2,6	51,2	39,2	5,7	62,3	35,5	7,8	54,5	30,3	7,0	53,6	30,4
Techniker, Ing.	2,1	5,0	4,6	1,9	4,0	7,2	3,6	6,3	8,0	2,4	4,6	8,0
primäre DL	2,6	9,9	7,6	4,0	10,9	9,0	3,5	11,0	14,2	2,9	9,4	13,5
sekundäre DL	1,9	19,6	20,3	1,7	11,1	21,4	2,8	13,7	22,0	2,8	14,7	21,7
Freie Berufe	6,2	3,1	0,9	6,3	2,9	1,5	10,6	4,7	1,9	7,6	4,1	2,1
		100	100		100	100		100	100		100	100
Baugewerbe	22,3			33,3			45,8			45,4		
unqual. Manuelle	15,7	14,1	21,9	21,8	13,5	24,1	47,8	17,6	16,2	51,1	17,9	14,2
qualif. Manuelle	29,3	80,7	55,9	47,8	83,3	45,5	63,3	78,4	38,5	62,0	77,4	39,5
Techniker, Ing.	8,1	1,1	3,7	5,2	0,7	6,2	14,0	1,5	8,0	12,9	1,4	8,0
primäre DL	9,6	1,6	4,3	12,7	1,5	5,2	10,2	1,1	8,0	8,3	0,9	8,5
sekundäre DL	4,3	2,2	13,7	2,5	0,9	18,1	3,8	1,3	28,2	5,9	2,2	28,5
Freie Berufe	15,2	0,4	0,6	7,7	0,2	0,9	10,7	0,2	1,2	12,9	0,3	1,4
		100	100		100	100		100	100		100	100
Handel	18,2			24,0			18,9			16,0		
unqual. Manuelle	6,6	1,8	5,7	8,7	1,8	6,1	9,2	2,8	6,4	8,1	2,5	5,5
qualif. Manuelle	16,3	21,5	24,6	23,0	21,8	23,0	21,5	22,0	18,8	19,3	21,4	17,0
Techniker, Ing.	14,3	0,3	0,4	22,6	0,5	0,6	6,3	0,5	1,6	11,4	0,9	1,4
primäre DL	24,9	65,9	44,3	30,8	65,6	46,5	22,5	63,3	51,0	18,5	63,6	53,4
sekundäre DL	8,2	9,5	23,9	10,5	8,5	22,7	9,4	9,2	20,6	7,8	9,4	21,2
Freie Berufe	15,6	0,9	1,1	32,9	1,8	1,2	24,8	2,3	1,7	21,1	2,2	1,6
		100	100		100	100		100	100		100	100
Gastgewerbe	26,8			31,1			26,1			23,8		
unqual. Manuelle	1,3	1,1	30,6	2,6	2,1	35,7	1,9	1,8	32,6	1,8	1,8	29,1
qualif. Manuelle	10,2	6,0	19,2	13,4	8,2	24,1	7,4	4,9	21,5	8,8	7,7	24,9
Techniker, Ing.	-	-	-	-	-	-	0,0	0,0	0,4	0,0	0,0	0,1
primäre DL	44,5	83,2	37,9	55,8	82,2	29,5	48,0	89,1	34,0	44,7	84,6	32,6
sekundäre DL	22,4	9,2	11,7	23,0	6,9	10,4	11,7	4,2	11,3	12,5	5,9	13,0
Freie Berufe	25,0	0,5	0,6	50,0	0,5	0,2	0,0	0,0	0,2	0,0	0,0	0,3
		100	100		100	100		100	100		100	100
Verk./Nachrich.	6,8			9,3			10,5			11,4		
unqual. Manuelle	0,6	1,7	19,6	1,8	3,5	19,0	4,9	7,7	17,6	5,3	6,9	15,9
qualif. Manuelle	10,5	75,1	46,5	16,8	84,4	42,6	21,0	79,7	35,2	21,4	78,3	37,0
Techniker, Ing.	0,0	0,0	1,8	0,0	0,0	2,9	2,2	0,6	3,1	2,9	0,6	2,4
primäre DL	5,2	5,0	6,6	1,9	1,7	9,4	2,7	3,8	16,1	3,2	4,4	17,3
sekundäre DL	5,0	18,2	25,1	3,9	10,1	25,6	3,4	8,0	27,0	4,3	9,2	26,3
Freie Berufe	0,0	0,0	0,4	7,7	0,4	0,4	2,9	0,3	1,2	6,5	0,6	1,0
		100	100		100	100		100	100		100	100
Finan.-/unter. DL	10,9			12,0			14,5			13,3		
unqual. Manuelle	10,7	2,4	2,5	20,9	8,2	4,2	21,3	6,3	3,9	20,7	6,0	3,5
qualif. Manuelle	8,6	2,4	3,2	5,2	2,0	5,0	11,2	3,5	4,7	15,6	4,9	4,1
Techniker, Ing.	15,5	7,1	4,7	10,3	6,1	7,2	18,6	8,1	5,9	19,7	11,5	7,2
primäre DL	12,8	16,4	13,7	16,9	20,4	13,6	13,7	13,8	14,7	11,8	13,0	14,9
sekundäre DL	5,0	28,5	66,9	6,1	29,9	62,5	8,3	34,0	63,2	7,3	31,9	62,0
Freie Berufe	36,8	43,1	9,1	38,1	33,4	7,4	43,3	34,4	7,6	37,5	32,7	8,3
		100	100		100	100		100	100		100	100

(Fortsetzung Tabelle A.7.2)

Bildung	0,6			2,7			3,3			3,4		
unqual. Manuelle	0,0	0,0	9,5	0,0	0,0	8,4	0,0	0,0	4,4	0,0	0,0	4,7
qualif. Manuelle	0,5	5,9	8,1	2,2	1,6	2,0	0,0	0,0	2,3	0,0	0,0	2,0
Techniker, Ing.	0,0	0,0	4,8	0,0	0,0	4,6	0,0	0,0	4,8	0,8	1,1	5,0
primäre DL	1,1	5,9	3,4	4,8	3,2	1,8	0,0	0,0	2,1	0,0	0,0	2,2
sekundäre DL	1,2	29,4	15,5	14,2	72,6	12,1	9,7	62,2	19,5	8,8	61,3	22,5
Freie Berufe	0,6	58,8	58,7	0,9	22,6	71,2	1,9	37,8	66,9	2,1	37,6	63,7
		100	100		100	100		100	100		100	100
Gesundheit	3,8			5,3			8,1			8,6		
unqual. Manuelle	1,7	3,6	8,5	0,0	0,0	8,5	0,0	0,0	4,9	1,8	0,7	3,4
qualif. Manuelle	3,2	5,5	6,5	2,8	2,8	5,5	4,3	1,9	3,6	0,9	0,3	3,5
Techniker, Ing.	0,0	0,0	4,3	0,0	0,0	3,9	1,6	0,4	2,0	2,4	0,7	2,5
primäre DL	0,0	0,0	4,6	0,0	0,0	3,5	0,8	0,4	4,1	2,6	1,0	3,4
sekundäre DL	0,8	12,7	66,2	1,0	12,3	67,9	5,1	47,2	76,9	6,2	54,7	77,9
Freie Berufe	23,8	78,2	10,0	30,6	84,9	10,8	34,3	50,2	8,4	29,9	42,7	9,4
		100	100		100	100		100	100		100	100
sonstige DL	4,4			7,1			6,5			8,6		
unqual. Manuelle	7,6	22,9	12,8	8,1	14,9	12,9	15,3	21,4	8,2	15,1	15,7	8,3
qualif. Manuelle	11,9	34,6	11,7	18,8	31,1	10,3	7,1	10,7	9,7	11,2	13,4	10,0
Techniker, Ing.	0,9	0,6	3,2	1,2	0,6	3,5	1,3	0,6	3,2	2,7	1,0	3,3
primäre DL	1,1	4,3	17,5	2,7	6,3	17,3	0,7	1,8	18,5	1,0	2,0	19,4
sekundäre DL	2,3	26,0	51,1	3,3	23,1	52,1	3,4	28,1	54,8	4,6	26,9	52,8
Freie Berufe	13,7	11,6	3,4	31,4	24,0	4,0	31,6	37,3	5,6	38,2	41,0	6,2
		100	100		100	100		100	100		100	100

* **SQ** = Selbständigenquote (Anteil der Selbständigen an allen Erwerbstätigen innerhalb der einzelnen Kategorien in Prozent); **SE** = selbständig Erwerbstätige; **AB** = abhängig Beschäftigte; Angaben in Prozent; gesamt jeweils 100% - aufsummiert über die Berufskategorien.
Quelle: Quarterly Labour Force Survey 1979, 1984, 1994, 1996; eigene Berechnungen.

Tabelle A.7.3: Sozialprofil selbständig und abhängig Erwerbstätiger – Deutschland*

A. Verteilung	**1982**		**1989**		**1993**		**1995**		**1996**	
	SE	AB	SE	AB	SE	AB	SE	AB	SE	AB
Geschlecht										
Frauen	18,7	29,5	22,1	31,8	22,5	32,4	22,3	32,8	23,3	34,1
Männer	81,4	70,5	77,9	68,3	77,5	67,6	77,7	67,2	76,7	65,9
	100	100	100	100	100	100	100	100	100	100
Alter										
20-29 J.	8,3	29,1	9,7	30,6	9,3	28,0	8,5	25,9	8,1	23,8
30-39 J.	26,7	24,6	27,0	26,0	27,9	27,6	29,3	29,4	30,5	30,6
40-49 J.	37,5	27,7	35,2	24,2	32,0	23,0	32,9	23,7	33,1	25,2
50-59 J.	27,5	18,6	28,1	19,2	30,8	21,4	29,4	21,0	28,2	20,4
	100	100	100	100	100	100	100	100	100	100
Bildung										
Casm. 1ab	10,0	20,2	7,4	13,3	5,7	11,5	5,3	10,5	6,7	12,2
Casm. 1c	49,3	47,8	42,4	44,2	37,1	40,6	34,6	38,8	33,5	36,6
Casm. 2a	17,4	15,6	20,1	21,5	22,2	24,4	22,3	25,3	20,8	24,0
Casm. 2b	2,5	2,4	2,3	1,8	1,8	1,9	1,9	1,9	2,4	2,6
Casm. 2c-allg.	1,4	1,3	1,8	0,9	1,9	1,2	2,3	1,3	3,2	1,5
Casm. 2c-ber.	4,1	2,8	5,6	5,8	6,2	6,4	7,3	7,1	6,9	6,9
Casm. 3a	4,7	3,2	5,5	4,8	6,6	5,4	6,8	5,8	7,6	6,6
Casm. 3b	10,7	6,6	14,9	7,7	18,4	8,6	19,5	9,2	19,0	9,7
	100	100	100	100	100	100	100	100	100	100
Familienstand										
verh.	82,4	68,3	75,2	61,8	71,8	60,6	71,0	60,5	69,4	60,4
ledig	10,4	25,8	15,8	31,4	18,6	32,2	20,0	32,2	21,6	32,0
gesch./verwit.	7,2	6,0	9,0	6,8	9,6	7,2	9,0	7,3	9,1	7,6
	100	100	100	100	100	100	100	100	100	100
Staatsangehörigkeit										
deutsch	94,5	90,3	93,9	92,3	93,4	92,4	93,4	92,5	93,4	92,5
nicht deutsch	5,5	9,8	6,1	7,7	6,7	7,6	6,6	7,5	6,6	7,5
	100	100	100	100	100	100	100	100	100	100

B. Selbständigenquote	**1982**	**1989**	**1993**	**1995**	**1996**
	SQ	SQ	SQ	SQ	SQ
Geschlecht					
Frauen	4,8	5,8	5,9	6,3	6,9
Männer	8,4	9,3	9,4	10,3	11,2
Alter					
20-29 Jahre	2,2	2,7	2,9	3,1	3,6
30-39 Jahre	8,0	8,5	8,4	9,0	9,7
40-49 Jahre	9,8	11,5	11,2	12,1	12,5
50-59 Jahre	10,6	11,6	11,5	12,2	13,1

(Fortsetzung Tabelle A.7.3)

Bildung					
Casmin 1ab	3,8	4,7	4,3	4,8	5,6
Casmin 1c	7,6	7,9	7,6	8,1	8,9
Casmin 2a	8,2	7,7	7,5	8,0	8,4
Casmin 2b	7,6	10,0	7,7	8,8	8,9
Casmin 2c-allgemein	8,0	16,0	12,5	14,4	18,8
Casmin 2c-beruflich	10,4	7,9	8,0	9,2	9,6
Casmin 3a	10,3	9,3	10,0	10,4	10,9
Casmin 3b	11,5	14,8	16,0	17,3	17,2
Staatsangehörigkeit					
deutsch	7,7	8,3	8,4	9,1	9,9
nicht deutsch	4,3	6,6	7,4	8,1	8,8

* **SQ** = Selbständigenquote (Anteil der Selbständigen an allen Erwerbstätigen innerhalb der einzelnen Kategorien in Prozent); **SE** = selbständig Erwerbstätige; **AB** = abhängig Beschäftigte; Angaben in Prozent; gesamt jeweils 100% - aufsummiert über die einzelnen Kategorien (Geschlecht, Alter, Bildung, Familienstand, Staatsangehörigkeit).
Quelle: Mikrozensus 1982, 1989, 1993, 1995, 1996; eigene Berechnungen; Mikrozensus 1989: Sonderauswertungen durch ZUMA; eigene Berechnungen.

Tabelle A.7.4: Sozialprofil selbständig und abhängig Erwerbstätiger – Großbritannien*

A. Verteilung	**1979**		**1984**		**1994**		**1996**	
	SE	AB	SE	AB	SE	AB	SE	AB
Geschlecht								
Frauen	13,3	28,7	15,0	31,2	16,7	37,2	16,5	37,2
Männer	86,7	71,3	85,0	68,8	83,3	62,8	83,5	62,8
	100	100	100	100	100	100	100	100
Alter								
20-29 Jahre	15,0	29,6	17,5	31,6	14,7	29,4	13,3	27,5
30-39 Jahre	35,5	25,3	34,5	26,7	30,0	27,8	29,9	28,6
40-49 Jahre	28,5	22,9	29,0	22,9	33,8	27,1	33,0	27,2
50-59 Jahre	21,0	22,2	19,0	18,8	21,5	15,8	23,9	16,6
	100	100	100	100	100	100	100	100
Bildung								
Casmin 1ab	56,4	55,1	32,8	35,1	19,1	16,2	18,1	15,5
Casmin 1c	4,8	5,2	18,7	11,6	22,6	17,2	24,4	17,5
Casmin 2a	8,8	6,7	15,7	10,4	20,5	12,5	17,1	10,7
Casmin 2b	9,9	12,2	11,9	15,4	10,6	16,3	12,6	17,6
Casmin 2c-allg.	5,5	5,6	1,9	2,8	5,1	7,5	5,5	7,6
Casmin 2c-ber.	1,3	1,8	5,5	6,7	1,9	3,4	1,4	3,3
Casmin 3a	3,2	4,5	3,1	6,5	5,3	9,3	6,0	10,1
Casmin 3b	10,2	8,8	10,4	10,4	15,0	17,7	15,0	18,0
	100	100	100	100	100	100	100	100

(Fortsetzung Tabelle A.7.4)

Familienstand								
verheiratet	88,0	75,4	82,3	70,0	81,1	70,8	73,9	61,9
ledig	8,7	19,9	12,5	24,4	12,9	22,6	18,4	30,2
gesch./verwitwet	3,3	4,7	5,2	5,6	6,0	6,5	7,8	7,9
	100	100	100	100	100	100	100	100
Staatsangehörigkeit								
britisch	95,3	96,3	94,5	96,0	96,2	96,6	95,6	96,3
nicht britisch	4,7	3,7	5,5	4,0	3,8	3,4	4,5	3,7
	100	100	100	100	100	100	100	100

B. Selbständigenquote	**1979** SQ	**1984** SQ	**1994** SQ	**1996** SQ
Geschlecht				
Frauen	3,8	6,0	6,4	6,0
Männer	9,4	13,9	16,8	16,1
Alter				
20-29 Jahre	4,1	6,8	7,1	6,5
30-39 Jahre	10,7	14,5	14,1	13,1
40-49 Jahre	9,6	14,3	16,0	14,8
50-59 Jahre	7,5	11,8	17,2	17,1
Bildung				
Casmin 1ab	8,0	11,0	15,2	14,4
Casmin 1c	7,3	17,4	16,7	16,8
Casmin 2a	10,0	16,3	20,0	18,8
Casmin 2b	6,4	9,2	9,0	9,3
Casmin 2c-allg.	7,7	8,0	9,3	9,5
Casmin 2c-ber.	5,9	9,6	7,9	5,9
Casmin 3a	5,6	5,9	8,0	7,8
Casmin 3b	8,9	10,6	11,4	10,7
Staatsangehörigkeit				
britisch	7,8	11,5	13,2	12,5
nicht britisch	9,6	14,8	14,6	14,7

* **SQ** = Selbständigenquote (Anteil der Selbständigen an allen Erwerbstätigen innerhalb der einzelnen Kategorien in Prozent); **SE** = selbständig Erwerbstätige; **AB** = abhängig Beschäftigte; Angaben in Prozent; gesamt jeweils 100% - aufsummiert über die einzelnen Kategorien (Geschlecht, Alter, Bildung, Familienstand, Staatsangehörigkeit).
Quelle: Quarterly Labour Force Survey 1979, 1984, 1994, 1996; eigene Berechnungen.

Tabelle A.7.5: Sozial- und Wirtschaftsprofil von Soloselbständigen und Arbeitgebern – Deutschland*

	1982		1989		1993		1995		1996	
	Solo	AG	Solo	AG	Solo	AG	Solo	AG	Solo	AG
Sozialprofil										
Geschlecht										
Frauen	24,5	15,5	27,6	19,1	27,3	19,8	25,6	20,3	26,6	20,9
Männer	75,5	84,5	72,4	80,9	72,7	80,2	74,4	79,7	73,4	79,1
	100	100	100	100	100	100	100	100	100	100
Alter										
20-29 Jahre	12,1	6,1	13,3	7,7	13,9	6,7	12,5	6,1	11,6	5,7
30-39 Jahre	28,3	25,8	29,6	25,7	32,2	25,5	33,7	26,3	34,6	27,6
40-49 Jahre	33,8	39,6	33,0	36,4	29,0	33,8	29,8	34,8	30,9	34,7
50-59 Jahre	25,8	28,4	24,1	30,3	24,9	34,1	24,1	32,5	22,8	32,1
	100	100	100	100	100	100	100	100	100	100
Bildung										
Casm. 1ab	14,2	7,7	9,8	6,1	7,2	4,9	6,4	4,7	8,2	5,7
Casm. 1c	47,8	50,1	39,6	43,9	35,6	38,0	33,0	35,6	30,7	35,5
Casm. 2a	16,7	17,8	19,9	20,2	21,8	22,5	22,3	22,4	20,5	21,0
Casm. 2b	3,2	2,0	3,1	1,8	2,6	1,3	2,2	1,7	3,2	1,8
Casm. 2c-allg.	1,8	1,1	3,2	1,1	3,2	1,2	3,3	1,7	4,5	2,3
Casm. 2c-ber.	4,2	4,1	6,4	5,2	7,9	5,3	9,1	6,2	8,2	6,0
Casm. 3a	5,4	4,3	6,7	4,8	7,5	6,2	7,9	6,1	8,6	6,8
Casm. 3b	6,7	12,9	11,4	16,8	14,2	20,7	15,9	21,7	16,3	20,9
	100	100	100	100	100	100	100	100	100	100
Wirtschaftsprofil										
Berufskategorien										
unqual. Manuelle	7,5	5,5	6,2	4,5	5,5	3,4	5,2	2,8	5,1	2,9
qualif. Manuelle	18,0	28,2	14,9	26,0	15,2	24,6	16,0	24,6	17,2	24,8
Techniker, Ing.	2,7	2,3	3,2	3,1	4,9	4,7	5,1	4,3	5,4	4,8
primäre DL	40,1	29,0	35,2	26,9	30,2	24,4	26,4	23,2	27,4	24,8
sekundäre DL	19,4	19,8	23,9	20,7	22,6	21,5	23,9	22,8	21,2	20,3
Freie Berufe	12,4	15,2	16,6	18,8	21,6	21,5	23,3	22,3	23,7	22,4
	100	100	100	100	100	100	100	100	100	100
Wirtschaftszweige										
verarb. Gewerbe	16,6	23,3	12,2	20,2	13,0	18,2	11,6	15,8	12,1	14,2
Baugewerbe	6,6	13,4	7,1	11,8	7,9	12,2	8,3	12,0	9,7	14,0
Handel	30,3	25,4	26,0	23,7	21,3	21,8	21,3	23,9	21,1	22,4
Gastgewerbe	11,1	9,5	8,8	9,1	6,3	8,9	5,9	9,4	5,6	9,9
Verkehr/ Nachr.	7,0	3,7	6,3	4,0	5,6	4,1	5,8	3,7	5,6	4,0
Finanz-DL	4,9	1,5	7,3	2,7	7,7	2,5	6,9	2,6	5,7	2,3
Unternehm. DL	12,6	9,3	17,5	12,0	21,0	13,9	20,5	13,7	20,4	14,4
Bildung	1,6	0,7	1,7	0,8	2,1	1,1	1,9	0,7	2,3	0,9
Gesundheit	2,7	7,5	3,3	9,4	4,5	11,2	4,8	11,6	4,3	11,4
sonstige DL	6,7	5,6	9,9	6,4	10,7	6,0	13,2	6,9	13,3	6,7
	100	100	100	100	100	100	100	100	100	100

* **Solo** = Soloselbständige; **AG** = Arbeitgeber; Angaben in Prozent; gesamt jeweils 100% - aufsummiert über die einzelnen Kategorien (Geschlecht, Alter, Bildung, Beruf, Wirtschaftszweig).
Quelle: Mikrozensus 1982, 1989, 1993, 1995, 1996; eigene Berechnungen; Mikrozensus 1989: Sonderauswertungen durch ZUMA.

Tabelle A.7.6: Sozial- und Wirtschaftsprofil von Soloselbständigen und Arbeitgebern – Großbritannien*

	1979		1984		1994		1996	
	Solo	AG	Solo	AG	Solo	AG	Solo	AG
Sozialprofil								
Geschlecht								
Frauen	12,8	14,0	13,5	17,0	15,3	20,0	15,1	20,0
Männer	87,2	86,0	86,5	83,0	84,7	80,0	84,9	80,0
	100	100	100	100	100	100	100	100
Alter								
20-29 Jahre	18,4	10,5	22,1	11,1	17,6	7,8	16,1	6,2
30-39 Jahre	35,4	35,5	34,4	34,6	30,3	29,3	30,3	28,9
40-49 Jahre	26,9	30,7	26,5	32,5	31,4	39,5	31,3	37,0
50-59 Jahre	19,3	23,4	17,0	21,8	20,7	23,4	22,3	27,8
	100	100	100	100	100	100	100	100
Bildung								
Casm. 1ab	61,4	49,8	34,0	31,0	20,1	16,6	18,3	17,4
Casm. 1c	5,0	4,5	19,8	17,2	23,8	19,8	25,9	20,5
Casm. 2a	9,7	7,5	17,2	13,4	22,1	16,5	19,3	11,7
Casm. 2b	9,0	10,9	11,6	12,4	10,4	11,0	12,5	12,7
Casm. 2c-allg.	4,2	7,3	1,9	1,7	5,2	4,9	5,1	6,6
Casm. 2c-ber.	1,3	1,3	4,9	6,3	2,1	1,4	1,6	1,1
Casm. 3a	2,3	3,8	3,3	2,8	4,8	6,7	5,6	6,8
Casm. 3b	6,7	14,8	7,2	15,1	11,5	23,2	11,7	23,3
	100	100	100	100	100	100	100	100
Wirtschaftsprofil								
Berufskategorien								
unqual. Manuelle	9,4	4,9	9,9	3,7	12,1	4,2	12,1	4,6
qualif. Manuelle	49,5	30,8	51,5	31,4	46,8	23,4	47,6	20,7
Techniker, Ing.	1,9	1,2	1,4	1,4	2,6	2,4	3,3	2,1
primäre DL	25,2	34,8	22,4	38,3	16,1	34,6	13,2	32,9
sekundäre DL	8,5	18,1	8,7	13,6	13,3	17,4	14,0	20,7
Freie Berufe	5,5	10,1	6,1	11,6	9,1	18,0	9,8	18,9
	100	100	100	100	100	100	100	100
Wirtschaftszweige								
verarb. Gewerbe	10,3	10,3	9,9	8,6	8,5	9,1	8,7	7,5
Baugewerbe	32,2	18,6	34,2	17,8	37,7	16,0	38,5	13,2
Handel	28,6	32,8	25,0	32,9	16,7	27,1	12,9	25,9
Gastgewerbe	3,8	11,8	4,0	13,2	2,7	13,2	2,4	13,2
Verkehr, Nachrich.	8,8	4,9	7,1	4,4	7,4	2,8	8,1	4,1
Finan.-/untern. DL	8,1	11,8	8,1	13,2	15,0	19,4	14,3	20,1
Bildung	0,3	0,4	1,7	0,7	2,0	0,7	2,1	1,1
Gesundheit	1,1	3,5	1,1	3,8	3,5	7,9	4,3	9,9
sonstige DL	6,9	5,9	9,0	6,0	6,6	3,8	8,8	5,1
	100	100	100	100	100	100	100	100

* **Solo** = Soloselbständige; **AG** = Arbeitgeber; Angaben in Prozent; gesamt jeweils 100% - aufsummiert über die einzelnen Kategorien (Geschlecht, Alter, Bildung, Beruf, Wirtschaftszweig).
Quelle: Quarterly Labour Force Survey 1979, 1984, 1994, 1996; eigene Berechnungen.

Tabelle A.8.1: Binomiale Logit-Modelle sozio-demographischer Merkmale – Alter metrisch und quadriert – Deutschland (Auszug)

	1982*		1989		1993		1995		1996	
	odds	(s.e.)	odds	(s.e.)	odds	(s.e.)	odds	(s.e.)	odds	(s.e.)
Alter										
Alter in Jahren			0,24	0,01	0,23	0,01	0,24	0,01	0,23	0,01
Alter quadriert			-0,002	0,00	-0,002	0,00	-0,002	0,00	-0,002	0,00
Modellgüte										
N			121.871		135.240		132.190		131.675	
χ^2 (d.f.)			4070,90 (15)		3946,51 (15)		4220,99 (15)		3907,10 (15)	
Pseudo R^2			0,059		0,051		0,053		0,046	

Darüber hinausgehend im Modell enthaltene Indikatoren: Geschlecht, Bildung, Kinder in der Familie, Familienstand, Staatsangehörigkeit.
*im Mikrozensus 1982 Alter nur kategorisiert enthalten
Quelle: Mikrozensus 1982, 1989, 1993, 1995, 1996; eigene Berechnungen; Mikrozensus 1989: Sonderauswertungen durch ZUMA.

Tabelle A.8.2: Binomiale Logit-Modelle sozio-demographischer Merkmale – Alter metrisch und quadriert – Großbritannien (Auszug)

	1979		1984		1994		1996	
	odds	(s.e.)	odds	(s.e.)	odds	(s.e.)	odds	(s.e.)
Alter								
Alter in Jahren	0,23	0,01	0,18	0,01	0,13	0,01	0,12	0,01
Alter quadriert	-0,003	0,00	-0,002	0,00	-0,001	0,00	-0,001	0,00
Modellgüte								
N	65.758		41.307		42.696		41.401	
χ^2 (d.f.)	1473,32 (13)		1429,42 (15)		1962,94 (15)		1832,59 (15)	
Pseudo R^2	0,041		0,048		0,059		0,058	

Darüber hinausgehend im Modell enthaltene Indikatoren: Geschlecht, Bildung, Kinder in der Familie (im LFS 1979 nicht enthalten), Familienstand, Staatsangehörigkeit.
Quelle: Quarterly Labour Force Survey 1979, 1984, 1994, 1996; eigene Berechnungen.

Tabelle A.8.3: Veränderungen in den geschätzten Wahrscheinlichkeiten für einzelne Bildungs- und Altersgruppen relativ zu minimalster Bildung (Casmin 1ab) – Deutschland, Großbritannien 1996

	Deutschland				Großbritannien			
	20-29 Jahre		50-59 Jahre		20-29 Jahre		50-59 Jahre	
dPr(Y=1)	mitt. Veränderung	(s.e.)	mittl. Veränderung	(s.e.)	mittl. Veränderung	(s.e.)	mittl. Veränderung	(s.e.)
1c	0,003	0,001	0,008	0,003	0,004	0,004	*0,008*	0,008
2a	0,010	0,001	0,031	0,004	*0,020*	0,005	0,038	0,009
2b	0,012	0,003	0,038	0,008	-0,017	0,004	-0,034	0,008
2c-allg.	0,070	0,006	0,189	0,013	-0,023	0,005	-0,045	0,010
2c-ber.	0,019	0,002	0,057	0,006	-0,052	0,006	-0,108	0,013
3a	0,011	0,002	0,035	0,005	-0,038	0,005	-0,078	0,009
3b	0,039	0,002	0,112	0,005	-0,023	0,004	-0,045	0,008

dPr(Y=1) – Veränderung in der geschätzten Wahrscheinlichkeit relativ zur Referenzkategorie (Casmin 1ab) – erste Ableitung der Wahrscheinlichkeit fd(pr), siehe King et al. 2000, 2001
Quelle Mikrozensus 1982, 1989, 1993, 1995, 1996; Mikrozensus 1989: Sonderauswertungen durch ZUMA. Quarterly Labour Force Survey 1979, 1984, 1994, 1996; eigene Berechnungen.

Tabelle A.8.4: Binomiale Logitmodelle inklusive Interaktionseffekte Bildung * Wirtschaftzweige – Deutschland

	1982		1989		1993		1995		1996	
	odds	(s.e.)	odds	(s.e.)	odds	(s.e.)	odds	(s.e.)	odds	(s.e.)
Geschlecht (Ref.: weiblich)										
männlich	0,70	0,03	0,48	0,03	0,57	0,03	0,61	0,03	0,59	0,03
Alter (Ref.: 20-29 Jahre)										
30-39 Jahre	1,14	0,04	1,03	0,04	0,95	0,04	1,00	0,04	0,98	0,04
40-49 Jahre	1,54	0,04	1,45	0,05	1,37	0,04	1,44	0,04	1,35	0,04
50-59 Jahre	1,73	0,04	1,58	0,05	1,53	0,05	1,53	0,05	1,48	0,04
Bildung (Ref.: Casmin 1ab)										
Casmin 1c	0,74	0,07	0,67	0,10	0,29	0,07	0,38	0,09	0,50	0,09
Casmin 2a	1,12	0,07	0,96	0,10	0,52	0,07	0,60	0,09	0,69	0,09
Casmin 2b	1,17	0,09	1,20	0,12	0,53	0,11	0,70	0,12	0,71	0,11
Casmin 2c-allg.	1,38	0,11	1,80	0,13	1,08	0,11	1,20	0,12	1,42	0,11
Casmin 2c-berufl.	1,38	0,08	1,04	0,11	0,60	0,08	0,77	0,10	0,83	0,09
Casmin 3a	0,91	0,11	0,46	0,14	0,57	0,10	0,58	0,12	0,76	0,11
Casmin 3b	0,81	0,11	0,61	0,14	0,38	0,11	0,48	0,12	0,75	0,11
Kinder in der Familie (Ref.: keine Kinder)										
jüngstes Kind <6 J.	0,26	0,03	0,13	0,04	0,20	0,04	0,12	0,04	0,08	0,04
jüngstes Kind 6-14 J.	0,21	0,02	0,10	0,03	0,18	0,03	0,13	0,03	0,12	0,03
Familienstand (Ref.: ledig)										
verheiratet	0,45	0,04	0,38	0,04	0,20	0,03	0,16	0,03	0,12	0,03
Verwit. / geschieden	0,46	0,05	0,41	0,05	0,32	0,05	0,24	0,05	0,19	0,04
Staatsangehörigkeit (Ref.: deutsch)										
nicht deutsch	-0,49	0,04	-0,18	0,05	*-0,07*	0,05	-0,11	0,04	-0,09	0,04

(Fortsetzung Tabelle A.8.4)

Berufskategorie (Ref.: unqualifiziert Manuelle)										
qualifiziert Manuelle	1,20	0,04	1,17	0,05	1,09	0,05	1,18	0,05	0,91	0,05
Techniker, Ingenieure	-0,15	0,07	0,27	0,08	0,46	0,07	0,45	0,07	0,33	0,06
primäre DL	1,79	0,04	1,85	0,05	1,65	0,05	1,52	0,05	1,43	0,04
sekundäre DL.	0,80	0,04	0,84	0,06	0,84	0,05	0,94	0,05	0,64	0,05
Freie Berufe	1,81	0,06	2,14	0,07	2,64	0,06	2,63	0,06	2,48	0,06
Wirtschaftszweig (Ref.: verarbeitendes Gewerbe)										
Baugewerbe	*0,02*	0,13	0,51	0,17	0,70	0,11	0,75	0,13	1,15	0,11
Groß-/Einzelhandel	2,00	0,08	1,95	0,12	1,69	0,09	1,79	0,11	1,96	0,10
Hotel- und Gast.	3,13	0,09	2,92	0,13	2,54	0,10	2,85	0,12	2,81	0,11
Verkehr/Nachr.	1,08	0,11	1,31	0,16	0,90	0,12	1,31	0,14	1,22	0,14
Finanz-DL	0,70	0,24	1,65	0,24	1,16	0,16	1,15	0,22	1,62	0,19
unternehm. DL	1,75	0,16	1,91	0,18	1,97	0,11	1,95	0,14	2,00	0,12
Bildung	*0,47*	0,34	0,92	0,41	-0,78	0,23	*-0,61*	0,38	*-0,32*	0,26
Gesundheit	*0,13*	0,27	*-0,11*	0,37	0,64	0,17	*0,07*	0,28	1,03	0,16
sonstige DL	*-0,09*	0,13	0,39	0,16	*0,20*	0,11	0,47	0,14	0,80	0,12
Interaktionen										
sekund. Bild. * Bau	0,68	0,14	0,43	0,17	0,27	0,12	0,28	0,14	*0,04*	0,12
tertiär Bild. * Bau	0,99	0,19	0,87	0,23	0,77	0,17	0,88	0,18	*0,25*	0,16
sek. Bild. * Handel	-0,72	0,09	-0,80	0,12	-0,50	0,09	-0,45	0,11	-0,72	0,10
tertiär Bild. * Handel	*0,14*	0,14	*0,24*	0,17	*-0,16*	0,14	*0,02*	0,15	-0,38	0,14
sek. Bild. * Hotel.	-0,69	0,10	-0,82	0,14	-0,35	0,12	-0,36	0,13	-0,56	0,12
tertiär Bild. * Hotel.	-1,03	0,33	*-0,65*	0,35	-0,65	0,28	*-0,43*	0,26	-0,85	0,24
sek. Bild. * Verkehr	-1,02	0,12	-1,03	0,17	-0,51	0,13	-0,80	0,15	-0,56	0,15
tertiär Bild. * Verk.	-1,22	0,24	-1,50	0,30	-1,23	0,24	-1,27	0,24	-1,18	0,22
sek. Bild. * FinanzDL	-0,49	0,24	-0,85	0,24	*-0,21*	0,17	*-0,25*	0,23	-0,73	0,20
ter. Bild. * FinanzDL	-0,79	0,31	-1,15	0,31	-1,55	0,25	-1,13	0,28	-1,79	0,25
sek. Bild. * unt. DL	*-0,14*	0,17	-0,58	0,19	-0,50	0,12	-0,45	0,15	-0,46	0,13
ter. Bild. * unt. DL	0,65	0,19	0,62	0,21	*-0,14*	0,14	*-0,18*	0,17	-0,39	0,15
sek. Bild. * Bildung	*-0,56*	0,36	-0,99	0,43	*0,44*	0,26	*0,13*	0,40	*-0,27*	0,29
tertiär Bild. * Bildung	-2,92	0,37	-3,67	0,46	-1,99	0,27	-2,11	0,41	-2,18	0,29
sek. Bild. * Gesund.	*-0,29*	0,29	*0,02*	0,38	-0,48	0,19	*0,11*	0,29	-0,81	0,18
ter. Bild. * Gesund.	1,84	0,29	1,93	0,39	0,60	0,20	1,38	0,29	*0,16*	0,18
sek. Bild. * sonst. DL	-0,43	0,14	-0,53	0,17	-0,40	0,12	-0,37	0,14	-0,59	0,13
ter. Bild. * sonst. DL	-1,42	0,20	-1,10	0,21	-1,28	0,16	-1,08	0,17	-1,41	0,15
Konstante	-7,04	0,08	-6,63	0,10	-6,20	0,08	-6,39	0,10	-6,16	0,10
Modellgüte										
N	188.829		121.871		135.240		132.190		131.675	
χ^2 (d.f.)	23267,41 (48)		14800,46 (48)		15672,21 (48)		16037,45 (48)		16052,57 (48)	
Pseudo R^2	0,234		0,214		0,203		0,200		0,190	

kursiv = nicht signifikant auf 5%-Niveau, ansonsten alle Parameter signifikant

Quelle: Mikrozensus 1982, 1989, 1993, 1995, 1996; eigene Berechnungen; Mikrozensus 1989: Sonderauswertungen durch ZUMA.

Tabelle A.8.5: Binomiale Logitmodelle inklusive Interaktionseffekte Bildung * Wirtschaftzweige – Großbritannien

	1979		1984		1994		1996	
	odds	(s.e.)	odds	(s.e.)	odds	(s.e.)	odds	(s.e.)
Geschlecht (Ref.: weiblich)								
männlich	0,60	0,05	0,43	0,05	0,42	0,05	0,49	0,05
Alter (Ref.: 20-29 Jahre)								
30-39 Jahre	0,87	0,05	0,67	0,05	0,72	0,05	0,70	0,06
40-49 Jahre	0,86	0,05	0,75	0,06	1,07	0,06	0,97	0,06
50-59 Jahre	0,72	0,05	0,65	0,06	1,23	0,06	1,22	0,07
Bildung (Ref.: Casmin 1ab)								
Casmin 1c	0,24	0,11	0,68	0,12	0,48	0,14	0,34	0,13
Casmin 2a	0,45	0,10	0,63	0,12	0,67	0,14	0,47	0,14
Casmin 2b	0,35	0,10	0,63	0,12	0,53	0,14	0,46	0,14
Casmin 2c-allg.	0,52	0,11	0,35	0,16	0,54	0,15	0,41	0,15
Casmin 2c-berufl.	*0,14*	0,16	0,59	0,13	*0,27*	0,17	*-0,15*	0,18
Casmin 3a	0,58	0,15	0,56	0,18	0,71	0,17	*0,21*	0,18
Casmin 3b	0,44	0,14	0,71	0,17	0,77	0,17	*0,19*	0,18
*Kinder in der Familie (Ref.: keine Kinder)**								
jüngstes Kind <6 Jahre			0,18	0,06	0,36	0,05	0,21	0,05
jüngstes Kind 6-14 Jahre			0,17	0,04	0,18	0,04	0,24	0,04
Familienstand (Ref.: ledig)								
verheiratet	0,63	0,06	0,40	0,06	0,15	0,05	0,15	0,05
verwitwet / geschieden	0,37	0,10	0,45	0,09	*0,10*	0,08	*0,08*	0,08
Staatsangehörigkeit (Ref.: britisch)								
nicht britisch	*0,09*	0,08	0,22	0,08	*-0,01*	0,09	*0,08*	0,08
Berufskategorie (Ref.: unqualifiziert Manuelle)								
qualifiziert Manuelle	0,86	0,06	1,13	0,07	0,80	0,06	0,69	0,06
Techniker, Ingenieure	*0,07*	0,13	-0,40	0,15	-0,25	0,11	*-0,19*	0,11
primäre Dienstleistungsberufe	1,02	0,07	1,03	0,07	0,36	0,07	0,16	0,07
sekundäre Dienstleistungsber.	*0,07*	0,07	*-0,14*	0,08	-0,44	0,07	-0,49	0,07
Freie Berufe	1,90	0,10	1,76	0,11	1,58	0,09	1,39	0,09
Wirtschaftszweig (Ref.: verarbeitendes Gewerbe)								
Baugewerbe	2,54	0,07	2,98	0,11	3,76	0,14	3,68	0,14
Groß- und Einzelhandel	2,25	0,07	2,49	0,11	2,35	0,14	2,10	0,14
Hotel- und Gaststättengew.e	2,83	0,10	3,02	0,13	3,00	0,18	2,48	0,19
Nachrichten und Verkehr	1,17	0,09	1,43	0,13	1,59	0,18	1,41	0,17
Finanz-/unternehmsor. DL	1,51	0,14	1,40	0,19	2,01	0,18	2,13	0,17
Bildung	*-0,87*	0,51	0,98	0,38	*-0,93*	1,02	*-0,01*	0,60
Gesundheit	*-0,74*	0,41	*-1,82*	1,01	1,30	0,24	1,55	0,22
sonstige Dienstleistungen	1,16	0,10	1,44	0,14	1,51	0,19	1,36	0,19

(Fortsetzung Tabelle A.8.5)

Interaktionen								
sekund. Bild. * Bau	-0,29	0,12	-0,57	0,13	-0,94	0,16	-0,85	0,16
tertiär Bild. * Bau	-0,89	0,19	-1,40	0,24	-2,52	0,22	-2,13	0,24
sekund. Bild. * Handel	*-0,18*	0,11	-0,50	0,13	-0,72	0,16	-0,56	0,16
tertiär Bild. * Handel	-0,38	0,18	*-0,33*	0,21	-0,89	0,20	*-0,35*	0,22
sekund. Bild. * Hotel, Gast.	*-0,27*	0,17	-0,57	0,17	-0,87	0,20	*-0,28*	0,21
tertiär Bild. * Hotel, Gast.	*-0,13*	0,28	*-0,22*	0,33	-0,65	0,29	*0,03*	0,32
sekund. Bild. * Nachr., Verk.	-0,31	0,15	-0,72	0,17	-0,84	0,20	-0,47	0,20
tertiär Bild. * Nachr., Verk.	-0,59	0,29	-1,21	0,39	-1,37	0,30	-0,75	0,30
sek. Bild. * Fin./u-orient. DL	-0,53	0,19	*-0,16*	0,21	-0,62	0,20	-0,86	0,19
Ter. Bild. * Fin./u-orient. DL	*0,03*	0,21	*0,31*	0,24	-0,47	0,21	*-0,23*	0,22
sekund. Bild. * Bildung	*-1,27*	0,88	*0,11*	0,42	2,04	1,03	1,20	0,62
tertiär Bild. * Bildung	-1,82	0,60	-3,72	0,49	*-1,72*	1,04	-1,80	0,64
sekund. Bild. * Gesundheit	1,31	0,47	*2,01*	1,04	*-0,30*	0,28	*-0,31*	0,25
tertiär Bild. * Gesundheit	1,38	0,45	2,73	1,02	*-0,49*	0,28	*-0,29*	0,27
sekund. Bild. * sonstige DL	-0,31	0,14	-0,41	0,17	-0,99	0,21	-0,57	0,21
tertiär Bild. * sonstige DL	*-0,24*	0,18	-0,64	0,23	-1,32	0,24	*-0,16*	0,25
Konstante	-6,18	0,10	-5,78	0,12	-5,27	0,14	-5,09	0,13
Modellgüte								
N	65.758		41.307		42.696		41.401	
χ^2 (d.f.)	7127,16 (43)		6653,78 (45)		7514,93 (45)		6676,59 (45)	
Pseudo R^2	0,196		0,223		0,225		0,213	

kursiv = nicht signifikant auf 5%-Niveau, ansonsten alle Parameter signifikant
*Angaben zu Kindern in der Familie liegen im Labour Force Survey 1979 nicht vor.
Quelle: Quarterly Labour Force Survey 1979, 1984, 1994, 1996; eigene Berechnungen.

Tabelle A.8.6: Binomiale Logitmodelle inklusive Interaktionseffekte Alter * Wirtschaftzweige – Deutschland

	1982		1989		1993		1995		1996	
	odds	(s.e.)	odds	(s.e.)	odds	(s.e.)	odds	(s.e.)	odds	(s.e.)
Geschlecht (Ref.: weiblich)										
männlich	0,72	0,03	0,50	0,03	0,60	0,03	0,63	0,03	0,61	0,03
Alter (Ref.: 20-29 Jahre)										
30-39 Jahre	0,90	0,08	0,79	0,10	0,73	0,09	0,88	0,10	0,80	0,10
40-49 Jahre	1,38	0,08	1,19	0,09	1,07	0,09	1,25	0,10	1,10	0,10
50-59 Jahre	1,49	0,08	1,58	0,09	1,37	0,09	1,55	0,10	1,42	0,10
Bildung (Ref.: Casmin 1ab)										
Casmin 1c	0,38	0,03	0,21	0,04	*0,03*	0,03	0,13	0,04	0,08	0,03
Casmin 2a	0,74	0,04	0,47	0,05	0,26	0,04	0,36	0,04	0,26	0,04
Casmin 2b	0,78	0,07	0,70	0,09	0,27	0,09	0,47	0,08	0,31	0,07
Casmin 2c-allg.	1,03	0,09	1,28	0,10	0,81	0,09	0,97	0,08	1,03	0,07
Casmin 2c-berufl.	1,00	0,06	0,52	0,06	0,32	0,05	0,52	0,05	0,41	0,05
Casmin 3a	0,77	0,06	0,37	0,07	0,26	0,06	0,37	0,06	0,23	0,05
Casmin 3b	0,86	0,06	0,67	0,06	0,14	0,05	0,37	0,05	0,26	0,05
Kinder in der Familie (Ref.: keine Kinder)										
jüngstes Kind <6 J.	0,26	0,03	0,12	0,04	0,19	0,04	0,12	0,04	0,08	0,04
jüngstes Kind 6-14 J.	0,21	0,02	0,10	0,03	0,18	0,03	0,13	0,03	0,13	0,03
Familienstand (Ref.: ledig)										
verheiratet	0,45	0,04	0,38	0,04	0,20	0,03	0,17	0,03	0,13	0,03
verwit./geschieden	0,45	0,05	0,41	0,05	0,32	0,05	0,24	0,05	0,19	0,04
Staatsangehörigkeit (Ref.: deutsch)										
nicht deutsch	-0,52	0,04	-0,20	0,05	-0,09	0,05	-0,13	0,04	-0,11	0,04
Berufskategorie (Ref.: unqualifiziert Manuelle)										
qualifiziert Manuelle	1,25	0,04	1,23	0,05	1,04	0,05	1,12	0,05	0,84	0,05
Techniker, Ingenieure	*-0,09*	0,07	0,32	0,08	0,50	0,06	0,45	0,06	0,35	0,06
primäre DL	1,84	0,04	1,90	0,05	1,61	0,05	1,45	0,05	1,39	0,04
sekundäre DL	0,80	0,04	0,85	0,06	0,80	0,05	0,86	0,05	0,58	0,05
Freie Berufe	2,00	0,06	2,31	0,07	2,68	0,06	2,65	0,06	2,50	0,05
Wirtschaftszweig (Ref.: verarbeitendes Gewerbe)										
Baugewerbe	0,53	0,12	0,67	0,14	0,83	0,12	1,00	0,13	1,15	0,12
Groß-/Einzelhandel	0,90	0,09	0,88	0,11	0,88	0,10	1,12	0,11	1,01	0,11
Hotel- u. Gastgew.	2,58	0,11	2,09	0,13	1,92	0,13	2,12	0,14	1,67	0,15
Verkehr/Nachricht.	0,41	0,15	0,91	0,15	0,69	0,15	0,75	0,18	0,80	0,16
FinanzDL	0,74	0,15	1,53	0,14	1,09	0,15	1,08	0,16	1,00	0,16
Unternehmensor. DL	1,54	0,12	1,08	0,14	1,45	0,12	1,81	0,12	1,56	0,12
Bildung	-1,18	0,27	-0,84	0,37	-0,64	0,32	*-0,55*	0,31	-0,97	0,32
Gesundheit	*0,18*	0,17	*-0,08*	0,20	*-0,33*	0,19	*0,06*	0,18	*-0,10*	0,19
SonstigeDL	-0,88	0,13	*0,21*	0,13	-0,31	0,13	*0,20*	0,13	0,40	0,13

(Fortsetzung Tabelle A.8.6)

Interaktionen										
30-39 J. * Bau	*0,26*	0,14	0,34	0,17	*0,22*	0,14	*0,15*	0,15	*0,10*	0,14
40-49 J.* Bau	*0,12*	0,13	0,40	0,16	*0,21*	0,14	*0,13*	0,15	*0,14*	0,14
50-59 J. * Bau	*0,06*	0,14	*0,10*	0,16	*0,06*	0,14	*-0,07*	0,15	*-0,08*	0,14
30-39 J. * Handel	0,53	0,11	0,52	0,13	0,34	0,12	0,27	0,13	0,30	0,13
40-49 J. * Handel	0,50	0,10	0,61	0,12	0,55	0,12	0,49	0,13	0,48	0,13
50-59 J.* Handel	0,71	0,11	0,38	0,12	0,55	0,12	0,34	0,13	0,42	0,13
30-39 J. * Hotel/Gast	*0,14*	0,14	0,33	0,16	0,35	0,16	0,54	0,17	0,78	0,17
40-49 J. * Hotel/Gast	*-0,12*	0,13	*0,26*	0,16	0,44	0,16	0,59	0,17	0,88	0,17
50-59 J. * Hotel/Gast	*0,10*	0,15	*0,07*	0,17	0,45	0,16	0,49	0,17	0,62	0,18
30-39 J. * Ver./Nach.	*-0,12*	0,18	-0,38	0,19	*-0,08*	0,18	*0,03*	0,20	*-0,03*	0,19
40-49 J. * Ver./Nach.	*-0,23*	0,17	-0,57	0,18	*-0,31*	0,18	*-0,31*	0,20	*-0,22*	0,19
50-59 J. * Ver./Nach.	*-0,28*	0,17	-0,73	0,18	-0,51	0,18	*-0,30*	0,20	*-0,19*	0,19
30-39 J. * FinanzDL	*-0,33*	0,18	-0,59	0,17	*-0,16*	0,18	*-0,07*	0,19	*-0,15*	0,19
40-49 J. * FinanzDL	-0,73	0,18	-0,75	0,17	*-0,27*	0,18	*-0,31*	0,19	*-0,10*	0,19
50-59 J. * FinanzDL	-0,72	0,19	-1,17	0,19	-0,38	0,18	-0,58	0,20	-0,40	0,20
30-39 J. * u-orie. DL	*0,25*	0,14	0,75	0,16	*0,23*	0,14	*-0,25*	0,14	*0,01*	0,14
40-49 J. * u-orie. DL	*0,21*	0,14	0,82	0,16	0,33	0,14	*0,00*	0,14	*0,24*	0,14
50-59 J. * u-orie. DL	0,39	0,15	0,43	0,16	*0,08*	0,14	-0,46	0,14	*-0,02*	0,14
30-39 J. * Bildung	-0,87	0,31	*-0,72*	0,40	-0,79	0,35	*-0,61*	0,34	*-0,14*	0,35
40-49 J. * Bildung	-1,01	0,31	-1,43	0,40	-1,28	0,34	-1,87	0,35	-0,87	0,34
50-59 J. * Bildung	*-0,53*	0,32	-1,61	0,43	-1,83	0,36	-2,27	0,36	-1,55	0,36
30-39 J. * Gesundheit	0,61	0,19	0,74	0,22	0,92	0,21	0,70	0,20	0,69	0,21
40-49 J. * Gesundheit	0,71	0,19	1,26	0,21	1,60	0,21	1,09	0,20	1,34	0,20
50-59 J. * Gesundheit	0,98	0,19	0,74	0,22	1,14	0,21	0,81	0,20	1,02	0,21
30-39 J. * sonst. DL	0,56	0,15	*-0,20*	0,16	*0,25*	0,15	*-0,13*	0,15	*-0,03*	0,15
40-49 J. * sonst. DL	*0,05*	0,14	-0,39	0,15	*0,04*	0,15	*-0,13*	0,15	-0,33	0,15
50-59 J. * sonst. DL	*0,11*	0,15	-1,08	0,16	-0,42	0,15	-0,62	0,15	-0,82	0,15
Konstante	-6,61	0,08	-6,16	0,10	-5,77	0,09	-6,07	0,11	-5,61	0,10
Modellgüte										
N	188.829		121.871		135.240		132.190		131.675	
χ^2 (d.f.)	22362,8 (57)		14204,74 (57)		15259,18 (57)		15633,85 (57)		15758,0 (57)	
Pseudo R^2	0,225		0,206		0,197		0,195		0,187	

kursiv = nicht signifikant auf 5%-Niveau, ansonsten alle Parameter signifikant

Quelle: Mikrozensus 1982, 1989, 1993, 1995, 1996; eigene Berechnungen; Mikrozensus 1989: Sonderauswertungen durch ZUMA.

Tabelle A.8.7: Binomiale Logitmodelle inklusive Interaktionseffekte Bildung * Wirtschaftzweige – Großbritannien

	1979		1984		1994		1996	
	odds	(s.e.).	odds	(s.e.).	odds	(s.e.).	odds	(s.e.).
Geschlecht (Ref.: weiblich)								
männlich	0,61	0,05	0,47	0,05	0,45	0,05	0,52	0,05
Alter (Ref.: 20-29 Jahre)								
30-39 Jahre	0,68	0,12	0,47	0,14	0,70	0,16	0,76	0,17
40-49 Jahre	0,50	0,13	0,38	0,15	1,17	0,16	0,89	0,17
50-59 Jahre	0,27	0,14	*0,20*	0,16	1,02	0,17	0,97	0,18
Bildung (Ref.: Casmin 1ab)								
Casmin 1c	*0,03*	0,07	0,26	0,05	-0,16	0,05	-0,14	0,05
Casmin 2a	0,22	0,06	0,18	0,06	*0,01*	0,06	*-0,03*	0,06
Casmin 2b	0,12	0,06	0,18	0,06	-0,14	0,06	*-0,07*	0,06
Casmin 2c-allg.	0,27	0,07	*-0,06*	0,13	*-0,13*	0,08	*-0,14*	0,08
Casmin 2c-berufl.	*-0,07*	0,14	0,17	0,08	-0,37	0,12	-0,67	0,14
Casmin 3a	0,30	0,09	*0,03*	0,10	-0,32	0,08	-0,34	0,08
Casmin 3b	0,21	0,07	0,25	0,08	-0,17	0,07	-0,24	0,07
Kinder in der Familie (Ref.: keine Kinder)*								
jüngstes Kind <6 Jahre			0,15	0,06	0,34	0,05	0,18	0,05
jüngstes Kind 6-14 Jahre			0,18	0,04	0,17	0,04	0,23	0,04
Familienstand (Ref.: ledig)								
verheiratet	0,61	0,06	0,37	0,06	0,14	0,05	0,14	0,05
verwitwet / geschieden	0,33	0,10	0,41	0,09	*0,08*	0,08	*0,04*	0,08
Staatsangehörigkeit (Ref.: britisch)								
nicht britisch	*0,13*	0,08	0,26	0,08	*0,04*	0,09	*0,09*	0,08
Berufskategorie (Ref.: unqualifiziert Manuelle)								
qualifiziert Manuelle	0,86	0,06	1,11	0,07	0,78	0,06	0,69	0,06
Techniker, Ingenieure	*0,02*	0,13	-0,46	0,15	-0,34	0,11	-0,30	0,11
primäre Dienstleistungsberufe	0,99	0,07	0,99	0,07	0,29	0,06	*0,09*	0,07
sekundäre DL	*0,05*	0,07	-0,16	0,08	-0,49	0,07	-0,53	0,07
Freie Berufe	1,99	0,10	1,78	0,11	1,52	0,09	1,34	0,09
Wirtschaftszweig (Ref.: verarbeitendes Gewerbe)								
Baugewerbe	2,28	0,12	2,62	0,13	3,36	0,15	3,40	0,17
Groß- und Einzelhandel	1,74	0,13	1,61	0,13	1,40	0,17	1,22	0,18
Hotel- u. Gaststättengewerbe	1,77	0,24	1,87	0,20	1,29	0,25	1,12	0,28
Nachrichten und Verkehr	0,96	0,18	1,06	0,19	0,90	0,22	0,98	0,23
Finanz-/ unternehmsor.. DL	0,42	0,21	*0,39*	0,20	1,15	0,18	1,20	0,19
Bildung	-3,15	1,01	*-0,49*	0,34	*-0,24*	0,37	*-0,11*	0,37
Gesundheit	*-0,09*	0,34	0,61	0,27	1,11	0,24	0,67	0,29
sonstige Dienstleistungen	1,11	0,15	1,25	0,16	1,17	0,19	1,48	0,20

(Fortsetzung Tabelle A.8.7)

Interaktionen								
30-39 Jahre * Bau	*0,03*	0,15	*-0,14*	0,17	-0,53	0,19	-0,58	0,20
40-49 Jahre* Bau	*0,15*	0,16	*-0,07*	0,17	-0,93	0,18	-0,77	0,20
50-59 Jahre * Bau	*0,16*	0,17	*-0,19*	0,19	-0,62	0,20	-0,74	0,21
30-39 Jahre * Handel	*0,29*	0,15	0,48	0,17	*0,33*	0,20	*0,31*	0,21
40-49 Jahre * Handel	0,59	0,16	0,78	0,17	0,40	0,19	0,64	0,21
50-59 Jahre* Handel	0,75	0,16	0,99	0,19	0,67	0,21	0,86	0,22
30-39 Jahre * Hotel, Gast.	0,68	0,27	0,68	0,25	1,10	0,29	1,03	0,32
40-49 Jahre * Hotel, Gast.	1,21	0,27	1,18	0,25	1,18	0,28	1,56	0,32
50-59 Jahre * Hotel, Gast.	1,63	0,28	1,26	0,27	1,66	0,30	1,61	0,33
30-39 Jahre * Nachr., Verk.	*0,08*	0,21	*-0,13*	0,23	*0,03*	0,26	*-0,10*	0,27
40-49 Jahre * Nachr., Verk.	*0,20*	0,22	*-0,01*	0,24	*-0,31*	0,26	*-0,04*	0,27
50-59 Jahre * Nachr., Verk.	*-0,09*	0,24	*-0,26*	0,27	*0,15*	0,27	*0,33*	0,28
30-39 Jahre * Fin../u-orie. DL	1,04	0,23	1,08	0,23	0,46	0,21	*0,17*	0,22
40-49 Jahre * Fin./u-orie. DL	1,08	0,25	1,44	0,24	0,62	0,20	0,75	0,22
50-59 Jahre * Fin./u-orie. DL	1,48	0,26	1,75	0,26	0,97	0,22	0,93	0,23
30-39 Jahre * Bildung	*0,45*	1,10	*-0,72*	0,40	*-0,75*	0,44	*-0,32*	0,43
40-49 Jahre * Bildung	*1,29*	1,07	*-0,81*	0,42	-1,30	0,41	-1,03	0,42
50-59 Jahre * Bildung	*0,84*	1,17	*-0,50*	0,46	*-0,44*	0,43	*-0,41*	0,43
30-39 Jahre * Gesundheit	*0,58*	0,38	*0,00*	0,33	*0,26*	0,27	0,79	0,32
40-49 Jahre * Gesundheit	*0,63*	0,40	*0,01*	0,35	*-0,15*	0,27	0,70	0,32
50-59 Jahre * Gesundheit	0,99	0,40	*0,40*	0,36	*-0,08*	0,30	0,75	0,33
30-39 Jahre * sonstige DL	*-0,20*	0,18	*-0,15*	0,20	*-0,36*	0,24	-0,54	0,24
40-49 Jahre * sonstige DL	*-0,04*	0,19	*-0,18*	0,21	-0,98	0,23	-0,61	0,24
50-59 Jahre * sonstige DL	*-0,05*	0,20	*-0,19*	0,23	*-0,35*	0,25	*-0,26*	0,25
Konstante	-5,81	0,13	-5,21	0,13	-4,65	0,15	-4,61	0,16
Modellgüte								
N	65.758		41.315		42.696		41.401	
χ^2 (d.f.)	7170,37 (51)		6549,67 (53)		7344,91 (53)		6564,78 (53)	
Pseudo R^2	0,197		0,220		0,220		0,209	

kursiv = nicht signifikant auf 5%-Niveau, ansonsten alle Parameter signifikant

*Angaben zu Kindern in der Familie liegen im Labour Force Survey 1979 nicht vor.

Quelle: Quarterly Labour Force Survey 1979, 1984, 1994, 1996; eigene Berechnungen.

Tabelle A.9.1: Geschätzte, bedingte Wahrscheinlichkeiten beruflicher Solo- und Arbeitgeber-Selbständigkeit für unterschiedliche Alters- und Bildungsgruppen*

- 20-29 Jährige – Solo-Selbständigkeit

Casmin	1ab	1c	2a	2b	2c-allg.	2c-beruf.	3a	3b
Deutschland								
1982	0,007	0,010	0,012	0,016	0,021	0,017	0,016	0,010
1989	0,010	0,012	0,015	0,026	0,058	0,019	0,018	0,019
1993	0,016	0,015	0,018	0,026	0,054	0,025	0,023	0,026
1995	0,015	0,017	0,021	0,026	0,057	0,030	0,026	0,032
1996	0,023	0,021	0,025	0,035	0,081	0,034	0,032	0,040
Großbritannien								
1979	0,032	0,031	0,038	0,026	0,025	0,020	0,021	0,020
1984	0,059	0,090	0,082	0,055	0,040	0,048	0,035	0,036
1994	0,100	0,096	0,122	0,064	0,064	0,056	0,046	0,053
1996	0,091	0,099	0,118	0,070	0,060	0,041	0,049	0,053

- 20-29 Jährige – Arbeitgeber-Selbständigkeit

Casmin	1ab	1c	2a	2b	2c-allg.	2c-beruf.	3a	3b
Deutschland								
1982	0,004	0,008	0,012	0,011	0,014	0,015	0,010	0,016
1989	0,006	0,011	0,016	0,016	0,025	0,016	0,011	0,024
1993	0,009	0,011	0,016	0,012	0,022	0,015	0,013	0,028
1995	0,009	0,012	0,016	0,016	0,027	0,017	0,013	0,029
1996	0,010	0,013	0,016	0,013	0,031	0,017	0,014	0,029
Großbritannien								
1979	0,006	0,007	0,008	0,009	0,012	0,006	0,007	0,011
1984	0,011	0,015	0,015	0,014	0,009	0,015	0,006	0,015
1994	0,009	0,009	0,012	0,008	0,008	0,005	0,007	0,012
1996	0,009	0,009	0,009	0,009	0,010	0,003	0,006	0,011

- 50-59 Jährige – Solo-Selbständigkeit

Casmin	1ab	1c	2a	2b	2c-allg.	2c-beruf.	3a	3b
Deutschland								
1982	0,024	0,032	0,041	0,052	0,067	0,056	0,050	0,032
1989	0,031	0,036	0,046	0,077	0,161	0,056	0,055	0,056
1993	0,041	0,038	0,046	0,066	0,131	0,064	0,058	0,066
1995	0,042	0,047	0,057	0,071	0,147	0,082	0,072	0,087
1996	0,059	0,053	0,064	0,088	0,189	0,087	0,080	0,099
Großbritannien								
1979	0,035	0,034	0,042	0,029	0,028	0,022	0,023	0,023
1984	0,061	0,093	0,084	0,057	0,041	0,050	0,036	0,037
1994	0,164	0,163	0,202	0,110	0,111	0,098	0,081	0,093
1996	0,161	0,174	0,204	0,126	0,109	0,076	0,090	0,096

(Fortsetzung Tabelle A.9.1)

- 50-59 Jährige – Arbeitgeber-Selbständigkeit

Casmin	1ab	1c	2a	2b	2c-allg.	2c-beruf.	3a	3b
Deutschland								
1982	0,021	0,047	0,069	0,061	0,077	0,084	0,056	0,087
1989	0,030	0,055	0,075	0,078	0,113	0,077	0,054	0,111
1993	0,048	0,056	0,077	0,060	0,104	0,075	0,067	0,129
1995	0,043	0,057	0,076	0,077	0,125	0,081	0,064	0,133
1996	0,051	0,062	0,077	0,063	0,142	0,083	0,067	0,130
Großbritannien								
1979	0,015	0,016	0,020	0,021	0,029	0,014	0,017	0,027
1984	0,027	0,038	0,037	0,034	0,022	0,036	0,015	0,037
1994	0,040	0,039	0,050	0,036	0,033	0,022	0,031	0,050
1996	0,052	0,047	0,049	0,048	0,053	0,020	0,036	0,062

*Standardisierung der übrigen Merkmale: männlich, keine Kinder, ledig, deutsch bzw. britisch
Quelle: Mikrozensus 1982, 1989, 1993, 1995, 1996; Mikrozensus 1989: Sonderauswertungen durch ZUMA; Quarterly Labour Force Survey 1979, 1984, 1994, 1996; eigene Berechnungen.

Tabelle A.9.2: Geschätzte, bedingte Wahrscheinlichkeiten beruflicher Solo- und Arbeitgeber-Selbständigkeit für unterschiedliche Berufsgruppen* und Wirtschaftszweige**

- Bausektor

	Soloselbständige						Arbeitgeber					
Beruf	1	2	3	4	5	6	1	2	3	4	5	6
Deutschland												
1982	0,010	0,024	0,013	0,067	0,021	0,084	0,024	0,094	0,034	0,164	0,087	0,282
1989	0,015	0,028	0,023	0,092	0,031	0,130	0,026	0,097	0,049	0,176	0,088	0,322
1993	0,021	0,030	0,029	0,077	0,029	0,183	0,029	0,093	0,064	0,146	0,092	0,367
1995	0,024	0,035	0,032	0,073	0,036	0,208	0,026	0,100	0,060	0,128	0,098	0,370
1996	0,037	0,046	0,043	0,104	0,044	0,265	0,037	0,104	0,072	0,159	0,100	0,384
Großbritannien												
1979	0,099	0,208	0,115	0,208	0,064	0,363	0,035	0,094	0,052	0,157	0,088	0,358
1984	0,164	0,360	0,095	0,281	0,097	0,390	0,037	0,161	0,060	0,225	0,090	0,446
1994	0,364	0,534	0,223	0,339	0,190	0,563	0,050	0,148	0,083	0,187	0,093	0,490
1996	0,380	0,533	0,260	0,296	0,188	0,539	0,050	0,113	0,058	0,144	0,084	0,394

(Fortsetzung Tabelle A.9.2)

- *unternehmensorientierte Dienstleistungen*

	Soloselbständige						Arbeitgeber					
Beruf	1	2	3	4	5	6	1	2	3	4	5	6
Deutschland												
1982	0,050	0,108	0,062	0,262	0,097	0,312	0,046	0,165	0,063	0,272	0,153	0,427
1989	0,045	0,084	0,069	0,242	0,091	0,320	0,038	0,139	0,072	0,244	0,127	0,417
1993	0,063	0,086	0,084	0,206	0,084	0,410	0,038	0,121	0,084	0,187	0,120	0,438
1995	0,063	0,090	0,081	0,175	0,093	0,416	0,032	0,120	0,073	0,154	0,119	0,421
1996	0,080	0,098	0,091	0,207	0,093	0,447	0,042	0,117	0,081	0,178	0,112	0,415
Großbritannien												
1979	0,030	0,069	0,036	0,069	0,019	0,139	0,017	0,048	0,026	0,083	0,045	0,214
1984	0,054	0,140	0,029	0,101	0,030	0,156	0,017	0,080	0,028	0,116	0,043	0,268
1994	0,150	0,260	0,081	0,136	0,067	0,283	0,020	0,064	0,035	0,083	0,039	0,274
1996	0,149	0,245	0,091	0,107	0,062	0,250	0,025	0,057	0,029	0,075	0,042	0,237

- *sonstige Dienstleistungen*

	Soloselbständige						Arbeitgeber					
Beruf	1	2	3	4	5	6	1	2	3	4	5	6
Deutschland												
1982	0,004	0,008	0,005	0,024	0,007	0,031	0,004	0,018	0,006	0,033	0,016	0,064
1989	0,007	0,014	0,011	0,048	0,015	0,068	0,006	0,256	0,013	0,050	0,023	0,105
1993	0,009	0,013	0,013	0,035	0,013	0,089	0,006	0,019	0,013	0,032	0,019	0,100
1995	0,014	0,020	0,018	0,042	0,021	0,128	0,006	0,024	0,015	0,033	0,024	0,119
1996	0,021	0,026	0,024	0,060	0,024	0,165	0,009	0,025	0,017	0,040	0,024	0,122
Großbritannien												
1979	0,031	0,071	0,036	0,071	0,019	0,142	0,009	0,025	0,013	0,044	0,023	0,120
1984	0,052	0,137	0,029	0,010	0,029	0,153	0,007	0,035	0,012	0,053	0,018	0,134
1994	0,074	0,137	0,038	0,066	0,032	0,151	0,005	0,017	0,009	0,022	0,010	0,087
1996	0,105	0,179	0,063	0,074	0,042	0,183	0,009	0,021	0,010	0,028	0,015	0,099

**Standardisierung der übrigen Merkmale: männlich, deutsch bzw. britisch
Quelle: Mikrozensus 1982, 1989, 1993, 1995, 1996; Mikrozensus 1989: Sonderauswertungen durch ZUMA; Quarterly Labour Force Survey 1979, 1984, 1994, 1996; eigene Berechnungen.

*Berufsgruppen: 1 ‚unqualifizierte, manuelle Berufe'; 2 ‚qualifizierte, manuelle Berufe'; 3 ‚technische und Ingenieurberufe'; 4 ‚primäre Dienstleistungsberufe'; 5 ‚sekundäre Dienstleistungsberufe'; 6 ‚Freie Berufe'.

Literaturverzeichnis

Abell, Peter (1996): Self-Employment and Entrepreneurship: A Study of Entry and Exit. In: Clark, Jon (Hrsg.): *James S. Coleman.* London: Falmer Press: 175-205

Abell, Peter/ Khalaf, Haifa/ Smeaton, Deborah (1995): *An Exploration of Entry to and Exit from Self-Employment.* Discussion Paper, 224, Centre for Economic Performance, London

Abraham, Katharine G. (1990): Restructuring the employment relationship: The growth of market-mediated work arrangements. In: Abraham, Katherine G./ McKersie, Robert B. (Hrsg.): *New Developments in the Labor Market: Toward a New Institutional Paradigm.* Cambridge, London: MIT Press: 85-120

Abraham, Katherine G./ Taylor, Susan K. (1996): Firms' use of outside contractors: Theory and evidence. In: *Journal of Labor Economics* 14 (3): 394-424

Abraham, Martin (2000): Die Rolle des (Ehe-)Partners für kleine und mittlere Unternehmen. In: Bögenhold, Dieter (Hrsg.): *Kleine und mittlere Unternehmen in der Arbeitsmarktforschung - Arbeit und Selbständige im Strukturwandel.* Frankfurt a. M.: Lang: 33-50

Abraham, Martin/ Funk, Walter (2000): Marriage Partners as Co-Workers: Significance and Management of Household Relations for Self-Employment. In: Weesie, Jeroen/ Raub, Werner (Hrsg.): *The Management of Durable Relations. Theoretical and Empirical Models for Households and Organizations.* Amsterdam: ThelThesis.

Abromeit, Heidrun (1998): Entwicklungslinien im Verhältnis zwischen Staat und Wirtschaft. In: Kastendiek, Hans/ Rohe, Karl/ Volle, Angelika (Hrsg.): *Länderbericht Großbritannien. Geschichte - Politik - Wirtschaft - Gesellschaft.* Frankfurt: Campus Verlag: 358-378

Acs, Zoltan J./ Audretsch, David B. (1990): Small Firms in the 1990s. In: Acs, Zoltan J./ Audretsch, David B. (Hrsg.): *The Economics of Small Firms. A European Challenge.* Dordrecht: Kluwer Academic Publishers: 1-22

Acs, Zoltan J./ Audretsch, David B./ Evans, David S. (1992): *The Determinants of Variations in Self-Employment Rates Across Countries and Over Time.* Discussion Paper FS IV 92-3, Wissenschaftszentrum Berlin für Sozialforschung, Berlin

Alba-Ramirez, Alfonso (1994): Self-Employment in the Midst of Unemployment: The Case of Spain and the United States. In: *Applied Economics* (26): 189-204

Aldrich, Howard (1989): Networking among women entrepreneurs. In: Hagan, Oliver/ Rivchun, Carol/ Sexton, Donald (Hrsg.): *Women-owned Businesses.* New York: Praeger: 103-132

Aldrich, Howard E./ Waldinger, Roger (1990): Ethnicity and Entrepreneurship. In: *Annual Review of Sociology* (16): 111-135

Aldrich, Howard E./ Zimmer, C. (1986): Entrepreneurship through social networks. In: Aldrich, Howard E. (Hrsg.): *Population Perspectives on Organizations*. Uppsala: Acta Universitatis Upsaliensis: 13-28

Allen, John/ Henry, Nick (1996): Fragments of industry and employment. Constract service work and the shift towards precarious employment. In: Crompton, Rosemary/ Gallie, Duncan/ Purcell, Kate (Hrsg.): *Changing Forms of Employment. Organisations, Skills and Gender*. London, New York: Routledge: 65-82

Anderton, Bob/ Mayhew, Ken (1994): *A comparative analysis of the UK labour market*. Cambridge: Cambridge University Press

Andreß, Hans-Jürgen/ Hagenaars, Jaques A./ Kühnel, Steffen (1997): *Analyse von Tabellen und kategorialen Daten. Log-lineare Modelle, latente Klassenanalyse, logistische Regression und GSK-Ansatz*. Berlin: Springer

Arai, Bruce A. (1997): The road not taken: The transition from unemplyment to self-employment in Canada, 1961-1994. In: *Canadian Journal of Sociology* 22 (3): 365-382

Aronson, Robert L. (1991): *Self-Employment- A Labor Market Perspektive*. Ithaca: ILR Press

Arum, Richard (1997): Trends in male and female self-employment: Growth in a new middle class or increasing marginalization of the labour force. In: *Research in Social Stratification and Mobility* (15): 209-238

Arum, Richard/ Müller, Walter (im Erscheinen) (Hrsg.): *The Reemergence of Self-Employment: A Cross-National Study of Self-Employment Dynamics and Social Inequality*. Princeton University Press

Atkinson, John (1987): Flexibility or fragmentation? The United Kingdom labour market in the eighties. In: *Labour and Society* 12 (1): 87-105

Atkinson, John/ Meager, Nigel (1986): *Changing working patterns: How companies achieve flexibility to meet new needs*. London: National Economic Development Office (NEDO)

Averitt, Robert T. (1968): *The Dual Economy: The Dynamics of American Industry Structure*. New York: Norton

Baethge, Martin/ Baethge-Kinsky (1998): Jenseits von Beruf und Beruflichkeit? -Neue Formen der Arbeitsorganisation und Beschäftigung und ihre Bedeutung für eine zentrale Kategorie gesellschaftlicher Integration. In: *Mitteilungen aus der Arbeitsmarkt- und Berufsforschung*: 461-472

Balkenhol, Bernd (1998): *Enterprise Creation by the Unemployed: The Role of Micro-Finance. An ILO Action Program*. Paper presented at the International Workshop International Conference on Self-Employment , Burlington

Balkin, Steven (1989): *Self-Employment for Low-Income People*. New York: Praeger

Barbieri, Paolo (2001): Self-employment in Italy. Does labor market rigidity matter? In: *International Journal of Sociology* 31 (2): 38-69

Barell, Ray (1994): The UK Labour Market. Comparative Aspects and Institutional Developments. In: Anderton, Bob/ Mayhew, Ken (Hrsg.): *A Comparative Analysis of the UK Labour Market.* Cambridge: Cambridge University Press: 15-50

Bates, Timothy (1995): Self-employment entry across industry groups. In: *Journal of Business Venturing* 10 (2): 143-156

Bates, Timothy (1999): Exiting self-employment: An analysis of Asian immigrant-owned small businesses. In: *Small Business Economics* 13 (3): 171-183

Beatson, Mark (1995): Progress towards a flexible labour market. In: *Employment Gazette* (February): 55-66

Bechhofer, Frank/ Elliott, Brian (1981): *The Petite Bourgeoisie. Comparative Studies of the Uneasy Stratum.* London: The Macmillan Press

Bechhofer, Frank/ Elliott, Brian (1985): The Petite Bourgeoisie in late capitalism. In: *Annual Review of Sociology* (11): 181-207

Beck, Ulrich (1986): *Risikogesellschaft. Auf dem Weg in eine andere Moderne.* Frankfurt: Suhrkamp

Bell, Daniel (1973): *The Coming of Post-Industrial Society.* New York: Basic Books

Bell, Daniel (1985): *Die nachindustrielle Gesellschaft.* Frankfurt: Campus Verlag

Bellmann, Lutz/ Düll, Herbert/ Kühl, Jürgen/ Lahner, Manfred/ Lehmann, Udo (1996): *Flexibilität von Betrieben in Deutschland. Ergebnisse des IAB-Betriebspanels 1993-1995.* Nürnberg: Institut für Arbeitsmarkt- und Berufsforschung der Bundesanstalt für Arbeit

Bellmann, Lutz/ Düll, Herbert/ Kühl, Jürgen/ Lahner, Manfred/ Lehmann, Udo (1997): *Patterns of Enterprise Flexibility: IAB Establishment Panel Results, Western Germany, 1993-1995.* IAB Labour Market Topics, 24, Institut für Arbeitsmarkt- und Berufsforschung der Bundesanstalt für Arbeit, Nürnberg

Berger, Johannes/ Domeyer, Volker/ Funder, Maria (1990): *Kleinbetriebe im wirtschaftlichen Wandel.* Frankfurt: Campus

Berger, Suzanne/ Piore, Michael J. (1980): *Dualism and Discontinuity in Industrial Societies.* Cambridge: Cambridge University Press

Berger, U./ Engfer, U. (1982): Strukturwandel der gesellschaftlichen Arbeit. In: Littek, W./ Rammert, W./ Wachtler, G. (Hrsg.): *Einführung in die Arbeits- und Industriesoziologie.* Frankfurt: Campus Verlag: 302-324

Bernhardt, Irwin (1994): Comparative advantage in self-employment and paid work. In: *The Canadian Journal of Economics* 27 (2): 273-289

Bieback, Karl-Jürgen (1999): Neue Selbständigkeit und soziale Sicherheit - Notwendigkeit einer Neuorientierung. In: *Sozialer Fortschritt* 48 (7): 166-174

Bieback, Karl-Jürgen (2000): Die Neuregelung zu "Scheinselbständigen" und kleinen Selbständigen in §7 SGB IV und §2 Nr. 9 SGB VI. In: *Die Sozialgerichtsbarkeit* 47 (Mai): 189-198

Bieback Karl-Jürgen (2000): Soziale Absicherung neuer Selbständiger. *WSI Mitteilungen* 53 (20): 810-816.

Bielenski, Harald (1993): Betriebliche Erfahrungen mit atypischen Arbeitsformen. Ergebnisse einer Repräsentativerhebung in acht europäischen Ländern. In: *Mitteilungen aus der Arbeitsmarkt- und Berufsforschung* (3): 375-385

Bielenski, Harald (1997): Deregulierung des Rechts befristeter Arbeitsverträge. Enttäuschte Hoffungen, unbegründete Befürchtungen. In: *WSI Mitteilungen* (8): 532-537

Birch, David L. (1979): *The Job Creation Process.* Cambridge: MIT Study on Neighborhood and Regional Change

Birch, David L. (1987): *Job Creation in America: How Our Smallest Companies Put the Most People to Work.* New York: The Free Press

Birch, Julian (1997): Contract labour in the British construction industry. In: *Labour Education* (106-107): 69-77

Black, Jane/ De Meza, David/ Jeffreys, David (1992): *House Prices, The Supply of Collateral and the Enterprise Economy.* Discussion Paper in Economics, 92/08, University of Exeter, Department of Economics, Exeter

Blackburn, Robert A. (1992): Small firms and subcontracting: What is it and where? In: Leighton, P./ Felstead Alan (Hrsg.): *The New Entrepreneurs: Self-Employment and Small Business.* London: Kogan Page: 305-320

Blanchflower, David G. (2000): *Self-Employment in OECD Countries.* NBER Working Paper Series, 7486, National Bureau of Economic Research, Cambridge

Blanchflower, David G./ Freeman, Richard B. (1993): *Did the Thatcher Reforms Change British Labour Performance?* NBER Working Paper Series, 4384, June, National Bureau of Economic Research, Cambrigde

Blanchflower, David G./ Meyer, Bruce D. (1994): A longitudinal analysis of the young self-employed in Australia and the United States. In: *Small Business Economics* (6): 1-19

Blanchflower, David G./ Oswald, Andrew J. (1998): What makes an entrepreneur? In: *Journal of Labour Economics* 16 (1): 26-60

Blank, Rebecca M. (1998): Contingent work in a changing labor market. In: Freeman, Richard B./ Gottschalk, Peter (Hrsg.): *Generating Jobs. How to Increase Demand for Low-Skilled Workers.* New York: Russell Sage Foundation: 258-294

Blau, David M. (1987): A time-series analysis of self-employment in the United States. In: *Journal of Political Economy* 95 (3): 445-467

Blossfeld, Hans-Peter (1997): Women's part-time employment and the family cycle: A cross-national comparison. In: Blossfeld, Hans-Peter/ Hakim, Catherine (Hrsg.): *Between Equalization and Marginalization. Women Working Part-Time in Europe and the United States of America.* Oxford: Oxford University Press: 315-324

Blossfeld, Hans-Peter/ Mayer, Karl Ulrich (1988): Arbeitsmarktsegmentation in der Bundesrepublik Deutschland ein neues Dienstleistungsproletariat? In: *Kölner Zeitschrift für Soziologie und Sozialpsychologie* 40 (2): 262-283

Blossfeld, Hans-Peter/ Mayer, Karl Ulrich (1991): Berufsstruktureller Wandel und soziale Ungleichheit. Entsteht in der Bundesrepublik Deutschland ein neues Dienstleistungsproletariat? In: *Kölner Zeitschrift für Soziologie und Sozialpsychologie* 43 (4): 671-696

Blossfeld, Hans-Peter/ Hakim, Catherine (1997): Introduction: A comparative perspective on part-time work. In: Blossfeld, Hans-Peter/ Hakim, Catherine (Hrsg.): *Between Equalization and Marginalization. Women Working Part-Time in Europe and the United States of America.* Oxford: Oxford University Press: 1-21

Blossfeld, Hans-Peter/ Rohwer, Götz (1997): Part-time work in West Germany. In: Blossfeld, Hans-Peter/ Hakim, Catherine (Hrsg.): *Between Equalization and Marginalization. Women Working Part-Time in Europe and the United States of America.* Oxford: Oxford University Press: 164-190

Boden, Richard J. jr. (1996): Gender and self-employment selection: An empirical assessment. In: *Journal of Socio-Economics* 25 (6): 671-682

Bögenhold, Dieter (1985): *Die Selbständigen. Zur Soziologie dezentraler Produktion.* Frankfurt: Campus Verlag

Bögenhold, Dieter (1987): *Der Gründerboom. Realität und Mythos der neuen Selbständigkeit.* Frankfurt: Campus Verlag

Bögenhold, Dieter (1989): Die Berufspassage in das Unternehmertum. Theoretische und empirische Befunde zum sozialen Prozeß von Firmengründungen. In: *Zeitschrift für Soziologie* 18 (4): 263-281

Bögenhold, Dieter (1994): Selbständige Erwerbsarbeit in sozial- und wirtschaftshistorischer Perspektive. In: Schmude, Jürgen (Hrsg.): *Neue Unternehmen. Interdisziplinäre Beiträge zur Gründungsforschung.* Heidelberg: Physika-Verlag: 11-23

Bögenhold, Dieter (1999): *Unternehmensgründung und Dezentralität. Renaissance der beruflichen Selbständigkeit in Europa?* Opladen: Westdeutscher Verlag

Bögenhold, Dieter/ Staber, Udo (1990): Selbständigkeit als ein Reflex auf Arbeitslosigkeit? Makrosoziologische Befunde einer international-komparativen Studie. In: *Kölner Zeitschrift für Soziologie und Sozialpsychologie* 42 (2): 265-279

Bögenhold, Dieter/ Staber, Udo (1991): The decline and rise of self-employment. In: *Work, Employment and Society* 5 (2): 223-239

Bögenhold, Dieter/ Staber, Udo (1994): *Von Dämonen zu Demiurgen? Zur (Re-) Organisation des Unternehmertums in Marktwirtschaften.* Berlin: Akademie Verlag

Bögenhold, Dieter/ Leicht, René (2000): "Neue Selbständigkeit" und Entrepreneurship: Moderne Vokabeln und damit verbundene Hoffnungen und Irrtümer. In: *WSI-Mitteilungen* 53 (12): 779-787

Börsch-Supan, Axel/ Pfeiffer, Friedhelm (1992): Determinanten der Selbständigkeit in der Bundesrepublik Deutschland. In: Hujer, Reinhard/ Schneider, Hilmar/ Zapf, Wolfgang (Hrsg.): *Herausforderungen an den Wohlfahrtsstaat im strukturellen Wandel.* Frankfurt: Campus: 257-287

Bollinger, Doris/ Cornetz, Wolfgang/ Pfau-Effinger, Birgit (1991): "Atypische" Beschäftigung - Betriebliche Kalküle und Arbeitnehmerinteressen. In: Semlinger, Klaus (Hrsg.): *Flexibilisierung des Arbeitsmarktes. Interessen, Wirkungen, Perspektiven.* Frankfurt: Campus: 177-199

Borjas, George J. (1986): The self-employment experience of immigrants. In: *The Journal of Human Resources* 21 (4): 485-506

Borjas, George J./ Bronars, Stephen G. (1989): Consumer discrimiantion and self-employment. In: *Journal of Political Economy* 97 (3): 581-605

Brauns, Hildegard/ Steinmann, Susanne (1997): *Educational Reform in France, West-Germany, the United Kingdom and Hungary: Updating the CASMIN Educational Classification.* MZES Arbeitspapiere, AB I / 21, Mannheimer Zentrum für europäische Sozialforschung, Mannheim

Brauns, Hildegard/ Steinmann, Susanne (1999): Educational reform in Fance, West-Germany, and the United Kingdom. Updating the CASMIN educational classification. In: *ZUMA Nachrichten* 23 (44): 7-44

Brauns, Hildegard/ Steinmann, Susanne/ Haun, Dietmar (1997): *Die Konstruktion eines international vergleichbaren Klassenschemas. Erwerbsstatistische Besonderheiten am Beispiel von Labour Force Surveys der Bundesrepublik Deutschland, Frankreichs, Großbritanniens und Ungarns.* MZES Arbeitspapiere, AB I / Nr. 22, Mannheimer Zentrum für Europäische Sozialforschung, Mannheim

Brauns, Hildegard/ Gangl, Markus/ Scherer, Stefani (1999): *Education and Unemployment: Patterns of Labour Market Entry in France, the United Kingdom and West Germany.* MZES Arbeitspapiere, 6, Mannheimer Zentrum für Europäische Sozialforschung, Mannheim

Brinkmann, Christian/ Otto, Manfred (1996): *Überbrückungsgeld hilft arbeitslosen Frauen und Männern beim Sprung in die Selbständigkeit.* IAB Werkstattbericht, 6, Institut für Arbeitsmarkt- und Berufsforschung der Bundesanstalt für Arbeit, Nürnberg

Brockhaus, Robert H. (1982): The psychology of the entrepreneur. In: Kent, Calvin A./ Sexton, Ronald L./ Vesper, Karl H. (Hrsg.): *The Encyclopedia of Entrepreneurship.* Englewood Cliffs: Prentice Hall: 509-520

Brodsky, Melvin M. (1994): Labor market flexibility: a changing international perspective. In: *Monthly Labor Review* 117 (11): 53-60

Bruce, Donald (1999): Do husbands matter? Married women entering self-employment. In: *Small Business Economics* 13 (4): 317-329

Brüderl, Josef/ Preisendörfer, Peter/ Ziegler, Rolf (1992): Survival chances of newly founded business organizations. In: *American Sociological Review* (57): 227-242

Brüderl, Josef/ Bühler, Christoph/ Ziegler, Rolf (1993): Beschäftigungswirkung neugegründeter Betriebe. In: *Mitteilungen aus der Arbeitsmarkt- und Berufsforschung* (4): 521-528

Brüderl, Josef/ Preisendörfer, Peter/ Ziegler, Rolf (1996): *Der Erfolg neugegründeter Betriebe: eine empirische Studie zu Chancen und Risiken von Unternehmensgründungen.* Berlin: Duncker & Humblot

Brunhes, Bernard (1989): Labour flexibility in enterprises: A comparison of firms in four European countries. In: OECD (Hrsg.): *Labour Market Flexibility. Trends in Enterprises.* Paris: OECD: 11-36

Büchtemann, Christoph F. (1987): "Deregulierung" des Arbeitsmarktes als beschäftigungspolitische Strategie? In: *Die Mitbestimmung* (10): 585-589

Büchtemann, Christoph F./ Quack, Sigrid (1989): "Bridges" or "traps"? Non-standard employment in the Federal Republic of Germany. In: Rodgers, Gerry/ Rodgers, Janine (Hrsg.): *Precarious Jobs in Labour Market Regulation: The Growth of Atypical Employment in Western Europe.* Geneva: International Institute for Labour Studies: 109-148

Bundesministerium für Arbeit und Sozialordnung (BMA) (2000): *Scheinselbständigkeit und arbeitnehmerähnliche Selbständige.* Berlin: BMA

Burchell, Brendan J./ Dale, Angela/ Joshi, Heather (1997): Part-time work among British women. In: Blossfeld, Hans-Peter/ Hakim, Catherine (Hrsg.): *Between Equalization and Marginalization. Women Working Part-Time in Europe and the United States of America.* Oxford: Oxford University Press: 210-246

Burrows, Roger (1991): *Deciphering the Enterprise Culture. Entrepreneurship, Petty Capitalism and Restructuring of Britain.* London: Routledge

Campbell, Martin/ Daly, Michael (1992): Self-Employment: into the 1990s. In: *Employment Gazette* (June): 269-292

Cappelli, Peter (1995): Rethinking employment. In: *British Journal of Industrial Relations* 33 (4): 563-602

Caputo, Richard/ Dolinsky, Arthur (1998): Women´s choice to pursue self-employment: The role of financial and human capital of household members. In: *Journal of Small Business Management* 36 (3): 8-17

Carley, Mark/ Suri, Oliver (1993): Atypische Beschäftigung in Großbritannien. In: *WSI Mitteilungen* 46 (9): 600-609

Carr, Deborah (1996): Two paths to self-employment? Women's and men's self-employment in the United States, 1980. In: *Work and Occupation* 23 (1): 26-53

Carroll, Glenn R./ Mosakowski, Elaine (1987): The career dynamics of self-employment. In: *Administrative Science Quaterly* (32): 570-589

Casson, Mark (1982): *The Entrepreneur. An Economic Theory.* Oxford: Martin Robertson

Central Statistical Office (1979): *Standard Industrial Classification. Revised 1980.* London: Her Majesty's Stationery Office

Clark, Kenneth/ Drinkwater Stephen (1998): Ethnicity and self-employment in Britain. In: *Oxford Bulletin Of Economics And Statistics* 60 (3): 383-407

Coleman, James S. (1990): *Foundations of Social Theory*. Cambridge, Mass.: Belknap Press

Coleman, James S. (1991): *Grundlagen der Sozialtheorie, Band 1: Handlungen und Handlungssysteme*. München: Oldenbourg Verlag

Corden, Anne (1998): *Die Definition der selbständigen Tätigkeit in Bezug auf soziale Sicherheit im Vereinigten Königreich*. Paper presented at the International Workshop Europäische Regionaltagung , Paris, Frankreich. mimeo

Corden, Anne (1999): Selbständige Erwerbstätige im Vereinigten Königreich: Eingebunden oder ausgegrenzt? In: *Internationale Revue für soziale Sicherheit* 52 (1): 37-58

Cousins, Christine (1999): Changing regulatory frameworks and non-standard employment and labour market regulation. In: Felstead, Alan/ Jewson, Nick (Hrsg.): *Global Trends in Flexible Labour*. London: Macmillan Press: 100-120

Cowling, Marc/ Clay, Nick (1995): Factors influencing take-up rates on the loan guarantee scheme. In: *Small Business Economics* (7): 141-152

Crompton, Rosemary/ Gallie, Duncan/ Purcell, Kate (1996): *Changing Forms of Employment. Organisations, Skills and Gender*. London, New York: Routledge

Crouch, Colin (1997): Skills-based full employment: The latest philosohper's stone. In: *British Journal of Industrial Relations* 35 (3): 367-391

Crouchley, R./ Abell, P./ Smeaton, D. (1994): *An Aggregate Time Series Analysis of Non-Agricultural Self-Employment in the UK.*. Discussion Paper No. 209, Centre for Economic Performance, London

Curran, James/ Burrows, Roger (1989): National profiles ot the self-employed. In: *Employment Gazette* (July): 376-385

Daly, Michael (1991): The 1980s- A decade of growth in enterprise. Self-employment date from Labour Force Survey. In: *Employment Gazette* (March): 109-134

Delsen, Leonardus W. M. (1995): *Atypical Employment: An International Perspective. Causes, Consequences and Policy*. Groningen: Woltersgroep

Department of Trade and Industry (1999a): *Small Firms. Financing your Business. A guide to sources of finance and advice*. London.

Department of Trade and Industry (1999b): *Loan Guarantee Scheme.*London

Department of Trade and Industry (1999c): *Setting up in Business. A Guide to Regulatory Requirements*. London

Devine, Fiona (1994): Segregation and supply: Preferences and plans among 'self-made' women. In: *Gender, Work and Organization* 1 (2): 94-109

Devine, Theresa J. (1994a): Characteristics of self-employed women in the United States. In: *Monthly Labor Review* 117 (3): 20-34

Devine, Theresa J. (1994b): Changes in wage-and-salary returns to skill and the recent increase in female self-employment. In: *American Economic Review* 84 (2): 108-113

DeWit, Gerrit (1993): *Determinants of Self-Employment.* Heidelberg: Physika

DeWit, Gerrit/ VanWinden, Frans A.A.M. (1989): An empirical analysis of self-employment in the Netherlands. In: *Small Business Economics* (1): 263-272

Dex, Shirley/ McCulloch, Andrew (1997): *Flexible Employment. The Future of Britain's Jobs.* Houndmills: MacMillan Press

Dex, Sherley/ Willis, Janet/ Paterson, Richard/ Sheppard, Elaine (2000): Freelance workers and contract uncertainty: The effects of contractual changes in the televison industry. In: *Work, Employment & Society* 14 (2): 283-305

Dickens, Linda (1994): Deregulation and employment rights in Great Britain. In: Rogowski, Ralf/ Wilthagen, Ton (Hrsg.): *Reflexive Labour Law. Studies in International Relations and Employment Regulation.* Deventer: Kluwer Law and Taxation Publishers: 225-247

Dickens, Linda/ Hall, Mark (1995): The state: Labour law and industrial relations. In: Edwards, Paul (Hrsg.): *Industrial Relations: Theory and Practice in Britain.* Oxford: Blackwell: 255-303

Dietrich, Hans (1996a): Neue Formen der Erwerbstätigkeit unter besonderer Berücksichtigung der Scheinselbständigkeit. In: Laszlo, Alex/ Tessaring, Manfred (Hrsg.): *Neue Qualifizierungs- und Beschäftigungsfelder. Dokumentation des BIBB/IAB-Workshops am 13./14. November 1995.* Bielefeld: Bertelsmann: 283-303

Dietrich, Hans (1996b): *Empirische Befunde zur "Scheinselbständigkeit". Zentrale Ergebnisse des IAB-Projektes "Freie Mitarbeiter und selbständige Einzelunternehmer mit persönlicher und wirtschaftlicher Abhängigkeit".* IAB Werkstattbericht, 7, Institut für Arbeitsmarkt- und Berufsforschung , Nürnberg

Dietrich, Hans (1998): Erwerbsverhalten in der Grauzone von selbständiger und abhängiger Erwerbsarbeit. Nürnberg: Institut für Arbeitsmarkt- und Berufsforschung der Bundesanstalt für Arbeit

Dietrich, Hans (1999): Empirische Befunde zur selbständigen Erwerbstätigkeit unter besonderer Berücksichtigung scheinselbständiger Erwerbsverhältnisse. In: *Mitteilungen aus der Arbeitsmarkt- und Berufsforschung* 32 (1): 85-101

Dingeldey, Irene (1998): Arbeitsmarktpolitische Reformen unter New Labour. In: *Aus Politik und Zeitgeschichte* (B 11/98): 32-38

Doeringer, Peter B./ Piore, Michael J. (1971): *Internal Labor Markets and Manpower Analysis.* Lexington: Heath

Döse, Annegret (1994): Selbständigkeit im Schnittpunkt neuer Bedingungen der Erwerbsarbeit. In: Döse, Annegret/ Höland, Armin/ Schallhöfer, Petra/ Roethe, Thomas (Hrsg.): *Neue Formen und Bedingungen der Erwerbsarbeit in Europa. Eine rechtssoziologische Untersuchung.* Baden-Baden: Nomos Verlagsgesellschaft: 47-181

Döse, Annegret/ Höland, Armin/ Schallhöfer, Petra/ Roethe, Thomas (1994): *Neue Formen und Bedingungen der Erwerbsarbeit in Europa. Eine rechtssoziologische Untersuchung.* Baden-Baden: Nomos Verlagsgesellschaft

Dostal, Werner/ Reinberg, Alexander (1999): Ungebrochener Trend in der Wissensgesellschaft. In: *IAB Kurzbericht* (10): 1-5

Dostal, Werner/ Jansen, Rolf/ Parmentier, Klaus (Hrsg.) (2000): *Wandel der Erwerbsarbeit: Arbeitssituation, Informatisierung, berufliche Mobilität und Weiterbildung.* Nürnberg: Institut für Arbeitsmarkt- und Berufsforschung der Bundesanstalt für Arbeit

Drobnic, Sonja/ Blossfeld, Hans-Peter/ Rohwer, Götz (1999): Dynamics of women's employment patterns over the family life course: A comparison of the United States and Germany. In: *Journal of Marriage and the Family* (61): 133-146

Dunn, Thomas/ Holtz-Eakin, Douglas (2000): Financial capital, human capital, and the transition to self-employment: Evidence from intergenerational links. In: *Journal of Labour Economics* 18 (2): 282-305

Eardley, Tony/ Corden, Anne (1996): *Low Income Self-Employment. Work, Benefits and Living Standards.* Aldershot: Avebury

Eisenberg, Elliot (2001): Self-employment in construction. In: *Housing Economics* 49 (1): 7-11

Emmerich, Knut/ Walwei, Ulrich/ Zika, Gerd (1997): Beschäftigungswirkungen aktueller rechtspolitischer Interventionen im Bereich des Sozial-, Arbeits- und Steuerrechts. In: *WSI-Mitteilungen* (8): 561-568

Emmerling, Dieter/ Riede, Thomas (1997): 40 Jahre Mikrozensus. In: *Wirtschaft und Statistik* (3): 160-174

Employment Department Group (1990): *Standard Occupational Classification. Volume 1: Structure, and Definition of Major, Minor and Unit Groups.* London: Office for Population Censuses and Surveys.

Engel, Stefan/ Oberlander, Willi (2000): *Freier Beruf oder Gewerbe?* Nürnberg: Institut für Freie Berufe Nürnberg

Erikson, Robert/ Goldthorpe, John H. (1992): *The Constant Flux. A Study of Class Mobility in Industrial Societies.* Oxford: Oxford University Press

Europäische Kommission (1996): *Tableau de Bord 1995.* Brüssel: Europäische Kommission

Europäisches Beobachtungsnetz für KMU (1995): *Dritter Jahresbericht. Februar 1995.* EIM Small Business Research and Consultancy

Eurostat (1990): *Community Labour Force Survey. A user's guide. 1988.* Luxembourg: Office for Official Publications of the European Communities

Eurostat (1993): *Erhebung über Arbeitskräfte. Methodik und Definitionen. Reihe ab 1992.* Luxemburg: Amt für amtliche Veröffentlichungen der Europäischen Gemeinschaften

Eurostat (1999): *Labour force survey. Methods and definitions.* Luxembourg: Office for Official Publications of the European Communities

Eurostat (2000): *New Cronos. Domains Labour Force Statistics and PACE.* Luxembourg: Office for Official Publications of the European Communities

Evans, David S./ Jovanovic, Boyan (1989): An estimated model of entrepreneurial choice under liquidity constraint. In: *Journal of Political Economy* 97 (4): 808-827

Evans, David S./ Leighton, Linda S. (1989): The determinants of changes in U.S. self-employment, 1968-1987. In: *Small Business Economics* (1): 111-119

Evans, David S./ Leighton, Linda S. (1990): Small business formation by unemployed and employed workers. In: *Small Business Economics* (2): 319-330

Evans, Stephen (1990): Free labour and economic performance: Evidence from the construction industry. In: *Work, Employment & Society* 4 (2): 239-252

Fachinger Uwe/ Oelschläger, Angelika (2000): *Selbständige und ihre Altersvorsorge. Sozialpolitischer Handlungsbedarf.* ZeS-Arbeitspapiere, Zentrum für Sozialpolitik, Bremen

Fassmann, Heinz (1993): *Arbeitsmarktsegmentation und Berufslaufbahnen. Ein Beitrag zur Arbeitsmarktgeographie Österreichs.* Wien: Verlag der Österreichischen Akademie der Wissenschaften

Fehrenbach, Silke/ Leicht, René (2002): *Strukturmerkmale und Potentiale der von Frauen geführten Betriebe in Deutschland. Eine empirische Untersuchung anhand der Daten des IAB-Betriebspanels.* Grüne Reihe Nr. 47. Institut für Mittelstandsforschung, Mannheim

Felstead, Alan/ Jewson, Nick (1999): Flexible labour and non-standard employment: An agenda of issues. In: Felstead, Alan/ Jewson, Nick (Hrsg.): *Global Trends in Flexible Labour.* London: Macmillan Press: 1-20

Fink, Marcel (1999): Atypische Beschäftigung in Großbritannien. In: Tálos, Emmerich (Hrsg.): *Atypische Beschäftigung. Internationale Trends und sozialstaatliche Regelungen.* Wien: Manz Verlag: 161-190

Fischer, Hans P. (1986): Rechtliche und wirtschaftliche Voraussetzungen der beruflichen Selbständigkeit. In: *Wirtschaftswissenschaftliches Studium* 6): 318-324

Fourastié, Jean (1969): *Die große Hoffnung des 20. Jahrhunderts.* Bochum: Berg-Verlag

Gallie, Duncan (1996): Skill, gender and the quality of employment. In: Crompton, Rosemary/ Gallie, Duncan/ Purcell, Kate (Hrsg.): *Changing Forms of Employment. Organisations, Skills and Gender.* London, New York: Routledge: 133-159

Gangl, Markus (2000a): *European Perspectives on Labour Market Entry: A Matter of Institutional Linkages between Tranining System and Labour Markets?* MZES Arbeitspapiere, 24, Mannheimer Zentrum für Europäische Sozialforschung, Mannheim

Gangl, Markus (2000b): *Education and Labour Market Entry across Europe: The Impact of Institutional Arrangements in Training Systems and Labour Markets.* MZES Arbeitspapiere, 25, Mannheimer Zentrum für Europäische Sozialforschung, Mannheim

Gangl, Markus (2003): *Unemployment Dynamics in the United States and West Germany: Economic Restructuring, Institutions and Labour Market Processes.* Heidelberg: Physika

Ganßmann, Heiner/ Haas, Michael (1999): *Arbeitsmärkte im Vergleich: Rigidität und Flexibilität auf den Arbeitsmärkten der USA, Japans und der BRD.* Marburg: Schüren

Geißler, Rainer (1996): *Die Sozialstruktur Deutschlands.* Opladen: Westdeutscher Verlag

Georg, Walter/ Sattel, Ulrike (1995): Arbeitsmarkt, Beschäftigungssystem und Berufsbildung. In: Arnold, Rolf/ Lipsmeier, Antonius (Hrsg.): *Handbuch der Berufsbildung.* Opladen: Leske + Budrich: 123-141

Georgellis, Yannis/ Wall, Howard J. (2000a): *Who are the self-employed?* Working Paper, Federal Reserve Bank of St. Louis, St. Louis

Georgellis, Yannis/ Wall, Howard J. (2000b): *Gender differences in self-employment: Panel evidence from Germany.* Working Paper, Federal Reserve Bank of St. Louis, St. Louis

Godbout, Todd M. (1993): Employment change and sectoral distribution in 10 countries, 1970-90. In: *Monthly Labor Review* 116 (10): 3-20

Goebel, Peter (1990): *Erfolgreiche Jungunternehmer: Lieber kleiner Herr als großer Knecht! Welche Fähigkeiten brauchen Firmengründer.* München: mvg-Verlag

Gospel, Howard (1998): The revival of apprenticeship training in Britain? In: *British Journal of Industrial Relations* 36 (3): 435-457

Gottschall, Karin/ Schnell, Christiane (2000): "Alleindienstleister" in Kulturberufen - Zwischen neuer Selbständigkeit und alten Abhängigkeiten. In: *WSI-Mitteilungen* 53 (12): 803-810

Granovetter, Mark (1985): Economic action and social structure: The problem of embeddedness. In: *American Journal of Sociology* (November): 481-510

Granovetter, Mark (1984): Small is bountiful: Labor markets and establishment size. In: *American Sociological Review* (49): 323-334

Green, Anne E. (1998): Sozioökonomischer und sozialgeographischer Überblick. In: Kastendieck, Hans/ Rohe, Karl/ Volle, Angelika (Hrsg): *Länderbericht Großbritannien. Geschichte - Politik - Wirtschaft - Gesellschaft.* Frankfurt: Campus Verlag: 89-115

Greene, Patricia Gene (2000): Self-employment as an economic behavior: An analysis of self-employed women's human and social capital. In: *National Journal of Sociology* 12: 1-55.

Grimshaw, Damian/ Ward, Kevin G./ Rubery, Jill/ Beynon, Huw (2001): Organisations and the transformation of the internal labour market. In: *Work, Employment & Society* 15 (1): 25-54

Grubb, David/ Wells, William (1993): Employment Regulation and Patterns of Work in EC Countries. In: OECD (Hrsg.): *OECD Economic Studies No.21.* 7-59

Gruber, Stefan (1995): Die Arbeitskräfteerhebung der Europäischen Union. In: *Wirtschaft und Statistik* (7): 518-529

Häußermann, Hartmut/ Siebel, Walter (1995): *Dienstleistungsgesellschaften.* Frankfurt a.M.: Suhrkamp

Haisken-DeNew, John/ Horn, Gustav A./ Schupp, Jürgen/ Wagner, Gert (1996): Keine Dienstleistungslücke in Deutschland. Ein Vergleich mit den USA anhand von Haushaltsbefragungen. In: *DIW – Wochenbericht* (14): 1-11

Hakim, Catherine (1988): Self-employment in Britain: recent trends and current issues. In: *Work, Employment and Society* 2 (4): 421-450

Hakim, Catherine (1989): New recruits to self-employment in the 1980s. In: *Employment Gazette* (June): 286-297

Hakim, Catherine (1990): Core and periphery in employees' workforce strategies: evidence from the 1987 E.L.U.S. survey. In: *Work, Employment and Society* 4 (2): 157-188

Hakim, Catherine (1992): Explaining trends in occupational segregation: the measurement, causes, and consequences of the sexual division of labour. In: *European Sociological Review* 8 (2): 127-152

Hakim, Catherine (1997): A sociological perspective on part-time work. In: Blossfeld, Hans-Peter/ Hakim, Catherine (Hrsg.): *Between Equalization and Marginalization. Women Working Part-Time in Europe and the United States of America.* Oxford: Oxford University Press: 22-70

Hakim, Catherine (1998): Small firms and the solo self-employed. In: Hakim, Catherine (Hrsg.): *Social Change and Innovation in the Labour Market.* Oxford: Oxford University Press: 200-220

Hall, Anja (1996): Abbau sozialer Barrieren? Zur Entwicklung der Muster sozialer Mobilität in Westdeutschland. In: Müller, Walter (Hrsg.): *Soziale Ungleichheit. Neue Befunde zu Strukturen, Bewußtsein und Politik.* Opladen: Leske + Budrich: 111-138

Haller, Max (1997): Klassenstruktur und Arbeitslosigkeit - Die Entwicklung zwischen 1960 und 1990. In: Hradil, Stefan/ Immerfall, Stefan (Hrsg.): *Die westeuropäischen Gesellschaften im Vergleich.* Opladen: Leske + Budrich: 377-428

Hamilton, Barton H. (2000): Does entrepreneurship pay? An empirical analysis of the returns to self-employment. In: *Journal of Political Economy* 108 (3): 604-631

Hartmann, Peter H. (1989): Der Mikrozensus als Datenquelle für die Sozialwissenschaften. In: *ZUMA Nachrichten* 24 (Mai): 6-25

Hartmann, Peter H. (1998): Intergenerationale berufliche Mobilität in West- und Ostdeutschland. In: Braun, Michael/ Mohler, Peter Ph. (Hrsg.): *Blickpunkt Gesellschaft; Soziale Ungleichheit in Deutschland.* Opladen: Westdeutscher Verlag

Hassell, Karen/ Noyce, Peter/ Jesson, Jill (1998): White and ethnic minority self-employment in retail pharmacy in Britain: An historical and comparative analysis. In: *Work, Employment & Society* 12 (2): 245-271

Haug, Sonja (1997): *Soziales Kapital. Ein kritischer Überblick über den aktuellen Stand der Forschung.* MZES Arbeitspapier, AB II / Nr. 15, Mannheimer Zentrum für Europäische Sozialforschung, Mannheim

Hauschild, Matthias (1999): Die soziale Sicherheit Selbständiger in Europa. In: *Deutsche Rentenversicherung* 48 (3): 113-129

Hébert, Robert F./ Link, Albert N. (1989): In search of the meaning of entrepreneurship. In: *Small Business Economics* (1): 39-49

Heidenreich, Martin (1997): Arbeit und Management in den westeuropäischen Kommunikationsgesellschaften. In: Hradil, Stefan/ Immerfall, Stefan (Hrsg): *Die westeuropäischen Gesellschaften im Vergleich.* Opladen: Leske + Budrich: 289-331

Heise, Arne (1997): Neoliberale Empfehlungen zur Beschäftigungspolitik in Theorie und Praxis. Großbritannien und Deutschland im Vergleich. In: *WSI-Mitteilungen* (11): 758-770

Hinz, Thomas (2000): Good times, bad times? Period of market entry and survival chances of newly founded businesses. In: *International Journal of Sociology* 30 (4): 28-58

Hisrich, Robert D./ Brush, Candida G. (1985): *The Woman Entrepreneur. Starting, Financing, and Managing a Successful New Business.* Lexington/ Toronto: D.C. Heath and Company

Hoffmann, Edeltraud/ Walwei, Ulrich (1998a): *Längerfristige Entwicklung von Erwerbsformen in Westdeutschland.* IAB-Kurzbericht, 2, Institut für Arbeitsmarkt- und Berufsforschung der Bundesanstalt für Arbeit, Nürnberg

Hoffmann, Edeltraud/ Walwei, Ulrich (1998b): Normalarbeitsverhältnis: ein Auslaufmodell? In: *Mitteilungen aus der Arbeitsmarkt- und Berufsforschung* (3): 409-425

Hoffmann, Edeltraud/ Walwei, Ulrich (2000): *Was ist eigentlich noch "normal"?* IAB-Kurzbericht, 14, Institut für Arbeitsmarkt- und Berufsforschung der Bundesanstalt für Arbeit, Nürnberg

Holtz-Eakin, Douglas/ Joulfaian, David/ Rosen, Harvey S. (1994a): Entrepreneurial decisions and liquidity constraints. In: *RAND Journal of Economics* 25 (2): 334-347

Holtz-Eakin, Douglas/ Joulfaian, David/ Rosen, Harvey S. (1994b): Sticking it out: Entrepreneurial survival and liquidity constraints. In: *Journal of Political Economy* 102 (1): 53-75

Holtz-Eakin, Douglas/ Rosen, Harvey S./ Weathers, Robert (2000): *Horatio Alger meets the mobility tables.* Working Paper, 7619, National Bureau of Economic Research, Cambridge, MA

Hundley, Greg (2000): Male/female earnings differences in self-employment: The effect of marriage, children and the houshold division of labor. In: *Industrial and Labor Review* 54 (1): 95-114

Industrie- und Handelskammer Rhein-Neckar (1999): *"Ich mache mich selbständig".* Mannheim: IHK

Institut für Freie Berufe (1993): *Freie Berufe in Europa. Daten, Fakten, Informationen.* Bonn: Institut für Freie Berufe

International Labour Office (ILO) (2000): *Yearbook of Labour Statistics.* Genf: ILO

Jesse, Andreas (1999): Selbständige Erwerbstätigkeit und Soziale Sicherheit: Ein Literaturüberblick. In: *Internationale Revue für Soziale Sicherheit* 52 (1): 121-135

Jovanovic, Boyan (1982): Selection and the evolution of industry. In: *Econometrica* 50 (3): 649-670

Jungbauer-Gans, Monika (1993): *Frauen als Unternehmerinnen.* Frankfurt a.M.: Peter Lang

Jungbauer-Gans, Monika (1999): Der Lohnunterschied zwischen Frauen und Männern in selbständiger und abhängiger Beschäftigung. In: *Kölner Zeitschrift für Soziologie und Sozialpsychologie* 51 (2): 364-390

Kaiser, Manfred/ Otto, Manfred (1990): Übergang von Arbeitslosigkeit in berufliche Selbständigkeit. Erste Ergebnisse aus IAB-Verlaufserhebungen bei Überbrückungsgeld-Empfängern nach §55 a AFG der Jahre 1986-1988. In: *Mitteilungen aus der Arbeitsmarkt- und Berufsforschung* 23 (2): 284-299

Kalleberg, Arne L./ Leicht, Kevin T. (1991): Gender and organizational performance: Determinants of small business survival and success. In: *Academy of Management Journal* 34 (1): 136-161

Kalleberg, Arne L/ Rasell, Edith/ Cassirer, Naomi/ Reskin, Barbara F./ Hudson, Ken/ Webster, David/ Appelbaum, Eileen/ Spalter-Roth/ Roberta M. (1997): *Nonstandard Work, Substandard Jobs. Flexible Work Arrangements in the U.S.* Washington: Economic Policy Institute

Katz, Jerome A./ Williams, Pamela M. (1997): Gender, self-employment and weak-tie networking through formal organizations. In: *Entrepreneurship & Regional Development* (9): 183-197

Kellard, Karen/ Middleton, Sue (1998): *Helping Unemployed People into Self-Employment.* Research Report, No. 46, Department of Education and Employment, London

Keller, Berndt/ Seifert, Hartmut (1995): Regulierung atypischer Beschäftigungsverhältnisse. In: Keller, Berndt/ Seifert, Hartmut (Hrsg.): *Atypische Beschäftigung. Verbieten oder gestalten?* Köln: bund-Verlag: 231-255

Keller, Berndt/ Seifert, Hartmut (1998): *Deregulierung am Arbeitsmarkt. Eine empirische Zwischenbilanz.* Hamburg: VSA-Verlag

Kern, Horst/ Schumann, Michael (1984): *Das Ende der Arbeitsteilung. Rationalisierung in der industriellen Produktion: Bestandsaufnahme, Trendbestimmung.* München: Beck

Kern, Horst/ Schumann, Michael (1998): Kontinuität oder Pfadwechsel? Das deutsche Produktionsmodell am Scheideweg. In: *SOFI Mitteilungen* 26 (1-7

Kerr, Clark (1977): *Labor Markets and Wage Determination. The Balkanzation of Labor Markets and other Essays*. Berkeley: University of California Press

Kießling, Bernd (1996): *Kleinunternehmer und Politik in Deutschland*. Berlin: Duncker& Humblot

King, Gary/ Tomz, Michael/ Wittenberg, Jason (2000): Making the most of statistical analyses: improving interpretation and presentation. In: *American Journal of Political Science* 44(2): 341-355

Kirzner, Israel M. (1978): *Wettbewerb und Unternehmertum*. Tübingen: J.C.B. Mohr

Klandt, Heinz (1984): *Aktivität und Erfolg des Unternehmungsgründers. Eine empirische Analyse unter Einbeziehung des mikrosozialen Umfeldes*. Bergisch Gladbach: Verlag Josef Euler

Klandt, Heinz (Hrsg.) (1993): *Entrepreneurship and Business Development*. Aldershot: Avebury

Klauder, Wolfgang (1990): *Ohne Fleiß kein Preis. Die Arbeitswelt der Zukunft*. Zürich: Edition Interform

Klemmer, Paul/ Schrumpf, Heinz (1999): *Der Große Befähigungsnachweis im deutschen Handwerk. Relikt einer überkommenen Ständegesellschaft oder modernes Instrument der Wirtschaftspolitik?* Essen: Rheinisch-Westfälisches Institut für Wirtschaftsforschung

Klinge, Gabriele (1989): Europäischer Binnenmarkt 1992 - Niederlassungsrecht für Handwerker. In: *Die Krankenversicherung* 42 (177-183

Klinge, Gabriele (1990): *Niederlassungs- und Dienstleistungsrecht für Handwerker und andere Gewerbetreibende in der EG*. Baden-Baden: Nomos Verlagsgesellschaft

Klodt, Henning (1998): Großbritannien: Die marktwirtschaftliche Strategie. In: *Mitteilungen aus der Arbeitsmarkt- und Berufsforschung* 2): 277-293

Knight, Frank H. (1921): *Risk, Uncertainty and Profit*. New York: Houghton Mifflin

Kock, Klaus (1994): *Zur Soziologie des betriebsinternen Arbeitsmarkts*. München: Rainer Hampp Verlag

König, Wolfgang/ Lüttinger, Paul/ Müller, Walter (1988): *A Comparative Analysis of the Development and Structure of Educational Systems. Methodological Foundations and the Construction of a Comparative Educational Scale*. Working Paper No. 12, CASMIN-Projekt, Universität Mannheim, Mannheim

Kress, Ulrich (1998): Vom Normalarbeitsverhältnis zur Flexibilisierung des Arbeitsmarktes - Ein Literaturüberblick. In: *Mitteilungen aus der Arbeitsmarkt- und Berufsforschung* (3): 488-505

Krupp, Hans-Jürgen (1986): Der Strukturwandel zu den Dienstleistungen und Perspektiven der Beschäftigungsstruktur. In: *Mitteilungen aus der Arbeitsmarkt- und Berufsforschung* 19 (1): 145-158

Kruppe, Thomas/ Oschmiansky, Heidi/ Schömann, Klaus (1998): Selbständigkeit: Beschäftigungsdynamik in der Europäischen Union. In: *inforMISEP* (64): 36-47

Kurz, Karin/ Müller, Walter (1987): Class mobility in the industrial world. In: *Annual Review of Sociology* (13): 417-442

Laferrère, Anne (2001): Self-employment and intergenerational transfers. In: *International Journal of Sociology* 31 (1): 3-26

Laferrère, Anne/ McEntee, Peter (1995): Self-employment and intergenerational transfers of physical and human capital: An empirical analysis of French data. In: *The Economic and Social Review* 27 (1): 43-54

Lane, Christel (1993): Gender and the labour market in Europe: Britain, Germany and France compared. In: *The Sociological Review* 41 (1): 274-301

Langfeldt, Enno (1984): *Die Schattenwirtschaft in der Bundesrepublik Deutschland.* Tübingen: Mohr

Lauxen-Ulbrich, Maria/ Leicht, René (2002): *Entwicklung und Tätigkeitsprofil selbständiger Frauen in Deutschland. Eine empirische Untersuchung anhand der Daten des Mikrozensus.* Grüne Reihe Nr. 46. Institut für Mittelstandsforschung, Mannheim

Le, Anh T. (1999): Empirical studies of self-employment. In: *Journal of Economic Surveys* 13 (4): 381-416

Leicht, René (1995): *Die Prosperität kleiner Betriebe. Das längerfristige Wandlungsmuster von Betriebsgrößen und -strukturen.* Heidelberg: Physica

Leicht, René (2000): Die "neuen Selbständigen" arbeiten alleine. Wachstum und Struktur der Solo-Selbständigen in Deutschland. In: *Zeitschrift für Klein- und Mittelunternehmen* 48 (1): 75-90

Leicht, René/ Stockmann, Reinhard (1993): Die Kleinen ganz groß? Der Wandel der Betriebsgrößenstruktur im Branchenvergleich. In: *Soziale Welt* (44): 243-274

Leicht, René/ Philipp, Ralf (1999): *Der Trend zum Ein-Personen-Unternehmen. Mehr Selbstbeschäftigte: Abschied vom "Normal-Unternehmer"?* ifm Strukturberichtkurzinfo, Nr. 5, Institut für Mittelstandsforschung, Mannheim

Leicht, René/ Luber, Silvia/ Lohmann, Henning (im Erscheinen): Wirtschaftliche Modernisierung und die Entwicklung von Selbständigen im westeuropäischen Vergleich. In: Lageman, Bernhard (Hrsg.): *Europäische Wirtschafts- und Währungsunion und KMU.* Duncker + Humblot.

Lentz, Bernard F./ Laband David N. (1990): Entrepreneurial success and occupational inheritance among proprietors. In: *Canadian Journal of Economics* 23 (3): 563-579

Logotech (1997): *International Comparison of the Formal Requirements and Administrative Procedures required for the formation of SME's of any legal status in the E.U. and other major countries.* European Innovation Monitoring System (EIMS), EIMS Publication Num. 58, Study commissioned by the European Commission,

Lohmann, Henning (2001): *Self-employed or employee, full-time or part-time? Gender differences in the determinants and conditions for self-employment in Europe and the US.* MZES Arbeitspapier, 38, Mannheimer Zentrum für Europäische Sozialforschung, Mannheim

Lohmann, Henning/ Luber, Silvia/ Müller, Walter (1999): *Who is Self-Employed in France, the United Kingdom and West Germany? Patterns of Male Non-Agricultural Self-Employment.* MZES Arbeitspapier, 11, Mannheimer Zentrum für Europäische Sozialforschung, Mannheim

Lohmann, Henning/ Luber, Silvia (2000): *Die Folgen beruflicher Segregation für weibliche und männliche Selbständigkeit. Ein Vergleich zwischen der Bundesrepublik und dem Vereinigten Königreich.* Vortrag im Rahmen der 2. Mikrozensus-Nutzerkonferenz "Forschung mit dem Mikrozensus. Analysen zur Sozialstruktur und zum Arbeitsmarkt" in Mannheim vom 12.-13. Oktober 2000. PDF-Download, ZUMA-Homepage: http://www.gesis.org/Dauerbeobachtung/Mikrodaten/Veranstaltungen/2Nutzerkonferenz_beiträge.htm

Lohmann, Henning/ Luber, Silvia (im Erscheinen): Trends in self-employment in Germany: Different types, different developments. In: Arum, Richard/ Müller, Walter (Hrsg.): *The Reemergence of Self-Employment: A Cross-National Study of Self-Employment Dynamics and Social Inequality.* Princeton University Press

Long, J. Scott (1997): *Regression Models for Categorical and Limited Dependent Variables.* Thousand Oaks, London, New Dehli: Sage

Loutfi, Martha F. (1991): Self-employment patterns and policy issues in Europe. In: *International Labour Review* 130 (1): 1-19

Loveman, Gary W./ Piore, Michael J./ Sengenberger, Werner (1990): The evolving role of small business and some implications for employment and training. In: Abraham, Katharine G./ McKersie, Robert B. (Hrsg.): *New Developments in the Labor Market: Toward a New Institutional Paradigm.* Cambridge: MIT Press: 121-154

Luber, Silvia (1999): Die Entwicklung selbständiger Erwerbsarbeit in Westeuropa und den USA. In: Bögenhold, Dieter Schmidt Dorothea (Hrsg.): *Eine neue Gründerzeit? Die Wiederentdeckung kleiner Unternehmen in Theorie und Praxis.* Amsterdam: Fakultas:

Luber, Silvia/ Gangl, Markus (1997): *Die Entwicklung selbständiger Erwerbstätigkeit in Westeuropa und den USA 1960-1995.* MZES-Arbeitspapier ABI, 16, Mannheimer Zentrum für Europäische Sozialforschung, Mannheim

Luber, Silvia/ Leicht, René (2000): Growing self-employment in Western Europe: An effect of modernisation? In: *International Review of Sociology* 10 (1): 101-123

Luber, Silvia/ Lohmann, Henning/ Müller, Walter/ Barbieri, Paolo (2000): Male self-employment in four european countries. The relevance of education and experience across countries. In: *International Journal of Sociology* 30 (3): 5-44

Lucas, Robert E. Jr. (1978): On the size distrubution of business firms. In: *The Bell Journal of Economics* 9 (2): 508-523

Lüttinger, Paul/ Riede, Thomas (1997): Der Mikrozensus: amtliche Daten für die Sozialforschung. In: *ZUMA-Nachrichten* 41 (November): 19-43

Lutz, Burkart/ Sengenberger, Werner (1980): Segmentationsanalyse und Beschäftigungspolitik. In: *WSI Mitteilungen* 33 (9): 291-299

Lyons, Bruce R./ Bailey, Susan (1993): Small subcontractors in UK engineering: competitiveness, dependence and problems. In: *Small Business Economics* (5): 101-109

MacKenzie, Robert (2000): Subcontracting and the reregulation of the employment relationship: A case study from the telecommunication industry. In: *Work, Employment & Society* 14 (4): 707-726

Manz, Thomas (1991): Industrielle Modernisierung und die "Renaissance" der Klein- und Mittelbetriebe- zur Einleitung. In: Manz, Thomas (Hrsg.): *Klein- und Mittelbetriebe im Prozeß der industriellen Modernisierung*. Bonn: Verlag J.H.W. Dietz Nachf.: 9-17

Manz, Thomas (1993): *Schöne neue Kleinbetriebswelt? Perspektiven kleiner und mittlerer Betriebe im industriellen Wandel.* Berlin: Edition Sigma

Marginson, Paul (1991): Change and continuity in the employment structure of large companies. In: Pollert, Anna (Hrsg.): *Farewell to Flexibility?* Cambridge, Massachusetts: Blackwell: 32-45

Marsden, David (1990): Institutions and labour mobility: Occupations and internal labour markets in Britain, France, Italy and West Germany. In: Brunetta, Renato/ Dell'Aringa, Carlo (Hrsg.): *Labour Relations and Economic Performance.* London: The MacMillan Press LTD: 415-438

Marsden, David (1986): *The End of Economic Man? Custom and Competition in Labor Markets.* Brighton: Wheatsheaf Books

Marsden, David/ Ryan, Paul (1991): Initial training, labour market structure and public policy: Intermediate skills in Britis and German industry. In: Ryan, Paul (Hrsg.): *International Comparisons of Vocational Education and Training for Intermediate Skills.* London: The Falmer Press: 251-285

Martin, John (2000): What works among active labour market policies? Evidence from OECD countries' experiences. In: *OECD Economic Studies* 30: 79-114

McClelland, David C. (1966): *Die Leistungsgesellschaft.* Stuttgart: W. Kohlhammer Verlag

McClelland, David C. (1987): Characteristics of successful entrepreneurs. In: *Journal of Creativ Behaviour* 3): 219-233

McManus, Patricia A. (2000): Market, state and the quality of new self-employment jobs among men in the United States and Western Germany. In: *Social Forces* 78 (3): 865-906

McManus, Patricia A. (2001a): Pathways into self-employment in the United States and Germany. In: *Vierteljahrshefte zur Wirtschaftsforschung* 70 (1): 24-30

McManus, Patricia A. (2001b): Women's participation in self-employment in western industrialized nations. In: *International Journal of Sociology* 31 (2): 70-97

Meager, Nigel (1992a): Does unemployment lead to self-employment? In: *Small Business Economics* (4): 87-103

Meager, Nigel (1992b): The fall and rise of self-employment (again): A comment on Bögenhold and Staber. In: *Work, Employment and Society* 6 (1): 127-134

Meager, Nigel (1993): *Self-Employment and Labour Market Policy in the European Community.* Discussion Paper, FS I 93, 201, Wissenschaftszentrum Berlin für Sozialforschung, Berlin

Meager, Nigel (1995): *Arbeitsmarktpolitik für Existenzgründer. Internationale Erfahrungen der Existenzgründungsförderung von Arbeitslosen.* FS I 95-209, Wissenschaftszentrum Berlin für Sozialforschung, Berlin

Meager Nigel (1998): Vereinigtes Königreich. In: *Sysdem Trends* 31: 77-83.

Meager, Nigel/ Kaiser, Manfred/ Dietrich, Hans (1992): *Self-employment in the United Kingdom and Germany.* London: Anglo-German Foundation for the Study of Industrial Society

Meager, Nigel/ Court, Gill/ Moralee, Janet (1996): Self-employment and the distribution of income. In: Hills, John (Hrsg.): *New Inequalities, The Changing Distribution of Income and Wealth in the United Kingdom.* Cambridge: University Press: 208-235

Meager, Nigel/ Bates, Peter (2001): The self-employed and lifetime incomes. Some UK evidence. In: *International Journal of Sociology* 31 (1): 27-58

Meager, Nigel/ Bates, Peter (im Erscheinen): Self-employment in the United Kingdom during the 1980s and 1990s. In: Arum, Richard/ Müller, Walter (Hrsg.): *The Reemergence of Self-Employment: A Cross-National Study of Self-Employment Dynamics and Social Inequality.* Princeton University Press

Meulders, Danièle/ Plasman, Olivier/ Plasman, Robert (1994): *Atypical Employment in the EC.* Aldershot: Dartmouth Publishing

Möllering, Jürgen (2000): *"Scheinselbständige" und "arbeitnehmerähnliche Selbständige". Die neuen Regeln des "Gesetzes zur Förderung der Selbständigkeit".* Berlin: Deutscher Industrie- und Handelstag

Moralee, Lisa (1998): Self-Employment in the 1990's. In: *Labour Market Trends* (March): 121-130

Mückenberger, Ulrich (1985): Die Krise des Normalarbeitsverhältnisses. In: *Zeitschrift für Sozialreform* (7): 415-435; 457-475

Mückenberger, Ulrich (1986): Zur Rolle des Normalarbeitsverhältnisses bei der Umverteilung von Risiken. In: *Prokla - Zeitschrift für politische Ökonomie und sozialistische Politik* 64 (September): 31-45

Mückenberger, Ulrich (1990): Normalarbeitsverhältnis: Lohnarbeit als normativer Horizont sozialer Sicherheit. In: Sachse, Christoph/ Engelhardt, Tristam H. (Hrsg.): *Sicherheit und Freiheit: zur Ethik des Wohlfahrtsstaates.* Frankfurt: Suhrkamp: 158-178

Mühlberger, Ulrike (2000): *Neue Formen der Beschäftigung. Arbeitsflexibilisierung durch atypische Beschäftigung in Österreich.* Wien: Wilhelm Braumüller

Müller, Walter (1986): Soziale Mobilität: Die Bundesrepublik im internationalen Vergleich. In: Kaase, Max (Hrsg.): *Politische Wissenschaft und politische Ordnung.* Opladen: Westdeutscher Verlag: 339-354

Müller, Walter/ Shavit, Yossi (1998): The institutional embeddedness of the stratification process. A comparative study of qualifications and occupations in thirteen countries. In: Müller, Walter/ Shavit, Yossi (Hrsg.): *From School to Work. A Comparative Study of Educational Qualifications and occupational Destinations.* Oxford: Clarendon Press: 1-48

Neuhold, Christine (1999): Atypische Beschäftigung in Deutschland. In: Tálos, Emmerich (Hrsg.): *Atypische Beschäftigung: internationale Trends und sozialstaatliche Regelungen.* Wien: Manz Verlag: 36-81

Nisbet, Peter (1997): Dualism, flexibility and self-employment in the UK construction industrie. In: *Work, Employment & Society* 11 (3): 459-479

Nisbet, Peter/ Wayne, Thomas (2000): Attitudes, expectations and labour market behaviour: The case of self-employment in the UK construction industry. In: *Work, Employment & Society* 14 (2): 353-368

Noll, Heinz-Herbert (1991): Beschäftigungsstrukturen im Wandel: Die Bundesrepublik im internationalen Vergleich. In: Zapf, Wolfgang (Hrsg.): *Die Modernisierung moderner Gesellschaften: Verhandlungen des 25. Deutschen Soziologentages in Frankfurt am Main 1990.* Frankfurt: Campus Verlag: 279-292

Noyelle, Thierry J. (1998): Toward a new labor market segmentation. In: Ackerman, Frank/ Goodwin, Neva R./ Dougherty, Laurie/ Gallagher, Kevin (Hrsg.): *The Changing Nature of Work.* Washington D.C.: Island Press: 195-198

O'Kelly, Kevin (1999): Non-standard work in Europe: Some results from the European Foundation EPOC survey. In: Blanpain, R. (Hrsg.): *Non-Standard Work and Inustrial Relations.* The Hague/ Lodon/ Boston: Kluwer: 65-71

OECD (1985): *Employment Outlook.* Paris: OECD

OECD (1986): *Employment Outlook.* Paris: OECD

OECD (1992): *Employment Outlook.* Paris: OECD

OECD (1994): *Employment Outlook:* Paris: OECD

OECD (1995a): *Employment Outlook.* Paris: OECD

OECD (1995b): *Self-employment programmes for the unemployed: papers and proceedings from a joint US department of labour/OECD international conference.* Paris: OECD

OECD (1999): *Economic Outlook.* Paris: OECD

OECD (2000): *Employment Outlook.* Paris: OECD

Oberlander, Willi/ Fraenk, Uschi/ Glahn, Gabriele/ Kräuter, Maria (1997): *Neue freiberufliche Dienstleistungen - Potentiale und Marktchance.* Köln: Deutscher Ärzte Verlag

Özcan, Veysel/ Seifert, Wolfgang (2000): Selbständigkeit von Immigranten in Deutschland - Ausgrenzung oder Weg der Integration? In: *Soziale Welt* 51: 289-302

Office for National Statistics (1984): *Labour Force Survey. User Guide*. London: The Stationery Office

Office for National Statistics (1992): *UK Standard Industrial Classification of Economic Activity 1992. UK SIC(92)*. London: The Stationery Office

Office for National Statistics (1995): *Labour Force Survey. User Guide*. London: The Stationery Office

Office for National Statistics (1996): *Labour Force Survey. User Guide*. London: The Stationery Office

Pappi Franz Urban (1981): The Petite Bourgeoisie and the New Middle Class: Differentiation and homogenisation of the middle strata in Germany. In: Bechhofer F.; Elliott B., (Hrsg.): *The Petite Bourgeoisie. Comparative Studies of the Uneasy Stratum*. London: Macmillan Press: 105-20.

Parker, Simon C. (1996): A time series model of self-employment under uncertainty. In: *Economica* (63): 459-475

Parker, Simon C. (1997): The Distribution of self-employment income in the United Kingdom, 1976-1991. In: *The Economic Journal* 107 (441): 455-466

Parker, Simon C. (1999): The inequality of employment and self-employment incomes: a decomposition analysis for the U.K. In: *Review of Income and Wealth* 45 (2): 263-274

Parmentier, Klaus (2000): *Erwerbsarbeit im Spiegel der BIBB/IAB-Erhebungen 1999/1992. Wandel der Erwerbsarbeit: Arbeitssituation, Informatisierung, berufliche Mobilität und Weiterbildung*. Nürnberg: Institut für Arbeitsmarkt- und Berufsforschung der Bundesanstalt für Arbeit

Pfeiffer, Friedhelm (1994): *Selbständige und abhängige Erwerbsarbeit. Arbeitsmarkt- und industrieökonomische Perspektiven*. Frankfurt a.M., New York: Campus Verlag

Pfeiffer, Friedhelm (1999): Existenzgründerpotenziale unter Arbeitssuchenden: Empirische Evidenz auf der Basis des Mikrozensus. In: *Mitteilungen auf der Arbeitsmarkt- und Berufsforschung* (3): 300-314

Pfeiffer, Friedhelm/ Pohlmeier, Winfried/ Siddiqui, Sikandar (1992): Selbständigkeit und Einkommensunsicherheit: Eine panelökonomische Untersuchung. In: Franz, Wolfgang (Hrsg.): *Mikro- und makroökonomische Aspekte der Arbeitslosigkeit*. Institut für Arbeitsmarkt- und Berufsforschung:

Pfeiffer, Friedhelm/ Reize, Frank (2000): From unemployment to self-employment - public promotion and selectivity. In: *International Journal of Sociology* 30 (3): 71-98

Phizacklea, Annie/ Ram, Monder (1996): Being your own boss: ethnic minority entrepreneurs in comparative perspective. In: *Work, Employment & Society* (2): 319-339

Piore, Michael J. (1975): Notes for a theory of labor market stratification. In: Edwards, Richard C./ Reich, Michael/ Gordon, David M. (Hrsg.): *Labor Market Segmentation.* Lexington: Heath: 125-150

Piore, Michael (1978): Lernprozesse, Mobilitätsketten und Arbeitsmarktsegmente. In: Sengenberger, Werner (Hrsg.): *Der gespaltene Arbeitsmarkt. Probleme der Arbeitsmarktsegmentation.* Frankfurt: Campus Verlag: 67-98

Piore, Michael J./ Sabel, Charles F. (1985): *Das Ende der Massenproduktion. Studie über die Requalifizierung der Arbeit und die Rückkehr der Ökonomie in die Gesellschaft.* Berlin: Verlag Klaus Wagenbach

Piore, Michael J./ Sabel, Charles F. (1984): *The Second Industrial Divide: Possibilities for Prosperity.* New York: Basic Books

Pissarides, Christopher A. Weber Guglielmo (1989): An expenditure- based estimate of britain's black economy. In: *Journal of Public Economics* (39): 17-32

Polivka, Anne E. (1996): Into contingent and alternative employment: by choice? In: *Monthly Labor Review* 119 (10): 55-74

Polivka, Anne E./ Nardone, Thomas (1989): On the definition of 'contingent work'. In: *Monthly Labor Review* 112 (12): 9-16

Pollert, Anna (1991): The orthodoxy of flexibility. In: Pollert, Anna (Hrsg.): *Farewell to Flexibility?* Cambridge, Massachusetts: Blackwell: 3-31

Preisendörfer, Peter (1999): Zugangswege zur beruflichen Selbständigkeit und die Erfolgschancen neugegründeter Betriebe. In: Rosenstiel von, Lutz/ Lang-von Wins, Thomas (Hrsg.): *Existenzgründung und Unternehmertum.* Stuttgart: Schäffer-Poeschel Verlag: 49-71

Preisendörfer, Peter/ Voss, Thomas (1990): Organizational mortality of small firms: The effects of entrepreneurial age human capital. In: *Organization Studies* 11 (1): 107-129

Pütz, Paul/ Meyerhöfer, Walter (1982): *Hemmnisse und Hilfen für Unternehmensgründungen.* Köln: Institut für Wirtschaftspolitik

Rainbird, Helen (1991): The self-employed: Small entrepreneurs or disguised wage labourers? In: Pollert, Anna (Hrsg.): *Farewell to flexibility?* Oxford: Blackwell: 200-214

Rees, Hedley/ Shah, Anup (1986): An empirical analysis of self-employment in the U.K. In: *Journal of Applied Econometrics* (1): 95-108

Reiss, Michael (1999): Der Neue Mittelstand. Vernetzte KMU als Resultat der strukturellen Erosion von Konzernen. In: *Internationales Gewerbearchiv* 47 (2): 103-114

Reiß, Michael/ Rudorf, Evelyn (1999): Unternehmensgründung in Netzwerken. In: Rosenstiel von, Lutz/ Lang-von Wins, Thomas (Hrsg.): *Existenzgründung und Unternehmertum. Themen, Trends und Perspektiven.* Stuttgart: Schäffer-Poeschel Verlag: 129-156

Reize, Frank (2000): *Leaving Unemployment for Self-Employment. A Discrete Duration Analysis of Determinants and Stability of Self-Employment Among Former Unemployed.* Discussion Paper, 00, 26, Zentrum für Europäische Wirtschaftsforschung, Mannheim

Reynolds, Paul D./ Storey, David J./ Westhead, Paul (1994): Cross-national comparison of the variation in new firm formation rates. In: *Regional Studies* 28 (4): 443-456

Rifkin, Jeremy (1996): *Das Ende der Arbeit und ihre Zukunft.* Frankfurt: Campus

Rinne, Horst (1996): *Wirtschafts- und Bevölkerungsstatistik: Erläuterungen - Erhebungen - Ergebnisse.* München: Oldenbourg

Ripsas, Sven (1997): *Entrepreneurship als ökonomischer Prozeß - Perspektiven zur Förderung unternehmerischen Handelns.* Wiesbaden: Deutscher Universitäts-Verlag

Robinson, Peter (1999): Explaining the relationship between flexible employment and labor market regulation. In: Felstead, Alan/ Jewson, Nick (Hrsg.): *Global Trends in Flexible Labour.* London: Macmillan Press: 84-99

Robson, Martin T. (1998): The rise in self-employment amongst UK males. In: *Small Business Economics* 10: 199-212

Rodgers, Gerry/ Rodgers, Janine (1989): *Precarious Jobs in Labour Market Regulation. The Growth of Atypical Employment in Western Europe.* Genf: International Institute for Labour Studies

Rogowski, Ralf/ Schmid, Günther (1998): Reflexive Deregulierung. Ein Ansatz zur Dynamisierung des Arbeitsmarktes. In: Keller, Berndt/ Seifert, Hartmut (Hrsg.): *Deregulierung am Arbeitsmarkt. Eine empirische Zwischenbilanz.* Hamburg: VSA-Verlag: 215-253

Rogowski, Ralf/ Schömann, Klaus (1996): Legal regulation and flexibility of employment contracts. In: Schmid, Günther/ O'Reilly, Jacqueline/ Schömann, Klaus (Hrsg.): *International handbook of labour market policy and evaluation.* Cheltenham: Edward Elgar Publishing: 623-651

Rothstein, Donna S. (1996): Entry into and consequences of nonstandard work arrangements. In: *Monthly Labor Review* 119 (10): 76-83

Rubery, Jill (1989): Labour market flexibility in Britain. In: Green, Francis (Hrsg.): *The Restructuring of the UK Economy.* New York: Harvester Wheatsheaf: 155-176

Rubery, Jill (1999): Fragmenting the internal labour market. In: Leisink, Peter (Hrsg.): *Globalization and Labour Relations.* Cheltenham: Edward Elgar: 116-137

Rubery, Jill/ Earnshaw, Jill/ Burchell, Brendan (1993): *New Forms and Patterns of Employment: The Role of Self-Employment in Britain.* Baden-Baden: Nomos Verlagsgesellschaft

Rudolph, Andrea/ Meurer, Josefine (1995): Das Beschäftigungsförderungsgesetz 1994 - ein Intrument zur Förderung der Beschäftigung? In: *Zeitschrift für Sozialreform* 41 (2): 83-107

Rudolph, Annette/ Welter, Friederike (2000): *Mehr Erfolg für Gründerinnen: Wie junge Unternehmen gefördert werden - ein internationaler Vergleich.* Schriften und Materialien zu Handwerk und Mittelstand, 5, RWI Essen, Essen

Sakowsky, Dagmar (1992): *Die Wirtschaftspolitik der Regierung Thatcher.* Göttingen: Ernst Oberdieck Verlag

Schmid, Günther (1998): Arbeitsmarkt und Beschäftigung. In: Schäfers, Bernhard/ Zapf, Wolfgang (Hrsg.): *Handwörterbuch zur Gesellschaft Deutschlands.* Opladen: Leske + Budrich: 22-34

Schmidt, Marlene (1995): *Teilzeitarbeit in Europa: eine Analyse der gemeinschaftsrechtlichen Regelungsbestrebungen auf vergleichender Grundlage des englischen und des deutschen Rechts.* Baden-Baden: Nomos Verlagsgesellschaft

Schmidt, Simone (2000): *Erwerbstätigkeit im Mikrozensus. Konzepte, Definition, Umsetzung.* ZUMA Arbeitsbericht, 2000/01, ZUMA, Mannheim

Schnur, Peter (1999): Dienstleistungsgesellschaft auf industriellem Nährboden. In: *IAB Kurzbericht* (9): 1-4

Schömann, Klaus/ Rogowski, Ralf/ Kruppe, Thomas (1998): *Labour Market Efficiency in the European Union. Employment Protection and Fixed-term contracts.* London, New York: Routledge

Schoukens, P. (1994): *Social Protection of the Self-Employed in the European Union.* Bostom: Kluwer

Schrumpf, Heinz (1986/87): Zur Entwicklung der Zahl der Selbständigen in der Bundesrepublik Deutschland. In: *RWI-Mitteilungen* (37/38): 475-488

Schuetze, Herb J. (2000): Taxes, economic conditions and recent trends in male self-employment: a Canada-US comparison. In: *Labour Economics* 7): 507-544

Schumann, Michael/ Baethge-Kinsky/ Volker/ Kuhlmann, Martin/ Kurz/ Constanze/ Neumann, Uwe (1995): New production concepts and the restructuring of work. In: Littek, Wolfgang/ Charles, Tony (Hrsg.): *Emerging Forms of Work Organisation in International Perspective.* Berlin, New York: Walter de Gruyter: 95-135

Schumpeter, Joseph A. (1952): *Theorie der wirtschaftlichen Entwicklung: eine Untersuchung über Unternehmergewinn, Kapital, Kredit, Zins und den Konjunkturzyklus.* Berlin: Duncker & Humblot

Schumpeter, Joseph A. (1993): *Kapitalismus, Sozialismus und Demokratie.* Tübingen: A. Francke

Schwalbach, Joachim (1994): Small business dynamics in Europe. In: *Small Business Economics* (6): 21-25

Sengenberger, Werner (1978): *Arbeitsmarktstruktur. Ansätze zu einem Modell des segmentierten Arbeitsmarkts.* Frankfurt (Main): Campus

Sengenberger, Werner (1987): *Struktur und Funktionsweise von Arbeitsmärkten. Die Bundesrepublik Deutschland im internationalen Vergleich.* Frankfurt a.M.: Campus

Sesselmeier, Werner/ Blauermel, Gregor (1990): *Arbeitsmarkttheorien.* Heidelberg: Physica-Verlag

Shaver, Kelly G./ Scott, Linda R. (1991): Person, process, choice: The psychology of new venture creation. In: *Entrepreneurship Theory and Practice* 16 (2): 23-45

Shavit, Yossi/ Yuchtman-Yaar, Ephraim (2001): Ethnicity, education, and other determinants of self-employment in Israel. In: *International Journal of Sociology* 31 (1): 59-91

Sitte, Ralf (1997): Vertragsfreiheit oder Soziale Schutzbedürftigkeit. Unterschiedliche Konzepte zur Bekämpfung der "Scheinselbstständigkeit". In: *Zeitschrift für Sozialreform* 43 (7): 544-562

Sly, Frances (1995): The labour force survey. What do they want all that information for? In: *Statistical News* 109): 9-17

Soltwedel, Rüdiger/ Busch, Axel/ Groß, Alexander/ Laaser, Claus-Friedrich (1986): *Deregulierungspotentiale in der Bundesrepublik.* Tübingen: J.C.B. Mohr

Soltwedel, Rüdiger/ Bothe, Adrian/ Hoffmeyer, Martin/ Siebert, Horst (1990): *Regulierungen auf dem Arbeitsmarkt der Bundesrepublik.* Tübingen: J.C.B. Mohr (Paul Siebeck)

Staber, Udo/ Bögenhold, Dieter (1993): Self-employment: a study of seventeen OECD countries. In: *Industrial Relations Journal* 24 (2): 126-137

Stamer, Manfred (1999): *Strukturwandel und wirtschaftliche Entwicklung in Deutschland, den USA und Japan.* Aachen: Shaker

Standing, Guy (1986): *Unemployment and Labour Market Flexibility: The United Kingdom.* Geneva: International Labour Office

Standing, Guy (1997): Globalization, labour flexibility and insecurity: The era of market regulation. In: *European Journal of Industrial Relations* 3 (1): 7-37

Stanworth, Celia/ Stanworth, John (1995): The self-employed without employees-autonomous or atypical? In: *Industrial Relations Journal* 26 (3): 221-229

Statistisches Bundesamt (1992): *Klassifizierung der Berufe. Systematisches und alphabetisches Verzeichnis der Berufsbenennungen.* Stuttgart: Metzler und Poeschel

Statistisches Bundesamt (1993): *Klassifikation der Wirtschaftszweige mit Erläuterungen. Ausgabe 1993.* Stuttgart: Metzler + Poeschel

Statistisches Bundesamt (1996): *Bevölkerung und Erwerbstätigkeit. Fachserie 1.* Wiesbaden: Metzler und Poeschel

Statistisches Bundesamt (1997): *Arbeitsunterlagen zum Mikrozensus. Das Erhebungsprogramm des Mikrozensus seit 1957.* Wiesbaden: Metzler und Poeschel

Statistisches Bundesamt (2000): *Datenreport 1999.* Bonn: Bundeszentrale für politische Bildung

Staudenmaier, Bettina/ Granato, Nadia/ Schmidt, Simone (2000): *Vergleich der Mikrozensen 1995 und 1996.* ZUMA Technischer Bericht , 2000/08, ZUMA, Mannheim

Steinmetz, George/ Wright, Erik O. (1989): The fall and rise of the Petty Bourgeoisie: Changing patterns of self-employment in the postwar United States. In: *American Journal of Sociology* 94 (5): 973-1018

Sternberg, Rolf (2000): *Entrepreneurship in Deutschland - Das Gründungsgeschehen im internationalen Vergleich.* Berlin: Edition Sigma

Storey, D. J. (1994): *Understanding the Small Business Sector.* London, New York: Routledge

Streeck, Wolfgang (1987): The uncertainties of management in the management of uncertainty: Employers, labor relations and industrial adjustment in the 1980s. In: *Work, Employment & Society* 1 (3): 281-308

Stuppardt, Rolf (1998): *Die soziale Sicherung der selbständigen in der gesetzlichen Krankenversicherung in Deutschland.* Paper presented at the International Workshop Europäische Regionaltagung , Paris, Frankreich. mimeo

Szydlik, Marc (1990): *Die Segmentierung des Arbeitsmarktes in der Bundesrepublik Deutschland: eine empirische Analyse mit Daten des Sozioökonomischen Panels 1984 - 1988.* Berlin: Edition Sigma

Szydlik, Marc (1993): *Arbeitseinkommen und Arbeitsstrukturen: eine Analyse für die Bundesrepublik Deutschland und die Deutsche Demokratische Republik.* Berlin: Edition Sigma

Tálos, Emmerich (1999): Atypische Beschäftigung: Verbreitung - Konsequenzen - sozialstaatliche Regelungen. Ein vergleichendes Resümee. In: Tálos, Emmerich (Hrsg.): *Atypische Beschäftigung. Internationale Trends und Sozialstaatliche Regelungen Manzsche Verlags- und Universitätsbuchhandlung Tálos, Emmerich.* Wien: Manzsche Verlags- und Universitätsbuchhandlung: 417-468

Taylor, Mark P. (1996): Earnings, independence or unemployment: why become self-employed? In: *Oxford Bulletin of Economics and Statistics* 58 (2): 253-266

Taylor, Mark P. (1998): *Self-employment Survival, Exit and Bankruptcy in Britain.* Discussion paper series, 98, 24, Institute for Labour Research, Colchester

Taylor, Mark P. (1999a): Survival of the fittest? An analysis of self-employment duration in Britain. In: *Economic Journal* (109): 140-155

Taylor, Mark (1999b): *Self-employment and windfall gains in Britain: Evidence from Panel Data.* Discussion Paper Series, 2084, Centre for Economic Policy Research, London

Tessaring, Manfred (1996): Beschäftigungstendenzen nach Berufen, Tätigkeiten und Qualifikationen. In: Laszlo, Alex/ Tessaring, Manfred (Hrsg.): *Neue Qualifizierungs- und Beschäftigungsfelder. Dokumentation des BIBB/IAB-Workshops am 13./14. November 1995.* Bielefeld: Bertelsmann: 105-120

Thomas, Peter/ Elias, Peter (1989): Development of the Standard Occupational Classification. In: *Population Trends* 55 (Spring): 16-21

Thomsen, Alastair (1992): Gründung von Kleinbetrieben und Berufsbildung im Vereinigten Königreich: Eine Übersicht. In: CEDEFOP (Hrsg.): *Unternehmensgründungen: Die Förderungspolitik und die Rolle der Ausbildung. Länderberichte aus Spanien, Frankreich, Großbritannien, Italien. Schlußfolgerungen.* Luxemburg: Amt für amtliche Veröffentlichungen der Europäischen Gemeinschaften: 145-197

Thornton, Patricia H. (1999): The sociology of entrepreneurship. In: *Annual Review of Sociology* (15): 19-46

Thurik, Roy (1996): Small firms, entrepreneurship and economic growth. In: Admiraal, P. H. (Hrsg.): *Small Business in the Modern Economy.* Oxford: Blackwell: 126-152

Tomz, Michael/ Wittenberg, Jason/ King, Gary (2001): *CLARIFY: Software for Interpreting and Presenting Statistical Results. Version 2.0.* Cambridge, MA: Harvard University: http://gking.harvard.edu

Treu, Tiziano (1992): Labour felxibility in Europe. In: *International Labour Review* 131 (4-5): 497-512

Trzcinski, Eileen (1997): The choice of self-employment, wage and salary employment, versus nonemployment: A comparison of Germany and the United States. In: *Vierteljahreshefte zur Wirtschaftsforschung des DIW* 66 (1): 62-70

Uzzi, Brian (1999): Embeddedness in the making of financial capital: How social relations and networks benefit firms seeking financing. In: *American Sociological Review* 64: 481-505

Van Praag, Mirijam/ van Ophem, Hans (1995): Determinants of willingness and opportunity to start as an entrepreneur. In: *Kyklos* 48 (513-540

Walsh, Janet (1993): Internalization v. decentralization: An analysis of recent developments in pay bargaining. In: *British Journal of Industrial Relations* 31 (3): 409-432

Walwei, Ulrich (1993): Atypische Beschäftigungsformen in EG-Ländern. In: *WSI-Mitteilungen* 9: 584-593

Walwei, Ulrich (1995a): Atypische Beschäftigungsformen: Kongruenz und Divergenz der Interessen. In: Keller, Bernd/ Seifert, Hartmut (Hrsg.): *Atypische Beschäftigung: verbieten oder gestalten?* Köln: Bund-Verlag: 9-24

Walwei, Ulrich (1995b): Wachstum atypischer Beschäftigungsformen in EU-Ländern: Bestimmungsfaktoren und Effekte. In: Keller, Bernd/ Seifert, Hartmut (Hrsg.): *Atypische Beschäftigung: verbieten oder gestalten?* Köln: Bund-Verlag: 182-201

Walwei, Ulrich (1996a): Aktive Arbeitsmarktpolitik in OECD-Ländern - Entwicklungstendenzen und Effekte. In: *Mitteilungen aus der Arbeitsmarkt- und Berufsforschung* (3): 349-362

Walwei, Ulrich (1996b): Flexibilisierung und Regulierung des Beschäftigungssystems: Optionen und Effekte. In: *Mitteilungen aus der Arbeitsmarkt- und Berufsforschung* (2): 219-227

Walwei, Ulrich (1998): *Bestimmungsfaktoren für den Wandel der Erwerbsformen.* IAB-Kurzbericht, 3, Institut für Arbeitsmarkt- und Berufsforschung der Bundesanstalt für Arbeit, Nürnberg

Watson, Garry (1994): The flexible workforce and patterns of working hours in the UK. In: *Employment Gazette* July (239-247

Weber, Max (1985): *Wirtschaft und Gesellschaft. Grundriss der verstehenden Soziologie.* Tübingen: J.C.B. Mohr

Weimer, Stephanie (1990): Federal Republic of Germany. In: Sengenberger, Werner/ Loveman, Gary W./ Piore, Michael J. (Hrsg.): *The Re-Emergence of Small Enterprises: Industrial Restructuring in Industrialised Countries.* Genf: International Institute for Labour Studies: 98-143

Wharton, Amy S. (1989): Gender segregation in private-sector, public-sector, and self-employed occupations, 1950-1981. In: *Social Science Quarterly* 70 (4): 923-940

Wießner, Frank (1997a): *Existenzgründer bevorzugen Servicebereich.* IAB Kurzbericht, 10, Institut für Arbeitsmarkt- und Berufsforschung der Bundesanstalt für Arbeit, Nürnberg

Wießner, Frank (1997b): *Auch für freie Berufe Starthilfen vom Arbeitsamt.* IAB-Kurzbericht, 11, Institut für Arbeitsmarkt- und Berufsforschung der Bundesanstalt für Arbeit, Nürnberg

Wießner, Frank (1997c): *Wege aus der Arbeitslosigkeit - berufliche Mobilität von Existenzgründern.* IAB Werkstattbericht, 12, Institut für Arbeitsmarkt- und Berufsforschung der Bundesanstalt für Arbeit, Nürnberg

Wießner, Frank (1998): Das Überbrückungsgeld als Instrument der Arbeitmarktpolitik - eine Zwischenbilanz. In: *Mitteilungen aus der Arbeitsmarkt- und Berufsforschung* (1): 123-142

Williams, Alan (1994): *Human Ressource Management and Labour Market Flexibility: Some Current Theories and Controversies.* Ashgate: Aldershot

Williams, David (1999): Die selbständig Erwerbstätigen: Versorgung der Selbstversorger. In: *Internationale Revue für Soziale Sicherheit* 52 (1): 7-36

Willke, Gerhard (1998): *Die Zukunft unserer Arbeit.* Bonn: Bundeszentrale für politische Bildung

Winch, Graham (1998): The growth of self-employment in British construction. In: *Construction Management and Economics* (16): 531-542

Woywode, Michael (1998): *Determinanten der Überlebenswahrscheinlichkeit von Unternehmen.* Baden-Baden: Nomos Verlagsgesellschaft

Zentralverband des Deutschen Handwerks (ZDH) (2000): *Daten und Fakten zum deutschen Handwerk.* http://www.zdh.de, (25.07.2001)

Ziegler, Rolf/ Hinz, Thomas/ Fröhlich, Werner (1998): *Überlebenschancen von Existenzgründungen. Analysen mit Gewerbemeldungen der IHK München und Oberbayern.* München: IHK München und Oberbayern

FSC
www.fsc.org
MIX
Papier | Fördert
gute Waldnutzung
FSC® C083411

Kolibri 360 GmbH
Ferdinand-Jühlke-Straße 7
99095 Erfurt, Deutschland
produktsicherheit@kolibri360.de

Druck:
CPI Druckdienstleistungen GmbH
im Auftrag der
Kolibri 360 GmbH
Ferdinand-Jühlke-Str. 7
99095 Erfurt